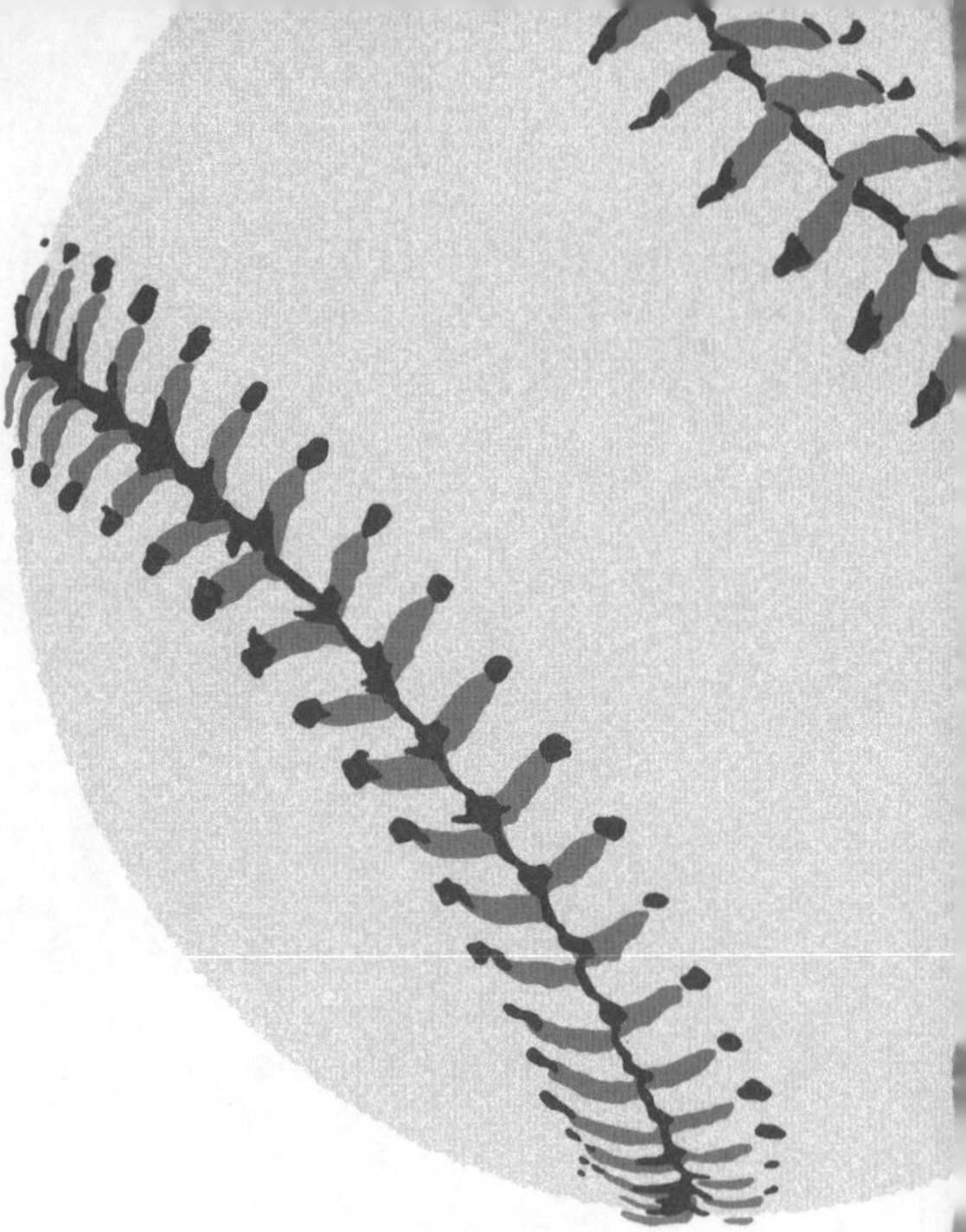

アメリカン・ベースボール革命

データ・テクノロジーが野球の常識を変える

ベン・リンドバーグ　トラビス・ソーチック＝著
岩崎晋也＝訳

化学同人

両親に。ぼくを有望株《プロスペクト》に育ててくれてありがとう
——ベン・リンドバーグ

登録選手枠《ロースター》に残れなかったすべての人へ
——トラビス・ソーチック

目次

※所属、肩書きは原書刊行時のものである。
※本文中の割注は訳者注である。

プロローグ
パワーアップ

できることの境界がどこにあるのかを知る唯一の方法は、できないことの側へ少しだけ足を踏みだしてみることだ……十分に発達した科学技術はどれも魔法と見分けがつかない。

――アーサー・C・クラーク『預言の危険性』

トレバー・バウアーはシアトルの南の郊外、ワシントン州ケントにあるドライブライン・ベースボールの仮設マウンドに登った。足元には、実際のマウンドの形状と高さを模して傾斜した合板を覆うように、ウェイトトレーニング室の黒いゴムマットが2枚重ねられている。2018年1月3日、開幕の3カ月前だ。

探究心のある、そして多くの場合は切羽詰まった野球選手が上達するために集まるドライブラインのキャンパスは、下水処理施設やガラス食器メーカー、油圧機器メーカーなどが並ぶありふれた産業団地内の3棟の建物から成る。バウアーがオフシーズンの多くを過ごすドライブラインのR&D(データ分析)部門は仕切りのない倉庫で、鮮やかな緑の人工芝が全体に張られている。正面出入り口であるガレージ用のシャッターはたいてい開けっ放しで、隣の会社のベージュ色で垂直にひだの入った金属製の正面の壁と、地味な車が数多く停まっているアスファルトの駐車場が見えている。その出入り口の反対の壁は、ほぼ全面がブルペンのような投球エリアになっていて、バウアーはこれからそこで投球を始めようとしている。投げる先のホームプレートには黒いナイロンの網がかかっていて、跳ねたボールが近くの従業員やデスクトップ・コンピュータに当たらないように保護している。

マウンドの正面には木の板があり、生体力学的測定をするための小型の追跡装置が3つぶら下がっている。組み立てられたばかりの間に合わせの板からおがくずがこぼれている。ドライブラインでは多くの機材があり合わせの材料で作られている。ここで必要になるものはそもそも世のなかに存在しないか、買うとしたら高い費用がかかるためだ。だがバウアーはこの洗練されていない場所を自分のラボにして、オフシーズンごとにスキルを身につけて上達しようとしていた。この冬の目標は球種を増やすことだった。

2014年から2016年まで、クリーブランド・インディアンスに移籍してフルシーズンを過ごした最初の3年間、この右腕はおおむねリーグ平均レベルの先発投手で、自分ではすぐにスター選手になれると思っていたから、期待との落差は大きかった。その後、2017年5月末には成績が下降した。速球が打たれ、防御率はメジャーリーグで規定投球回に達した投手のうち最低（6・00）になった。中継ぎにまわせという声が聞こえはじめた。試合後の会見はそっけなく、短くなっていき、5月中旬の先発登板では、アンダーシャツにつけたテレビ用マイクをむしり取って叩きつけたこともあった。それでも得意球のカーブを信頼し、スライダーに近いカットボールを増やすことで調子を取りもどし、後半戦は好成績を残した。だが、レベルの高い球がカーブだけでは長期的な成功は望めないことは自分でもわかっていたし、球種のひとつであるカットボールはぎこちなく、コントロールも難しかった。

バウアーは、横に曲がる変化球、上下ではなく左右に動く球がないことが自分の弱点だと考えていた。その月の後半には27歳になる。ほとんどの選手、とりわけ投手がすでに全盛期に入っている年齢だ。だが速球とほぼ垂直に落ちるカーブに加えて横に動く信頼できる球種があれば、打者を惑わせられ、安定した成績を残して一流選手の仲間入りができるだろう。彼は自分に必要な球種はスライダーだと判断した。

インディアンスから支給された紺色のコンプレッションシャツに赤い短パンを穿《は》いたバウアーは、室内マウンドの後ろにある台のほうへ歩いていき、2台のカメラを置いた。ひとつは全投球を記録し、分類するために使う自分のiPhoneだ。もうひとつは見慣れないタイプのカメラで、水色の四角い箱から丸いレンズが突きでている。このハイテク装置はサンノゼのサンストリーク社が製造したエッジャートロニックSC1という高速度カメラで、握りとリリースの瞬間だけを撮影するためのものだ。ぎっしりと束になった蛍光灯の明かりのもとで、バウアーは2018年の大プロジェクトを開始した。

きれいに髭《ひげ》を剃り、髪を短く刈りこんだバウアーはiPhoneのレンズをのぞきこんで声を出す。

「通常のスライダーのアームスロット（リリース時の腕の高さ）、フルスパイク（指を完全に食いこませる）」

ボールを握っている右手を見る。蹄《ひづめ》の形をした見慣れた赤い縫い目と手の接しかたが少し変わっていて、縫い目が親指と中指に沿っている。中指のわきの人差し指の先が白い革の部分に食いこんでいる。ゴム製のマウンドに登って投球動作に入り、投球する。ボールは見えないテーブルから落ちるように、左右ではなく上下に変化して、ホームプレートのかなり手前でバウンドした。左のバッターボックスのすぐ後ろの絨毯《じゅうたん》に置かれた電光掲示板には球速115キロと表示されている。

シーズン中はテレビカメラと投球追跡システムがバウアーの全投球の軌道を捉えている。だがそれらの装置とは異なり、ドライブラインのマウンドの背後に置かれた小さな青いボックスでは、ボールが彼の手からどのように放たれたかを正確に測定することができる。高解像度で毎秒数百回撮影するエッジャートロニックにより、右腕がどのように動き、リリースのときに指がどのようにボールにスピンを加えたかを完全に正確に確認することができるのだ。投球のセットのあいだに動画を見て、バウアーはまず親指、それから中指の順にボールが離れていることを確認した。人差し指は指先と爪がボールに対して垂直に立ち、表面に食いこんでいて、手から離れる最後の瞬間にボールに触れてわずかに回転の軸をずらしていた。この一連の動きを正確にコントロールできれば、完全な回転軸を生みだし、望みどおりの変化球を投げることができるだろう。

バウアーは握りと手首の位置をチェックし、ふたたびカメラに向かって話す。「通常のスライダーのアームスロット、ハーフスパイク（指を半分食いこませる）。２球目」

またしても投球は縦方向に変化したが、フルスパイクのときよりも垂直ではなかった。バウアーはわずかに指を調節した。ドライブラインでは、エッジャートロニックとともに、レーダーと光学式追跡システムのユニットで、球速、回転数、回転軸を測定できる携帯可能なシステム「ラプソード」が使われている。いくつもの機械の目が見守るなか、バウアーはもう一度右手をカメラに伸ばす。「通常のアームスロット、ノースパイク」

いつもの位置に移動し、マウンドから投球する。今回はこれまでより横に曲がり、想像上の左打者に向かって切れこんだ。彼が求めていた、速球とカーブの中間の変化をする投球に近づいている。

バウアーはノースパイクで、何かつぶやきながら2球目を投げた。これがこの朝のベストピッチだった。１１７キロで横に鋭く変化し、Ｌスクリーン（Ｌ字型の保護ネット）のおよそキャッチャーが構えているはずのあたりにドスッという音とともに当たった。それから、彼はハーフスパイクで腕を少し下げて投球した。ボールはより垂直に、カーブと似た軌道で落ちた。これは誤った方向の修正だった。

　ホームプレートの周辺にボールの山が広がっていく。およそ50球を投げたあと、バウアーはバケツにボールを集め、ふたたび投球を始めた。

1

救世主となったセイバーメトリクス

ようこそマシーンへ
どこにいたんだい
大丈夫、どこから来たかはわかってる
製造ラインに入れられ、退屈しのぎに
玩具を与えられ、ボーイスカウトに行かされて

——ピンク・フロイド「ようこそマシーンへ」

2018年10月27日の未明と夜に、野球界（のうち、少なくとも起きている部分）の関心は、数年前には誰も高い評価をしていなかった選手たちが繰り広げる、高レベルのプレーに向けられていた。ロサンゼルスでのワールドシリーズ第3戦は試合開始から7時間20分が経ち、深夜0時をまわったところだった。延長14回の休憩時間《ストレッチ》からさらに4イニング後の18回裏、ドジャースのマックス・マンシーが左中間フェンスを越えるホームランを放ち、ポストシーズン過去最長ゲームを制してボストン・レッドソックスを破った。マンシーはひと振りでこの難しいゲームに決着をつける可能性が最も高い選手と言えた。レギュラーシーズンを通じて11・3打席に1本と、50試合以上に出場した選手の

なかでは最も本塁打率が高かったからだ。だがそれ以前の記録を考えれば、マンシーがヒーローになったことは驚くべきことだった。

２０１６年、オークランド・アスレチックスに在籍していたころ、マンシーは出場機会が限られ、成績はリーグの打者のなかで最低に近かった。翌年の春に放出され、ドジャースがマイナー契約を打診するまで無所属で過ごした。声がかかるのを待っている（そしてスポーツ以外の将来を考えている）あいだに、高校のバッティングゲージに戻り、打撃改造に取り組んだ。構えを低くし、バットの握りを変え、スイングを強くした。２０１７年にはトリプルAで打撃が好調だったが、打てない選手という以前からのイメージが残っていて、故障者が増えたドジャースから２０１８年4月中旬に怪我に強い選手として呼ばれるまでマイナーにいた。だが初先発の試合でホームランを打つとシーズンを通して活躍し、打率／出塁率／長打率でそれぞれ・２６３／・３９１／・５８２と、ナショナルリーグの打者で2番目の好成績を残した。２０１８年シーズン開幕までは目立たず、どこからも声がかからない選手だったマンシーだが、28歳を迎えたこの年、リーグ優勝チームでフルシーズンにわたって活躍したもっとも価値ある選手になった。

サヨナラホームランを献上したのは先発、リリーフのどちらもこなすレッドソックスのネイサン・イオバルディで、この試合7イニング目の投球に入っていた。彼もまた28歳のとき、２０１６年のシーズン後に放出され、やはり劇的な変化を遂げた選手だった。肘の内側側副靱帯《ないそくそくふくじんたい》を断裂して２０１７年シーズンを棒に振ったが、離脱前も、リーグ最速級の速球があるにもかかわらず、3シーズン連続で失点率はリーグ平均以下だった。ところがトミー・ジョン手術を受けて復帰すると、靱帯だけでなく投球スタイルも一新されていた。フォーシームは減り（そして速度が増し）、カッターが増え、どちらが来るか打者に見分けられなくなっていた。この修正により、成績は大きく変化した。２０１８

年にはキャリアハイの奪三振率と与四球率を記録し、移籍期限直前にボストン・レッドソックスに移った。ワールドシリーズ後にフリーエージェントの資格を得ると、生まれ変わったイオバルディへの期待から、レッドソックスは4年6800万ドルで再契約した。

第3戦で9人の投手をつぎ込んだドジャースは、試合終了から17時間も経たないうちに開始した第4戦に意外な左腕を先発させた。あと数カ月で39歳を迎える、目の下がたるんでヤギひげに白いものが混じったリッチ・ヒルは、両チームの登録選手のなかで最年長で、このワールドシリーズに出場するまでにかなりの紆余曲折を経てきていた。2008年から2015年までに3回解雇され、10度チームを替わりながらほぼリリーフとして182イニング登板したが、成績は平均以下で、その間に怪我やマイナー降格も経験していた。その後、独立リーグに所属していたときにレッドソックスと契約した。そして元メジャーリーガーで解析コーチとしてチームにいたブライアン・バニスターとの会話をきっかけに、有効活用できていなかったカーブを決め球にした。そのカーブは特別な、強いスピンのかかったボールで、それによりWHIP（投球回あたり与四球・被安打数合計。死球、失策をのぞき1回あたり何人の走者を出したかを示す数値）はすぐにメジャーリーグ最高になった。2018年に75イニング以上投げたピッチャー190人のうち、ヒルよりも速球の平均速度が遅いピッチャーは11人しかいなかったが、バニスターの元教え子ヒルはかつての所属チームレッドソックスに対しワールドシリーズで6回1／3を投げ、ヒットをわずか1本しか許さなかった。レッドソックスは慌てさせられたが、その後ドジャースが逆転負けを喫したため、トランプ大統領が後出しで批判するツイートをしたほどだった。

ヒルの後ろでは、ナショナルリーグ・チャンピオンシップシリーズ（NLCS）のMVPを分けあった三塁手のジャスティン・ターナーとレフトのクリス・テイラーが守っていた。ターナーはいくつかのチームを渡り歩いてきた28歳のユーティリティ・プレーヤーで、２０１３年から２０１４年のシーズンオフの時点では平均以下の打者だったが、当時ほぼ無名だった打撃指導者ダグ・ラッタの指導を受けて打撃を改造し、好成績を収めた。ラッタはロサンゼルス郊外のありふれた産業団地でバッティング施設を開いていた。彼はターナーが秘めていた未知の力を利用することを教え、その結果、メッツとオリオールズにお払い箱にされたこの打者はその後5年間ドジャースに所属し、普通の選手がすでに衰えはじめる年齢で、メジャーリーグでもっとも優秀な15人のバッターのひとりになった。その大躍進のまえはこぢんまりとした反動の少ないフォームで、メジャーリーグでの３００打席近くでわずか１本しかホームランがなかったが、ロサンゼルス郊外に暮らす打撃コーチの指導で飛躍し、２０１７年にはシーズン21本のホームランを放った。

ワールドシリーズ第4戦で、ボストンのクリーンナップのひとりＪ・Ｄ・マルティネスもまた、ターナーと同じ年に単打狙いのスイングを拒否した、フライボール革命を代表する選手のひとりだ。当時所属していたヒューストン・アストロズは、26歳のマルティネスの価値を見誤り、翌年の春に放出した。マルティネスはターナーを上回り、その後5年間で最も優秀なバッター上位5人に入っている。２０１８年にフリーエージェントとなり、レッドソックスと5年契約を結び、史上はじめて、各ポジションの最高の打者に与えられるシルバースラッガー賞を同じシーズンにふたつのポジション（外野手と指名打者）で受賞した。

突出した実力があり、ワールドシリーズへの出場にすんなりと到達する選手もいる。たとえばレッドソックスのライトを守るムーキー・ベッツは21歳でメジャーに昇格し、すぐに頭角を現した。だがエリート選手にも改善の余地はある。２０１８年に、ベッツは密かにチームメイトのマルティネスに教わってフォームを改造した。すると打率や長打率など打撃成績の多くの部門で首位争いをして、Ｍ

VPにふさわしい働きをした。第5戦ではベッツとマルティネスがともにクレイトン・カーショーからホームランを放ち、ボストンはロサンゼルスを4勝1敗で下してワールドシリーズを制した。

この年の10月のポストシーズンのテーマは、史上最長試合を除けば、野球というスポーツを変える（そして超える）プレーを見せたこれらの選手の存在だった。それは単に、ワールドシリーズに進出した両チームに、長期的な計画によって劇的な進化を遂げた選手たちが数多く含まれていたというだけのことではない。ポストシーズンの試合に表れていたのはもっと多くのことだ。賃貸に出ていたニューヨーク、ハーレムの小売店内部を改装してハイテクのピッチング・ラボを作ったコロラド・ロッキーズの救援投手アダム・オッタビーノは、ゼロから新しい球種を増やし、以前から投げている球種の精度を高めた。アトランタ・ブレーブスの捕手タイラー・フラワーズはデータを学び、ストライクゾーンぎりぎりの投球をスムースに捕球することでストライクにするフレーミング技術で、メジャーリーグの第一人者になった。アメリカンリーグ・チャンピオンシップシリーズ（ALCS）でボストンに敗れた前年チャンピオンのヒューストン・アストロズは、J・D・マルティネスを手放すという失敗を犯したが、コリン・マクヒュー、チャーリー・モートン、ジャスティン・バーランダー、ゲリット・コール、ライアン・プレスリーら成績が停滞していたピッチャーを集めて、彼らの投球を修正して能力を高めることで補った。

その先端を走っていたのは革新的な理論派投手、トレバー・バウアーだ。彼は自らを〝ピッチデザインの第一人者〟、〝MLBで最も科学的な選手のひとり〟だと主張してきた。こうした言葉は正当なものだ。バウアーは伝統に逆らい、それによる摩擦を恐れず、自分を向上させてくれる可能性のある発想やテクノロジーは恐れずに試してきた。2017年から2018年の冬には、最先端の野球選手が集まる場所になっていたシアトルの一見ごく普通の施設、ドライブライン・ベースボールで、打者を手こずらせる新たな球種を編みだしていた。この球を手に入れたことで、ア・リーグのサイ・ヤング賞候補に加わった。

これらの、またそれ以外にもさらに多くの選手たちが新しい方法やテクノロジーを用いて弱点の克服に計画的に取り組んでいる。たとえば筋力をうまくスイングに伝えるための動作の修正。ストライクゾーンの感覚をより強く染みこませること。ピッチャーが自分の身体で出せると思っていなかったほどの球速を出すためのトレーニング。球種をゼロから生みだしたり、補助的に使っていた球種の重要度を高めたりすること。あるいは考えかたや食事、トレーニング方法の修正。このような取り組みは現在、野球界のあらゆる部門にわたる数多くの施設で行われている。プロ選手が使うクラブハウスやブルペン、バッティングケージや大学、高校、インターナショナルリーグのチームから、才能の捉えなおしの出発点となった、プロ野球と無関係な独立系の研究所にまで。好奇心に満ちた苦労人の選手たちが、無名に近い、これまでの常識を打破するようなコーチと組んで革命を起こしている。目ざといMLB球団はそこに目をつけ、他球団に大きな差をつけている。

途方に暮れたベテランはキャリアを立て直そうとし、一方で情報の扱いに慣れた若い選手は、はじめから統計データを利用してメジャーリーグでの地位を確保し、日々プレーのレベルを高めている。「80年代から90年代にはステロイドがあった」と、シアトル・マリナーズの強化担当アンディ・マッケイは語っている。「いまあるのは、新しい情報だ」

この野球の新時代に関して、野球解説者たちはまだどう語ればいいのかわかっていない。2018年のプレーオフの試合中継で、全国区の解説者は〝打球角度〟や〝回転数〟といった用語にしきりに苛立《いら》ち、野球界の新たな科学的関心を嘆いていた。だが言葉は新しいものの、それらの用語が表しているのは新しい現象ではない。ベーブ・ルースが打った打球にも角度はあったし、ボブ・フェラーの速球にも回転数はあった。ただかつては、それを計測する方法がなかったのだ。現在のテクノロジーを使えば、あらゆるものを追跡し、革新的な選手がかつてなかったほどの精度で自分のプレーを分析できるようになっている。自分の現在の技術をよく知れば知るほど、それを改善する方法を分析するのは簡単になる。

チームからチームを渡り歩くうちにデータ機器を使ったコーチに出会い、生涯ホームラン数を3倍にしたり、引退寸前にセイバーメトリクスの観点から突然注目を浴びたりするといったことは、すべての選手に起こることではない。だが、リーグ全体のプレーレベルを変えるのに十分なほどの選手がそうした経験をしている。それによってコーチングスタッフ、スカウト部門、フロントの構成や、ゼネラルマネージャー（ＧＭ）によるチーム編成方法は変わったし、以前は眉をひそめられていたトレーニング方法が人気になり、ワールドシリーズの勝者や個人タイトルの獲得者を左右するようになっている。だが、いまはまだこうした流れの初期段階だが、選手のプライバシーの問題や、観客動員数への悪影響、ストライキの可能性がすでに出てきている。

より根本的な、広い範囲に適用可能なレベルでは、才能は生まれつきのものだという古くからの信念は覆されつつある。古株のスカウトたちが使う〝ガイ〟という言葉にはさまざまな意味がある。あるスカウトは、「アニメの『スマーフ』では〝スマーフ〟という言葉がいろいろな意味で使われるだろう。あれと同じだよ」と言う。期待できない選手は〝ガイじゃない〟あるいは（がっかりした口調で）〝ただのガイ〟だ。有望選手はガイだ。そして最高に有望な選手は大文字のガイ（ＧＵＹ）、あるいはガイ・ガイなどと呼ばれる。選手たちは〝ガイ〟と呼ばれることを目指す。かつてレッドソックスの期待の若手だったマイケル・コペックは、先発投手の（２０１８年のワールドシリーズで最初のアウトと最後のアウトの両方を記録した）クリス・セールとのトレードでシカゴに出されたとき、

「チームのガイになれると示したかった」と語った。選手たちはまた自分の〝天井〟（スカウトの用語で、ある選手の手に届く最高の成績）を打ち破りたいと思っている。

アトランタ・ブレーブスのゼネラルマネージャー特別補佐で、かつてアストロズでR＆Dディレクターだったマイク・ファストは、伝統的にメジャーリーグの各チームはそのような言葉を使ってきたが、一方でこの最も新しく最も大きな革命の最先端にいる一流選手は、〝あらゆるもの〟が変化するということに気づきつつある。正しい練習によってより完全に近い選手が生みだされる。そしていち早くデータによる上達を取りいれた選手が、乗り遅れた選手を置き去りにする時代に突入しつつある。「データ分析《アナリティクス》は選手間の実力差をなくすという発想は完全に間違っている」とファストは言う。「アナリティクスはこれまでよりも選手間の不均衡を増大させる」。アストロズのスカウトからブレーブスのR＆D部門に移籍したファストの同僚ロニット・シャーもやはり同様の考えで、「可能性や上限はほとんど無限だ」と語っている。

〝ガイ〟や〝天井〟という言葉が使われるのは、どこが限界なのかを判断できると思っているからこそだ。だが、ノンガイからガイへ、あるいはただのガイからガイ・ガイへと地位を上げ、可能性を広げる選手はますます増えている。おそらく、絶対的な天井などというものは存在しないか、高すぎてどこにあるのか誰にもわからないものなのだ。そして、これまでわたしたちが信じてきたよりもたくさんのガイ・ガイが存在するのかもしれない。

こうしたパフォーマンスの新たな頂点は、単にテクノロジーによってもたらされたものではない。それは人間の潜在能力に関する新しい哲学の表れだ。ますます多くのチームや選手が成長マインドセットを取りいれ、長く信じられてきた、生まれつきの運動能力がすべてを決めるという決定論を捨てている。生まれ持った素質で決まる数少ない要素のひとつは、選手の勤勉さだろう。スカウトは昔から選手を5つのツールで評価してきたが、練習への取り組みかたこそは、かつては目立たなかったがその5つに影響を及ぼす第6のツールなのだ。

「この10年、野球界は選手の上達という面でとても非効率的だった」バニスターはそう言って、説明のために映画『フォレスト・ガンプ』を引き合いに出した。「長いあいだ、野球選手はチョコレートの箱のように見られてきた。集まったかぎりなく多様な選手たちのなかから、人は最高の選手を見つけようとするが、箱を開けてみないと中身はわからない。そしてますます早く情報を集め、選手について知ることができるようになると、わたしたちは最高の選手が最高である理由は、投球やスイングの際の身体の動きが完璧に近いからだと気づく」。バニスターはさらに、情報の扱いに優れたチームにおける完璧さの追求は「すでにすばらしい、あるいは完璧に近いことができる身体を探すこと」から、「どうしたらデータや、データから学んだことを使って、投球やスイングを完璧に近づけることができるか」を問うことへと変わってきたとつづける。それはつまり、「異世界への入り口のありか」を問うことだ、とバニスターは言う。

それは、遠く離れたメジャーリーガーたちの人生が、わたしたち自身の人生と重なりはじめる部分でもある。野球の技術で抜きん出なくてはならないのはごく少数の人々だ。だがもし、100年の歴史を持つスポーツで豊富な経験を持つ選手が自分で考えていた以上に上達できるのであれば、わくわくするような考えが浮かんでくる。わたしたちは誰もが、隠れた才能を持っているかもしれない。そしておそらく誰もが、どんな仕事をしているにせよ、向上することができるだろう。

2003年に出版されたマイケル・ルイスの『マネー・ボール』(早川書房)は、オークランド・アスレチックスを題材したベストセラーだった。この本によって取りのこされることへの恐怖心が球界に広まり、多くのチームがオークランドの真似をした。この本の索引には「プロ選手」という項目があり、そこにさらに9つのサブ項目がついている。「ツール（これに関する記述があるのは本の最初のページ）」、「スカウティングと獲得（記述はすべて第2章）」、「外見による評価（記述は3カ所）」、「トレード（記述はすべて第9章）」について書かれている。「プロの選手」が結果を出せなかった場合の項目、つまり「DFA（40人枠からはずされる）」というものまである。[1]

だが『マネー・ボール』の索引には、重要な10番目の項目、「成長」が抜けている。この見落としはこの本の盲点だ——そして最近まで、野球界全体がそれをほぼ見落としていた。それはひとつには著者の経歴によるもので、またアスレチックスのビリー・ビーンGMの方法はドラフト上位で余っていて、自分が持つツールをフィールド上で使って成功する術を知らない才能あふれる選手を獲得することにあり、少なくともルイスの語るところでは、選手を上達させることにあまり熱心でなかったことにもよるだろう。

『マネー・ボール』で語られるドラマの多くは選手の取引から生じる。アマチュア選手のドラフトや、過小評価されているリリーフ投手のトレード、そして無名だったスコット・ハッテバーグとの契約など。ハッテバーグは打席でじっくりと球を見きわめるタイプで、打点や打率が打撃成績の指標のなかで最も重視されていたころには評価されていなかった。『マネー・ボール』に書かれているとおり、アスレチックスが選手の年俸総額を抑えつつ優勝争いに加わることができたのは、選手獲得が得意だったからだ。「価値ある選手を見つけてもいいし、価値ある選手を生みだしてもいい」と、サンディエゴ・パドレスの元上級計量《クオンティティブ》アナリスト、クリス・ロングは語る。彼は『マネー・ボール』が流行した直後に、一斉に各球団のフロントに雇われたデータアナリストのひとりだ。見つけることと生みだすこととの両方をするのが理想だが、ビーンの先任者で選手経験のなかったサンディ・アルダーソンが率いたオークランドの最先端の努力は前者に集中された。『マネー・ボール』のサブタイトルは「不公平なゲームで勝利する技術」だが、どうやら選手の能力を高めることはその技術に含まれていなかったらしい。

それはアスレチックスがチーム内の選手を育成しなかったということではない。『マネー・ボール』にはほとんど書かれていないが、アスレチックスにも生え抜きの一流選手はいる。だがその多くは、スターダムにのし上がることを期待されたドラフト上位選手だ。ルイスの本のなかで、ビーンは選手の実力に関して決定論的で、努力すれば成績を伸ばせるという発想を軽視している。オークランドのドラフト戦略は保険数理士の仕事によく似ている。かつて成功したのと同じタイプの選手を獲得し、そうした選手（大卒ピッチャー）を数多く指名し、よりリスクの高い選手（高卒ピッチャー）の指名を減らした。また四球の価値は市場で考えられているよりも高いことに気づき、四球の多い打者を獲得した。その結果、2000年代前半のオークランドの生え抜き選手はトレードで獲得された選手よりも忍耐強さが足りず、ルイスは「ホームベースで適切な振る舞いができない選手たちはまさに、プロ入りしたときからアスレチックスのコーチにするべき振る舞いを教わってきた選手だった」と書いている。

ビーンがドラフトで獲得した有望選手は、トレードで獲得した選手には備わっていた性格のよさを持てないか、または持とうとしなかった。そのためビーンは、プレーの規律を教えるには「選手たちにオムツを穿かせなければならない」と考えた。1984年、雑誌『エスクワイア』には、これまたアスレチックスの元監督で押し出しの強かったビリー・マーチンが語ったセリフを想像して風刺した記事が載った。「手に入るのはラバと競走馬だ。ラバの尻をどれだけ蹴飛ばしたところで、それで競走馬になるわけじゃない[2]」

ビーンに対して公平を期すなら、2000年代前半には誰もラバを競走馬に変えようと本気で考えてはいなかった。『マネー・ボール』が出版された年、『栄光への道：強豪野球チームはいかにして強豪になったか（*Paths to Glory: How Great Baseball Teams Got That Way*）』の共著者であるマーク・アーマーとダニエル・レビットは、「ピッチングカウントが若い投手に及ぼす影響に関する分析を除いて、プロ野球界の外部で、若いバッターのパワーを強化する方法や若いピッチャーに変化球のコントロールを教える方法が研究されることはほとんどなかった[3]」と書いている。その状況はプロ野球界の内部でもあまり変わらなかった。現在のアスレチックスのゼネラルマネージャーで、長年ビーンの片腕だったデビッド・フォーストは、当時のチームはマイナーリーグの投手に1試合当たりある割合のチェンジアップを投げるように命じ、打者には軽打を狙い、ときには対戦投手が1ストライクを取るまで見送って四球率を1割にするように指示した、と語っている。こうした方法は「現在と比べればかなり初歩的なようだ」が、「実行し、計測するための道具がなかった」ため、それよりも複雑なことはできなかった、とフォーストは言う。

ビーンのような前向きな思考の持ち主にとって、価値よりも安い競走馬がたくさんいる状況ではラバを鍛え直す必要はあまりなかっただろう。アスレチックスは、ドラフト戦略に沿って獲った選手と他チームでくすぶっていたハッテバーグのような選手を組みあわせることで、低予算で勝てるチームを作ることができた。ハッテバーグは2002年にアスレチックスと、打者としてチーム3位だが、メジャーリーグの最低年俸のわずか3倍でしかない年俸90万ドルで契約した。「評価が育成にはるかに優先していた」とフォーストは言う。

だがビーンの選手獲得の優位性は次第になくなっていった。それはひとつには『マネー・ボール』の成功によって模倣者が出たこと、その本が話題になるよりもまえに、提唱者のビル・ジェームズが

「野球についての客観的な知識の探求」と呼んだセイバーメトリクスが野球界を席巻しつつあったことが原因だ。ビーンが『マネー・ボール』が書店に並ぶわずか2カ月前に言ったように、「何もしなくても成果が出せる日々は終わった。いまでは優秀なゼネラルマネージャーがたくさんいる[4]」という状況になっていた。

他球団がチームに在籍するハッテバーグのような選手を重視しはじめたため、オークランドは財政的な問題に直面した。アスレチックスは2004年、2005年にはプレーオフに進出できず、2007年から2011年まではシーズン勝ち越しを逃し、わずかに復活したあと、2015年から2017年まで最下位に終わっている。皮肉なことに、ハッテバーグを獲得するためにビーンが2002年に放出した若手有望選手カルロス・ペーニャはハッテバーグよりもはるかにいい打者になったうえ、四球数でも上回った。長い時間を要し、またそれまでの成績には大化けしそうな徴候はほとんどなかったが、この一塁手は大成長を遂げた。

ペーニャが引退し、ビーンがゼネラルマネージャーに就任して以来はじめてアスレチックスが最下位に沈んだ2015年までに、ほぼすべてのチームのフロントが統計やデータ分析によって選手の価値を見きわめることに多額の予算を投入し、進んだチームは、今世紀はじめのアスレチックスよりもはるか先を走っていた。その年の春、MLBはメジャーリーグの全球場で、カメラとレーダーのネットワークにより、すべての投球の球速、すべての打球の速度と軌道、フィールドと塁上のすべての選手の動きを記録するスタットキャストを導入した。それは、数シーズン前から全投球の速度、動き、スピンの推測値と、全打球の速度と角度を計測するために使われていたPITCHf/xとHITf/xに取って代わった。マイナーリーグでは、(スタットキャストの構成要素である)「トラックマン」によって全30球団の傘下にあるすべてのマイナーリーグの選手のデータが採取されるようになった。

どこまで掘りさげてデータ分析をするかはチームによって異なるが、10年前のローテクなものからすれば情報は広く行き渡り、はるかに有効なものになっている。多大な影響力を持つビル・ジェームズが年に1度出版していた『野球抄（*Baseball Abstracts*）』の12冊目にして最後の1冊が出たのと同じ１９８８年まで、野球のデータ・コレクターはすべてのＭＬＢの投球結果を記録してさえいなかったのだ。それから30年も経たないうちに、かつてはＳＦに登場する空想の産物に見えたであろうシステムによって、フィールド上で行われるプレーの結果を1秒ごとに4万回捉えられるようになったのだ。データ量が増えるにつれ、集積されたデータベースは膨大になり、その内容を分析する部門は大きくなる。２０１６年4月には本書の著者ベン・リンドバーグが、統計データの解析を専門とするウェブサイト〈ファイブサーティエイト〉に共著者として発表した研究で、時間とともに各チームに採用されたアナリストの急激な増加を表にしている。その時点で、平均して各チーム５人がフロントでリサーチと技術改良に取り組んでいた（その数はさらに膨れあがり、２０１８年春の時点で各チーム７・５人を上回っている）。メジャーリーグの各チームが最低１人、そして緊縮予算のマイアミ・マーリンズ以外のすべてのチームが２人以上のアナリストを雇っている。〈ファイブサーティエイト〉に寄稿した研究によれば、はじめにデータ重視の方針をとったチームは、ライバル球団に先駆けて野球のビッグデータを利用することで1シーズンにつき数勝（そして金額にして数千万ドル）を得ることができたが、各球団のフロントによる知恵比べが激しさを増すにつれ、利益は次第に縮小していった。野球アナリストのフィル・バーンバウムがかつて語ったように、「利口であることより、愚かさを避けることによってより多くを得られる(5)」のだ。各球団ははるか以前から、目の前にいる好選手を認識するうえで愚かさを避けるようになっていた。

〝マネー・ボール〟という言葉は、アスレチックスが最も効果的だと判断した何か特定の戦略を連想させるが、実際にはチーム編成やゲーム内でのどれかひとつの戦術を意味するわけではない。それはむしろ、あらゆる非効率性を発見するという哲学なのだ。「セイバーメトリクスやマネー・ボールについて人が考えるとき、その内容はフィールド上で見えるもの、ゲームの戦い方であることが多い」と、パドレスを退団し、いまは複数の球団の顧問を務めるロングは言う。「だが、ほとんどの価値は実はフィールド外にある」。フィールド上の変化は目につく。近年では、データアナリストがはるか以前から非難してきた（そしてマネー・ボールのアスレチックスが避けていた）送りバントや、非効率な盗塁といった生産性の低い戦略は好まれなくなっている。だが悪いバントや盗塁をなくしたところで、さほど大きな効果があるわけではない。プレーオフやリーグチャンピオンシップシリーズへの進出の鍵を握るのは有能な選手を獲得する――あるいは育てる――ことだ。1920年代には、各球団には才能を持つ新たな選手を探すために全国をくまなく巡回する〝象牙《アイボリー》ハンター〟がいた。2010年代には、彼らはクオンティテイティブ・アナリスト、略して〝クオンツ〟と呼ばれている。目標は変わらないが、手法の進化は止まらない。

2014年の夏、統計データに詳しい数百人の野球ファンと14チームのクオンツがボストンに集まり、〝セイバー・セミナー〟と呼ばれる年に1度のデータ分析に関する会議を行った。このセイバー・セミナーでは、回帰分析や複雑なクエリを使って隠れた小さな価値を抽出する研究が多く発表された。だがその年の基調講演者で、2013年にワールドシリーズを制覇したレッドソックスのベン・シェリントンGMは、選手がすでに持っている隠れた価値を探す時代はまもなく終わると語った。「2002年から2004年ごろは、最強のチームと最弱のチームの選手の能力の差を測り、開幕前に各チームがシーズンで何勝できるかを推測するのは、現在よりも簡単でした。いまではそれは難しくなっている……選手のパフォーマンスを高め、より高い可能性の幅へと導く方法を見つけることがますます重要になっています」

〝より高い可能性の幅〟とは、あまり魅力的な言葉とは思えないかもしれない。だがそれこそが、出塁率など、かつては見逃されていた価値をすべてのチームが柔軟に考慮するようになった世界で勝利を得るために必要なものなのだ。シェリントンが語る言葉は、そこにいた観衆にはお馴染みのことだった。『マネー・ボール』が発売される数カ月前、のちに選挙予測を行うようになる若いアナリスト、ネイト・シルバーが、セイバーメトリクスと同じ方向性のウェブサイト、〈ベースボール・プロスペクタス〉で選手の成績を予測する新たな枠組みを発表した。彼が生みだした「PECOTA」とは「Player Empirical Comparison and Optimization Test Algorithm（選手の経験的比較と最適化試験アルゴリズム）」の略語だが、実は往年の内野手ビル・ペコタの名にちなんだ逆頭字語《バクロニム》〔ある言葉（ここでは人名の〝Pecota〟）の各文字にあとから言葉を当て、意味を持たせたもの〕である。およそ平均的な選手だった彼の名が、多くの選手の予測システムの標準になった。PECOTAは各選手の最も可能性の高い成績と、より可能性の低い（だが不可能ではない）成績の幅を提示する。10パーセンタイル値は、ほぼ何もかもがうまくいかなかった場合のシーズン成績、90パーセンタイル値はシステムの予測を選手が大きく上回った場合の成績だ。

PECOTAや、公的なもの、私的なものを含めてその後継のシステムは、人間を誤った方向へ進ませる認知バイアスを補正し、野球の予測をより正確で厳密なものにした。予測システムはホームゲームで好プレーをしたり、決勝打を打ったからといってその選手に惚れこんだりはしない。あるいは、ある日たまたま4の0で4三振だったり、不運な当たりで打ち取られても見限ったりはしない。予測システムは賢明だが、伝統的に想像力には欠けている。予測はおおむね選手の過去の成績によるが、近年の成績を重視した加重平均で、対戦成績や球場、年齢その他の要素によって調整される。PECOTAでは、選手の体格、年齢、技術、あるいは比較可能な過去の選手によって、その選手がブレイクする可能性を高く見積もるが、それもある程度までだ。よい成績を上げたことのない選手についてはよい結果を予測することはない。

全体として、前例のないパフォーマンスを予測しないことは、システムにとってよい結果をもたらしている。たとえばファンは絶好調の選手がいれば必ず、スタンスやスイングの改造、ピッチャーが握りを変えたことといった、魔法のような微調整によって選手の能力が向上したのだと思いこんでしまうものだが、そういったものは排除される。そういった微調整はときにはあまり効果がなく、効果があるにしても持続しないこともある。だが、生まれ変わったように見える選手が、実際に生まれ変わっていることもある。そうした選手を最初に見つけた――あるいは同様の選手をより多く生みだした――チームは一挙に優勝に近づくことになる。現在はどのチームも、どの選手の成績が上がりそうかを知っている。だが最高のチームが探しているのは、予測を超える選手を見つける方法だ。

「ほかの時代に生きていたらマイナーリーグで終わっただろう選手が成績を向上させ、メジャーリーガーになったという実話がいくつもある」とフォーストは言う。そうなると、アンディ・マッケイが語ったように、「すべてが帳消しになる」

野球を題材にした本は数えきれないほど書かれているが、選手育成に関するものはあまり多くない。その過程は困難でわかりにくく、球場の裏手やブルペン、バッティングケージなど人の目につかない場所や、最近までほとんどのファンには見ることができなかった重要性の低い試合で行われる。ドラフトの日を境に、選手は多くのファンの前から消えて繭のなかにしまわれてしまう。そのなかから幾人かが野球選手となってのちに姿を現すが、一方で大半の選手は消えて永遠に忘れられてしまう。一流選手になれなかったと嘆かれるのはとくに才能が認められていた選手の場合だけだ。

けれども、選手を磨きあげ、メジャーリーグのマウンドやバッターボックスへ送る魔法のような瞬間は、たとえその多くはカメラが写していないときに起こるにせよ、やはり存在する。スカウトの物語では、最初のひと振りで打者に惚れこむ興奮の場面や、『マネー・ボール』型の本では一足飛びに成功を収め、シャンパンの栓が抜かれるといった場面が描かれる。育成はその途中のどこかに存在する。だがそれがなければスカウトが見いだした才能の多くは埋もれてしまうし、勝利の多くは得られない。「野球における金、報酬、税、収入の分配に関する話はやむことがないが、成功への唯一の道は選手の育成にある」と、〈ベースボール・プロスペクタス〉の共同設立者ジョー・シーハンは２０１８年10月に語っている。

２０１５年11月、〈ベースボール・プロスペクタス〉のラッセル・カールトンはウェブサイト上で「選手育成について」と題した、主張とも呼びかけともとれる文章を発表した。彼はそれが簡単なことではないと認めている。メジャーより下のリーグでは、一般の手に入るデータは少なく、選手たちが何をしているのかよくわからず、勝敗の重要度も低い。だが野球界最後の謎をこじ開け、探索することには価値がある。「誰もが探している〝新たなマネー・ボール〟は、実は若手選手や目立たない試合のなかにある。若く、コストの安い選手は平均して、１勝あたりのコストが１チームのフリーエージェント市場で支払う額の半分になる。しかもそれは平均にすぎない。選手育成に秀でたチームであれば、低コストの若手選手を揃えられ、しかもその傾向は長く継続できる。選手育成を確立したチームは優位に立てると言えないだろうか？」

たしかにそうだ。

「多くの人は気づいていないが、いまマネー・ボールにのっとってチーム運営をしていたら、そのチームは徹底的にやられるだろう」と、あるＭＬＢ球団のクオンツは言う。「もし賢明なチームがいま統計分析をしていると言ったら、それはマネー・ボールをしているという意味じゃない。マネー・

ボール後の最先端の取り組みをしているということなんだ」。この新局面では、肝心なのは選手をよりよく《ベター》することだ。ベター・ボール。それは主流の地位を占めつつある。マリナーズのジェリー・ディポートGMはこう言う。「われわれはセイバーメトリクス革命の時代の先史時代のような遅い歩みと比べれば、猛烈な速さで変わりつつある」

ミネソタ・ツインズの編成部門最高責任者デレク・ファルビーもまた、この流れに沿ってチーム編成をしようとしている。「われわれはつぎの最前線について話しあっている。分析は問題ない。［選手の］選択は？ モデルができあがっている。誤解しないでほしいが、その選択のモデルは改良していかなきゃならない。だが育成は、もしほかの29球団よりもよい方法を見つけられれば、そこで大きな成果を挙げることができる」

アメリカ全土の球場や一見地味な独立施設で、選手育成における新たな革命の成果が出つつある——それは、野球という競技の風景をひっくり返すかもしれない。これまで以上に選手の価値に対する理解は進むだろう。現在、各球団は選手の期待値を高めることに重点を置いている。期待されていなかった選手を有望選手に、平均的なメジャーリーガーをMVP候補に、そしてそれほどドラマティックではないがより広い範囲で、よいメジャーリーガーをよりよいメジャーリーガーに変えようとしている。球団だけではない。好奇心を持ち、データに精通した選手は自分自身を向上させるための方法を手に入れ、ときにはこの潮流を生みだした外部のコーチと協力して活動している。マネー・ボールはグラウンドよりも高い場所、球団幹部のオフィスやデータ処理施設から起こった。そのあとにつづき、それに取って代わろうとしている潮流は、MLBの華やかな光の届かない場所で始まった。

2 先天的なマニア、後天的なアスリート

静かに飛ぶ鳥はいない。

――ウィルバー・ライト

ジョン・ボイドはネバダ砂漠のネリス空軍基地で教官をしていた。映画『トップガン』のパイパーと同じように、1950年代の5年間、1日に数度、戦闘機のF100スーパーセイバーに乗ったパイロット訓練生の相手を務めていた。彼は模擬空戦で自機と敵機の位置を観察、記録、分析していた。誰が相手であれ、空中で40秒以内に負かすことができると豪語し、いつでも勝敗の賭けに応じていた。この朝鮮戦争の元戦闘機パイロットは、伝えられるところでは負け知らずだった。ボイドはコクピットで優位に立つための最も効果的な方法を身につけていた。旋回するときに飛行機は速度を落とすか高度を下げ、エネルギーが減少することを知っていた。「ボイドの考えでは、有利な位置を取ることは基本的にはエネルギーの問題だった」と航空機設計者のハリー・ヒラカーは書いている。「勝つためには、空中戦のあらゆる瞬間に、その状況で得られるエネルギーを適切に管理する必要がある」[1]

飛行機の最高速よりもはるかに重要なのは、どれだけすばやく操作し、高度を上げられるかだということにボイドは気づいた。彼以前に、パイロットに関する科学はないに等しかった。その後ボイド

は『航空攻撃研究（*Aerial Attack Study*）』という本を書き、ドッグファイトに物理学を適用した。飛行機の設計やパイロットの操縦に変革をもたらした。史上最高の戦闘機のひとつ、F16の開発で大きな役割を演じた。そして、手に負えない人物でもあった。

〈ウォールストリート・ジャーナル〉の元コラムニストにしてベンチャーキャピタルの〈コラボレイティブ・ファンド〉の共同出資者モーガン・ハウゼルは、2018年8月にファンドのウェブサイトにボイドに関するブログ記事を掲載した。ボイドは不作法で短気で強情で、「仲間たちが驚いたことに、上官に対して口答えしていた」と書いている。会議での態度は粗野で見苦しかった。ボイドに関するある回顧では、「この優秀な若い将校は独自の考えを持っていた」と書かれている。「[だが]直属の上官に対する態度が悪く、短気だった。自分の計画の妨げになる人物を容赦しなかった」

ハウゼルはボイドを個性的で強迫観念を抱いた風変わりな天才の例としている。彼はボイドの態度をテスラの創業者イーロン・マスクと比べている。ハウゼルはこのふたりを〝先天的なマニア〟と呼び、こう書いている。「飛び抜けた才能があり、しかも態度がよくない人物がいると問題が生じる。態度の悪さは、何も飛び抜けた才能ゆえではない」

2018年の夏に、トレバー・バウアーはそのブログをリツイートした。ハウゼルの言葉はそのままバウアーにもあてはまっていた。

バウアーが最も誤解された出来事は、2016年10月に起きた。インディアンスはプレーオフに進出し、彼はALCS第3戦で先発することになっていた。トロントのマウンドに上がったとき、右手の小指は黒い糸で縫われていて、乾いた血がこびりついていた。包帯は巻かれていなかった。MLBの規定で、ピッチャーは手に異物をつけてはならないとされているからだ。数球投げたところで、バウアーの指から鮮血がほとばしった。縫い目が閉じていなかったのだ。バウアーはドローン事故というメジャーリーグ史上はじめての理由でポストシーズンの先発マウンドを降りることになった。

その数日前、バウアーはドローンを充電しようとプラグを差しこんでいたが、正常に作動しなかった。ところが急にプロペラが回りはじめ、小指がぱっくりと裂けてしまった。プレーオフ中にドローンを飛ばすのは無責任な行動だという批判もあった。だがドローンを組み立てるのはバウアーにとって単なる趣味の域を超え、1日に1、2時間野球から離れる貴重な休息の時間だった。彼は自分を可能なかぎり最高のピッチャーにするための、独特の技術的な課題に取り憑《つ》かれていた。批判者は理解していないが、バウアーほど上達に意欲を燃やしている野球選手はめったにいない。


ヒューストンの北90キロのところにある、人口621人のテキサス州モンゴメリーに通じた二車線の舗装道ホネア・エジプト・ロードを、インディアンスの球団職員が、若手有望選手たちと同じように通っていった。彼らは白い、三本の横棒で仕切られた牛の囲いに近づくと速度を落とした。そこが広大な敷地の端だ。一行は〈テキサス・ベースボール・ランチ〉の砂利のドライブウェイに入っていった。

牧場のど真ん中にあるその施設は才能あふれる選手がいるとはとても思えない場所だった。きれいな球場もトレーニングセンターもない。トレーニングはほとんど、小型飛行機の格納庫か、半分に割られた巨大なブリキ缶が横向きに地面に置かれたような、シンプルな鉄のアーチ型の建物のなかで行われていた。その施設には想像するかぎり余分なものはいっさいなく、真夏のテキサスのうだるような暑さと湿度のなかでも空調すらついていない。オフィスは納屋のような建物にある。施設内には練習用に人工芝が張られているが、裏手は草が伸び放題だ。これよりも最小限のものしかない野球施設を想像するのは難しい。

こうした質素な施設はバウアーには合っていた。彼は派手なトレーニング施設が嫌いだった。アマチュアのころに被っていたキャップは、高校時代はすり切れていたし、UCLA時代には色褪《あ》せて水色になり、日に焼けて汗を吸っていた。2010年のカレッジ・ワールドシリーズでは、試合後の記者会見で壇上のテーブルについたとき、チームメイトたちと比べてキャップの色が薄いことについて質問された。

「角が尖ったキャップが好きではないんです」とバウアーは答えた。「まるで車掌みたいだから」。部屋は大きな笑いに包まれた。バウアーは笑顔を見せた。「だからサイズがちょうどよくて角が下がったままのキャップを見つけたら、それを使いつづけるんです」

その後、ドラフト前になると代理人のオファーをいくつも受けた。多くの芸能人を抱える大手エージェント〈CAA〉のスポーツ部門もそのひとつだった。ロサンゼルスに建つ14階建てのガラスと金属製の建物に着くと、駐車係のいる駐車場に豪華な車が並んでいた。高級スーツを着た担当者がバウアーを出迎えた。その建物には映画館まで設置されていた。鐘や笛の音がどうにも落ち着かなかったので、バウアーは担当者がジーンズで挨拶をした〈ワッサーマン〉を代理人に選んだ。「いい情報が得られるかどうかは、会社の環境とか外見とは関係ない」と彼は言う。「たいていは見た目のよくない環境のほうが快適に過ごせる。そのほうが、大切なのは情報と仕事と発想だという考えにも合っているように思う」

2012年から2013年の冬、〈テキサス・ベースボール・ランチ〉にレンタカーで到着したのはインディアンスの編成部門最高責任者クリス・アントネッティ、テリー・フランコーナ監督、編成部門副責任者デレク・ファルビーだった。彼らは選手育成の見直しをしており、参考にできるアイデアを探していた。だがここを訪れたおもな理由は、アリゾナ・ダイヤモンドバックスに全体3位で指名され、その18カ月後にトレードで獲得した危険分子、偶像破壊者バウアーについてもっとよく知ることだった。これほど早い順目で指名された選手がこれほど短期間でトレードされるというのは、かなり珍しいことだ。実際バウアー以前に全体3位以内で指名されてこれほど早期に放出された選手は、1973年に全体2位で指名されたフィリーズの捕手ジョン・スターンズだけだ。彼はチームの大物捕手ボブ・ブーンという壁に阻まれ、バウアーよりも8日早く移籍した。

この年の冬、例年のオフシーズンの慣例どおり、バウアーは〈ランチ〉に滞在していた。そんなことをするメジャーリーガーは彼がはじめてだった。

テキサス州モンゴメリーのこの施設で、アントネッティらは3日間バウアーと行動をともにした。バウアーは「なぜこうするんだ？　きみの考えを説明してくれ」とルーティンについて質問されたことを覚えている。彼らはバウアーを昼食に連れていった。フランコーナとアントネッティはレンタカーで、バウアーはファルビーを自分のスポーツカーに乗せて移動した。店に移動するあいだに、バウアーとファルビーはすぐに意気投合した。「わたしたちはピッチング・オタクなんだ」とファルビーは言う。「それから彼のトレーニングを見るようになった。彼が何をしているかを見るようになった。もっとうまくなること、それこそトレバーが求めているものだ」。それがふたりの生産的な関係の始まりだった。ファルビーはそれを友情と呼んでいる。

バウアーは、自分のキャリアはすべて、生まれつきの才能の限界に対する練習の勝利だと言う。「ぼくは生まれついてのアスリートじゃなかった」と、2011年8月には『スポーツ・イラストレイテッド』に語っている。「筋力も速さもなかった。爆発的な力はなかったし、ジャンプ力もなかった」。だとしたら、どのようにしてメジャーリーグのドラフト全体3位で指名されるほどになったのだろうか。「ぼくは作られたんだ」

ぼくは作られた。
もしそれが正しいなら——伝統的な野球のトレーニングや思考をひっくり返すような方法でバウアーが作られたというなら、彼のキャリアは学習やスキルの発達に関する考えに大きな副産物をもたらすかもしれない。トレードからほぼ6年で、バウアーはエリートのなかのエリートに成長した。だが２０１８年、サイ・ヤング賞を争っていた最中《さなか》にも、やはり自分のアスリートとしての生まれつきの能力は貧弱だと主張している。彼は以前にもまして、自分は野球選手製造プロジェクトの成功例、工学の偉業なのだと信じている。

「60ヤード走のタイムは信じられないほど悪い。筋出力は？　持ちあげられるウェイトは？　トレーニングで鍛えられる部分も多いけれど、ウェイトを動かすスピードは……速くない。アスリートにとって、それは重要な部分だ。アメリカンフットボールで、よい選手の特徴はなんだろう？　強く、力があって、速く走れる、すばやく方向を変えられるといったことだ。バスケットボールでは？　飛べるか、俊敏か、ハンドアイ・コーディネーション〔手と目の協調。目が捉えたものに対し、手で正確な反応をする能力〕が優れているか」

バウアーは間を置く。

「そうだね」と、彼は譲歩した。「ぼくもハンドアイ・コーディネーションだけはいいかもしれない（彼は２０１８年に打撃練習の打球を背面キャッチした場面を目撃されている）。でもさまざまなスポーツを考慮して〝よいアスリート〟の特徴を問うとしたら、ぼくはそれにあてはまらないだろう」

大学時代、ＵＣＬＡのホームゲームで先発したあとには、父親のウォレン・バウアーがトレバーを連れてフリーウェイ４０５号線を走り、ウェストウッド・ビレッジのデニーズで食事をした。脂肪と炭水化物だらけの〝ランバージャック・スラム〟が定番メニューだ。トレバーに生まれつきの才能があるとしたら何かと質問されると、ウォレンは迷わずスマートフォンに手を伸ばし、ユーチューブの動画を開いて、アンジェラ・リー・ダックワースのTEDトークを再生した。

　ダックワースはコンサルティング会社に務めていたが、退職してニューヨークで中学1年生の先生になった。するとすぐに、生徒の成績を判断する信頼できる指標はIQだけではないことに気づいた。「一生懸命、時間をかけて」学べば、生徒はひとり残らず勉強ができるようになる。その経験から彼女は、教育者は動機や心理といった側面から学習を捉えるべきだと考えるようになった。

　ダックワースはその後教職を離れ、心理学を学んだ。子どもと大人が困難な状況でどのような成果を出すかを調査しながら、どのような人が成功するのか、そしてそれはなぜか、という疑問を探究した。ウェストポイント陸軍士官学校の入学者のうち、退学せずに残るのはどのような人かを推測しようとした。スペリングビー〔単語の正しい綴りを競う大会〕の全国大会で勝ち残るのはどのような人かを予想した。シカゴの高校生にアンケート調査を行い、きちんと卒業できた生徒がどのような回答をしたかを分析した。そのなかで、成功の重要な指標としてひとつの性質が浮かびあがってきた。IQではない。「それは〝やり抜く力《グリット》〟でした」と彼女はTEDトークで観衆に向かって語った。「グリットは長期的な目標に対する情熱、忍耐力です。グリットはスタミナを持つことです。来る日も来る日も、自分の将来をいつも考えていることです。週とか月ではなく、何年にもわたって。そしてその将来を実現させるために、懸命に頑張ることです」。もしトレバーに何か稀《まれ》に見る性質があるとすればグリットだ、とウォレンは考えている。

　キャリアの多くの時間をグリットの研究に費やしてきたダックワースにとって、最も驚くべきことは、「グリットを育む方法について、人も科学もいかに無知か」ということだ。はっきりとわかっているのは、持って生まれた才能によってグリットのある人に育つことはないということだ。もしそうなら、彼女のデータには逆にグリットが計測された才能に結びつくことが示されるはずだ。「子どもにグリットを教える方法について、わたしが知る最高のものは、成長マインドセットと呼ばれるものです」とダックワースは語っている。(2)

成長マインドセットとは、スタンフォード大学の心理学者キャロル・ドゥエックが定義した性格のことだ。彼女の研究によれば、わたしたちが自分の能力をどう捉えるかが才能を生みだす鍵となる。ドゥエックはスキルや能力、性格は大きく改善されたり変化したりすることはないとみなす考えかたを、硬直マインドセットと定義する。文化批評家のマリア・ポポーヴァによれば、硬直マインドセットを持っていると、「なんとしても失敗を避けることで自分は賢明で能力があるという感覚を維持する」が、成長マインドセットの持ち主は失敗を愚かさの証拠や能力の欠如を表すものではなく、「成長と、持てる能力を伸ばすことを優しく促す跳躍台」とみなしているという。

野球界にグリットや成長マインドセットを示す実例があるとすれば、それはトレバー・バウアーだ。2012年の秋、インディアンスはバウアーがどのようにしてエリート・アマチュア投手になり、やがて将来有望な野球選手になったのかを知ろうとした。そしてもうひとつ、ダイヤモンドバックスがなぜ全体3位の指名選手を手放そうとするのかについても。バウアーにはある評判があり、インディアンスにも批判の声は届いていた——チームのことを考えない、一匹狼、頑固、気難しい、コーチの話を聞かない。バウアーはそのいくつかは自分に原因があると認めるが、多くは不公平な決めつけだと考えている。だがいったん決めつけられてしまうと、それが正当かどうかを考える人はほとんどいない。

アマチュア時代にあった人との衝突について話してほしいと言うと、バウアーは考えた。

「高校時代のコーチは……」彼はそこで話を止め、クリーブランド郊外のシーズン中の住まいのそばにあるレストラン〈ヤードハウス〉でいつも注文するパルメザンチーズのポークチョップを食べた。

それからはっきりと口にした。「くそったれだった」

海岸沿いの丘陵地帯を走る州間高速5号線をロサンゼルスから北上し、サンガブリエル山脈が迫ってくると、太平洋もカリフォルニアの海岸も遠く感じられる。ハイウェイは労働者の町サンタクラリタに入る。バウアーの地元で、ロサンゼルスの中心部から60キロほどの乾燥した砂漠だ。小さな平屋と同じ形の分譲地が並び、低木がまばらに生えた山に囲まれている。

バウアーはハート高校野球部のチームに入ると、太陽の照りつけるブルペンで投球動作中に右足だけで立って完全にバランスを取り、静止するというトレーニングを命じられた。バウアーは馬鹿げた練習だと思った。何世代も伝えられてきた伝統的な投球の練習方法だが、バウアーにとってはまるで間違った方法だった。彼はわざとらしくモーションに入り、右足で立って動作を止めてバランスを取ると、コーチのほうを向いて言った。「これでいいですか？　もう投げてもいいですか？」

人の話をいっさい聞かないわけじゃない。悪いアドバイスは拒絶しているだけだ、とバウアーは言う。有益な情報を与え、その理由を説明してくれるコーチにとっては、とても教えやすい選手だ。権威にただ黙って従うことはしない。多くの場合、彼はそれに疑問を投げかける。練習であれドリルであれ、しろと言われたことの背後にある論理や科学を知りたいだけなのだ。それがバウアーのＤＮＡに含まれている。

「父さんから盲目的に何かを信奉せず、権威に疑問を持ち、自分で考えるように教わった」とバウアーは言う。「たぶん、それがときどき行き過ぎるんだろう」

ウォレンの父は第二次世界大戦の戦闘機のパイロットで、ドイツから第一世代としてアメリカに渡ってきた移民だった。ニューメキシコ州の石油ガス開発会社で初期のコンピュータプログラマーになった。父親がキッチンの机でコーディング用紙にコードを書いていたのをウォレンはいまも覚えている。両親からは18歳になったら自立してサンタフェの家を出るように言われていた。ダンキン・ドーナツの店を買って経営し、やがて店を売ることで、コロラド鉱山大学の授業料と生活費を賄った。化学工学の学位を取り、中部カリフォルニアで数年間石油ガス産業で働いたあと、ニューメキシコに戻って兄弟で家具販売を始めた。

ウォレンは子どものころスポーツをしなかったが、息子は幼いころから野球に夢中になった。7歳のとき、リトルリーグの試合ではじめてピッチングをした。ホームプレートまで球が届く選手はほかにあまりいなかったので、投手をつづけた。シーズンが終わったあと、ウォレンはトレバーにピッチングをつづけたいかを尋ねた。トレバーはつづけたいと答えた。だったら有料のレッスンを受けて上達し、怪我をしないようにしよう——練習を頑張るんだぞ、とウォレンは言った。うまくなりたければ投資をしなくてはならないんだ。

ふたりは地元のバッティングセンターへ行き、シルビオという名のドミニカ共和国出身の投手コーチを見つけた。彼はバウアー親子がはじめに採用した、伝統に囚われないトレーニング方法を教えた。ウェイテッド（重さを変えた）ボールによる投球だ。シルビオは、ドミニカ共和国ではピッチャーはウェイテッドボールか、投げることのできるあらゆるものを投げて鍛えると説明した。家に帰ると、ウォレンとトレバーはタッパーに水をため、そこにボールを浸した。8歳にして、バウアーはのちに広く知られるトレーニング方法をすでに経験していた。

「3日経ったら、水は藻やコケやら何やらでいっぱいになっていた。ひどい臭いだったよ」とバウアーは言う。「水を吸ったボールを投げて、濡れたボールを握ると、グラブは濡れるし、顔に水がかかった……ウェイテッドボールを投げるのは、当時は一般的じゃなかった。ウェブで買うこともできなかったんだ」

ウォレンはニューメキシコまで通勤していた。月曜にアルバカーキまで飛び、金曜の早朝に帰宅した。だからトレバーは自分でトレーニングをしなければならず、すべて自分に責任がかかっていた。そのことから厳しい節制を学んだ。「ぼくは早くから職業倫理を身につけた。そうしないと上達できなかったんだ」

ウォレンには野球のプレー経験がないため、あるべき野球のトレーニングに関する先入観がなかった。ウォレンにとって、息子の活動はすばらしい科学実験だった。彼らは一緒にピッチングについて学び、まるでエンジニアのように一からあらゆるものを調べ、疑問を抱いた。ノーラン・ライアンがソフトボールに釘を打ちこんで重くしていたことを読んで知った。そしてシルビオに教わって2年経つころには、学べるものはすべて吸収したように感じ、方法に疑問を覚える部分も出てきた。彼らは成長を必要としていた。

トレバーが10歳のとき、家族ぐるみの友達で大学でピッチャーをしていたジム・ワグナーが投手コーチを始めるつもりだと言った。バウアーはその最初の教え子のひとりになった。はじめ、ワグナーは経験と、ピッチングに関する本や動画から得た情報を教えた。しかし小さなバウアーにはほとんど成長が見られなかった。ワグナーは自分の元チームメイトのアラン・ジェーガーと会ってみてはどうかと彼に勧めた。ジェーガーも投手コーチで、遠投——基本的に、できるだけ遠くまで球を投げることと——と、助走をつけて全力で、グラウンドの平らな部分から短い距離を水平な高さで投げるプルダウンを提唱していた。彼はよく選手に90メートル以上の距離から投げさせ、それからパートナーとの距離を〝詰め〟ていき、徐々に近づきながらプルダウンをさせる。ジェーガーはバリー・ジトやダン・ヘイレンなどメジャーリーガーにも指導していたが、遠投の提唱者は数少なかった。極端で、伝統的な考えかたとは真っ向から反した方法だったからだ。バウアーは自然と興味を覚えた。

遠投と全力投球によるトレーニングの目的のひとつは、強度を増すことだ。100メートル近い距離でボールを投げることによって、投手は持てる力をすべて出すことになり、身体の能力を高め、徐々にスキルを向上させる。技術的な観点からは、遠投はまた、肩が外旋する、つまり腕が身体の中心から離れるように回る際の可動域を広げることで、投球動作の柔軟性を高めるように設計されていた。外旋を体験してみるには、球を投げる側の腕（投球腕）を肩から身体の横に地面と平行に伸ばし、肘を上向きに90度曲げて手を上げる。それから大きなゴムバンドを引くように手を後ろに動かす。あるいは、自分の胸の中心に当てたゴムバンドを両側に引くのを想像してもいい。その肩の外旋が肘の回転を引き起こす。ストレングスコーチのベン・ブリュースターによれば、肩の外旋が広がれば「手が描く弧がより大きくなり、ボールに強い力が伝わる」ため球速アップに結びつく[3]。内旋とは、それとは逆に身体の中心に向かう動きのことだ。

球速を上げるには基本的に、筋力をつける、動作の効率性を高める、可動性を広げるという3つの方法がある。腕を限界まで伸ばすことの影響はほとんどわかっていないため、ピッチングの研究者は注意するようにアドバイスすることが多い。だが身体を伸ばすことの利点は測定されていて、より遠くから、より強く投げることで外旋可動域と腕のスピードが増すことがわかっている。2017年に『整形外科スポーツ医学誌』に掲載されたNCAAのディビジョン1校の大学生ピッチャー16人に対する調査によると、わずか3日間遠投のトレーニングをしただけで外旋可動域が129・4度から135・9度に広がった[4]。ケビン・E・ウィルク博士と同僚による2015年の論文によれば、2005年から2012年までプロのピッチャー296人から集めたデータに基づく調査で、肩の可動性はピッチャーの腕を故障から守るために重要であり、外旋可動域が狭いピッチャーは十分な可動域があるピッチャーに比べてＩＬ〔負傷者リスト、当時の名称は〝ＤＬ（故障者リスト）〟〕に入る可能性が２・２倍高く、肩の外科手術を受ける可能性が４倍高いことがわかった。[5]

トレバーが12歳のとき、ジェーガーはおそらくそれまで全国のどの子どもも知らなかったルーティンを取りいれさせた。投球練習を始めるとき、セラバンドで右手首をフェンスや手すりといった固定したものに結びつける。そして本来は腱板断裂のリハビリ目的で開発された一連の筋力トレーニングをする。バンドを使って外旋と内旋をさせる。そのウォーミングアップのあと、広い場所でできるだけ遠くへボールを投げる。彼は全力で投げることをマスターしつつあり、いつの間にか球速を上げる最も効果的な方法を身につけていった。遠投とプルダウンがルーティンのなかで欠かせないものになっていた。

バウアーがはじめて〈テキサス・ベースボール・ランチ〉のことを知ったのはワグナーを通じてだった。ワグナーはあるとき、ロン・ウォルフォース著、『ジ・アスレティック・ピッチャー（*The Athletic Pitcher*）』という、投球フォームに関する、らせん綴じの聞いたこともない本を見つけた。たいていの投手コーチは、まず投球フォームから教える。だがウォルフォースはちがう。型にはまった方法を信じていないし、効率のいい投球をしているピッチャーの投球モーションを真似しようともしない。彼は１９３０年代から１９５０年代のピッチャーは個性的で自然なフォームで投げていたことに気づいた。そして彼らがより多くのイニングを投げていたのに、おそらく怪我はいまより多くなかった（当時の故障のデータは少なく、球速が一般に遅いため身体にストレスを与えてはいなかったが）と主張した。[6] やり投げを研究して投球モーションを考察し、ウェイテッドボールと遠投を練習方法に取りいれた。ワグナーは息子を偵察に送りこんだ。若いワグナーは〈テキサス・ベースボール・ランチ〉から戻ると、バウアー親子に短いメッセージを伝えた。「絶対に行ってみるべきだよ」

当時、ウォルフォースは週末の短期講習を２００ドルで行っていた。５回分の講習チケットを買うと6枚目のチケットが無料になる。ウォレンは息子に6枚のチケットを買った。はじめてそこに行ったときのことでトレバーが覚えているのは、耐えられないほどの暑さだ。扇風機はあったものの、トレーニング施設から37℃の湿った空気を送りこむだけの代物だった。半円形の施設は、外よりも内部のほうが暑いように感じた。参加者は3組に分かれ、それぞれが異なるドリルをしている。あるドリルでは、ピッチャーが１・８キロのボールを両手で持ち、頭上から時速60キロで投げようとしている。それはウォルフォースの計算によれば、マウンドから１４５キロのボールを投げることに匹敵する。もし１４５キロの球速を出すことができなければ、投手としてメジャーリーグで成功する可能性はかなり低い。２００８年には、メジャーリーグの先発投手の速球は平均で１４６・９キロだったが、２０１８年には１５０・０キロに達している。〈ランチ〉に通いはじめたころ、バウアーの球速は１３０キロにも達していなかった。

ピッチャーのグループが練習場所を入れ換わるとき、ウォレンは息子と一緒に移動しなかった。施設のカメラシステムに目がくぎ付けになった。ランチにあるのはもっと洗練されたシステムで、フレームレートが高く、投球をＶＨＳで録画していた。家では、息子にカムコーダーの使いかたを教え、投球フォームを分析できた。ウォレンは指導者のブレント・ストロム（現在はアストロズの投手コーチ）から、動画でピッチャーを分析する方法を3日かけて教わった。彼はまた、ドラフト候補の高校生ピッチャーで、１４０キロ台後半の球を投げ、のちにノースイースト・テキサス・コミュニティ大学に進学したジョシュ・ボーハックという投手の動画を見た（有名な選手は〈ランチ〉には通っていなかった）。ウォレンはボーハックがリリースのときに前の膝をまっすぐ伸ばし、胴を柔らかく曲げて90度の角度を作っていることを見てとった。それも球速アップと関係していた。「あのイメージは父さんの脳裏に焼きついた」とトレバーは言う。ＵＣＬＡ時代、彼の投球フォームにはそれと似た特徴があった。

ハート高校1年のシーズン、バウアーの球速は１２２キロだった。その年の終わりから高校2年の終わりに何度かヒューストン近郊の〈テキサス・ベースボール・ランチ〉に通ったあと、高校3年のシーズン前、12月のトーナメントで１５１キロを出した。ＵＣＬＡとスタンフォード大学のコーチが来場し、スピードガンで計測した。

「16カ月あそこに通ったことで、ぼくは完全に変わった」と、バウアーは言う。

〈ランチ〉で、バウアーは球速を上げることを学んだ。そこで親子は高速度動画の威力を目の当たりにした。フェンス際で耐久走をすることをやめ、投球動作を真似たドリルで爆発力をつけることを学んだ。またピッチトンネルという考えかたも知った。それはちがう球種のリリースポイントやホームベースまでの軌道をできるだけ一致させ、打者から見分けにくくするという理論だ。ピッチトンネルの練習のため、ウォレンは33センチ×25センチの穴が開いた金属製のフレームを作り、それを練習用マウンドから6メートルのところに設置した。プロのバッターは、スイングするかどうかをそこで決めるからだ。もし2つの球種がどちらもその穴を通過したら、その球種はトンネルを共有している。それはおそらく、はじめて設計されたピッチトンネルの練習機材だった。バウアーがその後も野球界にもたらすことになる発明のうち、最初のものだった。

バウアーが採用した最も価値あるツールはおそらく、〝動く棒〟あるいは〝槍〟とも呼ばれるショルダーチューブだろう。彼はそれをずっと使っている。重みのあるシリンダーが両端についた長さ1・8メートルの半剛体のポールを持ってクリーブランドのクラブハウスに出入りするピッチャーは彼だけだ。投球練習前に必ずこのポールの真ん中を握り、身体の前や横など、頭より高いさまざまなポイントでそれを振ってウォーミングアップをする。

　バウアーの考えでは、必要なのは投球でウォーミングアップをするのではなく、投球のためのウォーミングアップだ。またショルダーチューブを使えば、肩や前腕、胸の上部の筋肉を動かし、血流をよくすることができる。彼はさらにそれをプロペラのように振りまわし、背中の後ろで握るという複雑なルーティンをこなす。高校のマーチングバンドのカラーガードに入っても違和感はないだろう。ウォルフォースは、もし自分の施設の設備すべてを失ったとしたら、まっさきに取りもどしたいのはショルダーチューブだと言う。彼はそれを単なるウォーミングアップ用の道具ではなく、ピッチャーの肩や腕を長持ちさせるのに不可欠なものだと考えていた。ところが、バウアーが高校2年生のときショルダーチューブをルーティンに取りいれると、ほかの選手やコーチにからかわれた。彼らはそれをバウアーの〝ペニス棒〟とか〝ライナスの毛布〔いつも手放せないほど依存している持ち物〕〟と呼んだ。

　バウアーはからかわれることを気にせず、その棒をいつも持ち歩いた。彼は野球に打ちこむあまり、小学生のときジャージのズボンを穿いて学校に行くと言い張ったことがあった。母親は馬鹿にされるかもしれないと注意した。だが結局その格好で学校へ行き、母の予想どおりになった。それでも彼はジャージを着つづけた。

　バウアーの数少ない友人グループは社会不適応者の集まりだった。「あの子たちはトレバーの変なところを受けいれてくれたから、トレバーも受けいれた。それでとても仲よくなったんだ」とウォレンは言う。「トレバーがうまくやっていけなかったのは、トレバーを自分たちの立場とか、自分たちのやり方に合うように変えなきゃいけないと考える人たちだった。トレバーのどんなところも、そのままに受けいれるのではなくて」

「トレバーの母親はみんなの意見に従うという人間じゃない。それにもちろんわたしも」とウォレンはつづけた。「だからわたしたちは人と同じにするようにとも、しないようにともトレバーに言わなかった。ただ自分で決めなさいと言ってきた」

トレバーはハート高校のカフェテリアの混みあったテーブルに近づいていったとき、自分は運動部のスターなのに、そこにいた人たちが一斉に場所を移したのを覚えている。恥ずかしさと寂しさを避けるために、ランチの時間にアドバンスト・プレイスメントの物理学を教えていたマーティン・カービー先生の教室に通うようになった。そこでカービー先生と物理学やその野球への応用について話したことが、やがてバウアーのキャリアに重要な意味を持った。同級生やチームメイトとはほとんど共通点はなかったし、それはいまもあまり変わらない。バウアーは試合後に遊びに行かない。酒も飲まない。クラブハウスでカード遊びをすることもない。たいていはひとりきりで、グラウンドやトレーニング室へは目的を持って向かう。頑固で短気で、トレーニングと情報収集に固執している。目標を決めたら、なんとしても達成する。

「ぼくはこだわりが強い性格なんだ」とバウアーは言う。「新しいビデオゲームが手に入ったら、ひたすらそれをやりつづけたい。ほかのことは何もしたくなくなるんだ。UCLAの2年生のとき、『コール・オブ・デューティ：モダン・ウォーフェア2』というゲームにはまって、1日8時間やっていてクラスに出なくなったことがあった。午前4時までやって正午まで眠ってた。何か食べて、グラウンドに行って、ちょっと宿題をやって帰ってきたら、また午前4時までやるんだ。ほんとに上手で、最高にすばやかったよ。成績ががたっと落ちて、あやうくカレッジ・ワールドシリーズに出場できないところだった。それで、『このままじゃぼくのメインの仕事に悪い影響が出る。もうビデオゲームはやめる』と決めた」

彼のメインの仕事とは、自分がなれる最高のピッチャーになることだ。

ハート高校では1年生のときに投手として12勝0敗の成績だった。ショルダーチューブを使いつづけ、高校のコーチのアドバイスは無視しつづけた。緊張感は高まっていった。「父さんはただ、『おまえはほかの場所からはるかにいい情報を得ているんだから、コーチが我慢できないと言うなら、悪いのはあっちのほうだ』と言っていた」とバウアーは言う。チームとの関係はますます緊迫した。

放課後、夜になると、バウアーは自転車で自分が住んでいる区画の真ん中にある公園へ行っていた。芝生が生えた広いスペースで遠投をするためだ。彼はいまも先発前に外野で、90メートル以上も投げている。ある夜、バウアーは公園のテニスコートの照明がついたあとも遠投をつづけていた。テニスのコーチはコートを囲うフェンスにボールが当たる音に苛立ち、野球チームのコーチに抗議した。翌日バウアーはコーチたちに追及された。

バウアーは従順さや敬意に欠けているとみなされていたが、自分では公平に扱われていないと感じていた。ほかの選手たちとちがってパーティに行くこともなかった。ほかの誰よりも長い時間練習する模範的な生徒だった。ところがスタッフや、さらにはチームの上級生ともつねに衝突していた。彼らはバウアーの自信過剰なところやトレーニング方法が気に入らなかった。バウアーはハート高校での最高学年のシーズン前にチームをやめた。もう1年高校でプレーしてドラフト候補としての株を上げる——野球専門誌『ベースボール・アメリカ』の編集長J・J・クーパーはバウアーがプロ球団に調査されていたと語っている——よりも、高校を一足早く卒業し、2009年春シーズンにUCLAに入学して大学野球に参加することにした。

バウアーが父とともにUCLAの野球チーム、ブルーインズのジョン・サベッジ監督のもとを訪れ、自分の正統的でないトレーニングについての考えを聞くと、サベッジはそれを認めるが、バウアーはチーム全体の活動やトレーニングにも参加してもらうつもりだと答えた。そしてバウアーの投球さえよければ〝放任する〟と約束した。

バウアーは圧倒的な結果を出し、サベッジは放任した。

UCLAが週の半ばに試合をしているとき、サベッジは早めに球場入りしていたのだが、バウアーはよく車のタイヤを投げたり、ロープとバンドを使って筋力トレーニングをしたりするといった奇妙なドリルをしていた。ウォレンが用務員に聞いた話では、監督はいつもバウアーを見て微笑んでから監督室に入っていったという。バウアーはUCLAですぐにスター選手になった。2011年には大学ではじめて、年に1度アメリカ国内で最高のアマチュア選手に贈られるゴールデンスパイク賞を受賞した。彼はティム・リンスカムが持つパシフィック10カンファレンス〔2010年以降パシフィック12カンファレンスに改称〕の通算奪三振記録を破ると決意した。491というその数字を書いた紙をサンタクラリタの自宅の壁に貼った。

高校から大学時代、バウアーは小柄なジャイアンツの元エースで2008年、2009年に連続でサイ・ヤング賞を獲ったリンスカムに夢中だった。リンスカムはナショナルリーグで最も背が低いピッチャーのひとりであり、おそらく体重も最も軽いだろう。ヘアスタイルも体格もスケートボーダーのようなピッチャー——身長180センチ、体重77キロ——が独創的な投球フォームで2度もサイ・ヤング賞を獲れるのだということに興奮し、バウアーはリンスカムが三振を取った動画をMLB.comでいくつも探した。また、リンスカムがワシントン大学時代にUCLAに対して18三振を奪った動画も見つけた。

「9回に158キロ出てたんだ。すごかったよ」とバウアーは言う。「いまだにその映像が頭に焼きついてる。何度も見たから、動作まで覚えたくらいだ」

リンスカムのフォームはほかのどの投手ともちがっていた。ピッチャーの通常のストライドの大きさは身長の80パーセントほどだが、リンスカムは130パーセントで、そこからより大きなエネルギーを生みだしていた。バウアーも体重の軽さを投球モーションで補ってスピードとエネルギーを生みだす必要があった。彼と父はそれを $E_k = 1/2MV^2$ という単純な物理的な問題だとみなしていた。運動エネルギー（E_k）は物質の質量（M）と速度（V）の2乗に比例する。バウアーは大学1年のとき身長182センチ、体重75キロ、2年のとき77キロ、3年のとき79キロだった。ホームプレートまでボールがより速く、効率的（つまり直接的）に達するほど、体格のなさを補える。そのつぎに投球速度を決定する要素は、ピッチャーが軸足から球を投げる腕までの一連の動きの流れ（運動連鎖）のなかでいかに効率的にエネルギーを伝えられるかだ。

「あるセグメントが最も効果的に加速するためには、まえのセグメントは完全に停止しないといけない」とバウアーは言う。「そして少しでもまえのセグメントの速度が落ちればつぎへのエネルギー伝達が減少してしまう」

リンスカムは小さな身体で速い球を投げることに加え、運動能力の高さから〝ザ・フリーク（化け物）〟と呼ばれている。バウアーはリンスカムのような高い運動能力を持っていなかったが、スターの座にのし上がり、パシフィック10での投球で記録を積み重ねていった。結局リンスカムの記録にはわずかに届かず、通算奪三振数は460に終わった。しかしバウアーは2011年に136回2／3を投げ203三振を奪い、リンスカムが2005年に125イニングで達成した1シーズンの奪三振数記録199を上回った。そのシーズンは13勝2敗、防御率1・25だった。

それでも、チーム最高の選手はチームメイトにうまく溶けこめなかった。UCLAの元チームメイト、コディ・デッカーは〈USAトゥデイ〉に「バウアーのことはよく知らないんだ」と語っている。「話したことは1度だけある。でも『もう話すことはない。十分だ。一生分話したよ』と言ったよ」

そして好成績を挙げているにもかかわらず、彼は大学球界で最高のピッチャーが投げることになっている金曜に登板したことはなかった。チームメイトのゲリット・コールは何から何までちがっていた。身長193センチ、体重104キロで、典型的な右投手だった。ただし、コールのほうが体格があり球速も速かったものの、バウアーは記録に残るほとんどの部門でコールを上回った。性格や興味に関しても正反対なふたりはUCLAでライバル関係となり、ふたりともメジャーリーグに入った。

2011年のドラフト前、『スポーツ・イラストレイテッド』は何人かのスカウト部長がバウアーの態度を嫌っているという記事を書いた。試合前にハッキーサックをしたり、ブルペンでのウォーミングアップ中にiPodを聴いていることや、色褪せた水色のキャップを被っていることも気に入らなかった。180センチそこそこで体重79キロの選手がドラフト1巡目指名を有力視されること自体が、リンスカムというひとりのピッチャーがもたらした地殻変動だった。「リンスカムのおかげだよ」とバウアーは言う。「ぼくがあれだけ上位で指名されたのはリンスカムの存在あってこそだった。彼が障害を引きさげてくれたんだ」

2011年のドラフトは6月6日月曜日、太平洋標準時で午後4時に始まった。バウアーのチームメイト、ゲリット・コールが全体1位で指名されることはほぼ公然の秘密だった。ピッツバーグ・パイレーツはバウアーの成績よりも、コールの体格と最高球速を好んだ。全体2位指名の権利を持つシアトル・マリナーズは大学で最高の野手、ライス大学の三塁手アンソニー・レンドンと長く連絡を取りあってきたが、彼の脚の怪我に対する不信感を募らせていた。ドラフト開始の90分前に、バウアーの代理人ジョエル・ウルフに電話が入った。それはマリナーズからで、全体2位でバウアーを指名するために契約金の要求額を知りたいという問いあわせだった。ウルフは本人に電話をした。

「2位でマリナーズか、3位でダイヤモンドバックスか、どっちに行きたい?」

ウルフとバウアーはあらかじめ全体10位以内での指名権を持つ全球団との面談を求めていた。それに応じた球団と、応じなかった球団があった。「彼らは自分たちが面談をしていると思っていた」とウルフは言う。「そうじゃない。こちらが彼らを面談していたんだ」。バウアーは金額を犠牲にしてでも自分のトレーニング方法に寛容な球団に入ろうとしていた。

マリナーズはバウアーとの面談に応じていなかった。バウアーはダイヤモンドバックスを選んだ。アリゾナのスカウト選手育成担当副社長だったジェリー・ディポートはドラフト前の段階でどのメジャーリーグ球団幹部にも劣らずバウアーのことをよく知るようになっていた。

「彼とはいい関係が築けていると感じていた。わたしは彼の立場で物事を見ていた」と、ディポートは当時を回想した。「彼はちょっとした新たな道の開拓者だったと言わざるをえない。2011年には、ドラフト候補だった彼の試合前のルーティンにあきれ、疑問視する者ばかりだった……試合前に遠投をする選手もそれまではいなかった……そしてブルペンでまだ誰も見たことがなかったもの(ショルダーチューブ)を使っていた。高校でも大学でもプロでも、まだかなり見慣れないものだった」

アリゾナはバウアーに正統的でないトレーニングをつづけることを認めた。

ウルフはマリナーズに電話をかけ直し、2000万ドルという法外な金額を伝えた(全体1位のコールは800万ドルでの契約が予定されていた)。マリナーズは拒絶して電話を切った。バウアーは全体2位で指名されることはないだろう。それから2時間ほどのち、マリナーズはバージニア大学の投手で、その後深刻な肩の故障に悩まされることになるダニー・ハルツェンを選択した。ダイヤモンドバックスはバウアーを全体3位で指名した。「ピッチャーの可能性を広げるチャンスだよ」とディポートはドラフト後に『スポーツ・イラストレイテッド』に語っている。

バウアーは7月25日に730万ドルで契約した。ハイAでデビューしてダブルAに昇格し、最初のシーズンで対戦したバッターの40パーセントから三振を奪った。ところがその年の10月末に、ディポートはロサンゼルス・エンゼルスにゼネラルマネージャーとして引き抜かれた。それにより、ダイヤモンドバックスはケビン・タワーズGM、コーチ、育成スタッフとバウアーとのあいだを取り持つ唯一のパイプ役を失ってしまった。バウアーは、スカウティングや親密さの欠如が人間関係に影を落とすことや、人を媒介とした情報収集の持つ役割を思い知らされた。「わたしが去ったことはある程度バウアーのコミュニケーションに影響を及ぼしただろう」とディポートは語っている。

球団との関係は悪化した。チームメイトはバウアーが打ち解けず、高慢だと思った。あまり口をきかず、仲よくなろうともしなかったのはたしかだが、それは馴染めそうもなかったし、クラブハウスでの共通の話題もなかったからだとバウアーは言う。たとえば狩猟の話題で盛りあがっているところへ行っても、気の利いたことは何も言えなかっただろう。

さらに悪いことに、バウアーの方法はクラブの伝統に反していた。それでもはじめはうまくいっていた。バウアーは投球によってメジャー昇格を勝ちとった。2012年6月28日、ドラフトからおよそ1年後にデビューを果たし、アトランタのターナー・フィールドで4イニングを投げ2失点だった。だが本拠地フェニックスでのパドレス戦で2度目の登板をしたあと、レポーターがバウアーのまわりに集まり、ボイスレコーダーとカメラがまわっているときに、バウアーはベテラン捕手のミゲル・モンテロの配球に首を振り、拒否したことについて話した。バウアーは自分のピッチング方法をもっとよくモンテロに伝えなくてはならないと語った。同じリポーターたちが今度はモンテロのまわりに集まり、バウアーのコメントを伝えた。

「なんだって？」モンテロはリポーターに言った。「あいつはおれにやるべきことを教えるって言ったのか？」

シーズン後、バウアーはトレードに出された。ダイヤモンドバックスのデリック・ホール球団社長は〈ＵＳＡトゥデイ〉に対し、バウアーを悪者にすることでそのトレードを正当化した。「トレバーはチームメイトとうまくいかなかったんだよ」。そして球団内の匿名の情報提供者がバウアーを〝一匹狼〟と表現した。

翌シーズン、モンテロはこう語った。「自分は何もかもわかっているっていう選手が来たら、考えを合わせるのは難しい……スプリングキャンプの初日から１００球くらい投げこんでいた。つぎの日もまた同じ。あいつは聞く耳を持っていないんだ」

ファルビーはこう言う。「どんなことを考えているにせよ、トレバーは自分が答えを知っているんだとは思っていない。答えを探ろうとしているだけだ」

最初の訪問のあと、インディアンスの球団職員たちはヒューストン郊外に戻り、バウアー行きつけのソルトグラス・ステーキハウスに彼を招待した。彼らはダイヤモンドバックスがうまく扱えなかったこの投手についてもっとよく知ろうとした。どう指導すればいいのかを知りたかった。

食事中、彼らはバウアーの希望を聞き、球団側の希望を述べた。ルーティンを継続することを許したが、クラブハウスには来て、チームのガイドラインに従うこと、チームメイトとよい関係を築くことを求めた。チームは遠投や独自な機材の使用を認める。ここから新たに始めよう。

インディアンスの狙いは当然、過小評価されている投手を獲得することだった。だがバウアーは、そこにはほかの動機もあるのではないかと考えていた。

クリーブランドは育成に関するさまざまな点を再検討しはじめていた。たとえばチームはウェイテッドボールによるプログラムを取りいれようとしていたが、ファルビーによればそれは〝確固たる〟ものではなかった。バウアーが成功したなら、彼は変化の申し子になれる。一流の野球選手になる手本をチームに示すことができるだろう。

「チームはイメージキャラクターを欲しがったんだ」とバウアーは言う。

インディアンスの職員が去ったあと、バウアーは翌シーズンへの準備をつづけた。ウォルフォースは定期的にコーチングクリニックに講演者を招いていた。バウアーはそのなかで、データ収集やバウアーが持っているものに似た高速度カメラなど、テクノロジーについて語ったひとりに興味を惹《ひ》かれた。〈ランチ〉にはテクノロジーはあまり入っておらず、スキル向上に関する厳密な研究の試みも多くなかった。その講演のあと、バウアーは自分の問題を話してみた。投球を高速度動画で記録しようとすると、コマ落ちしてしまうのだ。

「ああ、それはメモリーカードがよくないんだ」と講演者は言った。「メモリーカードが高速度撮影に対応していないんだ。それだけのことさ」

彼らは携帯番号を交換した。バウアーは数日後、感謝のメールを送り、問題が解決したことを告げた。この講演者は、バウアー同様、野球の伝統をひっくり返した人物として知られるようになるカイル・ボディだった。バウアーとボディはともに、ほぼ1世紀前に起きた選手育成の革命と同じくらいの衝撃を持つ変化をもたらすことになる。

3 ラバを競走馬に変える

ぼくを高くまで連れていってくれるかい？
昨日より高くまで
ぼくを高くまで連れていってくれるかい？
これは終わらない
昨日はただの記憶だ

――ダム・ヤンキーズ「ハイ・イナフ」

バウアーが〈テキサス・ベースボール・ランチ〉に行くまでの数十年間、ほとんどのメジャーリーグ球団では育成方法が確立していて、それに反する考えには敵意を抱くか無視していた。だがそれよりもまえ、メジャーリーグが始まって最初のおよそ50年間には、球団は選手を育成していなかった。うまく育成できなかったという意味ではない。選手が最高レベルの技術に達するまで指導するという役割を、ほぼまったく果たしていなかったということだ。すでにできあがった選手を獲得、あるいは購入するだけだった。

20世紀になってもずっと、マイナーリーグの多くはメジャーリーグのチームの傘下に入っていなかった。各マイナーリーグと所属チームは独立して運営されており、優秀な選手を昇格させ、費用を払い、利益を得る〝親球団〟は存在しなかった。今日のようにトリプルAから有望選手を招集することができなかったころ、メジャーリーグの球団はトレードをしたり、ほかのメジャーもしくはマイナーチームから購入したり、レベルの高いマイナーリーグからまだ売られていない選手をドラフトしたり、ほかのメジャー、マイナー球団の情報網にかかっていないがメジャーリーグで通用する選手を見つけるため全国を探しまわっていた。

マイナーリーグから昇格するあいだに選手たちは多数の独立した組織から給与を受けとるため、選手育成は――アーマーとレビットが2015年に発表した著書『ペナントを追い求めて(*In Pursuit of Pennants*)』で書いたように――今日よりも〝はるかに場当たり的で効率が悪〟かった[1]。そのシステムは、今日の言葉で言うなら創造的破壊への機が熟していた。その主役だったのはブランチ・リッキーだった。彼は現在では19世紀以来はじめての黒人メジャーリーグ選手、ジャッキー・ロビンソンと契約し、昇格させたことで有名な(そして当然の称賛を集めている)球団幹部で、ビル・ジェームズとビリー・ビーン、そしてビリー・グレアム〔キリスト教の福音伝道師で、公民権運動の時代に人種分離政策に反対した〕をひとつに合わせたような、煙草を吸う、眉の太い、ボウタイを着けた知的なアスリートだった。彼とロビンソンが人種差別の壁を破る――リッキーはさらに人種差別というひどい過ちを正したうえ、見過ごされていた才能の宝庫を利用した――よりもまえに、セントルイス・カージナルスの球団幹部だったリッキーは、選手を集め、その育成を標準化する方法を生みだすことで野球界に革命をもたらしていた。ファーム・システムだ。

資金の豊富な球団と金銭で張りあっても勝ち目がないことに気づいたリッキーは、敏腕スカウトのチャーリー・バレットに電報を打った。「荷物をまとめて帰還せよ――自前の選手を育成する」。

1919年の後半から、リッキーとカージナルスの球団社長サム・ブレードンはカージナルスが所有し、運営するマイナーリーグ・システムを作りはじめた。長きにわたるパターンにのっとり、このときもやはり野球界の古株たちはこの画期的な発想を見くびった。「野球界で最も愚かな考えだ」と、ニューヨーク・ジャイアンツの伝説的な監督、ジョン・マグローは言った。「リッキーの話は実現するはずがない」[2]。ところがそれは可能だった。頻繁にトライアウトを行い、バレットはスカウトに奔走し、リッキーが大学の監督と広くつながりを持っていたこともあり——また、創造的で法に適ったやりかたでマイナーリーグの運営資格を取得することで——史上初の選手育成組織、メジャーリーガー養成工場を作りあげた。

世界恐慌の余波で選手登録のルールが緩和されると、カージナルスは1931年にファームの3チームを11チームに拡張した。それ以降もさらに拡張をつづけると、遅ればせながらリッキーが野球界を出し抜いたことに気づいた（ヤンキースなどの）球団が真似をしはじめた。『スポーティングニュース』の記者が1937年に書いたように、球界は急速に〝リッキー化〟した。1920年にはメジャー球団傘下のファームチームは3チームだったが、1939年には168チームに増えていた[3]。カージナルス傘下の球団は1940年に最高の32チームに達し、さらに直接所有していないチームとも多数の〝労働協約〟を結んでおり、記録によれば、ほぼ800人もの選手を意のままに呼び寄せることができた。アーマーとレビットが述べたように、選手登録ルールが緩和されてから10年で、平均して1年のファームチーム所有数が3チーム未満だった球団もあるなか、カージナルスの所有数は平均20チーム以上だった。

リッキーはのちに「ファーム・システムは予算の乏しい球団がそれなりの地位を勝ちとるために使うことができる唯一の手段だった」と述べている[4]。「量は質を生む」というリッキーの選手育成原則に基づいた戦略をとったカージナルスは、すぐにそれなりどころではない地位を手に入れた。リッキーの最初のファーム育ちの選手がデビューした1922年から、彼がドジャースに去った1942年までに、カージナルスはヤンキース以外の全球団を上回る勝ち星を挙げ、6度リーグ優勝している。その後も、リッキーが作りあげたチームは4年間で3度のリーグ優勝と2度のワールドシリーズ制覇を果たし、1954年までシーズン負け越しを味わうことはなかった。そのころには、リッキーが加わったドジャースは毎年好成績を挙げるようになり、リッキー自身は今度はパイレーツに移り、1960年にワールドシリーズ制覇をなしとげた。

その時点で、ほぼすべてのマイナーリーグ・チームはメジャーリーグの配下に置かれ、アーマーとレビットが「20世紀前半における、チーム作りと選手獲得の最も重要な変化[5]」と名づけた出来事が完結しようとしていた。リッキーはその変化の最大の主導者であり受益者だったが、育成への貢献はそれだけではなかった。選手を大量に買って〝チェーンストア〟システムに補充することを信奉していたが、選手を育成するためのレシピは「契約し、数シーズンじっくり育成する」といった単純なものではないことを理解していた。優秀な技能を持った選手を作るには、なんらかの刺激が必要だった。

ライバルたちは、選手は試合でプレーすることによってのみ成長すると信じていたが、リッキーは特定のスキルを練習する重要性を認めていた。ミシガン大学で監督を務めた4年間に、リッキーはバッティングケージを設計した（その後、バッティングヘルメットも発明する）。ケージがあれば、打撃練習中に散らばったボールを拾うのに忙しく、バッティングの時間が取れない、自分のような捕手の役に立つと考えたのだ。また、スライディング・ピット――走塁の練習用に土を盛った部分――や、ピッチャーがストライクゾーンの端を狙って投げる際にフィードバックできるようにロープを張り、コントロールを鍛えることができるシステムを考案した。メジャーリーグに移るときには発明品も一緒に持ちこんだ。それらは数十年後まで彼のチームでトレーニングに使われ、選手が抱えるほぼどんな問題でも「汗が最高の解決策になる」という彼の信念を表す副産物として残った。

リッキーの教え子から出たスター選手のひとりに、彼のもとで1915年にメジャー昇格を果たした、短気だが抜群の二塁手ロジャース・ホーンスビーがいる。リッキーの部下レックス・ボウエンはのちに、リッキーはホーンスビーのバッティングを指導していたと語っている。若いころ、彼は引っ張りすぎて三塁側へのファールにしてしまう傾向があった。リッキーは10日間連続で毎朝、ピッチャーの右側へ打ち返すように指示して矯正した。スイングをしすぎて、ボウエンによればホーンスビーは「練習に打ちこむあまりバットを握る親指を骨折しそうになった(6)」という。

ホーンスビーが移籍する1926年まで協力はつづいたが、強迫観念のようにあくまで野球の上達を目指していたふたりはしばしば衝突した。移籍の前年、ホーンスビーは監督の職をリッキーから引き継ぎ、選手兼任監督になった。彼が最初にしたのは、リッキーがしていた試合前のミーティングをやめ、彼が使っていたホワイトボードを取りはずすことだった。「試合に勝つために必要なのはヒットだ。賢いアイデアじゃない」と、当時最高の二塁手は言った。

その言葉は表面的にはたしかに正しい。だが選手はヒットを打つためには自分の潜在能力を引きだす必要があるし、そのために賢いアイデアは役に立つ。カージナルスとドジャースで、リッキーはさらに「完成されたアスリートのすばらしいスキル(7)」を養うための方法を実行していく。リッキーのスカウトはすぐにメジャーリーグのユニフォームを着ることができる選手ではなく、長期的に見て高い可能性を持つ選手を探すようになった。そしてその有望な選手を、リッキーの言葉では「熟して金になる(8)」ときまで指導者のもとに預けた。

リッキーの製造ラインはフロリダ州ベロビーチにドジャータウンができた1940年代後半に全盛

期を迎えた。海軍基地の跡地に建てられたこのスプリングトレーニング用の複合施設は、リッキーの伝記作者リー・ローエンフィッシュの言葉では「すべての選手が極上の指導者たちのトレーニングを受けられる常設の野球大学のキャンパス」だった。施設はそれまでになかったほど広く、そのため当時本拠地のあったブルックリンから、現在のルーキーリーグに当たるクラスDまで、ドジャース傘下のチームでシーズンを過ごす数百人の選手全員に、同じ指示を与えることが可能だった。そこで彼らは、リッキーが自分の講義を聴き、各選手のシーズンごとの課題に向きあうためのドリルをしながらプレーすることを望んでいると知った。

「われわれは指導方法や内容を統一し、選手がドジャータウンを離れて各チームの監督のもとに移動したとき、ドジャータウンで教わったことと矛盾が生じないようにした」と、リッキーの部下で長くドジャースの育成を担当したフレスコ・トンプソンは自伝『すべてのダイヤモンドが輝くわけではない（*Every Diamond Doesn't Sparkle*）』に書いている。バッティングケージやピッチングマシン、ロープ、スライディング・ピットが並んでいるのを見て、トンプソンは冗談を言った。「来シーズンには機械のバッターができて、選手なしで野球ができるようになるかもしれない[9]」

野球界の先駆者リッキーだけでなく、傘下のマイナーリーグ・チームを増やすという潮流に気づき、それに乗ったほかの球団もメジャーリーグのレベルで大きな見返りを得た。〈ベースボール・プロスペクタス〉の記者ロブ・アーサーの分析によると、1920年から1960年までのあいだに、傘下のチームをはじめて持つことは年平均2・25勝の価値をもたらしたという。傘下の球団数を平均以下から平均以上に増やすことは、なんと年平均7・7勝の価値があり、ただしファーム球団数が平均の2倍を超えると見返りは徐々に減少していた。結局、ファームチームをひとつ加えることは、親球団に対しその後5年間で平均して11勝分の価値を持っていた。マイナーリーグの組織を確立し、そこから輩出される若手選手を加入させることは、長年のあいだ、勝利をもたらす最高の（そして最も安価な）方法だった。

だがうまい話はいつまでもつづかない。１９６０年には、傘下チーム数が7未満なのはわずかに１球団、そして12以上の傘下チームを所有しているのは１球団だけになっていた。球団間の育成システムの規模の差は縮まり、選手育成革命のペースは落ちていた。それでも、リッキーのイノベーションから現代の選手育成システムの確立までの40年のあいだに、４つの過渡的な、独創的な実験が行われている。いずれも先進的な取り組みだったが、そのうち３つは失敗に終わり、ひとつは成功した。先に起こったのは失敗のほうだった。

シカゴ・カブスのオーナー、フィリップ・K・リグレーはチューインガム業界の大物である父のウィリアムが亡くなった１９３２年に、大きな成功を収めていた家業を継いだ。上手に事業を切り盛りし、工場のオートメーション化やラジオ、テレビ広告、第二次世界大戦中には陸軍と協定を結び、より堅固な財政的基盤を築いた。データに基づいた、ガム製造やマーケティングの手法を野球に取りいれることもあったが、その成果は本業での成功には遠く及ばなかった。

１９３８年に、彼はスポーツ心理学という生まれたての分野の草分け、コールマン・R・グリフィスを雇い、カブスに厳格なトレーニング・プログラムを導入しようとしたが、これが最初の失敗になった。リチャード・J・パーザー教授が２００６年にアメリカ野球学会（ＳＡＢＲ《セイバー》）に寄せた論文にあるように、グリフィスの仕事は「選手の動画を撮り、よりよいトレーニング方法を提案し、表や図を用いて選手の上達を記録し、練習をより実戦に近づけることでバッティングやピッチングを向上させる」ことなどだった。[10] この心理学者の語る言葉は、およそ80年も時代に先駆けていた。

「コーチは多くの場合、メジャーリーグの選手たちが身体的に限界まで鍛えられていることを前提にしていたが、それは誤りだとグリフィスは主張した。彼らはその時点で行われている練習方法による限界に達しているにすぎなかった」と、心理学教授のクリストファー・D・グリーンは2003年のグリフィスに関する論文で書いている。ある報告でグリフィスは「監督やほとんどの選手が考えているのは前シーズンに到達したスキルや判断のレベルまで戻すことばかりで（中略）新しいスキルを身につけたり、古いスキルを根本的に変えることによってさらに上達することや成績を高めることは考えていない」と不満を漏らしている。彼はまた、選手の能力不足を説明するのに「本能や遺伝だけに頼る」のは「怠惰で想像力に欠ける無知な人物が、するべき仕事を避けているのに等しい」と断言している。[11]

1938年のシーズン開幕当初、カブスの監督を務めていたチャーリー・グリムはホーンスビーのあとを継いだ人物だが、前任者ほど開明的ではなく、自伝では「教授や偽科学者たち」[12]に毒づいている。クロノスコープや高速度カメラで武装した知識人のグリフィスは彼にとって脅威だった。

グリフィスは、1日に平均してわずか47・8分しか「野球のプレーに効果的な」練習は行われていないと結論を下し、（一般的な試合前のウォーミングアップである）〝ペッパー〟をするときには打者と野手の距離を少しずつ詰めることや、打撃練習は打席に立つことを中心にすること、ピッチング練習中にバッターボックスにバッターの模型を立たせて実際の投球に近づけることなどを提案した。だがグリムはそれを無視し、グリフィスの権限を弱めた。彼はそれに激怒し、リグレーにますます厳しい報告をした。そのひとつで彼は、「野球により科学的な基礎を与えようという自分の試みを阻んでいるのは、〝野球の魔法〟が広く信じられているためだ」と嘆いている。グリフィスは1940年にチームを離れ、グリーンが書いているように、「カブスもその他のメジャーリーグ球団も、彼が登場するまえから何も変わらなかった」

1961年、16年連続優勝なしのシーズン終盤に、業を煮やしたリグレーは固定した監督を置かないことに決めた。パーザーがのちに論文で「革命的でラディカルで、それまでの野球界の慣習に逆らう行為」と評したそのシステムは、やがて〝カレッジ・オブ・コーチ〟と呼ばれるようになる。

リグレーがそれを思いついたのは、カブスのキャッチャー、エル・タップがマイナーリーグを転々としている各部門の専門コーチを監督にしてはどうかと進言したためだ。リッキー同様、リグレーは指揮系統を簡素化しようとしており、それをメジャーのレベルまで持ちこんだのだった。新しいモデルでは、地位と給与が等しい8人から14人のコーチが交代でカブスの組織内を異動し、交代でメジャーチームの〝ヘッドコーチ〟として采配をふるい、その後ファームチームにローテーションする。リグレーが〝マネジメント・チーム〟と呼んだこのカレッジ・オブ・コーチは、「ビジネスの効率性を野球に適用したもの」だった。

〈ロサンゼルス・タイムズ〉のある記者は、リグレーは「二日酔いの予防薬を開発するほうがはるかに人類の役に立つのに、人を月へ連れていこうとする科学者たち」や、月面着陸を科学者たちに命じたジョン・F・ケネディ大統領のようなものだとし、さらに「カブスは1人どころか10人の監督を必要としているのだから」オートメーション化は労働の終わりを意味しなかったと書いている。[13] 投手陣は監督が何人いようと勝てないほど貧弱だったが、システムそのものもまた失敗だった。指導法のずれを最小化することが意図されていたのにその点でもむしろ逆効果で、リグレーは結局1963年に敗北を認めることになる。「ヘッドコーチそれぞれに自分なりの考えがある」と彼は言い、結果として「プレーの標準化という目的は達成できなかった」とつけたした。[14]

それでもリグレーは伝統に逆らうことをやめず、退役した空軍大佐ロバート・W・ウィットローをアスレティック・トレーニング・ディレクターに据えた。ウィットローは球団全体を見渡してリグレーに直接報告する立場で、トレーニング機材を購入し、トレーニングと栄養管理の方法を定め、心理学をチームの作戦に取りいれるよう提案したが、前任のグリフィスと同様におおむね無視され、1964年のシーズン後に辞任し、リグレーに「野球界の人々は新しいアイデアの持ち主をなかなか受けいれない」と嘆かせた。

カレッジ・オブ・コーチやウィットローによるカブスの実験が下火になるころ、ナショナルリーグのもうひとつのチームが長期的な、しかしほぼ無名の、また〝野球リサーチプログラム〟という、その創造的なミッションに対してあまりに平凡な名を持つ研究を開始していた。デラウェア大学野球部監督のタビー・レイモンドはフィラデルフィア・フィリーズの社長、ボブ・カーペンターに大胆な提案をした。デラウェア大学の運動プログラムの著名なパトロンだったカーペンターは、数百人のバッターのスイングの特徴や視野、精神構造の調査をすることで、見込みのない選手を見分けたり、より前向きには、選手に目標を与えることができるというレイモンドの案に同意した。

1963年に始まったリサーチプログラムでは、毎年春にフロリダに集合し、多数のチームに所属する数百人のマイナーリーグの打者の情報が集められた。レギュラーシーズン中はフィラデルフィアでマイナーリーグの打者を調査した。データを集めるために、彼らはデラウェア大学の心理学教授とともに心理学のテストを行い、ボシュロム社の社員と協力して、携行できる視力検査機器によって視力や奥行き知覚、投球の軌道を捉える能力を測定した。またデュポン社の物理学者とともに速度や加速度、打ったボールに加わる力、スイングのなめらかさを測定できるバットを開発した。「当時、そういった計画はほかになかった」と、リサーチプログラムに加わり、レイモンドのあとを継いでデラウェア大学の監督になったボブ・ハンナは言う。「今日見られるテクノロジーすべての先駆けのようなものだった」

年に1度、計画の進捗状況を報告することがハンナの任務のひとつだった。初回のレポートはこんな言葉で始まる。「この調査では基本的に、プロ野球選手の選別とトレーニングに役立つ、妥当な信頼に足る測定機器や道具を製作することができると仮定している」(15)。今日ではこの仮定に異を唱える者はいないだろうが、1960年代には、洗練された科学技術が選手獲得や育成に役立つという考えはとても受けいれられなかった。この計画でデュポン社が設計した未来型のバットは木製のバットに加速度計が埋めこまれており、打者はバットの測定機器につながれた記録装置を装着した。バットを振ると、センサーはバットの動きを計測可能な電気信号に変え、それをリサーチプログラムの研究員が記録した。

「すべてのものを一歩ずつ作っていった。調査過程の参考にできる予備知識は何もなかったよ」とハンナは言う。長い時間をかけ、レベルの高い打者の特徴がまとめられていった。これまでに測定された最も速いスイングは、左右両打ちのヒットキング、ピート・ローズの右打席でのもので、ハンク・アーロンなどほかの伝説的選手たちをわずかに上回った。

カーペンターが課した条項により、リサーチプログラムのデータを知ることができたのはフィリーズのみだったが、ハンナによれば球団はそれを有効に利用しなかった。例外といえば、フィリーズのスラッガー、ディック・アレンが視力検査の結果を受けて眼鏡をかけたことくらいだった。「まだメジャーリーグが古い伝統的な規則によって動いていた時代だった」とハンナは言う。彼の記憶では、あるミーティングでレイモンドが、フィリーズのスカウトたちにリサーチプログラムの仕事を説明し、それが才能ある選手をより正確に探す役に立つという話をしていた。「会場ではあくびをしているスカウトがたくさんいた」とハンナは言う。「そうした人々には、すぐに理解させようとはしなかった」

スカウトたちは自分の目を信じることにこだわり、使うとしてもせいぜいストップウォッチくらいだった。ＭＬＢの選手たちはそれ以上にリサーチプログラムの重要性に気づかなかった。30代の三塁手で視力テストの結果が思わしくなかったドン・ホークは、球団に（平均以下の打撃だけでなく）ほかにも放出の理由を与えてしまうと嫌がった。「彼は実際に研究所へ乗りこんできて、テストの結果が原因で仕事をなくすようなことがあったら報復してやると脅したよ」とハンナは言う。

球団外から才能ある選手を探してくる立場の人々が頑なであることを思い知ったハンナと同僚たちは、研究の中心を選手育成に移した。すると彼らの情報は、有望選手に客観的なフィードバックと改善すべき部分を的確に示すことで成長を記録したり促したりする方法をチームに提供できることがわかった。「視力検査とバットを使った調査の結果を合わせると、毎年春に若い打者がフィラデルフィアのファームチームで残すだろう攻撃面での数値を、驚くほど正確に予測することができた」と、ケビン・ケランは１９８４年に発表したスカウティングに関する本『筋肉の値段（*Dollar Sign on the Muscle*）』で書いている。[16] だが重要な立場にある誰の目にもとまらないのなら、予測をしても意味のないことだった。

リサーチプログラムは１９７２年、カーペンターが社長の座を去るとともに終わった。その後いつしか、計画の先験的な研究結果は姿を消した――おそらく倉庫にしまわれたか、あるいはシュレッダーにかけられたのかもしれない。「長年にわたる、部屋いっぱいに積まれた書類があったんだが」とハンナは言う。「それがどうなったか、わたしは知らない」

リッキー以降最近までに行われてきた選手育成の、長く、おおむね平坦な道のなかに、もうひとつ際だったものがあった。短命に終わったが輝かしい成果を残したロイヤルズ・アカデミーだ。それはリッキーの中央集権システムにリグレーとハンナの科学を合わせたようなものだった。

リグレーが行った実験と同じく、ロイヤルズ・アカデミーは野球界の発想を広げようとしたビジネスマンが生みだしたものだった。1968年にメジャーリーグの球団拡張が行われたとき、ユーイング・M・カウフマンはのちにロイヤルズと名づけられる球団を購入した。カウフマンは1950年に自宅の地階でマリオン・ラボラトリーズという製薬会社を立ちあげた起業家で、『スポーティングニュース』の記事によれば「巨大な個人資産と突出したビジネスの才覚を持っていたが、野球については何も知らなかった」。この最後の部分については、障害というよりむしろ助けになった。野球が未知のものだったがゆえに、カウフマンは過去の重みに縛られていなかった。

伝説的なスカウトで、90代になった現在もロイヤルズのアドバイザーを務めるアート・スチュワートは、かつてカンザスシティにあったコンチネンタル・ホテルでのカウフマンとスカウト陣によるはじめてのミーティングに出席したときのことを覚えている。スチュワートによれば「有能で、時代にはるかに先駆けていた」カウフマンは、それまで野球界の誰ひとりとして知らなかった答えを探していた。「彼はこう言った。『きみたち、メジャーリーグと傘下のチームに才能ある選手を獲得するにはどうすればいい?』誰かが立ちあがって、『ドラフトやトレード、自由契約選手の獲得、ええと、まあそれくらいのところですね』と答えた。するとカウフマンは、選手を育成する方法はもっとあるだろうと言ったんだ」

スチュワートの記憶では、カウフマンは居並ぶスカウトたちに自分でその問題を考えてみると語り、つぎのミーティングで解決策を伝えた。さまざまな運動選手を対象に複数回トライアウト・キャンプを行う。そこで「陸上やフットボール、バスケットボールのスターで、野球に転向できそうな選手」を探す。カウフマンはマリオン・ラボラトリーズでは、開発を完全に放棄することで巨万の富を築いた。ほかの製薬会社が発見したものの放りだした製品を手に入れ、改良し、べつの製品として販売したのだ。だが野球の世界では、彼が買い取ったロイヤルズは選手を発見し、アスリート工場で育成することになった。

選手を全国で捜しまわるにあたり、どのスキルを標的にするかを決めるため、カウフマンはかつてＮＡＳＡやアメリカ海軍研究局で勤務していた心理学者レイモンド・ライリー博士を雇った。ライリーはロイヤルズ傘下の選手を中心に約１５０人のプロ野球選手の視力、精神運動機能、精神構造を調査し、その結果、走るスピード（リッキーが最も好きなツールだ）、視力、すばやい反応、そしてずば抜けたボディバランスが最も望ましい身体能力だとした。ロイヤルズは4つの基準を満たす参加者を選びだすトライアウトを行うと告知し、それらの特徴を持った選手候補を集めた。選手たちは、最低条件を満たすためには高校卒業者（見込み）で、4年生大学に入学しておらず、メジャーリーグ球団からドラフト指名されていないこと、20歳未満、野球のスパイクを履いて60ヤード(約55メートル）を6・9秒以下で走れることが要求された。

スチュワートは、若いころつきあいがあったブランチ・リッキーからトライアウトが大きな成功を収めたという話を聞いていたものの、トライアウトで優秀な選手が大勢集まるとは当初は思っていなかった。だがその見解はすぐに変わった。１９７０年6月のカンザスシティを皮切りに、ロイヤルズは1年間でアメリカ全土とカナダで１２６回のトライアウトを行い、７６８２人の参加者を審査し、26州出身の42人をアカデミーの1期生として選んだ。トライアウトで優秀な成績を収めた選手たちが生活するために、カウフマンはフロリダ州サラソータ郊外の１２１エーカーの土地をキャンパスとした。そのキャンパスには野球場が5面あり、そのどれもがカンザスシティに建設中のカウフマン・スタジアムと同じ面積を持つ。しかも選手や管理者のために50室の寮とレクリエーション施設が完備されていた。カウフマンの精鋭たちは最低10カ月ここで学び、トレーニングをすることになる。その間、無料の部屋と食事が与えられ、月給を支払われ、健康保険に加入し、休日に帰宅するときには往復のチケット代が支給された。

午後になると、選手たちは野球のさまざまな部門の専門家から成る8人の教授陣の集中講義を受けた。そこには陸上競技のコーチや、栄養管理の計画を立て、各選手用の筋力トレーニングを用意するトレーナーなど、これまで野球界ではあまり見られなかったような人々が含まれていた。「振りかえると、この専門家たちの教授陣によってはじめて、野球選手と彼らのプレーを測り、評価し、改善するための協力が行われたのだ」と、パーザーはＳＡＢＲに発表したべつの論文で書いている[17]。アカデミーのメンバーは週に25時間以上、グラウンドで練習したり、地元のプロまたは大学生のチームと試合をした。週3回は近隣の短期大学で講義に出席し、アカデミーで1学期を修了すると、奨学金を得て自分で選んだ大学で4年間学ぶことができた。それには膨大な費用がかかった。アカデミーは建設に１５０万ドル、運営費として年額で60万ドルが必要になった。ロイヤルズはリッキーと同様に、ひと握りの「熟して金になる」選手が登場し、支出を埋めあわせてくれることを期待した。

カウフマンは１９７０年8月にアカデミーの1期生を迎えた。彼は入ってきたばかりの練習生に告げた。きみたちは「野球界の宇宙飛行士」なのだ。なぜなら、「スポーツの世界でこれまで誰もしたことがないことをするのだから[18]」と（１９７０年には、月に人を送りこもうとする科学者をあざ笑う者はいなくなっていた）。「野球の広がりにはほとんど限界はない」と、ＭＬＢコミッショナーのボウイ・キューンはアカデミーの落成式で語った。「新たな時代に突入した。もちろん野球が発展するためには、われわれは50年前とはちがう世界を受けいれなくてはならない[19]」

アカデミーの初代校長のシド・スリフトは元マイナー選手で、１９５０年のシーズン後にケイシー・ステンゲル監督のもと、ヤンキースのキャンプに参加したことがある。ミッキー・マントルらがメジャーに昇格するのを早めたと評価されているキャンプだが、対象はプロ選手に限られた短期のプログラムだった。ステンゲルはかつて、「選手に教えられるのはもう彼らが知っていることだけだ」と発言したとされているが、アカデミーはその前提を受けいれなかった。「野球の技術は天気のようなものだ」とスリフトは語った。「誰もがそれについて語るが、それを極めた者はほとんどいない。われわれにはいくつかの新しいアイデアがある」[20]

当然ながら、アカデミーの設立は組織の内部からもライバル球団からも、広い範囲から批判を浴びた。「ほとんどの球団はそれを時間の無駄、金の無駄とみなし、失敗に終わると考えていた」とスチュワートは言う。1971年にアカデミーがガルフ・コーストリーグにチームを送りこみ、他球団のチームと対戦するようになると、さらに人々の気持ちを逆なでした。28人のメンバー中7人は高校で野球未経験で、それ以外の選手たちもアマチュアドラフトにかからなかったにもかかわらず、アカデミーのチームは40勝13敗の成績でリーグ優勝を果たした。チームの盗塁数103は、2位のチームの倍以上だった。

練習生を選抜したスチュワートは、アカデミーのチームが圧勝した試合後に、対戦相手のホワイトソックス傘下のチームの監督が選手たちを怒鳴りつけていたのを覚えている。「その監督は選手を並ばせ、わめき、怒鳴りちらし、叱責していた。『むこうの奴らを見てみろ。あいつらはおまえたちに10対0で勝ったんだ。おまえたちはここでゆっくりすわって、ボーナスまでもらってる。あいつらとは比べものにならないぞ』と。あれは忘れられないね。選手育成や反復、個別指導がいかに大切かをはっきりと教えてくれた」

選手たちは年間を通じてアカデミーで生活し、マイナーリーガーよりも長い時間野球漬けになる。

ほかの環境では1日に数分しかできない打撃練習が、アカデミーでは30分確保できる。だがアカデミーの最大の特徴はトレーニングができることではない。よりよいトレーニングができることだった。コーチがピッチングマシンを回転させると、守備練習用のマシンに変わる。また、バッターの打球に近づけた、より予測不能なゴロを放つマシンも併用される。オレンジ色で重さ90キロのビデオ機材でスイングを記録して分析し、スピードガンでピッチャーの球速を測り、ストップウォッチでリードのしかたを研究する。

アカデミーではじめて日常的にストレッチングが取りいれられ、故障した選手のリハビリのためにプールが使用された。異端視されていた食事計画や筋力トレーニングも取りいれられた。また有望選手の精神面も重視し、特定の部分にのみ意識を向けて練習することで無意識にできるようにするテクニックを教えられた。眼科医のビル・ハリソンとビル・リーは視覚に関するプログラムを実施し、視力テストを行った。

また、おそらく史上最高の打者、テッド・ウィリアムズをはじめとしてゲストによる講演を歓迎した。ウィリアムズはアカデミーにとって歩く広告塔のようなものだった。子どものころは幸せな家庭生活に恵まれず、多くの時間を近所の公園で過ごした。「人生最大のブレイクは」と彼はのちに回想している。「1年中野球をしていられるようになったことだ」。1938年、19歳のマイナーリーガーだったころ、41歳のホーンスビーから指導を受け、打率を高め、同時に強打できるようになった。1970年に出版された著書『テッド・ウィリアムズのバッティングの科学』（ベースボール・マガジン社。以下、『バッティングの科学』）で、彼はリッキーに育てられたホーンスビーから「偉大な打者は生まれるのではない、作られるのだ。練習と弱点の矯正、自身によって作られるのだ」と教わったと回想している。[21] ウィリアムズはアカデミーの聞き手たちに同じことを説いた。「彼は素振りを

1日に100回ではなく、500回しろと語った」と、スチュワートは回想している。

アカデミーの1期生は1971年12月に卒業した。さまざまなチームと241試合を戦い、162勝を挙げた。メンバーのひとり、二塁手のフランク・ホワイトはアカデミー最初の、そして最高のメジャーリーガーになり、ロイヤルズで18年間の現役生活を過ごした。彼はのちに、アカデミーにはいくらかブートキャンプのようなところがあり、「巨大な野球の実験に使われているモルモット」の気分を味わうこともあったと語っているが、その経験が荒削りな選手だった自分をメジャーリーガーに変えてくれたと認めている。アカデミーからは合計13名のメジャーリーガーが生まれた。ホワイトがデビューした1973年から1982年のあいだに、ロイヤルズはメジャーリーグで6番目に多い勝ち星を挙げている。1980年にリーグ優勝を果たしたとき、ホワイトと、やはりアカデミーの卒業生であるU・L・ワシントンの二遊間はチームの要だった。

だがそのときにはすでにアカデミーは閉鎖され、長い時間が経っていた。ロイヤルズは1973年に100万ドルの赤字を出し、財政も緊迫していて、非伝統的な方法で、すぐにメジャーリーガーを輩出できなかったアカデミーは、ロイヤルズの選手育成部門から、いかがわしい矛盾した存在だとみなされて標的にされた。アカデミーでの時間を「わたしが参加した、最も刺激的な経験」だったと語るスリフトは、カウフマン以外の重役から支持を得られず、校長を辞任した。1974年にアカデミーが閉鎖されたときに副校長を務めていたのは、リッキーの孫、ブランチ・リッキー3世だった。

ロイヤルズ・アカデミーという例外を除けば、当時の選手育成の多くは偶然に頼っていた。1988年、ブレーブスのピッチャー、トム・グラビンはメジャーリーグ最多の負けを喫した。しかし翌1989年の春、打撃練習中に外野に立っていた彼は自分のところに飛んできた球を偶然、中指と薬指を縫い目に当てる、普通でない握りでつかんだ。そのまま内野に投げ返すと、リリースの感覚は悪くなかった。彼の代名詞とも言えるサークルチェンジが生まれたのはこのときだった。「もしあの球種を見つけなかったら、あんなふうに球をつかまなかったら……どうなっていたかわからない」と、グラビンは1992年に『スポーツ・イラストレイテッド』に語っている。彼は1991年にはメジャーリーグ最多の勝ち星を挙げ、偶然新たな球種を見つけた25年後には野球殿堂入りを果たすことになる。(22)

チームメイトと野球について話しているときに重要なことに気づくということもあるものの、すべての選手が手の内を語ってくれるわけではない。ツインズの若手選手パット・マホームズは、1991年に未来の殿堂入り投手ジャック・モリスにスプリッターの投げ方を質問したことがあった。「ふざけるな、近づくんじゃねえ」マホームズはモリスにそう言われたという。「おまえは来年おれの仕事を奪うつもりなんだろう」(23)と。だがもっと幸運な例もあった。殿堂入り選手のハリー・ハイルマンは、はじめの数シーズンごくありふれたレギュラー選手だったが、デトロイト・タイガースのチームメイトで、1921年に兼任監督になったばかりのタイ・カッブから打撃の指導を受け、スタンスを狭くし、両手を身体から離し、身体を丸めた構えに変えた。この新しい構えで、ハイルマンはカッブを超え、ベーブ・ルースやロジャース・ホーンスビーを除けば、その後10年間で最も優秀な打者となった。

あらゆる面から考えて、カッブはきわめて優秀な打撃指導者だった。彼の指導で、1921年にはチーム打率が前年より・046高い・321に上がった。これは現行のスコアリングルールのもとでの最高記録で、いまだに破られていない。だが多くのコーチにとって、打撃改良は試行錯誤であり、成功もあれば失敗もある。健全な科学よりは直感に基づき、しかもよい指導者とよい選手がタイミングよく出会うことが必要となる。野球界すべてに成りたつ原則は個々の場合に適用されることもあったが、証明された一般的なプログラムにはなっていなかった。

ロイヤルズ・アカデミーは、偶然に左右される可能性を下げ、すべての選手が自分に合った、科学的な指導を受けられるという意味で未来を先取りしていた。アカデミーがあった時代、ロイヤルズは他球団に先んじて各マイナーチームに監督以外のコーチを配属した。またロイヤルズ・アカデミーが閉鎖されたあとも、そのモデルはそれが生まれた場所から、国境を越えて広がった。「今日ラテン・アメリカ諸国にあるアカデミーの先駆けだった」とスチュワートは言う。だが関わった人々にとって、ロイヤルズ・アカデミーは得られるはずだったより大きなチャンスへの喪失感を残している。「カウフマンは亡くなるまえの年に、わたしにこう言ったよ……野球に関して自分が犯した最大の失敗は、人の言いなりになってアカデミーを手放したことだとね」と、スチュワートは嘆かわしげに言う。

アカデミー閉鎖の7年後、テキサス・レンジャーズのエディ・ロビンソンGM（60歳の元メジャーリーガーで60年代から70年代にはいくつかの球団でファーム・ディレクターを務めた）は、野球経験のない29歳のクレイグ・R・ライトを雇った。高校のころから野球のデータを分析することが趣味だった元教師だ。リッキー（この偉大な人物の名がまたしても挙がる）が1913年に統計学者を採用したことがあったが、ライトはメジャー球団にはじめて〝セイバーメトリシャン〟の肩書きで採用された。この肩書きはまだできたばかりのもので、その後何年もレンジャーズのメディアガイド編集者はそれを印刷することを拒んだ。彼の業務はおおむね、メジャーリーグ・レベルでの選手移籍に関するデータ提供で、選手育成に関する決定には関わっていなかった。だがあるトレード案に関するレポートが、ライトによれば「選手の上達に関してセイバーメトリクスが影響を及ぼした初期の例になった」

1982年12月、ロサンゼルス・ドジャースの若い捕手マイク・ソーシアは打撃不振のシーズンを過ごし、チームは実績がある捕手の補強をもくろんでいた。標的はレンジャーズに所属する31歳、ゴールドグラブ賞を6度受賞したことのあるジム・サンドバーグだった。交渉は若手有望選手のオーレル・ハーシュハイザーを含めた数選手をテキサスに移籍させる形で進んでいた。

ライトはサンドバーグが過大評価されていると考えていた。ライトが1989年の著書『ベースボール革命』（ベースボール・マガジン社）で記したように、捕手の評価では、「守備位置での俊敏性やパスボールの数、そして何よりスローイングなど、目に見えるものだけが重視される」傾向があった。[24] それまでのキャリアで、サンドバーグは43・2パーセントの盗塁阻止率で、同期間のMLB平均34・8パーセントを上回っていた。

だがライトが分析したサンドバーグの〝捕手防御率〟によれば、レンジャーズの投手陣はサンドバーグがマスクを被ったときのほうが、控え捕手のときよりも多く失点していた。のちに書いているように、ライトは「選手やコーチ、監督、スカウトたちのなかにはサンドバーグの能力が一流であることを疑う人々もいる」ことに気づいており、また彼が苦心して分析したデータもその疑いを裏づけるものだった。データから判断すれば、サンドバーグは「投手陣の足を大きく引っ張っている」と考えられた。そのことがチームの首脳に、サンドバーグにはほかの部分で高い能力を持つが、「問題もある。そして問題のあるところには、それを修正するチャンスもあるものだ」と考えさせたとライトは言う。

そのトレード案が流れたとき、レンジャーズには問題が残った。「そのとき、わたしが報告のなかで論じたことから、サンドバーグがよりピッチャーと効果的にプレーするために何ができるだろうという問いが生まれた」とライトは回想している。「球団は来季のスプリングトレーニングの課題にすることに決定した」

ライトの役割では選手と直接関わることは少なかったが、サンドバーグの弱点という問題は、マイナーリーグの元捕手で、ブルペン・キャッチングコーチに就任したばかりのグレン・エゼルにも伝えられたことは知っていた。エゼルは、自分がマイナーレベルの経験しかなく、サンドバーグが何度もゴールドグラブ賞を獲っていたことから、その問題について〝言いだしにくい〟と思ったことを覚えている。「このあいだまでマイナーリーグにいた自分が、『なんであああしたんだ？　それにあのピッチングはなんだ？』とは言えなかったよ」とエゼルは言う。しかし、「話すことならできた」

サンドバーグは「配球は徐々に学んでいくもの」だとして、１９８３年以降変化していったことを認めている。１９８８年のインタビューでは、自分の配球が批判されたことで、「わたしはピッチャーへの接しかたを変えた。それによって改善できた」と語っている。30年後の説明によれば、変えたのはコミュニケーションを増やしたことだった。それによって各投手の好む方法を知ることができた。「わたしはより意識的に、試合後ピッチャーと話すようになった……前日に結果がよくなかったピッチャーには、余計にたくさん話をした。バッティング練習のときは外野に立って、ピッチャーが前向きになれるまで前日のゲームについて話した。それを始めてからは問題は起こらなかった」

ライトが提供する数値は改善をもたらした。１９７７年から１９８２年まで、試合での合計１０７５イニング――すなわち、投手の能力に左右されず、純粋に捕手の能力を比較できるだけのイニング数――で、サンドバーグがマスクを被ったときは防御率が３・９７で、控え捕手のときは３・６２だった。だが１９８３年からサンドバーグが引退する１９８９年までのうち、シーズン中のトレードによって捕手のピッチャーに対する働きかけがあまり影響を及ぼさなかった１９８８年のデータを除くと、レンジャーズの投手陣は他チームとの対戦で、合計２６７７回２／３で、サンドバーグのときの防御率は3・80、控え捕手のときは3・94を記録した。つまりサンドバーグは控え捕手と比較して、以前よりも9イニングで失点を0・5点防げるようになっていたことになる。そのおもな要因は、長打率が20パーセント近く改善したことだった。

サンドバーグが配球について投手との会話を始めた1983年、レンジャーズは防御率ではじめて（そして現在のところ唯一）リーグ1位になった。サンドバーグはその年もそれ以降もゴールドグラブ賞を受賞することはなかったが、おそらく毎年受賞していたころよりもそれにふさわしい働きをしていただろう。シーズン後に書かれた報告で、ライトは「長期間大きく開いていたサンドバーグと控え捕手の捕手防御率の差が縮まり、やがてなくなったおもな要因は、間違いなく〝サニー〟自身の改善によるものだ」と書いている。その成功の要因は、セイバーメトリクスによる観察結果が、野球関係者と外部の情報のあいだに長く横たわっていた壁を越えて選手に伝わったことだった。「野球の科学を選手育成やプレーを向上させるために使えるかどうかは、それが最も必要とされている現場との分断を縮めることにかかっている」とライトは言う。「将来のフロントと現場スタッフが成功するかどうかは、おおむねこの点で決まるだろう」

当時の球団は、フロントからグラウンドへ情報を伝えるための体制作りに投資していなかった。「今日では、メジャー選手への指導の量は大きな差がある」とサンドバーグは言う。「キャリアを通じて、わたしはチームメイトから教わるのがほとんどだった」。コロラド・ロッキーズのスカウティング、選手育成担当アシスタントで先見の明のあるコーチの先駆者にして、50年以上のキャリアで高校からメジャーリーグまであらゆるレベルで指導をしてきたジェリー・ワインスタインはこう言う。「そのころは監督とトレーナーしかいなかったんだ……監督とトレーナー、それからバス運転手。でもたいていは、トレーナーがバスの運転も兼ねていた」

何より有害なのは、ベンチの考えがしばしばフロントから与えられる情報を敵視している（あるいは関心を持たない）ことだ。１９９８年ごろ、ライトは独立して行っている事業に選手の能力向上コンサルタントの業務を加えようとした。彼はつてのある十数球団に案内を送ったが、採用されなかった。現場のスタッフや選手育成担当者がライトの報告を有効に利用できないだろうというのがそのおもな理由だった。

こうした障害のため、ライトは『マネー・ボール』のビリー・ビーンと同じく、選手育成を大きな可能性のある分野だと考えなかった。「その当時は、おそらく選手育成には可能性はないと答えただろう。むしろ選手評価のほうが大きな余地があった。数字の差は誰の目にも見えるし、しかもその差は大きかったからだ。けれども、いまはそれが逆転する時期に来ていると思う」

２０１５年、サンディエゴ・パドレスは、球団が長らく関心を抱いてきたことを押し進めるための最善の方法について報告するようライトに依頼した。「野球の科学がフロントの上層部から使われるようになり、それからゆっくりと現場へと広がっていくのは論理的な進化の過程だ」と彼は書いた。「１９９2年にはすでに、わたしはセイバーメトリクスの専門家として働こうとする人々に、科学的知見を選手能力向上や育成へ適用することに関心を持つように強く勧めてきた……わたしは彼らが生きているあいだに、あるいは働いているあいだに、その状況は変化し、そうした仕事が彼らの未来の仕事の大きな部分を占めるだろうと話した」。その未来が到達したのは、現場レベルの抵抗がなくなり、正確な追跡技術が生まれたからだ、とライトは主張する。「野球における情報の爆発的増加は、野球の科学を選手の能力向上と育成に使うことを押し進めるだろう」と彼はつづける。「その最前線にいることが優位に立てる。競走馬をどう走らせればいいかについて、いまこそはっきりと口にするべきだ」

野球界でようやく育成が始められようとしたときには、やるべきことは用意されていた。選手育成革命に利用されるテクノロジーの多くがすでに、回転するボールを使い、視聴者の平均年齢が高いもうひとつの球技、ゴルフに進出していたからだ。「ゴルフ界は一流ゴルファーのスイングを細かく改良するという点で、はるかに進んでいた」とブライアン・バニスターは言う。

それに一役買っているのがトラックマンだ。メジャーリーグの全球団だけでなく、ほとんどのマイナーリーグ・チームや大学、日本や韓国、台湾のプロ野球のスタジアムに設置されている。デンマークで2003年に設立されたトラックマン社は当初、ゴルフのスイングとボールの弾道を計測する機器を製造していた。共同設立者でチーフ・テクノロジー・オフィサーのフレドリック・タクセンは、かつて軍事技術の分野で武器の弾道を追跡していたレーダー技術者で、はじめはゴルフ練習場に来ているゴルファーに即座にデータを提供することで、練習をもっと楽しくし、プレーヤーが「ただボールを打つだけでなく、意図を持ってボールを打てるようにする」ことが狙いだったと言う。

トラックマンが使われるようになるとすぐに、ゴルフのコーチングで広まっていた誤解が訂正された。ゴルファーは通常、自分がクラブを振った方向にボールは飛ぶと指導されていたのだが、トラックマンの追跡結果を見ると、ボールの行き先はむしろクラブのフェースの向きによって決まっていた。「わたしたちは、『おかしいですね。ところで、実際何が起こっているのかを計測する機械がありますよ』と言って宣伝していました」とタクセンは言う。トラックマンによってさらに、飛距離を出すための理想的な打ち出し角度は12度、ボールの回転数は2700rpm（回転／分）であることもわかった。つまり、伝統的に指導されてきたよりもアタックアングル（クラブのヘッドとボールが衝突する際の角度）を大きくする必要があった。「わたしが最初にこのことを提示したときには、大きな抵抗がありました……誰も取りいれませんでしたね」とタクセンは言う。「ところが、いまの若い選手はみなこれを使っています」

ゴルフで確固たる地位を築いたあと、会社はさらに難易度の高い野球用の製品を開発した。より細かい計測が求められ、衝突やリリースのポイントは一定ではなく、バッターのすぐ後ろにシステムを設置する困難があった。2008年の前半には各球団に提案をし、タクセンはトラックマン社のジョン・オールシャンGMとともにスプリングトレーニングを訪れた。トラックマンによってはじめてメジャーリーグ投手のデータが測定されたのは、ふさわしいことにドジャータウンだった。球速や球の変化はもちろん感覚的に理解できるが、タクセンがある投手の速球の回転数を指摘したときは困惑がその場を包んだ。タクセンは回想する。「ピッチャー本人と［ドジャースの投手コーチ、リック・ハニカットの］ふたりとも、わたしのほうを見て言いました。『その回転数はいい数値なんですか？』と。わたしは『わかりませんね。あなたたちこそ知らないんですか？』と問い返しました。彼らは、そんなデータを採ったこともなかったんです」

選手育成はローテクな方法に頼りがちだったので、トラックマン社側は球団フロントのアナリストに働きかけた。「アナリストのほうから入ったので、選手育成担当の多くは、はじめは信頼してくれませんでした」とオールシャンは言う。その結果、システムはなかなか売れなかった。「奇妙なミーティングでしたね。球場の会議室に入ると、ユニフォームを着た人々がやってきてテーブルのまわりに腰を下ろし、わたしはパワーポイントで弾道追跡システムについて説明したんですが、完全におかしな人間を見るような目を向けられました」

フロントのデータアナリストにとっては回転数が重要な数値であることは明らかだったから、2011年に正式に発売されると、トラックマンはすぐに飛ぶように売れた。「すさまじい成長でした」とオールシャンは言う。「ぼろいオフィスに社員は5人でした。『オズの魔法使い』のように、

〝カーテンの後ろ（会社の実情）は見ないで〟という気持ちでしたね」

リッキーからリグレー、ハンナからカウフマン、そしてライトから今日までの選手育成の歴史は、断続的で歩みは遅く、行き違いや衝突、孤独な実験と遅ればせながらのブレイクスルーがあり、それらすべてが現在の革命につながっている。いまや選手の能力を最大限引きだそうとする努力に時代が追いつき、取りこんでいる。ビル・ジェームズが『ベースボール革命』の序文に書いた一文が浮かんでくる。「おそらくわれわれは進歩しないのではなくて、向かい風に45度の角度から向かう双胴船のように進歩するのだ——そしてその角度は、ほんの少しまえに向かっていた角度と直角をなしている」[25]。選手育成に対する向かい風は、競技が生まれたころからずっと吹いている。だがついに帆は風を受け、船は進みはじめた。

2005年、ホーンスビーが〝賢いアイデア〟を退けてから80年後、おそらく史上最高の二塁手で、一本気で短気なジョー・モーガンが、ESPN.comでの会話で『マネー・ボール』について、ほとんどホーンスビーをなぞるような発言をした。「試合で勝つには選手が必要なんだ、セオリーじゃない」。だが野球界にテクノロジーが浸透すると、ついに選手たちはあざけりの言葉を口にしなくなった。

パドレスの元マイナーリーガーで現在はミシガン大学の投手コーチをしているクリス・フェッターはまだ30代前半の若さだが、教え子の選手たちは自分とはまるでちがう種に属していて、自分をいまにも追い抜いてしまいそうだと語る。「いまは手に入る情報が豊富で、基本的に野球界の誰もが〈ファングラフス〉を見ている」と彼は言う。〈ファングラフス〉とは、野球の統計や分析に関する代表的なウェブサイトだ。「3人の学生がいて、みなツイッターを開くたびに打球角度や初速度をチェックする。彼らは自分たちに送られてくるそうした情報をいつも見ている。好奇心があるし、学習意欲も高い」。その思いは大人たちにも広まっている。「メジャーリーグに昇格したら育成は終わりではない」と、はるかに情報の少ない時代に8年間メジャーリーグでプレーした50歳のディポートは言う。

「学ぶべきことはいつも変わっていく」

長い時を経てようやく、球団は選手を指導するようになった。だがその指導方法はプロ野球界の外側、選手育成の創造的破壊者たちの神聖ではない殿堂からやってきた。

4

第一原理

わたしは何かを知ることがどれほど難しいかを知っている。

——アメリカの理論物理学者リチャード・ファインマン

トレバー・バウアーとの最初のミーティングの6カ月前、カイル・ボディはシアトルのダウンタウンへ向かうバスに乗りこんでいた。2012年8月15日のことで、西海岸で転戦中のタンパベイ・レイズは、フロント全員が遠征に参加していた。予算の少ないレイズは、つねに新しいアイデアに関心を示し、膨大な予算を持つニューヨーク・ヤンキースやボストン・レッドソックスが所属するア・リーグ東地区で戦っていた。またレイズのマット・アーノルドGM補佐は、ボディが自身のブログ〈ドライブライン・メカニクス〉で発表した研究に興味を抱いていた。レイズは15日水曜日の午後に試合を行い、そのあとボディと数名の球団職員がホテルで会うことになっていた。

野球界はフロントにすでにある種のアウトサイダーを受けいれていた。アイビー・リーグの理数系学位を持つ人々だ。だが選手育成部門にはアウトサイダーはおらず、コーチはほぼ全員が元選手で占められていた。ボディは野球界内部の人々から繰りかえし、アイデアを批判されてきた。それとは異なる対応をする球団がもしあるとすれば、進歩的なレイズだろうと彼は考えていた。彼らはほかのどのチームよりも慣習的な知恵に囚われない発想をしてきた。とりわけ目立つのは内野手の守備シフトだった。

ボディはどうしてもこの会合を成功させたかった。彼はこれこそ自分の天職だと思っていた。29歳のボディには革新的な目標があった。ピッチャーが球速を上げ、よりよい変化球を投げられるようになるのを助け、二軍選手をスターにすること。より広く言えば、マイナーリーグと選手育成全体が、一から考え直し、再構築される必要があると彼は主張していた。すべてのブレイクスルーは正しい問いから生まれる。そしてカイル・ボディはつねに問いを抱いていた。なぜマイナーリーグのシステムはいまのようになったのか？　なぜすべてのコーチングと選手育成のスタッフは同じ肩書きで同じ経歴を持ち、身体のサイズもほぼ同じなのか？　なぜ育成にはデータがほとんどなく、〝感覚〟ばかりが重視されているのか？

街へ向かいながら、ボディはラジオでゲームの行方を追っていた。シアトル・マリナーズのエース、フェリックス・ヘルナンデスはレイズに対し、MLB通算23回目となる完全試合を達成しようとしていた。「おいおい冗談じゃないぞ」。こんなときに売り込みをしてもレイズの職員たちからいい反応は期待できないかもしれない。

スイートルームに到着すると、ボディはタンパベイ・レイズの職員のなかに野球界でも最も敏腕の球団幹部として知られるアンドリュー・フリードマンGMがいることに気づいて興奮した。ボディはフリードマンに、なぜ自分が誰よりも投手の育成について知っているか、どのようにしてレイズに変化をもたらせるかを訴えた。フリードマンは傾聴していた。それから、ボディの言葉が「デタラメかそうでないか」については、自分の部下の判断に任せたいと言った。ボディはフリードマンの鋭い質問を覚えている。「なぜきみはプロ野球の世界で働きたいんだい？」

フリードマンはその質問でボディを驚かせた。それはつまり、ボディがプロ野球界の外側、その裾野で働いたほうが大きな変化を起こせるという意味だ。内部から選手育成を変えようとしたら、巨大な組織と戦わなくてはならなくなる。その見解を補足するため、フリードマンはボディに、タンパベイの投手育成についてどう思うかを尋ねた。当時、レイズにはデビッド・プライス、ジェームズ・シールズ、マット・ムーアといった生え抜きの優秀な投手が揃っていた。

「あなたのチームの投手陣はすばらしいと言わせたいんですね」とボディは言った。

「そのとおり」ボディはフリードマンの言葉を覚えている。「わたしが自分たちの投手育成はうまくいっていると思っているときみは思っている」

「それはわかりません」ボディは言った。

フリードマンは実際には、レイズの投手育成が理想どおりに進んでいると確信しているわけではないと認めた。ボディの記憶では、フリードマンはこう言った。「わたしがきみに言えるのは、うちにはメジャーリーグ・レベルの好投手がたくさんいるということだ。じゃあ、投手コーチたちはどう思っているだろう?」ボディはこの非公式の面接が失敗に終わるだろうことを悟った。フリードマンは革新的な発想を取りいれることで現在のコーチ陣を混乱させる気はないようだ。

自分はレイズで働くことはないだろう。遠くから野球界を変えなければならないようだ。「そんな言葉を聞きたくなかった。とても残念だった。でも彼は100パーセント正しかった」

フリードマンと会うのはこれが最後にはならないだろう。だがいまのところは、これまでどおり、野球界の外側にいなくてはならない。

画期的なものになることを望んだその会合へ向かう途中で感じた意気込みについて語るとき、ボディの言葉には強い熱意がこもる。「できることがたくさんあるのに、まだまだ行われていない。そのことにわたしはとても情熱を燃やしている。永遠に記憶されるだろうね……もしその変化を起こすことができれば。ウェイテッドボールだけでは誰の記憶にも残らない。それを普及させたのがわたしだということは誰の記憶にも残らない。もし普及したとしても、誰も気にしないだろう。でもドジャースが現在のマイナーリーグを整備したことは誰もが知っている……それくらい革新的なことがしたい……つぎのブランチ・リッキーになりたいんだ」

つぎのブランチ・リッキーとして知られること。それは大学を中退し、イタリア料理店〈オリーブ・ガーデン〉で給仕をしながら野球界での仕事を探していた彼にとって、あまりつつましい願望とは言えなかった。だがボディは目標を小さくすることはせず、ゆっくりと着実な進歩を目指すこともしなかった。プロ野球界に足がかりができる以前から、彼は既存の構造や人員体勢を一新することを考えていた。

「変化は少しずつ起こさなくてはならないと言われるが、わたしは同意しない」とボディは言う。「リッキーのように、黒人選手がゼロの状況から、10分の1人の黒人選手が加入するなんてことはない。人は分割できないんだから、それは無理なことだ。あるものからべつのあるものへの変化は劇的に起こる。それが選手育成の面で望まれていることだとわたしは本気で思う。〝100年間こうやってきたんだ〟から〝それは間違いだ。もうやめだ〟まではあっという間だ」

フリードマンとの会合の6年前、ボディはオハイオ州パーマの両親の家に住んでいた。第二次世界大戦後にクリーブランド最大の郊外都市になったパーマは、いまでは多くが操業をやめてしまった製鋼所に務めるブルーカラーの共同体だった。カイルの父はアイルランド系の電気技師で、働きに出ず家で子育てをしていた母は日系アメリカ人だった。ボディの外見は両親の特徴が混ざっていて、強い印象を残す黒い髪と黒い目、そして太い眉をしている。がっしりした体格で、高校のときは複数のスポーツをこなす運動選手だった。だが同時に知的で、好奇心旺盛だった。SAT（大学進学適性試験）の成績はよかったが、家族には州外のエリート校に進学させる金銭的余裕はなかった。彼が子どものころ、父親は会社を解雇されたあとオハイオ州北東部の厳しい労働市場で1年間職探しに苦労した。そのことが彼に複雑な影響を与えた。あるいはそれが、他人の下で働くよりも自らビジネスを立ちあげようとした理由かもしれない。だが2006年にボールドウィン・ウォーレス大学を退学すると、彼は無職になった。

ボディは高校の最終学年で退学し、クヤホガ・コミュニティ・カレッジで単位を取得した。奨学金を得て、コミュニティ・カレッジでの取得単位を認めたボールドウィン・ウォーレス大学に入学した。経済学とコンピュータ科学を学び、投手として野球部に入った。だが彼には、大学での勉強が実社会で抜きん出るための役に立つとは思えなかった。起業家になりたかったが、なりかたがわからなかった。大学は〝（地元オハイオ州の巨大保険会社）プログレッシブ・インシュランスの奴隷〟として働くよう自分を仕向けているように思えた。

彼はいつも愛想がよく、自分が求めるものを熱心に探求していたが、同時に思春期から不安症や抑うつ症状を抱えていた。大学をやめたとき、意外にも両親は彼を叱らず、むしろ惨めな気持ちでいることを察してくれた。母からはいつもレストランの給仕になればいいと言われていた。そこで退学後、彼はパーマの〈オリーブ・ガーデン〉で働きはじめた。

「それがいちばん上手にできることのひとつだった」とボディは言う。「活気もあるし。顧客サービスだね。はじめて、自分の働きぶりが収入に結びつく職場だった」

〈オリーブ・ガーデン〉で、ボディは食事のあと顧客によく冷えた「アンデス・ミントチョコレート」を差しだした。またつぎつぎにテーブルに運ばれるパスタに忘れずに胡椒を振りかけるようにした。あまりに優秀なため、4組の顧客が店長を探しだしてボディのサービスを褒めようとしたときには、店長の怒りを買った。「彼は怒り狂っていたね」とボディは言う。「平均以上の仕事をすることがどれくらい簡単か、それだけでもわかる」

大学をやめたあとも抑うつに悩まされており、友人たちとのつきあいも不健康な生活の原因だった。彼らは〝クソみたいな〟仕事をしていて、集まって不満を言いながら酒を飲んでいた。それが週末ごとに繰りかえされた。ボディは自分で薬を買って飲んでいた。「睡眠薬のアンビエンを悪用していた。眠るために飲んでいたんだ」。それにより、意識を失ったり健忘症になったりするなど副作用に苦しんでいた。

そのころボディは〈ライブジャーナル〉というSNSで将来の妻と出会っていた。シアトル在住の彼女の近くに引っ越したかったが、家族にはクリーブランド近辺を離れた者は誰もおらず、まるで家族を裏切ることのように感じられた。だがある朝早く、アンビエンで意識を失ったあとノートパソコンの前で目覚めて驚いた。いくつかの仕事にオンラインで応募していたのだ。そのなかに、〈ポーカースターズ〉というオンライン・ポーカールームのカスタマーサービス部門にゲーム理論の専門家として応募したものがあった。ゲームはずっと好きだった。オンラインでセミプロとしてポーカーをし、カナダ、オンタリオ州ウィンザーのいちばん近いカジノへ行くことも多かった。〈マジック・ザ・ギャザリング〉の大会にも出場していた。「薬で朦朧《もうろう》としたまま書いた履歴書や添え状がそれなりのものだったのか、面接に呼ばれた」と彼は言う。〈ポーカースターズ〉に就職してプレーヤー同士の共謀を防ぐ部門に配属され、在宅勤務をした。これでクリーブランドを離れる準備が整った。2006年に彼はシアトルに引っ越した。

競技への欲求を鎮めるために、野球のリトルリーグのコーチをするようになった。その後、ルーズベルト高校野球部の1年生に教えるようになった。ボディの将来の義父がそこでソフトボールのコーチをしており、運動部部長に紹介してもらったのだ。彼は出塁率の高さと四球を選ぶことの重要性を強調したが、ライバルのコーチはそれを馬鹿にして、彼のチームの打ち気にはやらないやりかたを〝愚か〟と呼んだ。ボディは途方に暮れた。

「なぜ受けいれられないんだ？　塁上に多くのランナーをためることが理に適っているのは明らかなのに。そこから『なぜあんたたちは野球というゲームを理解できないんだ？』と思うようになったんだ」とボディは言う。

彼は地域のコーチ講習に出かけた。そこで学び、質問をした。だがどれだけ質問しても答えに満足できなかった。それが選手育成への関心につながっていった。

ルーズベルト高校での最後の年、大学のチームはリーグで1勝しかできず、高校1年生のチームは十分な成績を収めた。ところがシーズン後、ボディのところに運動部部長から電話がかかってきて、高校1年生のプログラムに関する学校の方針が変わると聞かされた。大学チームの監督は留任した。その監督と表立って衝突したことはなかったが、仲がいいわけでもなかった。「それが問題だったんだ。わたしは助手と一緒に野球チームからはずされた。もうチームの一員じゃない……くそったれ、と思ったね」

野球部の仕事をやめたあとも、ボディはトレーニングや育成に関心を持ちつづけた。読書をする時間はたっぷりあった。〈ポーカースターズ〉をやめてマイクロソフトに移り、そこで週4回、午後11時から午前10時までゲームネットワークXbox live の〝お守《も》り〟をした。「おかしなことが起こらないかぎり、何もしなくていいんだ」

ボディはその時間を使い、運動選手のトレーニングに関する知識やデータ、客観的な方法論の欠如と彼が思っているものについて考えた。野球においては、とりわけピッチャーにそれがあてはまると彼は考えていた。クリーブランドでの子ども時代、ボディはずっと投球をしていて、ときどき目いっぱい遠投をすることもあった。彼と仲間たちは近所で試合をやり、18メートルの距離から助走をつけてボールを全力でたがいに投げあい、相手を恐がらせていた。

ボディは子どもたちの強度を増すための革新的な方法を提示している。「6歳の子どもとキャッチボールをしてはいけない。子どもをフェンス際に連れていって、わたしはフェンスにできるだけ強くボールを投げつける」。そうすると、子どもたちは大人が全力で投げる身体の動きを学びとり、真似ることができるんだ、とボディは言う。子どもたちはまわりの大人と同じことをする。ボディの理論では、メジャーリーガーの子どもが高確率で成功する理由は遺伝ではなく――まあ、邪魔にはならないが――より効果的な投球や動作のパターンを真似したからだ。軽く、低い強度でキャッチボールをしていると、子どもたちは間違った動きを学んでしまう、と彼は言う。「すると12歳になったころ、子どもに運動能力が低いと怒鳴りつけることになる。だが6年間も馬鹿みたいな投げかたを教えてきたんだ。期待できるはずがない」。彼はずっと全力で投球することが投手の球威を高めると信じてきたが、プロ野球界は反対の方向に進んでいた。

1990年、トッド・バンポッペルはドラフトでアマチュア投手として最高の評価を受けた。彼はオークランド・アスレチックスと60万ドルのボーナスを含む3年120万ドルのメジャー契約を結んだ。バンポッペルはノースウェストリーグのサザンオレゴン・アスレチックスに加わり、プロとしての初登板で球速151キロを計測しスカウトに好印象を与えた。1991年にはトップクラスの期待の若手として、19歳でメジャーに昇格したが、その後腕の故障に悩まされ、選手の総合的な貢献度を示すWAR〔その選手が出場することで、代替可能選手が出場した場合と比べてどれくらい勝利を上乗せするかを算出したもので、選手の総合的な貢献度を示す指標〕ではキャリアでマイナスを記録した。2001年、ドラフト全体2位のマーク・プライアーは1050万ドルを保証するメジャー契約を結んだ。当初はメジャーで輝かしい成績を収めたが、怪我がキャリアを狂わせた。オーバーワークだろうか？　急ぎすぎたのだろうか？　バンポッペルやプライアーのような選手と契約することを恐れて、各球団はますます高くなる選手への投資額に慎重になり、球数や回数の制限を導入した。

「ロイヤルズはいまそれをしている。キャッチボールは1日に7分。選手が18、27、36と声を上げる。すると相手は18メートル、27メートル、36メートル後ろに下がる。そこまでだ」とボディは言う。「いまだに球団としてそう考えているなんて、すごいことだよ。ボールは36メートル以上投げるな、とね。ところがショートは一塁まで48メートル以上投げているんだ。ちょっと計算すればわかる」

1998年に、〈ベースボール・プロスペクタス〉は投球数を基にしたPAP（投手酷使指数）を考案した。それによって故障の予測ができるとサイトは主張しており、投手が酷使されるポイントを投球数100球以降としている。『スポーツ・イラストレイテッド』が発表した記事によれば、若い投手の投球数がまえのシーズンより20回以上増えると故障しやすくなる。ボディは、投球制限に関するルールが作られはじめているが、それは科学に基づくものではないと言う。また、うまく機能してもいない。

2018年シーズン終了時で、ウェブサイト〈ハードボール・タイムズ〉のアナリストであるジョン・レーゲルによるトミー・ジョン手術のデータベースには1651件が登録されている。この手術は開始されて44年経つが、プロ選手が受けた手術の半分は2012年4月1日以降に行われている。肘の故障の頻発をどうすれば抑えられるのか、誰もはっきりとはわかっていない。「〈ベースボール・

プロスペクタス〉が書いていることの6割は誤りだ」とボディは言う。「記事に悪意があるわけじゃないが、それらが正しいか間違っているかを統計的にきちんとたしかめることはまだできないんだ」マイクロソフトでの夜勤中、蛍光灯が照らすなか並んだ机で、ボディは1年のあいだにトレーニングに関するおよそ30冊の本と120本の論文を貪るように読んだ。独学で理論やシステム、方法の基になる基礎的な概念を学び、野球選手をトレーニングする専門家になった。

こうした行動の根拠となっていたのは、第一原理による推論というアリストテレスの考えだった。ボディは子どものころ一時期、ブリティッシュ・ペトロリアムとNASAのグレン研究センターに勤めていたことのある父親からこの考えを教えられた。起業家のイーロン・マスクもこの考えの提唱者だ。2016年のTEDトークで、マスクは自分のイノベーションはまず「物事を根本的に正しいところまで遡り、そこから推論して」考えを煮詰めることから始まると語っている。[1] この方法は、「基本的にはそれまでの方法にわずかな変更を加えて真似することを意味する」類推よりもはるかに優れた推論のしかただ、とマスクは主張する。

マスクはロケットの製造方法を研究しはじめたとき、慣習的な方法は脇に置き、問題に新たな考えかたでアプローチした、と『ワイアード』に語っている。[2]「物理学は第一原理から推論することを教える。（中略）では、ロケットは何からできているか？　航空宇宙グレードのアルミ合金と、チタン、銅、炭素繊維だ。それならば、これらの素材の商品市場での価格はいくらか？　答えは一般的な価格の2パーセントほどだった」。スペースXはこのようにして生まれた。

野球もまた同じように新しい発想を必要としていた。ボディが研究を始めたとき、コーチも球団も1世紀以上にわたって、基本的にそれまでの練習法にわずかな変更を加えて真似しつづけていた。才能を伸ばすために大切な、独創的な思考はほとんど用いられていなかった。ボディは生体力学について、アスリートの運動連鎖について、速度や強度を高める方法について学びたかった。革命的な選手育成を構築するための要素、第一原理を学びたかった。

ナショナルリーグの１９７４年サイ・ヤング賞投手、マイク・マーシャルは大きな影響を及ぼした。マーシャルは運動学の博士号を持ち、ニュートン物理学を投球に応用して独自の投球フォームを作った。マーシャルは、自分がプロ野球組織全体を運営すれば、「すべての投手の球速を時速13キロから16キロ上げることができる」だろうと考えていた[3]。その考えはボディを魅了した。マーシャルは変わったトレーニング（たとえば大量の投げ込み）や変わった用具（たとえばリストウェイトやプラスティックの槍）によって、ボディがブログで書いたように、投手が二塁の方向へ腰をひねることなく「標的に達するためのまっすぐな動力伝達装置《ドライブライン》」を得ようとした。このドライブラインとはマーシャルがとくに好んだ概念のひとつで、それをボディは２００９年に開始し、少数の読者を相手につづけていたブログのタイトルに借用した。

きわめて技術的な著書『ピッチャーのコーチング（*Coaching Pitchers*）』で、マーシャルは減速する力とリストウェイトによるトレーニングについて述べている。もし動作を減速させる筋肉が投球中に生みだされた力を処理できないと投手の脳が判断したら、無意識に投球速度を制限するだろうと彼は考えた。「４００メートルのコースで時速８００キロの速度を出す能力を持ったドラッグレース用のレーシングカーがあるとする。ところがそのコースのフィニッシュラインの先90メートルのところに高さ６００メートルの崖があるとしたら、問題はドライバーが車を90メートル以内に止められるかどうかになる。野球の投手の小脳がより速い速球を投げるときにいつも考えているのは、リリースしてから腕がホームプレート方向に伸びきった状態になるまでのあいだに、腕を安全に止めることができるかどうかだ。野球の投手にはすごいブレーキが必要なのだ[4]」とマーシャルは書いた。彼は生徒に、腕のブレーキ性能を高めるためにリストウェイトでトレーニングさせた。それはドライブラインのトレーニングでも定番になった。

マーシャルを批判する者は、彼が投球メカニズムの法則を打ち破ったというなら、なぜすべての投手が時速160キロを出せないのかと疑問を投げかけた。数少ない国内の生体力学の研究所で、投球メカニズムに関するデータを集めているアメリカスポーツ医学研究所（ASMI）のグレン・フライシグもまたマーシャルに疑念を抱いている。1990年から、フライシグは少年野球レベルからメジャーリーグのオールスター選手まで、2000人の投手を調査してきた。投手の身体に手脚の動きを追跡するために装着したマーカーを使い、さまざまな投球動作を比較、分析した。フライシグとASMIは、怪我のないメジャーリーグのエリート選手は最善のフォームを身につけており、それゆえそうした投手について研究し、真似すべきだと考えた。一方マーシャルは、メジャーリーガーであることが、その投手が模範的なフォームで投げているという証明にはならないと考えていた。

マーシャルは自分がトレーニングをした投手たちをASMIに連れていき、生体力学的な調査を行い、フライシグが記録したメジャーリーグのエリートグループのフォームと比較した。マーシャルが連れてきた投手たちは、速度を生みだす動力学的な主要因となる肩の回転と肘の伸びという点ではフライシグのグループとあまり変わらなかったが、マーシャルの投手たちのほうがはるかに球速は遅かった。

ボディは、マーシャルの教え子の運動連鎖にブレーキがかかっていると考えた。マーシャルは内側側副靱帯を守るためにピッチャーの前腕を〝強く内側にひねる〟ことが正しいと考えていた。だがボディは、内側にひねることで、前足が地面に着いたときに始まる投球動作で、身体のいちばん大きい部分からいちばん小さい部分へ下から上へと伝わっていく運動連鎖の一部分が遅くなるのではないかと考えた。

ボディは第一原理から推論し、速度アップを単純な物理学にまとめた。たとえば、速度は土台から生まれる。「脚はグラウンドの反発で力を生みだす」と彼は書く。投手の前足は開き、地面に着く。つぎに骨盤が前脚のまわりを回転して勢いを生みだし、投球腕がムチの先端のようにそれにつづく。「ムチを扱うことに慣れた人なら、ムチの〝緩み〟があることで先端に小さなソニックブームが生まれることを知っている。ムチのある部分を固くすると、それがムチの先へとつながる運動連鎖のなめらかな流れを疎外して、先端の速度を通常よりもはるかに低くしてしまう」[5]とボディは書いている。

ボディはまた、元パワーリフティング選手のエリック・クレッシーからも影響を受けている。クレッシーは数多くのメジャーリーグ選手を顧客とし、ボディのトレーニングに対する理解を助けてくれた。ボディは旧ソ連のスポーツ科学を学んだ。彼は理論を構築しつつあったが、2010年には、それらを運動の法則にするにはテストする必要があることに気づいた。だがそのために必要な情報の多くはまだなかった。

これはイノベーターには共通してみられる問題だ。まったく新しいものをテストするには、新しい機材を作る必要がある。オハイオ州生まれの最も有名な起業家、ウィルバーとオービルのライト兄弟の例を考えてみよう。1901年の秋にノースカロライナ州キティホークで飛行の試みに失敗したあと、ライト兄弟は落胆した。「それは彼らの飛行機の性能があまりに悪かったとか、解決すべきことがまだたくさんあるというだけではなかった」と、彼らの伝記作家デビッド・マカルーは書いている。「兄弟が信じていた、昔から確実だと信じられていた計算や表……データなどのうちあまりに多くが誤りであり、信頼できないものであることが証明されたのだった」[6]

オービルは日記に書いている。「自分たちでデータを集めるにはかなりの時間と資金が必要だとわかっていた……わたしたちはすべてを自分たちで探しに行かなくてはならなかった」。そこで彼らはオハイオ州デイトンに戻り、1・8メートルの風洞を作り、「自分たちで航空学の謎を解こうとした」[7]。ボディはピッチングの謎を解きたかった。そのためには自分にとっての風洞、つまり生体力学ラボが必要だった。

そのラボでは三次元の分析ができるようにしたかった。動画に基づく二次元の分析には限界があり、ボディはそれを真の生体力学研究とは認めていなかった。野球の動きはすべて、前頭面（前後）、矢状《しじょう》面（左右）、横断面（上下）という、3つの平面に位置づけることができる。最新鋭の生体力学ラボを作るには10万ドル単位の予算がかかるとされていたが、彼は数百ドルでできると考えていた。ロケットを製作したときのマスクのように、ボディも限られた予算でそれを作ろうとした。

最新鋭の生体力学ラボをゼロから建てるにはどうすればいいか？　ボディはまっすぐ専門家のところに行くことにした。ＡＳＭＩに電話をした。

ＡＳＭＩの研究者で、パーマから遠くない裕福な郊外にあるロッキーリバー高校の卒業生でもあるデビッド・フォルテンボーは、作ろうとしているものの説明を我慢強く聞いてくれたが、それは不可能だよ、と言った。しかも、ボディがエンジニアでも整形外科医でもスポーツ医でもなく、大学中退者だと聞いてもいないうちに。

ボディは諦めなかった。まずは場所を確保しなくてはならない。そこでシアトルの北の郊外にあるトレーラーパークに隣接したインドア施設を見つけた。ボディはその場所の一部を貸してもらう賃貸料を安くするために施設全体の管理を申し出た。バッティングケージを入れ、金網で囲まれたなかにダンベルとバーベルを1セット置いただけのウェイトトレーニング室を作った。これで、マンションから歩ける距離にアスリートをトレーニングできる場所が確保できた。彼はそこを1年半使った。つぎに、角速度――軸をまわる点（または手脚）の速度――や、投球動作に関連した動作を測る方法と技術が必要だった。

ボディは直接線形変換について本で学んでいた。１９７０年代に生みだされた、三次元で物体の動きを計測する方法だ。この理論を使うためには、象形文字のような等式を用いた数学を学ばなくてはならなかった。

そこで独学で線形代数を学んだ。

数学を理解し、実際に使えるようになると、ボディはマーカーを使わない生体力学ラボを建てた。まずは顧客を観察する三次元の空間を決めなければならなかった。この３Ｄ空間に目盛りをつけるために、基準となる物体が必要だった。そこで２０１０年10月、ボディと、ドライブラインで長く生体力学者として働くことになるマシュー・ワグショルはシアトルの建設資材店〈ホームデポ〉へ行った。そして店の通路で最初の実験材料となる白い塩化ビニル管のキューブの骨組みを作りはじめた。店を出るまえには組み立て中の器具を撮影した。写真の背景には、レジカウンターの上に掲げられた「もっとしよう、もっと持とう」と書かれた看板が写っていた。

開設準備中のドライブラインにキューブを持ち帰った。その骨格を置いた場所がカメラや簡単なソフトウェアのための３Ｄ空間になった。ボディは高さと幅、床に張った根太までと根太からの距離を測り、その数値を書きこんで直接線形変換アルゴリズムを作成した。ボディとワグショルはそれから「数えきれないほどの時間を費やして、大学院生向けの安物のソフトウェアを使い、いろいろな方向に材料を曲げて試して、求めるものを作りあげた」。およそ現金２０００ドルと――「以前にクレジットカードで限度額まで借金をして、カードがなくなっていたから、このときはそれができなかったんだ」とボディは言う――数百時間を費やして、自分の生体力学ラボを手に入れた。これでようやく、ピッチャーの動作のデータを集め、その動作を効率化する方法を知ることができるようになった。「本物の研究をするには、できるかぎり客観的な方法で自分の理論を試す必要がある」(8)とボディは書いている。

ボディのオフィスのトイレにはいま、看板が掲げられている。「厳密さとは妊娠のようなものだ。少しだけ妊娠している、というわけにはいかない」

長い時間のなかで、ボディはこのラボに限界があること、また前後の状況や選手の上達の定期的な記録を欠いた生のデータにはほとんど意味がないことを知った。そこでは、たとえば腕の内側や外側へのひねりなど、記録できないものがあった。そのためすぐに時代遅れになってしまった。だがゼロからラボを立ちあげる経験をしたことで、もう一度、より大きく、よりよいものを作ることができるようになっていた。

ボディはルーティンを確立した。ドライブライン設立当初は、シアトルのダウンタウンにあるマイクロソフトのオフィスからバスで帰宅し、夕食をとると、夜は歩いてラボに行った。コミュニティサイトの〈クレイグスリスト〉に広告を出し、トレーニングする選手を募集していた。週に4日打撃と投球のレッスンをし、月に1度、各選手の生体力学のテストをした。

「ひどいものだった」とボディは言う。「最高でも選手は8人しかいなかったんだ。2年間の平均は4人だ」

自分の研究が誰からも注目されていないように思え、また抑うつ状態になった。だがそのとき、幸運な偶然が起こった。1セットのウェイテッドボールがドライブラインに誤配されたのだ。それは何カ月もジムの隅に置きっぱなしにされた。「ジムの掃除をしていて、『これは捨てなきゃな』と思った」とボディは言う。当時のパートナーだったジェイコブ・スタッフが彼を止めた。「スタッフの言葉が耳に残ってるよ。『それはおかしいでしょう。これが使えないって言うんですか？　使いものになるかどうか、調べていないのにわかるはずがない。知性がある人の言葉じゃありませんね。恥ずかしいものだ』」

ボディはそのとき、「くそ、たしかにそのとおりじゃないか……これを使ったら故障すると確信しているが、ちゃんと試してみよう」と思った。「ドライブラインはそうやって始まったんだ。あらゆるものに科学的な方法を用いて、まだ自分が知らないものは何かと考える。ウェイトリフティングは本当によいものなのか。もしかしたら愚かなことかもしれない。そういうふうに考えてやってきたじゃないか」

ボディはウェイテッドボールに関する研究を探し、ハワイ大学教授クープ・デレンヌによる論文を発見した。それによれば、ウェイテッドボールを使ってトレーニングすることで、高校生と大学生の被験者が健康面でまったく悪影響を受けることなく球速を向上させていた。デレンヌは高校生45人と大学生180人の投手を、対照群も含め3つのグループに無作為に分けた。投手たちは10週間トレーニングを受けた。2つのグループではより重いものや軽いものなど、ウェイテッドボールを使ったトレーニングが行われ、故障の発生率を上げることなく球速が増していた。もしこの実験結果が何度も繰りかえせるものなら、このトレーニングは選手の上達に革命を起こし、投手はそれまで動かせないと思っていた天井を押し上げることができるだろう。

ボディはさらにこの考えを裏づける科学的成果を探した。そのなかにフランス・ボッシュの『ストレングストレーニングと協調：統合的方法（*Strength Training and Coordination: An Integrative Approach*）』があった。それは身体の働きや運動スキルの獲得に関する、手に入るかぎり最も濃密な本だった。ボッシュはウェイテッドボール式のトレーニングを、運動選手が「まだ力が足りず、適応が必要になる」器具を使う過負荷トレーニングと呼ぶ(9)。バウアーは過負荷トレーニングの器具であるウェイテッドボールをすでに使いはじめていたが、これがボディの将来に深く関わるものになる。

たとえば200グラムほどの重いボールを投げると合力は高まる。投球動作が始まり、腕を振りかぶって最大限の力で肩が外旋するとき、ボールは重く感じられる。身体はより大きな合力に適応する。だが、過負荷トレーニングは過小負荷トレーニングと組みあわせ、補完的な2方向からのアプローチで合力とそのピークの両方を高めることができる。過小負荷のボールによって腕をはるかに速く振ることができ、最終的に投球速度を決める力のピークを高められるのだ。より重いボールとより大きな合力で身体を強化すれば力のピークがさらに大きくなる。

過負荷トレーニングはそもそも危険なものだと多くの指導者が考えている。だが早くも2009年にはその前提に挑戦する人々もいた。そのひとりクレッシーは、140グラムあまりの野球のボールはアメリカンフットボールの420グラムほどのボールの3分の1の重さで、クオーターバックは投手よりも投げる回数が多い可能性があるにもかかわらず、腕や肩の故障が投手よりもはるかに少ないことに気づいていた。野球用のウェイテッドボールは通常85グラムから310グラムだ。「器具［この場合はボール］の重さを増せば、腕の動きは遅くなる」とクレッシーは書いている。「腕の動きが少し遅くなれば、減速の必要は減り、腕への負担が減る(10)」。2017年に、フライシグはASMIで「軽いボールだとボールと腕の速度は高まり、重いボールだと関節の運動は大きくなる」という仮説について調査した。そして軽いボールでは球も腕の速度も速くなることがたしかめられたが、仮説の後半部分については誤っていた。重いボールでは「腕の力と回転力、速度は減少した(11)」のだ。

だがそうした研究や、一般に選手育成に関わるデータは稀だった。

２０１１年には、ボディはドライブライン・ベースボールを、以前は食料品店だったより広い場所に移し、シアトルで選手のトレーニングや若者のセレクトチームを運営しているＲＩＰＳベースボールのストレングス＆コンディショニングコーチに就任していた。このころには何十人もの選手と関わるようになっていた。ＲＩＰＳベースボールの中学生、高校生ピッチャーからボランティアを集め、「高度な減速ドリル、コネクションボール、プライオメトリックス、高速度動画分析、リズミックスタビライゼーション」などからなる最高速度《マックスベロ》プログラムの有効性を試す調査をした。その結果は目覚ましかった。

対照群の14人の投手は自分で練習をしたが、多くはあまり熱心ではなかった。彼らは全体として、調査中にわずかに球速が落ち、調査前の平均時速１１４・０キロから調査後には１１３・１キロに落ちた。第二の基礎グループはルーティンの投球プログラムを行った。メンバーの球速は調査前の平均時速１０９・６キロから調査後には１１３・１キロに、３・５キロ速くなった。マックスベロ・グループの10人は、減速トレーニングや高速度動画分析など、ボディが有効だと考える組みあわせでトレーニングした。このグループは平均して調査前の時速１１５・９キロから１２７・３キロへ、なんと11・4キロも速くなった。

ボディは独学で得た要素を組みあわせたトレーニングを作りあげた。なかでも有名なのがプルダウンで、ドライブラインの過負荷と過小負荷による球速アッププログラムの主要メニューになった。遠投とプルダウンを使ったジェーガーのトレーニング法とのちがいは、南カリフォルニアとはちがってシアトルでは冬がはるかに厳しいことと、ドライブラインがますます手狭になっていたことだった。野外のグラウンドを使うことができなかったため、ボディのところで練習する投手はパートナーに向かってではなく、インドアのケージに張られたネットに向かって投げることになった。

ボディのもとでトレーニングをした選手は球速が増した。２０１６年と２０１７年に、ドライブラインでウェイテッドボールのプログラムを修了した大学生投手はそれぞれ、プログラムの最初と最後にブルペンで計測した球速で４・３キロと５・３キロ上がった（２０１８年にドライブラインが行った、ウェイテッドボールの有効性に関するはじめての論文審査のある研究では、６週間のプログラムで関節の可動域は広がったものの、全体として球速の増加は見られなかった。球速増加のプログラムを行ったグループに負傷者はいなかった）。だが、プルダウンで球速１６０キロを記録した選手の動画を上げるたびに、ボディは批判を受けた。彼は「その投手はプレートからセットポジションでどれだけ強く投げられるんだ？」とか、「やみくもに投げているだけで、ストライクを狙っているわけじゃない」といった、一般的な疑念や批判を紹介している。

「その動画は、わたしが知っているどのコーチにも認められなかった。誰ひとりとして」とボディは言う。

ボディはそうした疑念に対して、ヴァンダービルト大学の元スター選手で２００７年のドラフトでロッキーズから１巡目指名を受けたケイシー・ウェザーズの例を引きあいに出した。肘の故障とトミー・ジョン手術後の症状悪化で球速が落ち、キャリアも停滞していた選手だ。無所属になって途方に暮れた２０１４年３月に、彼はボディにメールをした。行くあてもなく、球速回復に力を貸してくれるかと尋ねた。大学時代のチームメイトで、ヤンキースのマイナーリーグに所属していたケイレブ・コーザムからドライブラインに連絡するように勧められたためだった。ドライブラインに来た初日に、ボディは彼にウェイテッドボールを全力で投げさせ、高速度ビデオで撮り、投球をレーダーで捉えた。

「ウェイテッドボールをできるだけ強く投げてみてくれと言ったら、かなりおかしな表情をしていた」とボディは書いている。ウェザーズが最初に通常の１４２グラムのボールを助走をつけて投げた球速は149・6キロだった。これまでに訪れたどこにも似ていないこの施設に来て3日後、142グラムのボールでの球速は153キロに回復していた。10日後には、助走をつけて投げた球速は156キロになった。2週間後には、158・8キロ。ウェザーズはその夏後半にレイズとマイナー契約を結んだ。結局はダブルA止まりだったが、彼は能力を高め、プロ野球の世界に戻った。

ドライブラインに関する批判で最も多いのは、怪我のリスクが増すということだった。所属投手が自分でウェイテッドボールを使ってトレーニングをして故障したと表明したプロ球団もあり、ボディも実際にウェイテッドボールや全力での練習には、適切なコーチングや段階的な強度アップが欠かせないと警告を発している。球速とトミー・ジョン手術の相関関係についてはボディも知っているが、故障をした投手のうちどれだけが適切なトレーニングを受けていたか、あるいは彼らのうちどれだけが異なった種類のトレーニングでも故障をしたかといった問題もあると考えている。またどの投手も手術を受けることになる可能性はあるものの、突出した球速を持たずにメジャーリーグで投げられる投手は非常に少ない以上、ある程度のリスクを取る価値はある。

「球速を〝正しい方法で〟高めていると考えるほど傲慢じゃない」と、ボディは〈ベースボール・プロスペクタス〉の記者に語った。「だがわたしたちは偏見を持たず、多くの研究をしている……マクロの視点から、わたしは負傷にとても関心がある。まだ問題を克服したわけではないし、そもそも克服できる問題なのかもわからない」(12)

ボディはこんなツイートをしている。「〝リスクと報酬の分布範囲《スペクトラム》〟という言葉は、もっぱらリスクを軽減したい人々によって使われることが多い。プロのギャンブラーとしてわたしが唯一学んだことがあるとすれば、それは価値と報酬を最大化できる人はあまりに少ないということだ……いつもリスクを避けるなんてことはできない。なぜならスポーツにおける最大のリスクは時間が経過して容赦なく着々と年を取り、機会を失うリスクだからだ。最高の結果を出さなくちゃならない。そしてそれはしばしば、大きなリスクを取ることを意味する。以上」

言い換えれば、ある投手は144キロを投げようとすると怪我をする危険があるが、もし144キロ出せなければ、おそらくディビジョン1校では試合に出られない。ましてメジャーはそれ以上だ。速度トレーニングを批判するコーチをあざけって、ボディはこうツイートした。「強く投げるな！そう指示すればいい！　選手は球速不足を理由に、3週間後にクビになる」

ボディはいつも押しが強く、自信満々で、そのせいで人との関係がうまくいかないことがある。バウアーと同じように、強情さと自信が一匹狼として成功する原動力になったが、また同時に理解力の低い人々との関係の足かせになった。愚かさや怠惰さには我慢できない。ググルで調べればわかるようなことを従業員に尋ねられたら、その相手をののしるだろう。ツイッター上で人をけなしたり、口げんかしたり、反論したりすることも多い。

しばしば選手としての実績が優秀なコーチとして受けいれられる条件になるが、ボディは経歴や肩書きには頓着しなかった。ドライブラインへの応募者の履歴書に一流大学の学位が書かれているのをほとんどマイナスの要素とみなしていた。2018年の夏、ツイッターで彼はグーグルやアップルが応募資格から大学の学位をはずしたことを称賛した。ボディが採用したいのは変人だ。結局のところ、自分もそのひとりなのだから。

ウェザーがドライブラインを訪れる2年前、そしてバウアーがダイヤモンドバックスでプロとして初のフルシーズンを過ごした2012年、ボディはまだあまり名を知られていなかった。昼間の仕事は順調だった。マイクロソフトからソフトウェア開発の仕事に転職し、年間12万ドルを稼いでいた。

だがボディの情熱ははっきりとドライブラインにあり、その年、稼ぎのいい仕事をやめ、立ちあがったばかりの自分の会社に専念した。それはまさに〝大きなリスク〟だった。妻子と住宅ローンがあるにもかかわらず、経済的安定を捨ててわずかな、貧困レベルの収入をとったのだから（ボディは妻について〝いつも理解してくれる〟と言っている）。２０１１年２月に、ボディは野球の分析を行うウェブサイト〈ハードボール・タイムズ〉に記事を書きはじめた。そこで彼の関心は広がり、野球オタクのコミュニティに触れた。彼はティム・リンスカムの球速低下や、ブルージェイズの若手有望選手マーカス・ストローマンが、模範的な体格でないからといって失敗を予測するのは間違いだといった（ボディは正しかった）研究をし、記事にした。

ボディに興味を覚えたロン・ウォルフォースは、ブログの記事を称賛した。ボディはウォルフォースのことを調べ、彼の最も有名な教え子がバウアーだと知った。ボディはバウアーがカレッジ・ワールドシリーズで投げているのをテレビで観ていた。ＥＳＰＮの中継にバウアーがショルダーチューブを使っている姿が映り、ＥＳＰＮの解説者と元オールスター選手のノマー・ガルシアパーラはそのルーティンを〝ちょっと変わっている〟と馬鹿にしていた。ガルシアパーラは、怪我のリスクがあるため、プロ入り後はその運動をつづけることはできないだろうとコメントした（皮肉なことに、ガルシアパーラはキャリアを通じて多くの怪我と戦った）。同じ放送のなかで、元ＭＬＢ選手でのちに監督を務めるロビン・ベンチュラは、「ああしたことを許されているのは、優秀な選手だからだ」と語った。ボディはバウアーを魅力的な選手だと思った。〈ハードボール・タイムズ〉に書いた「投球メカニズム、データの不確実性と恐れ」という最初の記事で、まだ会ったことがなかったにもかかわらず、バウアーについて書いた。

「ある選手がメジャーリーグに到達するために何かをしていたとしたら、その地位を維持するためにも同じことをする必要があることを理解すべきだ――われわれは、たとえばトレバー・バウアーの正統的でないフォームやトレーニングの手順を恐れなくてもいい。むしろ感嘆し、詳しく調べてみたほうがいい」と。

ウォルフォースが定期的にコーチングクリニックを行っていることを知り、ボディはメールを送り、自分の研究を発表させてほしいと言った。それは翌年の予定に組みこまれた。ネオプレンと任天堂Wiiの部品で製作した、投球フォームによる力と圧力を測定するための原始的なウェアラブルテクノロジーを紹介することが目的だった。

それは不格好な機材で、かつて作った塩化ビニル管のキューブと同じく自作品だが、性能はよく、腕のスピードや回転、ひねり、そして偏揺《かたゆ》れ、つまり縦の軸のまわりのねじれを計測できる。このデバイスは販売して利益が得られるようなものではないが、やるだけの価値のあるプロジェクトだった。

「第一原理を理解するためにわたしにできるすべてのことは、それに関連するほかのことを学ぶ役に立つ」とボディは言う。

彼は2012年12月、〈テキサス・ベースボール・ランチ〉で2日にわたり2度講演をし、データ収集とテクノロジーについて、そしてデバイスと高速度カメラから得られた情報のことを語った。2度目の話のあとにたくさんの質問を浴びたが、そのなかにバウアーからの、高速度カメラのメモリーカードに関するものがあった。こうして些細なきっかけで始まった関係が、のちの彼らのキャリアだけでなく、野球の可能性に対する一般の考えを思いがけず変えることになった。

テクノロジーへの情熱がバウアーとボディを結びつけた。だが彼らの関係を深めたのはもうひとつの共通の情熱、投球の生体力学への情熱だった。2013年、インディアンスでの初シーズンを迎えるとき、バウアーはアリゾナに所属していた前シーズンからつづく痛みへの不安を抱えていた。そのときから、それまでに経験したことのない鼠径《そ》部と背中、あばら、上腕の痛みと違和感を覚えていた。「メジャーリーグに10年残るためには、フォームを変えなくてはならないのは明らかだった」とバウアーは言う。

彼はリンスカムのフォームを真似していた。それは小柄な右投げの投手には理に適った投げかただった。だがバウアーは2012年には、リンスカムが衰えはじめていることに気づいていた。28歳にして平均以上の投手ではなくなりつつあった。「あの動作を長期間続けて、それに耐えるだけの筋肉や体格の強化をしなかったことが積み重なっていたんだ」とバウアーは言う。「ぼくも同じ道をたどっていた」

2012年シーズンのあと、バウアーは投球フォームを矯正するための情報を集めはじめた。スタンフォード大学の医師の診断を受け、肘と肩の画像を撮った（それはオフシーズンのルーティンのひとつになった）。さらにバウアーは過去数年分の自分の肘と肩の画像を持っていた。生体力学者のボブ・キーズに投球フォームをマッピングしてもらっていたのだ。キーズはバウアーがマウンドで優れたスピードとエネルギーを生みだしている一方で、フォームがよくないことに気づいた。背骨がかなり傾いていた。ボールをリリースするとき、彼の背骨は一塁側に45度傾いているのだが、これまでにキーズが調査したグレッグ・マダックスやロジャー・クレメンスなど、長年すばらしいプレーを続けた超一流の選手たちの背骨の角度は70度ほどで、もっと直立していた。彼らはまた、腰と肩がねじれていた。ラバーバンドをねじるように、もともと平行な腰の位置から肩を大きくひねるほど生まれるエネルギーは大きい。キーズの測定ではバウアーは腰と肩の捻転差は52度だったが、マダックスやクレメンスは72度もあった。

２０１３年の春、メジャーのチームに入れないと告げられると、バウアーは投球フォームを作りなおすことにした。その計画のことは誰にも言わなかった。

フォーム修正の最中、バウアーはひどい状態だった。トリプルAで１３８回１／３を投げ、89四球を与えた。速球の球速は前年アリゾナでの１５０・３キロから、１４３キロから１４６キロのあいだまで落ちた。

「コーチは全員、ぼくが言うことを聞かないからカリカリしてた。『もっと低めに投げろ』って言うんだけど……なんの意味がある？　フォームが固まるまで、何かを学んでもしかたがない。それを理解してもらえなかったんだ」

フロントはマイナーリーグ投手コーディネーターのルーベン・ニエブラをコロンバスに送りこみ、バウアーに宿題を与えた。インディアンスは彼が何をしようとしているのか理解しようとした。バウアーはＡ４の紙2枚の裏表に表と数字を書きこみ、翌日トリプルＡのスタッフに宿題を提出した。

「異星人を見るような目で見られたよ」とバウアーは言う。インディアンスのマイク・チャーノフＧＭはいまもその紙を持っている。

グラブを身体の脇に添えるのではなく、軸足の前まで伸ばしたほうがよいと考えるコーチがいたため、意見が対立した。そのコーチたちは投球中に四肢のバランスを取るという伝統的な発想の持ち主だった。「それは間違いだよ」バウアーはそのときのことを話すとき、興奮してテーブルを叩き、グラスや食器が音を立てた。「その話題について同等の知識があるわけでもないのに指示しようとする人とはうまくいかないよ」。バウアーは〝ポジティブ・ディスコネクション〟、つまり投球腕を振りながらグラブをはめた手を下げて身体に近づけるという、胴のひねりを導き、加速させて回転速度を最大化する動きをしようとしていた。それが球速を増すための鍵だった。

２０１３年のシーズン後、バウアーは自分の投球動作の生体力学的マッピングをチャーノフに送り、自分の見解に対する裏づけを得た。バウアーと父は反射テープを関節に貼り、投球動作の動画を撮っていた。最初の動画では、点が空間を動いているように見える。それにべつの動画をつけ、その点が実はバウアーが投球しているところだとわかるようにした。それが明らかにしていたのは、上半身の理想的な回転軸は何人かのスタッフが主張する背骨ではなく、グラブをはめた側の腕だということだった。そんなメールを選手から受けとったゼネラルマネージャーは、それまでおそらくいなかっただろう。

２０１３年のマイナーリーグのシーズンが終了するころには、バウアーは自分が求める投球メカニズムを理解していた。ファルビーはいくつかの変更に関して協力したが、バウアーはそれを実行する新たな方法を探していた。シーズン中はあまり連絡を取っていなかったが、バウアーはボディなら答えがわかるかもしれないと思っていた。

２０１３年10月、バウアーはドライブラインに着いた。ボディは郊外のタコマの、クラブハウス71という店の2階に施設を移していた。そこは以前、総合格闘技の地方大会が開かれていた場所だった。傾斜した屋根を支えるI形鋼がむき出しになっている、屋根裏のようなところだったとバウアーは言う。

その日は投げるつもりではなかった。だが可能性のある解決策やドリルの方法をボディが話すのを聞いていると、深く納得し、興奮してきた。着ている服は街歩き用で、靴はナイキのフリーランだったが、ボールを持ってマウンドに向かった。

姿勢を改善して身体の回転を増すために、ボディはバウアーに９００グラムの過負荷トレーニング用の球をグラブ側の手に持って投球するように言った。そのドリルは、下半身が前に動くときにグラブを高くし、背骨をあまり傾けずに上半身を後ろに保つためのものだった。ボディはそれを〝直線のねじれ《リニア・ディストラクション》〟と名づけた。そのドリルでは、投球開始のときに900グラムのボールを身体の近くに寄せなくてはならないため、グラブ側の腕をしっかりと減速させる必要があった。それにより、狙った場所に対して頭と身体を直線上に保ちつつ、回転速度を増すことになる。彼はすぐに改善を感じることができた。

　ボディはそれから、バウアーにピボット・ピックというドライブラインの主要なドリルをするように言った。ふたりは砂の詰まったプライオボールを投げつけるために設置した自家製の合板の壁のほうへ移動した。プライオボールとは、展性のある塩化ビニルで包まれた重いボールで、野球のボールを投げているという感覚がないため、ピッチャーは自分の投球フォームに縛られずに投げることができる。

　ボディはバウアーに、右腕を合板の側にして身体を垂直にして立つように指示した。それから、右の肘を肩の高さまで上げ、足を動かさずに、合板と平行になるように胴をひねる。その体勢から、板に向かって全力で球を投げる。バウアーはそのドリルをつづけた。腰をまわす。普通ではない角度から、左足を軸にして、プライオボールを壁に向かって叩きつけるように投げる。バウアーはこのドリルで身体の中心にひねりが生まれているのを感じた。不必要な腕の動きが減り、普段とはちがう角度でボールを投げるためにグラブ側の腕が胴に張りついているため、ポジティブ・ディスコネクションの考えが強化されている。

　どうすればいいかを言って聞かせる——それが100年以上にわたって野球界でのコーチングの基礎だった——のではなく、ボディは有機的な動きを通じて無言のうちに学ばせた。それがより効率的で自然な動きを得るための基礎になった。

「投球メカニズムに関してぼくがやりたかったことのほとんどは、ボブ・キーズを通じて知った」とバウアーは言う。「でもボブにはそれを教えるドリルやアイデアはなかった。カイルはそれができた」

コーチによる助言のほとんどは言葉で行われるが、ボディはドライブラインのウェブサイトで「わたしたちは助言のたしかさや選手にするよう指示していることをたしかめたりしない……コーチが選手に動きのパターンを変えるべきだと言うことによって、すぐに動きが変わったり、変化がずっとつづくという証拠はほとんどない」と書いている。彼はよくあるコーチの指示とそれにつづく混乱の例を引いている。

「『脚をもっと使え』というのは、力を生みだすためか、動きを速くするためか？」

「『身体を開くな』というのは上半身？　下半身？」

「『体重を残せ』というのはどれくらい？」

目標をよく見ろ？　「それも神話にすぎない」とボディは書いている。「視線追跡の研究で、的から目を離さないこととストライクを投げることのあいだには、なんの関係もないことがわかっている」。投げ終わったときに守備の体勢になっている？　それも誤りだ（運動連鎖を乱す）。バウアーはドライブラインの学習方法と、ボディがあらゆることに疑問を持っていることを高く評価している。最初のセッションのあと、ボディはバウアーが「すばらしいハイレベルな練習パターンを作りなおすことができた。それによってコントロールと球速と怪我への強さをかなり改善できるだろう」と書いた。

２０１４年の春、アリゾナでのバウアーは姿勢と回転、リニア・ディストラクションが改善していた。球速は大きく上がっていた。「スプリングトレーニングでは、すべて１５３キロ以上だった」とバウアーは言う。「みんなびくびくして、そんなに強く投げるな、シーズンまで取っておけと言っていたよ」

5月20日にメジャーに呼び戻され、クリーブランドでのデトロイト・タイガース戦に先発した。速球は平均球速が、大学時代の最高速だった１５６キロを記録した。シーズンでは平均１５２・７キロだった。これは１５０回以上投げた投手のなかで9位、２０１２年シーズンの自分の平均球速よりも２・４キロ速かった。最も重要なことは、バウアーの身体の調子が改善されたことだ。浮き沈みの激しいシーズンで、防御率４・１８はアメリカンリーグの先発投手の平均３・９２よりもわずかに落ちるとはいえ、これがメジャーの舞台で本格的に投げるようになった初年度だった。ドライブラインは目に見える成果を出した。そこがバウアーの新たなオフシーズンのホームになった。

5

ボトムアップ革命

風変わりで突飛なことをして、上品な時代の単調さを打ち破ったら、自分を祝福しよう。若い人向けの立派な助言を聞いたことがある。「いつも自分が恐れていることをしよう」

——ラルフ・ウォルドー・エマーソン

２０１８年4月16日、ボストン・レッドソックスはロサンゼルスでオフを過ごしていたが、外野手のムーキー・ベッツには休みはなかった。

ボストンの打撃コーチ、ティム・ハイヤーズはベッツに、白髪で青い目をした自称打撃アドバイザーのダグ・ラッタとその日１日練習をするよう指示していた。その月曜日の朝、ラッタはチームが宿泊するホテルまで車でベッツを迎えに来た。ベッツはグリップが斧のような形をした、自分のアックスバットを数本持っていった。ラッタのロサンゼルスの本拠地ではなく、アナハイムに近く、彼がよく使っている場所に向かった。ラッタの友人がコーチをしているカリフォルニア大学アーバイン校の野球部のホーム、アントイーター球場内のフェンスに覆われたバッティングケージだ。

ベッツは25歳で、２０１７年シーズンは優秀な成績だったが自分では満足していなかった。・８０３というＯＰＳ（出塁率＋長打率）は平均を少し上回っているが、前シーズンの・８９７からは大きく下がっていた。だが一流の走塁技術を持ち、ライトの守備力も高く、優秀な5ツールプレーヤーであることに変わりなかった。多くのスポーツ選手は変化を恐れるが、ベッツはちがっていた。ラッタのように、選手としては短大レベルのキャリアしかない外部のコーチの助言を聞くことを拒まなかった。ベッツはすでに2度オールスターに出場している選手だが、さらなる向上を目指していた。

変化を求めるバッターというと、これまでは終わりかけたキャリアを必死で延ばそうとする選手が多かった。だがもし、ハンドアイ・コーディネーションは超一流で、運動能力が高く、バットスピードとコントロールを高めるためにデザインされた、伝統的でないグリップエンドを持つバットをすでに試している、ベッツのようなトップクラスの才能の持ち主が、さらによいスイングを求めたらどうなるだろう。スター選手が自らの潜在能力を洗い直し、大きな飛躍を目指したらどうなるだろう。

ハイヤーズは2017年のシーズンまで、ドジャースで2年間アシスタント打撃コーチを務めたあとレッドソックスに加わっていた。ジョージア州生まれでかすかに南部訛《なま》りのあるハイヤーズは、短いあいだだがメジャーでプレーしたことがあり、パドレス、マーリンズ、タイガースで133試合に出場し、通算打率・217、2本塁打の生涯記録を持つ。現役時代には上から叩きつけるようにスイングするよう指導された。パワーヒッターになれるとは思いもしなかった。自分の能力レベルは変化しないと思っていた。

ハイヤーズは2016年の晩春に、ジャスティン・ターナーから打撃フォームをラッタに教わったという話を聞き、ラッタに会いにいった。ふたりはある朝、シルバーレイクの郊外で朝食をともにした。話は4時間に及んだ。

当時、プロのコーチはほとんどラッタを信頼できる仲間として認めていなかった。彼はほかのコーチについている選手に余計な口出しをする、歓迎されないよそ者とみなされていた。だが2018年のシーズン序盤にボストンのチャーター機がロサンゼルスに到着したとき、ハイヤーズはその春からベッツが取り組んでいたスイング改造に関して〝べつの視点〟――つまりラッタの視点――からの見解を求めた。ラッタは身体の各部分の協調を読みとる達人だった。

ベッツを連れてカリフォルニア大学アーバイン校の施設に移動する車内で、ラッタは彼に本気で努力したいのかどうかを尋ねた。ベッツは前日に本塁での接触プレーで左足を負傷し、日曜日（15日）の先発を外れていた。本人は問題ないと言ったが、X線検査の結果はよくなかった。そこで、ラッタがほとんどの打者に対して行っているワークをした。「手の経路を長くとり、身体のバランスを保ちながら前に動く」。アッパースイングをしてピッチャー寄りのポイントで球を捉えるようにラッタは言った。

ふたりは濃緑のトタンで覆われた屋外バッティングケージで数時間取り組んだ。その翌日、ベッツは先発に戻り、エンゼルスの話題の新人、大谷翔平と対戦した。ベッツの打順はメジャーリーグの多くの試合で務めてきた1番だった。身長175センチ、体重82キロの彼はリードオフマンの体格で、加えて優秀な反射神経を持つ。さらに並はずれたパワーもあった。その脅威は、さらに増そうとしていた。

黄昏のアナハイムで、大谷はフルカウントで膝の高さの速球を投げた。目ざとい観察者なら、その年の春にすでにかなり改造されていたベッツのスイングが、さらに変化していたことに気づいただろう。大谷が投球するとき、ベッツは左足を上げ、投手に向けて踏みだした。両手はベルトに向かって下がる。前に身体を移動するとき、ラッタの教えのとおり、両手は後ろに残り、ボールよりも〝下に〟ある。それによりバットは振りあげる軌道を描く。投球は高いマウンド上から投げられることと、球に重力がかかるというふたつの理由によって下向きの角度をつけて飛んでくる。水平にバットを振ると、その軌道が投球と同じ平面上に乗るのはごく短い時間のみだ。上向きの軌道にすれば、バットとボールが最適な接触をする可能性が高まる。

薄闇のなか、バットは大谷が投げたボールを捉え、サンガブリエル山脈の山並みがまだ遠くに見えるすみれ色の空に打球を打ち返した。ベッツのフォロースルーはそれまでのように身体に巻きつけるのではなく、最後まで高く、肩よりもわずかに上にあった。ほとんどゴルファー――あるいはジャスティン・ターナー――のスイングのようだった。

ボールは125メートル飛び、左中間フェンスを越え、岩を模したオブジェに当たって外野に戻ってきた。ベッツは淡々と走塁した。表情はまるで緩んでいない。

3回にベッツの打席がまわってきたとき、マウンドには大谷に変わってルーク・バードがいた。バードのベッツへの2球目は縦スライダーだった。ベッツはまた手を下げた。バットの軌道はすばやく投球と同一平面に乗り、稲妻のような動きでボールの中心よりわずかに下を叩いた。フォロースルーはまたしても高かった。ボールは左中間のブルペンを越え、本塁から127メートル飛んだ。ベッツは頭を下げ、軽くバットを叩いた。

8回にはキャム・ベドローシアンと対戦した。夜のあいだに気温が下がっていたので、ベッツはアックスバットを握るまえに息を吹きかけ、右バッターボックスに入った。ベドローシアンの初球は内角の速球だった。ベッツはバットを振り、多くのホームランと同じように、ベースのはるか手前で球を捉えた。打球はセンターに向かって舞いあがった。今回は少しのあいだそれを見守り、顔に小さな笑みが浮かんだ。ボールは130メートル飛び、人工芝の上に落ちた。この試合3本目のホームランだ。そして5月2日にもまた1試合3本塁打を放った。

ベッツは、ラッタが手を貸してお払い箱寸前からスター選手になった打者を含め、あるひと握りのグループの打者たちと同じ道をたどっていた。

2013年9月6日、当時ニューヨーク・メッツで内野のユーティリティ・プレーヤーだったジャスティン・ターナーは同僚のルーカス・ドゥーダのバットを借りて、クリーブランドのダウンタウンにあるプログレッシブ・フィールドのグラウンドに設置されたバッティングケージに入っていった。それが現代野球の歴史のなかで最も予想外な変化の始まりだった。

ターナーのメッツでの元チームメイト、マーロン・バードは1週間前にトレードでピッツバーグ・パイレーツに移籍していた。ターナーとバードはよくバッティングについて話しあっていた。バードはこの年好成績を挙げていたが、2012年にステロイドの使用を隠すための禁止薬物の陽性反応が出たため50試合の出場停止になっていたこともあり、ファンは懐疑的だった（バードは2016年にふたたび禁止薬物の陽性反応が出たのち、引退することになる）。だがターナー――そしてもうひとりメッツに所属する巧打の内野手ダニエル・マーフィー――は2013年にバードの話を聞いた。バードが薬物とはなんの関係もないところで打撃方法を変えていたからだ。バードは身長183センチ、体重111キロの体格だが、2013年以前の打球はゴロが多かった。「わたしは古いスタイルの野球選手だったんだ」と、バードは2013年に著者（トラビス）に語っている。「それまでは1970年代や1980年代にプレーしていたコーチから、バットを振りおろすように教えられていた」

飛躍した2013年のシーズンに、バードは36歳という通常ならば衰えるはずの年齢でホームラン（22本）と長打率（・526）でキャリア最高の数値を残した。直前に出場停止になっていたために、その数値はまるで薬物による蜃気楼のように見えるが、彼は1回のシーズンオフのあいだにスイングとボールを叩くバットの角度を変えていた。

バードとターナーは打撃練習や試合、そして全米各地を飛びまわるメジャーリーグのスケジュールの合間に会話を交わした。ターナーはバードの画期的な新しいバッティング理論に惹かれた。バードは冬のあいだにラッタの指導を受け、足を上げる打法とバットスイングの角度を上げる調整をしたことを話した。その結果、ボールに対してより無駄のない動きに変わった。ターナーはバードのゴロ率が（キャリア通算に近い）２０１２年の49・6パーセントから２０１３年には39・2パーセントに減少し、フライ率が12・2パーセント上がったことを知っていた。それは史上3番目に大きな増加だった。プロのバッターは、生まれてはじめてバットを握ったときからプロ入りまでに何万回というスイングをし、スイングの軌道を筋肉に記憶させる。一度身についたその動作は変えられないと多くのコーチは考えていた。バードはこの見解に異を唱え、バッターは年齢が高くなっていても、比較的すぐに進化できるのだということを示した。

　バードはメッツの打撃コーチ、デーブ・ハジェンズが提唱するものとは完全に異なるバッティングスタイルを手に入れた（ハジェンズはのちにアストロズの打撃コーチに就任したとき、自分の考えを修正した）。その年の春のはじめ、バードはポートセントルーシーの球団の施設でフライをつぎつぎに打ちあげた。その新しいスイングは実戦では使いものにならないとメッツのスタッフは言ったが、彼はそれが間違いだと確信していた。これまではバッターに対して、ホームランは幸運な事故のようなものだから、低いライナーを狙うべきだという指導がなされていた。だがバードは、試合でも練習でも、ホームランを狙うべきだと信じていた。彼は長いあいだ正しいとされてきた知恵を捨てた。

　２０１３年、ターナーは１８３打席ホームランがなく、９月６日のゲーム開始時点で、ＯＰＳは・６３９とリーグ平均を大きく下回っていた。守備力と強烈な赤毛、鮮やかな髭で知られる控え選手だった。だがこの日、クリーブランドの午後7時5分に開始する試合前に、ターナーは生まれ変わろうとしていた。

　ドゥーダのバットは自分のものよりも2・5センチ長く28グラム重い、86・4センチ、933・5グラムで、ターナーがそのバットを選んだのはその長さと重さが理由だった。そのバットならより大きな力を生みだすことができるだろう。グラウンドのバッティングケージに入って練習を始めるとき、彼はバードが説いていたことを思いだした。「ストライドを大きく取れ。地面を捉えろ」。言い換えれば、ピッチャーのほうへもっと身体を動かし、直線的な経路を取ってより効率的に力を生みだせということだ。バードはまた、ヒッティングポイントについても繰りかえし言っていた。伝統的な教えではバッターは投球を長く、ホームベースの近くまで呼びこむべきだと言われてきたが、ホームベースのはるか手前で打つべきだとバードは言った。前方でボールを捉えることで身体の動きがまとまり、ボールが上がりやすくなる。それが野球において最も価値ある打球の種類だ。2018年に、MLBのバッターは、引っ張ったフライの打球で打率・565、長打率1・267を記録しており、32・7パーセントがホームランになっている。

　ターナーはそれまでずっと、ボールをできるだけ長く呼びこみ、低いライナーを狙うように言われてきた。いま、10月には29歳になるターナーは、実験をしようとしていた。シーズン後、おそらくメッツから契約を提示されないことはわかっていた。もしプレーをつづけたければ、変わらなくてはならない。結果を残さなくてはならない。

　運動生理学を学んだカリフォルニア州立大学フラトン校時代のターナーの成績は、1008打数でホームランは7本だった。バードの理論は理解できたが、自分がホームランバッターになれるとは思っていなかった。メジャーリーグでの5シーズンで、ホームラン数はわずかに6本だ。だがベッツとはちがい、彼には失うものはなかった。硬直マインドセットを捨て、成長マインドセットを手に入れた。

「打撃練習中はできるだけ前でボールを捉えることだけを考えていた」とターナーは言う。始まりを見ていたのは少数だった。彼らはターナーがはじき返した打球が左翼の5・8メートルのフェンスを越えていくのを見た。屋外スタンドに飛びこんだボールが跳ね返る音が、がら空きの球場に響いた。自分の打球がそんな音を出すことにターナーは慣れていなかった。チームメイトたちは意外そうに眉を上げた。

「それほど強くスイングしたという感覚すらなかったんだ。驚きだったよ」とターナーは言う。

9月6日の最初の2打席、ターナーはスコット・カズミアー相手に内野ゴロで倒れた。7回表には中継ぎの右投手コディ・アレンと対戦した。ターナーが高めの速球をプレートのはるか手前で捉えるのを見たのはわずか1万5962人の観衆だった。

ターナーはホームランの感触に慣れていなかった。彼はバッターボックスから走りだした。意識は後方へ走っていくクリーブランドのセンター、マイケル・ボーンに集中していた。「頭を越えろ！頭を越えろ！」ターナーは心のなかで叫んでいた。一塁が近づくと心臓が速く打った。ボールはまだ空を飛んでいた。ターナーはそこにいる全員と同じように、ボールがセンターフェンスの先の並木のなかに消えるのを見て驚いた。

「おいおい何が起こったんだ、という感じだった」とターナーは言う。「ホームランを打った回数が少なすぎて、感触を知らなかったんだ」

ターナーは平静を保ち、感情を出さないようにしながらベースをまわり、慣れたことのように振舞った。だが実際には、そんな経験はなかった。チームメイトたちは茫然としていた。あだ名どおりに「イケてる《スワッギー》」じゃないか、と言いあった。試合後、ターナーは当時のガールフレンドで現在の妻に、クリーブランドのダウンタウンにあるジャック・カジノで会った。薄暗いカジノの照明の下で、ターナーはそのときの感覚と自分が見つけたかもしれないものについていつまでも話しつづけた。

2日後、明るい日曜日の午後にはインディアンスの豪腕ルーキーのダニー・サラザーと対戦した。第2打席、3ボール1ストライクで、サラザーはターナーに高めの154キロの速球を投げた。ターナーはそのボールをプレートの手前で捉えた。ボールはすばらしい軌道で舞いあがり、日の照らす左中間スタンドの中段に落ちた。まるで映画『ナチュラル』の登場人物、35歳の〝奇跡のルーキー〟ロイ・ホッブスがターナーのユニフォームを着て右打席で打ったかのようだった。彼はキャリアで8回目――そして3日間で2度目――のホームラン後のベースランニングをした。

ターナーはその秋、新しいスイングで10試合に出場した。数少ないサンプルながら、打率・387、長打率は・657だった。彼はダグ・ラッタのところへ行かなくてはならないことを知っていた。


カリフォルニア州ノースリッジの都市部、コストコとトレーラーパーク、インアンドアウト・バーガーの近くに、細長いビジネスパークがあり、鉄道の線路の近くまでつづいている。そのビジネスパークの細長いユニットの一画で、ラッタはバッターを改造している。

ラッタの施設〈ボールヤード〉のなかには、ふたつのバッティングケージ、いくつかのカウチ、トイレと簡易シャワー室、簡易キッチンがある。これだけあれば、何時間でもバッティングができる。メインのバッティングケージの外には大きなテレビがあり、その画面には透明のプラスティックシートが貼られている。それはビデオを止めてマーカーで画面上に書きこみ、動きのよくないところを示すことができる自家製のテレストレーターだ。質素な白い石膏ボードの壁に囲まれ、床には人工芝が張られている。もっと豪華な施設があると思ってそこにはじめて来たバッターに、ラッタは「上達するのに広い空間は要らない」と言う。才能ある人材を育成する場所ならば、どこでも同じだ。必要なのはアイデアと情報、情熱、そして反復だけだ。反復に次ぐ反復。〈ボールヤード〉の前身となるよく似た施設で、２０１３年から２０１４年にかけてのシーズンオフに、ラッタはチームに定着できず何度も移籍してきたターナーを変えた。

２０１８年にラッタは〈ボールヤード〉でビデオライブラリーを漁り、ターナーの最初のころの動画を見つけ、バッティングケージの外に設置されたフラットスクリーンのテレビで再生した。２０１４年１月27日のものだった。ターナーは当時、所属チームがなかった。ターナーはメッツからノンテンダー〔球団が契約を提示せずＦＡとなる制度〕になっていた。その動画のターナーは普段より髭が短く、Ｔシャツと短パンを着て、帽子を後向きにかぶっている。スイングする。足を上げて、おおげさにストライドを取る。

「これは狭くするまえだね」と、ラッタは説明した。スタンスのことだ。「当時はパンピングに集中していた」

ラッタの言う〝パンピング〟とは、数多くスイングすることを意味する。ラッタは２０１４年４月24日のべつの動画を取りだす。ターナーはドジャースとマイナー契約を結んでスプリングキャンプに参加し、引退したばかりのマイケル・ヤングに代わってチーム入りしていた。ターナーはまだレギュラーではなかった。両手を１月よりも高く上げる姿が映しだされる。足上げも高い。何度かバランスを崩したが、体勢を持ち直して、バッターボックスがあるはずの場所の外に上げた足を下ろす。バットを振るとき、後ろ足に体重を乗せるが、それはラッタにはよくないことだった。

「みんな忘れているが、Ｊ・Ｔ（ターナー）は当時そういうバッティングをしていた」とラッタは言う。「スタンスは狭くなり、足をもっと高く上げるようになった。それでどんどん打ちやすくなっていった」

そこにいたのはラッタとターナーだけではなかった。バードもよく来ていて、バッティングをしたり、アシスタントコーチのようなこともしていた。

「練習はハードで、タフだった。25年分の習慣を崩さなきゃならなかった」とターナーは言う。「マーロン（・バード）からずっと聞いていたから、あそこに行ったときはもうラッタが何を言うか知っていて、すぐに取り組めたよ」

その冬のあいだ、ターナーは〈ボールヤード〉で3カ月、週4日練習をつづけた。彼とラッタは1回のセッションで3時間、15から20球を打つのを1ラウンドとして、1時間に7ラウンドか8ラウンドの練習をした。自分ではおそらく2万回のスイングをしたと推定している。

ラッタはターナーの進化を記録に残してきた。その冬以来、メールや、ターナーが調整のため〈ボールヤード〉にときおり立ち寄ることでやり取りをつづけてきた。ラッタはそれほど親しくない顧客とはビデオ通話でやり取りをする。彼はほとんどのターナーの打席をライブ中継で見ている。はじめ、ラッタは定期的に指導の言葉を送っていた。ＭＬＢネットワークかどこかでベーブ・ルースがスイングする動画を見ると、それを録画し、ターナーに送った。ルースのスタンスは狭く、大きく足を振りあげていた。身体のかなり手前でボールを捉えていた。後ろの足はずっと地面から離れない。ターナーは２０１８年の春にルースの動画を見て笑った。

『『ベーブを見てくれ。スタンスは狭く、前でボールを捉えている』とラッタのメールに書いてあった」とターナーは動画とともに送られてきたメールを思いだして言う。ルースは、ラッタとターナーが認めない伝統的な指導法とは、完全に逆の打ちかたをしていた。しかもアッパースイングだ。

「ルースや（ミッキー・）マントルなど、当時の打者はみな足を上げたり、ステップの前につま先をついていた。みなかなり前に踏み込んでいた。ストライドは広かった……法則のとおり、動きだしたものは動きつづけるんだ……アイザック・ニュートンはお気に入りの打撃コーチだよ。上から打ち下ろせとか、ボールを叩きつけろとか、古い指導はくそったれだ」

ターナーはイライラして、拳《こぶし》でテーブルを叩いた。どれだけ多くのコーチが、どれだけ多くの選手を潰してきたことか。

２０１４年のターナーの打率／出塁率／長打率は・３４０／・４０４／・４９３だった。わずか３２２打席の出場だったが、３００打席以上の打者のなかで、打者の傑出度を表すwRC+は１５８を記録し、９位となった（リーグ平均は１００）。年俸調停権を得たターナーと、ドジャースは単年２５０万ドルの契約をした。２０１５年には、４３９打席で前年とさほど変わらない成績を残し、打率／出塁率／長打率は・２９４／・３７０／・４９１、wRC+は１４１だった。２０１３年から２０１５年のあいだに、打球のゴロ率は12・５パーセント下がった。これは史上４番目に大きな減少だった。２０１６年に、ターナーは先発の座を手に入れた。ホームラン数は27本。そのシーズン後、ドジャースと４年６４００万ドルの契約を結んだ。

２０１８年の夏、〈ボールヤード〉でのこと、ラッタはターナーの進化を示す２０１７年１月のビデオを取りだした。このころにはターナーのスタンスは狭くなっていた。動きはじめに体重を後ろに動かすこともない。左足を上げてスイングを始めるとき、両手が下がり、アッパースイングを繰りだせるようにする。

「J・Tが生みだそうとしているのは、バランスと推進力だ」とラッタは言う。

ラッタはそのビデオをもう一度スローで再生した。ターナーの後ろ足と肩は完全な直線を作り、動かない。後ろへの体重移動も、身体の動きもない。バランスが取れている。

前の（左）足を身体のかなり前に着く。両手は低く、準備万端だ。「身体は流れるように動いている」とラッタは言う。「この体勢から、彼は下にバットを振り出す。後ろ側を前に動かしはじめ、そのすべてのエネルギーはボールを飛ばす推進力になる。わたしたちが言う、エクステンションが長いんだ」。スローモーションの動画で、スイングが終わる。ラッタはアッパースイングの軌道をテレビ画面を覆うプラスティックのシートの上にマーカーでしるしをつけた。彼はターナーのエネルギーがすべてプレートの前のヒッティングポイントに向かっていると指摘する。

ラッタは打球角度や初速度を測定するレーダー装置、ヒットトラックスを持っているが、めったにその最新機器を使うことはない。バッターがタイミングを取り、バランスのいい動きをしなければ、ヒットは打てないというのがラッタの考えだ。彼が見たソーシャルメディアのバッティング指導では、ビデオクリップでバランスや可能なスイングを犠牲にしてまで初速度を上げることだけを考えているものがあった。ラッタはバッティングの話をするとき、めったに〝スイング〟や〝スイング平面〟という言葉を使わない。彼はスイングが自然に決まるような身体の使いかたをしようとする。独立系の選手育成ビジネスのなかには、選手の力になるより商品を売ることだけを考えている者がいると彼は考えている。

フライボール革命の爆心地は、おそらくほかの指導者やこの動向の推進者が会い、語りあった〈ボールヤード〉だろう。バードはその知識をニューヨークでターナーとマーフィーに広めた（マーフィーは30歳までに３３００打席でホームラン数は62本だったが、その後31歳から33歳までに１４００打席未満でさらに60本を打った）。ターナーはいまロサンゼルスのクラブハウスでこの考えを広め、コディ・ベリンジャーやコーリー・シーガーなどの才能ある若手打者に教え、やらせてみせ、ハイヤーズのような打撃コーチにも影響を与えている。ベリンジャーはルーキーだった２０１７年にスライダーに苦労していたとき、自分のスイングがアッパースイングすぎるのかと思っていた。ターナーはその年の夏の終わりにあるゲームをさせた。ドジャースタジアムのインドア・バッティングケージへ行くと、ターナーはスライダーのピッチングマシンのスイッチをつけ、ベリンジャーにわざとボールの下を空振りするように言った。だがベリンジャーはそれができなかった。どうしてもボールを打ってしまうのだ。ベリンジャーは２０１７年に対スライダーで、得点への貢献を示すwOBAで・４１８、２０１８年には・３４１で、それぞれの年のリーグ平均・２７１と・２６３を簡単に上回った。彼のアッパースイングは有効だった。

フライボール革命の広まりには、２０１５年からすべてのＭＬＢの試合の全打球の打球角度と初速度を計測しはじめたスタットキャストも一役買っている。各球団は、あらゆるカテゴリーのバッティングケージにスイングと飛球を追跡するテクノロジーを導入するようになった。そのデータからわかったのは、フライはゴロよりもよい打球だということだった。（０度を水平なライナーとして）マイナス30度から30度まで、打球角度が10度上がるごとに、２０１８年のリーグ全体のwOBAの、すべての角度の平均である・３１５を簡単に上回っていく（ホームランの平均打球角度は28・２度だった）。

平均打球角度	wOBA
－30から－20	.050
－20から－10	.188
－10から0	.245
0から10	.462
10から20	.712
20から30	.731

こうした関係と、２０１５年から、いまだに説明がなされていないがＭＬＢ公式球の組成が変化し、フライの飛距離が伸びたことが、打者にとってアッパースイングをする動機になった。打球角度の平均はスタットキャスト導入以後、２０１５年から２０１８年まで、10・５度、10・８度、11・１度、11・７度と毎年上がりつづけている。同じ期間に、10度以上の角度の打球は３・３パーセント増えている。〈ベー

スボール・プロスペクタス〉のデータによると、2018年のリーグ全体のゴロ率は1950年以降の記録で最も低い。

2017年にMLBの打者は6105本のホームランを放ち、(それまで最多だった2000年の)記録を412本上回った。その年と2018年、2016年はそれぞれ、フェアグラウンドに飛んだ打球のうちホームランになった割合が、いわゆるステロイド時代を超えて史上最高の3年になっている。

バッティングケージでも、「打ちあげれば大丈夫」とか「ゴロは最悪だ」といった言葉が聞かれるようになった。2018年にはレッドソックスのアレックス・コーラ監督が「われわれはゴロを打つのは好きじゃない。フライを打つのが好きなんだ」と語っている。それはカブスのキャッチフレーズ「ゴロはホームランにならない」や、パイレーツのクリント・ハードル監督のチームへのアドバイス、「OPSを稼ぐにはフライを上げろ」とも合致している。球界の外側から来た発想がその内部に広まったのだ。

ラッタははじめから野球を変えようとしていたわけではなかった。ただ野球が好きだったのだ。〝難しい〟経済的状況で育ち、チームに入って野球をしたのは高校生になってからだった。子どものころは近所のコリアタウンにある空き地で、友人と一緒に、隣の親切な家のガレージをバックネットにして遊んでいた。その後ロサンゼルス・シティ・カレッジというコミュニティ・カレッジと、のちにはカリフォルニアルーセラン大学でプレーをつづけた。卒業後は大人の硬式野球リーグに所属するパサデナ・レッドバーズに入った。

「自分を作りあげ、成長し、できそうもなかったことができると気づくには、いつも困難を超えなきゃならない」とラッタは言う。「わたしたちはエド・ファーマーやジェリー・ルイス、クレイグ・チェンバレンといった、メジャー級の能力を持ったピッチャーと戦っていた。だからいつも困難ばかりだった」

ラッタはメキシカンリーグでプレーするチャンスがあったが断った。すでに稼ぎのいい仕事をしていたからだ。19歳のときに家庭用プールを清掃するビジネスを始めていた。レッドバーズでは1995年までプレーした。チームに所属していたときにクレイグ・ウォレンブロックというプロのスカウトと会い、親しくなった。ラッタはウォレンブロックを「思慮深い人物」と評している。ウォレンブロックは読書家で、自分の研究を野球に応用し、1980年代からプライベートで打撃レッスンをしていた。

選手としての生活は90年代後半に終わったが、ラッタは伝えるべきことがあると思っていた。また伝えるだけのスペースもあった。ロサンゼルスの巨大な産業ビルの一画のうち半分を所有し、そこにプールを塩素消毒するための最新の設備を置いていた。その区画の残り半分を購入する機会ができたとき、ラッタはあることを考えた。その残り半分に、インドアのバッティングケージを作ろう。貸してもいいし、自分のレッスンに使うこともできる。彼はその施設を〈ボールヤード〉と名づけた。

「そのエリアには、インドアのバッティングケージはまったくなかった」とラッタは言う。「一軒もだよ」

ラッタは4カ月かけてオフィスだった空間を改造した。人工芝を張ってバッティングケージを設置した。そこで打撃レッスンをしてもいいかとウォレンブロックに尋ねられた。もうひとりそこを使おうとした打撃コーチがいたが、「フラットバット」を使おうとしていたため、「そんなものは絶対駄目だ、と自分に言いきかせた」とラッタは回想する。ウォレンブロックはラッタの考えにより近かったので、その場所で打者を指導することを認めた。〈ボールヤード〉では、大根切りやダウンスイング、ゴロ狙いを指導された打者はひとりもいない、とラッタは言う。ウォレンブロックは数多くの打者を連れてきた。そのなかにはメジャーリーガーも何人かいた。

〈ボールヤード〉では、プロ野球界内外の打撃コーチたちのミーティングも行われるようになった。ラッタはそれをシンクタンクと呼んだ。そのセッションは次第に規模と頻度が増していき、ラッタは30脚の折りたたみ椅子を用意した。参加者はバッティング理論を語りあった。そのなかには、誰も飛球の利点を知らないころから打球を打ちあげていた偉大なるテッド・ウィリアムズの理論のように、廃れ、忘れられてしまっていたものもあった。「力をこめてボールを空中に打ちあげられるなら、野球において最も重要なヒット、ホームランを打つ才能を持っている……そのために、わたしは軽いアッパースイングを提唱する」と、ウィリアムズは１９７０年の著書『バッティングの科学』で書いている。元メジャーリーガーで打撃コーチのドン・スロートや、ホワイトソックスやブレーブスで打撃コーチを務めたグレッグ・ウォーカーらが常連だったこのミーティングは何年もつづいた。

「あれはわたしの卒業研究みたいなものだった」とラッタは言う。「クレイグ（・ウォレンブロック）の脇で、14年間、プロのバッターの練習に付き添った。そんな経験は金で買えるものじゃない」

だが結局、ウォレンブロックはラッタと仲違いし、ほかの場所でもっと有名な顧客の仕事をするようになった。ラッタは新たな施設に転居し、それがいまの〈ボールヤード〉になった。それから数年間、ラッタは独自のアッパースイングの理論を打者に指導しつづけた。教え子の多くは地元の大学生、高校生だった。マーロン・バードがオフシーズンに打撃練習をする場所を探して、ドアから入ってきたのは２０１２年の秋のことだった。バードはメジャーリーガーではじめての顧客になった。

2017年2月6日、著者（トラビス）は〈ファングラフス〉で、「打球を上げられる打者は増加するか」という記事を発表した。2012年から2016年という極端な投高打低の時期には、フライとライナーの比率は一定で、その5年間に3度ワールドシリーズを制したのはカンザスシティ・ロイヤルズ、サンフランシスコ・ジャイアンツという長打力に劣るチームだった。ボールが変更される以前の2014年には、全球団の1試合平均得点はわずか4・07点で、1976年以降、ストライキのあった年以外では最悪の数字で、MLB球団関係者もファンも、投手の球速が高まる時代にあってどうすれば攻撃を向上させられるかに気をもんでいた。この記事ではラッタの言葉を引用していたのだが、オンラインでの公開から数分後、ラッタのもとにハイヤーズから電話があった。

ラッタは言う。「7時32分にティム（・ハイヤーズ）が電話をかけてきて、『アンドリュー・フリードマンからあの記事のことで電話があった』って言ったんだ。ドジャースの球団社長だ。わお、すごいね。わたしはハイヤーズに記事が出ることは話していた。『オフィスで読んだらしい』と彼は言っていた。わたしはたしか、フリードマンは〈ファングラフス〉を読むのか、と答えたと思う。あの記事が出ることはまるで知らなかったのに。彼が公開の2分後に読んでいるんだとしたら、誰が読んでいてもおかしくない」

その記事はドジャースの球団内で議論を引き起こした。打撃コーチのターナー・ウォードなどは伝統的な思考の持ち主だったが、一方で球団のコンサルタントだったウォレンブロックや、彼の助手で2018年のシーズン後には打撃コーチに就任するロバート・バンスコヨックなどもいた。フライボール革命や、選手育成全般についての再考は、まず選手の口から口へと広まっていた。いまや球団が組織を挙げて普及させる時期に来ていた。

何十年ものあいだ、コーチは元プロ選手に限られ、選手とは指導と意思決定において厳格な上下関係にあった。だがいまやコーチに対する疑問や反論は当たり前になった。すぐにお払い箱になるコーチも多い。外部から起こった発想がプロ野球のレベルにまで浸透してきていた。ガレージ一軒の自営業者であるラッタが、野球界全体を揺るがせていた。

2017年の終わりに、ハイヤーズはレッドソックスの打撃コーチになった。彼はチームとともに考えかたから打撃を刷新しようとした。移籍してきたばかりのJ・D・マルティネスはレッドソックスのコーチングスタッフからムーキー・ベッツを育てる〝プロジェクト〟を与えられた。マルティネスはスプリングキャンプでベッツが前年と同じフォームで打撃をするのをはじめて見たとき、「うまくいくとは思えないな」と言った。ベッツは気を悪くしなかった。彼は情報を求めていた。

マルティネスは2017年のシーズン後にレッドソックスと5年1億1000万ドルで契約した。スイングを改造し、キャリアの危機を乗りこえてから数年経っていた。2013年まで、マルティネスは控え選手だった。メジャーリーグでの最初の3年間で、wRC+は87だった。打者としては平均以下で、守備は下手だった。キャリアの瀬戸際だった。

「いまだに『センター返しが理想だ。保護ネットを狙え』なんて言葉を耳にする」とマルティネスは著者（トラビス）に2017年に言った。「でもそれじゃ単打にしかならない」

マルティネスは、なぜベストスイングをしても〝単打〟に終わるのかと疑問を抱いた。新しいスイングを手に入れようとしたのは、ターナーと同じ冬のことだった。ロサンゼルス郊外のある施設で、ウォレンブロックと助手のバンスコヨックの手を借りてそれを見つけた。

「自分なりの理論があるんだが」とマルティネスは言う。「一流の選手は、危機に陥ったときに大きく飛躍する……脱落したくはないからね。その思いで頑張るんだ。でもベッツは自分への疑いを持っていないように感じた……ほかの選手は成績がよかった年には何も変えようとしないのに、ベッツは、

『これを理解したい。まだわかっていないんだ』と言っていた」

ベッツの打撃改造も下から始められた。ハイヤーズとマルティネスはまず、地面と足の関係を強調した。スイングの運動連鎖はそこから起こる。「手の位置を決めるまえに、足の位置を決めるんだ。エンジンは下半身にある」とマルティネスは言う。レッドソックスは現在、グラウンドとの相互作用力を測る歩行板を遠征先でも使っている。その携帯可能な機器をMLBの球場の地下通路に設置して、打者が自分の力とバランスを計測できる。大きなデジタル体重計のような見た目で、トラックマンと同じく当初はゴルフ界で一般的になった。ベッツにはそれまで、地面を使うという発想はなかった。

「彼は生まれてからずっと、あまり頭を働かせずにバッティングをしてきたんだ」とハイヤーズは言う。

ロサンゼルスでのターナー同様、マルティネスはハイヤーズの考えをほかの選手たちに植えつける役割を果たした。2017年と2018年に150打数以上を記録した260人の打者のうち、ベッツ、中堅手ジャッキー・ブラッドリー・ジュニア、遊撃手ザンダー・ボガーツのハードヒット率〔フェアグラウンドに飛んだ打球のうち、打球速度95マイル（時速約152・9キロ）以上の打球の割合〕は4位、8位、11位だった。ベッツ、ボガーツ、ブラッドリーは打球のうちバレル（スタットキャストによる用語で、〝長打になりやすい打球〟を表す）の割合がそれぞれ1位、2位、13位だった。

「J・D・マルティネスを大いに信頼しているよ」とハイヤーズは言う。「スーパースターの、すでに実力を証明した選手がついていて、わたしが選手たちに話したり、一対一で向きあうときに賛同してくれるんだからね。……J・Dが『ムーキー、きみならできる』と言ってくれたのは助かった。彼らがプライベートな会話を交わすほど仲良くなったのも大きなことだったよ」

ベッツがすることは打者のあいだで流行するようになっていた。たとえば数社のバットメーカーが、ゴルフクラブのカスタムメイドのように、スイングセンサーを使用して各選手に最適の長さ、重さ、グリップを調べるようになると、選手たちは従来型のラウンドノブのバットを使わなくなった。「ベッツはリーグのなかで影響力を持ちはじめていた」と、アックスバット社のトレバー・ストッキングは言う。「(ジョージ・)スプリンガーがベッツにバットを欲しいと言いだして、突然ベッツのバットを使いはじめた。スプリンガーはべつの選手たちにバットをあげて、順番にバットを譲りあっている」

同じような譲りあいがスイングについても行われ、若い打者が順調なスタートを切るようになった。バードがフライを打ちはじめたのはキャリアの終わりだった。ターナーはもうすぐ30歳になろうかというときに光を見つけた。マルティネスやベッツは全盛期に変化した。いまや彼らは、レッドソックス期待の若手選手など、影響を受けやすいマイナー選手の打者としてのお手本になっている。2016年のドラフト4巡目で指名され、2018年にダブルAに昇格した23歳の三塁手、ボビー・ダルベックは、所属した2球団での成績を合計すると、全マイナーリーグ選手のなかでホームラン(32本)と二塁打(35本)の合計で首位タイだった。長年、バッターは「やみくもな強振」、つまりバットに当てることを犠牲にして大振りすることを戒めてきた。だがダルベックはその逆だと言う。「ぼくにとって、やみくもに当てに行って早いカウントでゴロを打つのは無駄な打席なんだ」

ダルベックはボールを強く遠くへ打つだけでなく、頭を使おうとしている。「適切な角度の打球を打つこと、投球とバットスイングの平面を揃えることが上手になりたい」と彼は言う。「同じチームのメジャーリーガーがそれをしているのを見るのは本当にすごいことだよ」。だが、自分がマルティネスのレベルには遠く及ばないことを自覚し、彼やベッツといった打者から学びたいと考えている。「もしよければ、あるいは時間があれば、1日中ずっと教えを聞いていたいくらいだよ」。ダルベックにとって幸せなことに、マルティネスはバッティングの話をする時間ならばいつでもある。

6

1万球の法則

意図的な練習は、学び手のコンフォートゾーンの外側で行われ、つねに、自分の現在の能力を少し超えることに挑戦させる。このため最大限に近い努力が求められるため、一般には楽しいものではない。

――アンダース・エリクソン『超一流になるのは才能か努力か？』[1]

2000年、ユニヴァーシティ・カレッジ・ロンドンの神経学者エレノア・マグワイアは16人のタクシー運転手にMRI検査を行い、50人の一般人の脳と比較した。ロンドンは車を運転するのが難しい都市だ。長い歴史を持つこの都市は曲がりくねった複雑な大通りを持ち、中央を蛇行するテムズ川に貫かれている。『ニューヨーク・タイムズ・マガジン』の記事によれば、「ロンドン全域」のタクシー運転手としての免許を得るためには、志望者はチャリング・クロスからおよそ半径10キロメートル以内のほぼすべての通りと、ホテル、公園、病院、政府庁舎、教会など、あらゆる構造物を知らなくてはならない。300平方キロメートルエリアに、およそ2万5000の通りがある。

マグワイアは、空間認識と記憶に関連した脳の領域である海馬が、タクシー運転手はほかの実験参加者よりも大きいことを発見した。5年後には、あらかじめ知ることのできない目的地に向かうタクシー運転手と、定められたルートをたどるバス運転手の脳を比べた。このときもまた、タクシー運転手のほうが海馬は大きかった。

２００7年に、マグワイアは79人のタクシー運転手と、対照群として31人の非・タクシー運転手を集めた。そして調査のまえに脳を調べ、ふたつのグループのあいだに海馬の大きさに差がないことを確認した。４年後、彼女は同じ参加者を調べ直した。予測したとおり、タクシー運転手をつづけていた参加者は、非・タクシー運転手の対照群や運転手をやめてしまった参加者と比較して海馬が大きくなっていた。現役のタクシー運転手のみが日々、ロンドンのさまざまな目的地へ行くという試練を課されており、仕事に合わせて脳が大きくなっていたのだ。

アンダース・エリクソンは『超一流になるのは才能か努力か?』（文藝春秋）でマグワイアの研究についてこう書いている。「それは、人間の脳が練習に反応して育ち、変化することを示す、おそらく最も鮮やかな証拠だろう」。自分は作られたメジャーリーグ選手だと考えているバウアーは、スキルは伸びるものだということをつねに理解していた。彼はスキルを獲得することに取り憑かれている。もし彼に〝マイエリン（myelin）〟というのは何のことかと尋ねたら、発音は「ミエリン」だよと訂正してから、それが神経繊維を包む絶縁性の髄鞘《ずいしょう》を形成するぶ厚い組織で、電気信号が伝達される速度を増す物質だと教えてくれるだろう。ミエリンは脳の処理能力を決める。ある人がある行為を何度も練習するほど、その特定の神経回路に沿ってミエリンができ、信号をより速く、効率的に送れるようになる。ミエリンの効果は、才能が固定されたものではないことを示している。

「ぼくはいまの自分にできる１００パーセントを超えなきゃならない」とバウアーは言う。「自分のスキルを高めて最大化する方法をどうしても知りたいんだ」

１９９３年に、フロリダ州立大学の心理学教授エリクソンは、新人から一流までさまざまな音楽家が費やしてきた、「蓄積された練習時間の推定」を報告した。[2] その調査結果から、人間は一般に推定される以上にパフォーマンスのレベルを高められることがわかった。超一流の音楽家は素人よりもはるかに多くの時間を練習に費やしており、単により〝才能がある〟だけではなかったことを示したその研究は当初あまり注目されなかったが、のちに人気作家のマルコム・グラッドウェルがそれを知って〝１万時間の法則〟と名づけ、ベストセラーになった２００８年の書籍『天才！　成功する人々の法則』（講談社）で紹介した。エリクソンはのちに、練習の時間量よりもその質のほうが重要なのだと述べた。そして、グラッドウェルは「われわれの研究に参加した音楽家が行っていた意図的な練習と、〝練習〟と呼ばれるあらゆる種類の活動を区別していない」と書いている。ある楽器を１万時間練習するだけでは、マスターすることはできない。一流の技術をより早く身につけるための鍵は、強度があり、集中した取り組みを意味する意図的な練習の蓄積だ。

エリクソンの考えでは、高度な技能を得るための近道はない。一方でバウアーは、新しいスキルを最短で身につける方法を見つけ、最高のキャリアを過ごしたいと考えている。彼はより効果的なトレーニング方法を見つける必要があった。さすがのバウアーでも、１度のオフシーズンで１万時間の意図的な練習をすることはできない。さらに彼は、残酷な時の経過がアスリートの能力を奪ってしまうということを知っていた。彼は27歳だった。肉体的なピークが来るのは30代前半で、それから衰えていく。

バウアーが高い野望を叶えようとすれば、ピッチングのレパートリーを増やすしかない。だが、新しいスライダーを１度のオフシーズンで習得し、地球上で最高の打者を迎えてプレッシャーのかかる場面で自信を持って投げられるようになるのは簡単なことではない。

スライダーをより早く覚えるためには、「フィードバック・ループを多くする」必要がある、と彼は言った。それがマウンドでの成功に必要となるある投球を、無意識でできるほどに習得し、操れる（それにはミエリンを増やす必要がある）ためのより効果的な方法だ。ピッチャーはこの感覚を必要とする。「しっくりくる感覚が手にあるんだ」とバウアーは説明する。「だからそれを得るために、あれこれ試してみる。その感覚を取りもどそうとする。もし運がよければ、ひと月でできる。偶然、すぐにそれを見つけられればね。でも1年かかることもある。もうその感覚が戻ってこないこともある。その結果で、キャリアの行く末はがらりと変わってしまう」

最近まで、投手がボールを投げるときに物理学的にどのようなことが起こっているのかは謎に包まれていた。MLB投手の手は毎秒数千度という角速度で動くため、肉眼はもちろん通常の高解像度デジタルカメラでも鮮明に捉えることはできない。そのため、投手の握りが正確にどのようにボールに回転を生みだしているのかは知りえなかった。野球の歴史を通じて、多くの投手は試行錯誤によって新しい球種を生みだそうとしてきた。数えきれないほどの投手が、感覚を追い求めるのに失敗して膨大な時間を無駄にした。スキルを身につけ、練習し、確認するための近道を見つけることができれば、ほかの投手に比べて大いに有利になるだろう。

「新しいスキルを習得する学習曲線を縮めるには、どうすればいいか。それが大事なことなんだ」とバウアーは言う。

バウアーの秘密兵器がエッジャートロニック・カメラだ。彼はそれを「野球界全体で最も強力なツール」と呼ぶ。

トレバーとウォレンの親子はいつも、トレバーが上達する役に立つ新しい発想やテクノロジーを求めていた。サンストリーク社のエッジャートロニックＳＣ１は解像度が高く撮影速度も速いうえ、ほかの機器に比べて入手しやすさと効率でずば抜けていた。５５００ドル（約60万円）のＳＣ１は決して安くはないが、同様のカメラよりもはるかに手ごろな値段だった。

「実際に使ってみないと役に立つかどうかはわからない。だから買ってみよう、という話になった」とバウアーは言う。「はじめて撮影したとき、これしかないと感じたんだ」

エッジャートロニックの特別な点のひとつはシャッターだ。スマートフォンに搭載されているような一般的なデジタルカメラでは、画素の各列が撮影される時間がずれるローリングシャッターという方式が採用されている。動かないものや動きの遅いものを動画撮影する場合は、とくに不都合なことは起こらない。だが、ボールを投げるときの投手の手のように高速で動くものを撮影するときには、ローリングシャッターはこんにゃく現象という歪みを生み、被写体をぼやけさせたり伸ばしたりしてしまう。こんにゃく現象が生じれば科学的調査はできない。始まったばかりのピッチデザインという分野でもそれは同じだった。

エッジャートロニック・カメラが採用するグローバルシャッターでは、画面上のすべての画素が同時に、かなりの撮影速度で捉えられているため、こんにゃく現象が生じない。またエッジャートロニックは、類似のグローバルシャッターの高速度カメラよりも多くの光を捉えられるため、より解像度が高くなる。サンストリーク社のＣＥＯ、マイケル・マターは〝ストロボの父〟と呼ばれる高速度撮影の分野の発明家、ハロルド・エジャートンの研究を『ライフ』の記事で読んだことに感銘を受け、彼にちなんでエッジャートロニックと名づけた。「わたしはいつも、物事を人が可能だと思っているよりも早くすることが得意だった」とマターは言う。

マターは自分の製品に科学的調査の面で使い道があることを知っていた。最初の商業的な製品が２０１３年に発売されると、幅広い分野の論文の脚注にこのカメラが記載されるようになった。ロケット科学者はこの高速度カメラで排気管を撮影し、混合ガスの燃焼を調べた。カリフォルニア州リバーサイドのある生体力学者は、エッジャートロニックを使ってきわめて速い反射神経を持つカンガルーネズミを調査した。ユーチューブでエッジャートロニックの歪みのないウルトラスローの動画が見られるのだが、カンガルーネズミは矢のようなガラガラヘビのアゴによる攻撃を避け、おそらくヘビの10倍ほどの速度で跳びさる。ところが、マターが予想もしなかった分野がこの製品の最大の顧客になった。野球界だ。

このマーケットは、トレバー・バウアーというピッチャーの1本の注文から始まった。その後、多くの注文がそれにつづいた。2018年の春には、75台のカメラをすでに購入していたアストロズは、傘下の全スタジアムにエッジャートロニック・カメラを数台ずつ設置し、持ち運び可能なユニットに数値の評価をする機能をつけた（ボディは、つぎはおそらくドジャースが各スタジアムに6台ずつ設置するだろうと予測している）。マターは2019年はじめには最低でもMLBの15球団が少なくとも1台のカメラを購入し、取引先の半分以上を野球界が占めることになるだろうと考えている。

バウアーが最初にエッジャートロニックを買ったあと、ウォレンは2015年初頭に、地元サンタクラリタでジム・ワグナーが開いている、トタン板で囲まれた倉庫に人工芝を張ったトレーニング施設〈スローゾーン・アカデミー〉で実験を始めた。彼はその解像度と撮影速度に驚いた。当時、高速度カメラはより大きな身体の動きを捉えることができるだけだった。だがウォレンは新しい使いかたを思いついた。エッジャートロニックを使えば、投球の際に起こる握りとボールの相互関係を確認できるだろう。それまでバウアー親子が使っていたカメラで撮った画像では、「荒すぎて指先が見えなかった」とトレバーは言う。いまやウォレンは握りによってどのように回転が生まれるか、そして投球の正確な回転軸が確認できるようになった。

「ハチドリをじっと見つづけるのは難しい。動きはかなり速いし」と、トレバーは言う。「だけど適切なスローモーションカメラがあれば、なんでも見られる。ハチドリの羽にはしるしがあって、正確にどうやって飛んでいるか、浮きあがっているかを知らせてくれる……鳥が飛びかたを教えてくれるんだから、推測に頼らなくてもいいんだ」

そのカメラによって、ウォレンは長年息子と戦わせてきた議論に勝った。いつボールをリリースするかは投手が決めているとトレバーは考えていたが、ウォレンはそれは意識的な行動ではないと考えていた。カメラによって、ウォレンの正しさが確認された。投手は指を動かすことによってボールを放しているのではないことが写っていたのだ。手はボールを直線的に加速し、指が伸びたり開いたりするように力が加わる。このことが、トレバーのその後のピッチデザインの決め手になった。握りはボールが手から離れるための経路と考えるべきなのだ。

その冬、バウアーはそのカメラを使って最初の球種、「層状《ラミナー》エクスプレス」と彼が呼ぶツーシーム・ファストボールを編みだした。これは投げられた野球のボールなど、あらゆる球体の動きに影響を与える層流（ラミナー・フロー）の性質からつけられた名前だ。空気は、何もそれを乱すものがなければ平行に、つまり層状に動く。だがもし、たとえば球体が片側は空気と順方向に、反対側は逆方向に回転していたら、球体が通過する空気は、片側では比較的乱されず、つまり層流ができ、反対側では乱流ができる。球体は乱流の側へ向かう、あるいは見た目で言えば引っ張られていく。これがゆえに、反則を犯してまでボールに傷をつける投手がいるのだ。

１９９０年代、殿堂入り右腕グレッグ・マダックスが復活したとき、ツーシーム・ファストボールは左打者のボールゾーンからストライクゾーンに動いていた。彼はボールに傷をつけたわけではない。層流を利用していたのだ。ただ、そのことに本人は気づいていなかった。意識的に層流を利用して球種を生みだすことなど、ボディが２０１２年にシドニー大学の物理学教授ロッド・クロスの動画を見つけるまで誰にもできないことだった。層流の性質はクリケットや野球でボールを変化させることに応用できるとクロスは語っていた。彼が野球における層流の効果に気づいたのは、２０１１年4月30日、ヤンキースタジアムでの試合でフレディ・ガルシアのスプリットがホームベースへの軌道上でおかしな方向に逸れるのを見たときだった。ユーチューブの動画で発泡スチロールの球でその効果を実演するとき、クロスは「ちょっとした魔法[3]」と表現した。ボディはすぐにその科学の意義を理解した。彼の考えでは、「これは投球に関する最も重要な動画だった」

　２０１５年から２０１６年の冬、ボディはドライブラインでその動画を使い、回転中に縫い目に乱されることなく、ホームプレートに到達するまでずっと順回転を生みだすような回転軸をボールの前面に持った球種を、バウアーが生みだすのに手を貸した。バウアーは握りを変えて実験し、つねにエッジャートロニックからのフィードバックを得て、マダックスを立ち直らせたツーシームをコピーした。驚くほどの短期間に、最高のレベルで効果を発揮するスキルを身につけたことになる。ボディは、こうした短期での球種の習得がこれからの標準になると考えている。「わたしは知らなかったが、何人かの打撃コーチがあの動画と、わたしたちがツーシーム・ファストボールを開発したのを見て、『もし新しい変化球を生みだされたら、今後10年は打者はやられっぱなしになる』と言っていた。それは間違いないだろうね」とボディは言った。

　エッジャートロニックのような新しいテクノロジーによって、投手は短期間に新たな球種を習得できるだけでなく、すでに持っている球種を改良することもできる。バウアーは２０１５年から２０１６年にツーシームを開発しているとき、自分のすべての球種をエッジャートロニックで調べ、それぞれの隠れた性質を理解し、改善の余地があるかどうか検討してみようと決意した。既存の投球追跡技術では、ボールの変化や手を離れたあとの球速は計測できたものの、それ以上のことはほとんどわからなかった。エッジャートロニックを利用したはじめての冬には、握りを変えるたびに高速度動画をフォトショップに取りこみ、ソフトウェアを使ってボールの回転数を調べた（現在では、ラプソードでこの機能を利用できる。レーダーを用いたトラックマンのシステムとは異なり、回転軸や回転の種類による違いまで計測できる）。バウアーはカーブの握りで爪を立てる――右手の人差し指を立てて指先をボールの表面に食いこませる――だけで毎分２５０回転増え、曲がりが大きくなることを発見して興奮した。「それは非常に重要なことだった」と彼は言う。２０１７年から２０１８年の冬には、できたてのスライダーをカメラで撮った。

エッジャートロニックは習熟への近道を示す強力なツールだが、新たな球種のデザインは第一原理から始まる。球種にはさまざまな名前がある――速球、チェンジアップ、スライダーなど。だが、球種とはそもそもなんなのだろう。それは速度と回転率、回転軸の組みあわせだ。それを生みだすのは魔法ではなく、物理学だ。バウアーがラミナー・エクスプレスを開発したときのように、球種をその基本的な性質にまで煮詰めると、球種を生みだすことが可能になる。ゼロから球種をデザインすることは、ボールの変化を支配する回転への理解から始まる。

ボールに影響を及ぼす回転には2種類ある。横回転とジャイロ回転だ。回転の種類はボールの回転軸によって決まり、回転軸は投手の握りによって決まる。横回転はスライダーのようにボールを変化させる。そのため横回転をする球はマグヌス効果を受けやすい。

１８５２年、ドイツの物理学者H・グスタフ・マグヌスは、なぜ滑腔砲《かっこうほう》〔砲身にらせん状の施条（ライフリング）がない砲銃〕から放たれた砲弾は予測不能な方向へ曲がるのかという疑問を抱いた。そして回転率によって物体が受ける圧力が異なることで直線の軌道から逸れることを発見した。野球のボール（あるいはあらゆる球体や円筒形のもの）が飛ぶとき、そのまわりには薄い空気の層があり、ボールの両側に圧力の違いを生みだす。ボールは圧力の弱い側へと曲がっていく。回転が速いほど圧力の違いは大きくなり、変化も大きくなる。カーブボールが落ちるのは、トップスピンがかかっているため、下方向にマグヌス効果が生じるためだ。回転率の高い速球が浮きあがるように見える――実際には回転の少ない球よりも沈みがやや少ない――のは、バックスピンによって重力に反してボールを浮かせるマグヌス効果が生まれるからだ。

アメリカンフットボールの回転がかかったボールや、ライフル銃から撃たれた砲弾にはジャイロ回転がかかっている。ジャイロ回転をしている物体はマグヌス効果を受けにくいため、まっすぐに飛ぶ（19世紀半ば、施条《ライフルド》されたマスケット銃――銃身に溝を作り、ジャイロ回転をかけることで砲弾を安定させたもの――が登場したことで、狙いの正確性と射距離が増したため、アメリカ南北戦争は熾烈《しれつ》な戦いになった）。

ジャイロ回転がかかっているとき、回転軸は物体の運動と垂直ではなく、平行になっている。だがほとんどの投球は、軸がわずかに傾いている。言い換えると、大部分の投球は2種類の回転の要素を持っている。ピッチデザインの用語で言うなら、100パーセントの回転効率ではない。バウアーは自分の――そしてピッチング全般の――未来が、物理学の力を使って投球をデザインし、洗練させることにあるとわかっていた。

われわれは2018年のシーズン前に、スライダーを球種に加えようとしているバウアーのピッチデザインの過程を目の当たりにした。始まったのは2017年の10月半ばだった。インディアンスはアメリカンリーグ・ディビジョンシリーズ（ALDS）でヤンキースに敗れ、バウアーはロサンゼルスに戻っていた。子どものころ暮らしていたサンタクラリタのコロニアル様式の家の自室で、父と6時間かけて投球のコンセプトを決めた。

そのオフにバウアーが求めていたのはただのスライダーではなく、完璧なスライダーだった。重力の影響を除いて縦方向へはまったく動かず、右打者からは遠ざかり、左打者へ向かっていくスライダーだ。横に25センチほど動く、超一流レベルのボールを手に入れたかった（2017年にスライダーの曲がりが最も大きかったのはダルビッシュ有で、平均で23センチだった）。それほどの変化をするには、ほぼ垂直方向に立った回転軸でなければならない。完璧なスライダーはさらに、自分の速球と見分けがつかず、最後の瞬間に、カーブとはちがう軌道と速度で、ツーシームやチェンジアップとは反対側に曲がる。球種を増やすことには、さらに複合的な利点もある。打者にとって、どのボールが来るかを予測し、来た球が何かを判断するのは相当に難しくなるだろう。

バウアーはふたつのボールに押しピンを刺し、回転軸のシミュレーションをしてどのような握りならばそれを生みだせるかを視覚化した。簡単な目標のように思えるが、手や手首の構造からして、垂直な軸回転を生みだすのはフォーシームのような水平な軸回転よりはるかに難しい。ウォレンはノートパソコンを開き、バウアーが親指をボールの横に立ててスライダーを投げているエッジャートロニックの古い動画を見ながら考えた。ボールは手からどのように離れるか、握りをどう調整するか。

トレバーとウォレンは、チームメイトのコーリー・クルーバーやマイク・クレビンジャーなど、トレバーが変化を真似したいと思っている投手のスライダーのスローモーションを見た。プログレッシブ・フィールドやスプリングトレーニングの球場にときどき設置したエッジャートロニックの画像でスライダーの握りを撮影していた。

投球のコンセプトが固まると、親子はワグナーの施設、〈スローゾーン〉に向かった。そこが閉まっている夜の6時間のあいだにバウアーはさまざまな握りを試し、全球をエッジャートロニックのカメラと投球追跡システムで記録した。最初のセッションからすでに、スライダーはときおり縦ではなく横に曲がり、成功しそうな兆しが見えていた。12月4日にバウアーはシアトルへ飛んだ。そこに彼は数軒のコンドミニアムを購入していて、多くは賃貸し、ひとつは冬のあいだの住居にしていた。そこに暮らしながら、冬のあいだの本拠地となるドライブラインに入り浸った。

ドライブラインは、開設当初から球速を上げるトレーニングを行ってきた。だがボディはそれ以外にも、投球と野球のプレーに関わるあらゆる分野を調べ、改善することに関心を持っている。プルダウンや全力投球、施設のあちこちにあるレーダー機器の掲示板は球速の重要性を物語っているが、ウォレンがボディにエッジャートロニック・カメラを紹介した２０１５年シーズン以降は、ピッチデザインにかなり意識が向けられるようになった。

はじめ、ウォレンは私的なものだからと言って、ボディにエッジャートロニックの動画を見せることを拒んでいた。だが何度もせがまれて断りきれなくなった。彼とトレバーはカメラを特別な硬度を持つケースに入れて保護してドライブラインに向かった。

ボディの施設で、ウォレンはそのころドライブラインの常連になっていたウェザーズを撮影した。それから動画を見ようとみなで腰を下ろした。ウォレンがノートパソコンの再生ボタンを押すと、ボディはウェザーズの投球を毎秒数千フレームに分けてあらゆる部分を確認した。ボールが手を離れるところも、これまでにないほどくっきりと写っていた。ボディにはまるで見たことがないものだった。野球界では、それを見たことがあるのはウォレンとトレバーだけだった。

ボディはテーブルで腕に顔を沈めて悔しがった。自分はピッチデザインの最先端にいなかったのだ。

立ちあがり、パソコンのところへ行って5分後に戻ってくると、「1台買ったよ」と言った。当時はまだ資金に余裕はなかったが、1球の動画を見ただけでそれが状況を一変させるものだと確信していた。「あのミーティングが、プロ野球の風景を完全に変えたんだ」とトレバーは言う。

ラプソードなどの追跡技術に加えてこのカメラこそ、バウアーとボディがこれからの野球で最も重要になると信じているピッチデザインの問題を解決する鍵だった。「つぎの問題は、個々の球種をどうやって開発するかだ」と、当時ボディは言っていた。「保証するが、どの球団もそれはやっていない。アストロズも。インディアンスも」

バウアーとボディはそれに取り組んでいた。

バウアーのピッチデザインはすべてが成功したわけではなかった。多くは頓挫し、うまくいったものでも、ようやくブレイクスルーが起きたのはたくさんの小さな失敗を経たあとだった。2016年から2017年の冬、バウアーはべつの球種、スプリットチェンジを同じ方法で習得しようとした。だがそのときはふたつの点でまえとはちがっていた。

ひとつの問題はオフに球種の開発を始めたのが遅かったことだった。バウアーはその冬、ドライブラインでのバッティング練習でスプリットチェンジを使って15イニングしか投げなかった。2017年から2018年の冬にスライダーを開発したときには、スライダーを交えてバッティング練習で40イニング投げたほか、さらにピッチデザインのセッションを行っていた。

もうひとつの要因は、ミッキー・キャラウェイがクリーブランドの投手コーチではなくなったことだった。キャラウェイはバウアーが球種を増やしたり実験したりすることに反対していた。選手とコーチの関係は、ピッチングへの考えと取り組みの違いから衝突が多くなっていた。

「あの目の上のたんこぶはそれを望んでいなかった」と、バウアーはキャラウェイについて語った。

「ミッキーはいつもぼくに球種を減らせと言っていた……結局は自分が思うようにしたけれど、いつも反発を予想しておそるおそるやっていた」

２０１８年の春、キャラウェイはメッツの監督に就任し、投手コーチはカール・ウィリスに替わった。バウアーは、たぶんキャラウェイほど威圧的ではないだろうと考えた。開発途中ではなく、完成した新しい球種をスプリングキャンプで披露しようと決めた。練習や投球は休みなくつづけ、球速を維持した。そのオフシーズンにプルダウンをしたときは、85グラムのボールで１８８・１キロという施設の新記録を出した。周囲の人々はそれを見て感嘆の声を上げた。

冬のあいだのバッターに向かった練習で、バウアーは速球とスライダーしか投げなかった。球種をふたつに絞れば、打者はその他の可能性を考える必要がないから、アマチュア選手やマイナーリーガーが〝メジャーの二流選手〟レベルになる。「相手をした選手たちは不満そうだった」とボディは言う。それでも速球とスライダーがホームプレートまでできるだけ長く、できるだけ同じ軌道を通るようにすることが目的だったから、バウアーはその2種類しか投げなかった。

対戦のあと、バウアーは投球の曲がりについてフィードバックを求めた。データは豊富でカメラと投球追跡技術も完備した環境だが、選手の意見にはやはり価値があった。打者たちによればスライダーはまだカーブに近く、横の変化が足りなかった。

トレーニングはロサンゼルスでもどこでもできた。だがバウアーにとってドライブラインの文化は大きな意味があった。ほかの選手たちが背中を押してくれるからだ。それはスキルを磨くには欠かせないものだった。ドライブラインには、野望を持った（そして崖っぷちに立たされた）選手がプロや大学野球でプレーするための方法を必死で模索してきたことで、結果を早く得ようとする文化があった。ボディは不適切だと判断した選手は追いだしてきた。２０１６年から２０１７年の冬のある日、バウアーはウェイトトレーニング室でトレーニングしていたとき、ウェザーズにトレーニングがきついと愚痴をこぼしたことがある。

「お遊びじゃないんだぜ」ウェザーズはウェイトをバーに装着しながら言った。「そりゃ奥さんと家にいたほうが楽しいさ。きみは弱虫だな」

〝弱虫〟と言われると、バウアーはいつも頭に血が上った。彼はジムから走り出た。誰かにそう呼ばれたときはいつも、元アメリカ海軍特殊部隊《ネイビーシールズ》のマーカス・ラトレルが書いた『アフガン、たった一人の生還』（亜紀書房）のことを思いだした。ラトレルはアフガニスタンの山中でタリバンの襲撃を受け、銃弾を数カ所に受け、足を骨折した。彼がそこから生還できたのだから、自分もきっとこのトレーニングに耐えられるだろう、と。

ジムに戻ると、驚いたことにウェザーズはもうウェイトをバーからはずしていた。

「何をしてるんだい」バウアーは言った。

「ああ、ちょっときつくてさ」とウェザーズは答えた。彼はもうその日のトレーニングをやめてしまっていたのだ。

この出来事を回想して、バウアーは爆笑した。ウェザーズは家に帰ったが、バウアーはやる気を出し、最後までトレーニングをした。

２０１８年１月末に、ボディはバウアーにいつになったら全球種を投げるのかと尋ねた。バッターとの対戦は終わりかけていたが、まだ２種類しか投げていなかった。打者たちはバウアーのカーブがすばらしいことを知っていたから、投げてほしいと最初はお願いしていたが、やがて強く要求するようになっていた。

「投げないほうがいい。誰も望まない結果になるぞ」と、バウアーは何度も言った。

だが打者たちの要求はやまなかった。「ねえ、お願いだから全球種を投げてくれよ」打者たちは頼みこんだ。バウアーはようやく折れた。「わかったよ、5回でいいかい？　5イニング投げよう」。歓声が上がった。

大勢のプロ打者がバウアー相手に打席に立った。独立リーグに所属するドン・コムストックやマーリンズのマイナーリーガー、ガナー・ポルマンも混じっていた。打者たちは縮みあがった。バットが空を切った。バウアーは5回を15人で片づけ、13三振を奪った。それを見ていたボディは声を上げて笑った。

「馬鹿げた光景だった。打者たちは5回でヒット1本打てなかっただけじゃない。最初にカーブを見たときは、感嘆の声を上げてたよ」

1月に格下の打者と対戦した結果がそのままメジャーリーグでの成績につながるわけではないが、このとき彼ははじめて球種を増やしたことの効果を感じていた。そこには新たに〝ミエリン・エクスプレス〟というスライダーが加わっていた。

カメラを利用することはスキル習得の近道になるとはいえ、意図的な練習の代わりになるものは何もない。バウアーの冬のトレーニングはきちんと記録に残っているわけではないが、彼自身は、プロ野球界のどの投手よりも多くの球数を投げているだろうと考えている（2018年から2019年のオフシーズンは、ドライブラインでの練習を記録している。それによると彼は8820球を投げ、打者との賭けで3000ドル負けている）。しかもそれは密度の濃い、集中した練習だった。

「バウアーはいつも自分に向かって怒鳴ってるんだ。恐いけど面白いよ」とボディは言う。「わたしがドライブラインのオフィスに入っていくと、投球しては『くそっ』とか、『なんなんだよおまえ？

何のつもりだ？　今日はストライク率がいいな』とか……『集中してないぞ』なんてひとりで声を上げている」

バウアーもそれを認めている。「その瞬間、完全な集中ができていなかったり、誰かにトレーニングの時間を奪われたり、邪魔されたりしたら、ぼくは猛烈に怒るんだ」

投手の故障が増加している状況で、多くの球団幹部は単一スポーツに早期から専門化するべきではないと考えるようになっているが、バウアーはその極端な例だ。ＡＳＭＩをはじめ多くの組織はオフシーズンの投げこみに、長期の間隔をとることを推奨している。だがバウアーは投球をやめることはない。トミー・ジョン手術につながる怪我が最も多いのは3月だが、その原因は、冬のあいだ軽くしか投げていなかった投手が、春のトレーニングで一挙に全力に上げようとするストレスである可能性がある。研究者のジョン・レーゲルによれば、トミー・ジョン手術の6割は1月から5月に行われているという。

ボディは「専門化は危険だ、あるいは悪いことだ」という考えをおかしなものだと思っている。あることやスキルを意図的に練習すればするほど、上達するものなのだから。「子どもはいろいろなことをするべきだ。13歳の子どもが何をしたいと思うかは誰にもわからないのだから……そういう考えはよくわかる」とボディは言う。「だが、専門化はよくないという考えはどんどん支離滅裂になっている。メジャーリーグで選手数がいちばん増えているのはドミニカ共和国なんだ。あそこでは野球しかしないのに故障率は上がっていない」

「みな、因果関係を逆にしているんだ。メジャーリーグの選手たちは複数のスポーツをしている、それゆえ複数のスポーツをすればメジャーリーガーになれる、と。そうじゃない。メジャーリーガーの多くが複数のスポーツをしているのは、世界最高のアスリートだからだ。カール・クロフォードみたいに走れる14歳の少年がいたら、何をやってもずば抜けた成績が収められるんだから、あらゆるスポーツをやるだろう。コーチは目の色を変える。けれどもトレバーはそれくらいの年齢のとき、きちんと取り組まないとプロにはなれないとわかっていた。それほど早くから自覚していたんだ」

バウアーは若いころに、負荷の強い練習や取り組む姿勢について学んだ。父とはあまりキャッチボールをせず、できるだけ遠くへ、強く投げるようにしていた。球速を高めるために自分で工夫した。いまは、スライダーを自分で編みだそうとしている。

「メジャーリーグどころか、ダブルA以上の選手でトレバーより運動神経が悪い選手はいないだろう」とボディは言う。「おそらくひとりもいないはずだ。プロ野球選手の身体能力ではないんだ。信じられないほどすごいことだよ」

ラボでさまざまなプロ選手を調査してきたボディのこの発言には裏づけがある。彼によれば、バウアーの跳躍力や走力はひどいものだ。「垂直跳びは、プロのアスリートから2シグマ区間くらい、そして一般人よりも1シグマ区間劣る。50センチくらいしか跳べないんだ」。腕の動きは遅く、テストステロンの濃度も低い。「体力はない。では重いものを持ちあげられないかというと、そんなことはないんだ。デッドリフトは245キロ、ダンベルベンチプレスでは45キロを上げられる。テストステロンが少なくても、身体が変化しないから問題はないんだ」

雑誌『ESPN・ザ・マガジン』の最新の「ボディ特集」の話をしていたとき、誰かがバウアーに、そのあまり美しくない肉体を世界にさらすことはできないだろうと冗談を言った。

「2019年はシーズン中ずっと、クラブハウスでほかの選手たちに『ボディ特集』に出るんだって言いつづけてた。やめておけ、って笑われたよ。来年、実物大の尻の写真を撮ったら、控え室に貼りつけて『ほら見たことか』って言ってやるよ」

ボディは、身体能力の低さがあるひとつの点でバウアーの役に立っていると言う。腕の振りが遅く、肘や肩に負担がかからないことだ。だからたくさんの練習ができる。

バウアーの腕の振りは、角速度で測ると標準的なプロ投手より「少なくとも1、もしかしたら2シグマ区間」遅い、とボディは言う。「彼はメジャーリーグで最も効率的に153キロから156キロの球速を出している。腕にかかるストレスは最小で、最高の速度を得ているんだ」

バウアーは、正しい方法で十分な量の練習をすれば誰でも一流になれるという、1万時間の法則を体現しているように見えるだろう。だがボディはその考えを否定する。「自分が情熱を持てることでないかぎり、スキルの習得に関するどんな戦略も無意味だ」と彼は言う。「1万時間の実践、真剣な練習をしさえすればいいということ自体はまったく正しいと思う。でもバウアーにははじめから、ある明確な特徴があった。それは、信じられないほどの競争心だ。もしほかの誰かがテレビに出て、サイ・ヤング賞を獲るのが目標で、それ以外はすべて失敗とみなすと言ったら、メディア向けの発言だと思うだろう。だがバウアーが言ったとしたら、それは本気なんだ。それは馬鹿なことだ。とてもなしえないような目標だ。だがそのために、彼はこれまで多くのことをなしとげてきた。ドラフト1巡目で指名され、ゴールデンスパイク賞を受賞した。それだってやっぱりなしえないような目標だった」。非現実な目標――だが、バウアーはそう思っていなかった。

バウアーの例は、集中した、意図的な練習をすれば、誰もが上達できるということの証明だ。だが投球数の観点からは、すべての投手がバウアーになれる、あるいはなろうとすべきだとは言えない。

「トレバーが〝酷使なんて存在しない〟という見解の広告塔のようになっていることは、本人もわたしも恐ろしいことだと思う」とボディは言う。「子どものころ、父親が家を空けていたからフェンスに向かってボールを投げていた。ウェイテッドボールを若いころから使いはじめた。トレバーはそれが誰にとっても正しいやりかたではないと知っている。トレバー・バウアーの物語は、お祭りの野球ゲームで時速90キロも投げられないオタクなら誰でも読むべきものだ。けれども、ザック・グレインキーみたいな、恵まれた腕を持った12歳のオタク向きじゃない。そういう子は近づいちゃいけない……トレバーの最大の弱点は、あとから強さを身につけたということだ。それほど運動能力に恵まれていなかったが、どれだけ練習してもほとんど故障しないんだ。それは恵みであり、呪いでもある」

ボディはまた、バウアーが一風変わった天才的知能の持ち主だという見解も、的はずれだと言い足した。

「分析ということに関しては、彼はそれほど優秀ではない」とボディは言う。「わたしは、知能とは何かをすぐに習得できることだと理解している。彼はまるで駄目だね。だが力業で解決できることについては本当にすごい……メジャーリーガー並の能力がないにもかかわらずそこに到達できたのは、思いこみの力だ。それが広まればいいとも思うが、それはそんなに一般的な物語じゃない。それが子どもたちに伝えるのは、〝きみたちはなんでもできる〟というメッセージじゃない」。それが伝えるのは、とボディは言う、高い目標を達成するのに求められるのは熱狂的な強迫観念だということだ。「わたしには、それこそ真のスキル習得だと思う。彼はそういう自分の性質を生かしたんだ」

いくらか似たところがあり、バウアーが憧れているイーロン・マスクと同じように、彼は仕事に取り憑かれ、ときどき無茶な、到達不可能と思える願望を口にすることがある。マスクは火星へ行くことや、ハイパーループという高速鉄道を作ることを願っている。バウアーは3度サイ・ヤング賞を獲りたいと願っている。「3度サイ・ヤング賞を獲った選手は10人いる」と彼は言い、名前と数字をつぎつぎに挙げていった。「そのうち7人が殿堂入り、ふたりは現役だ（クレイトン・カーショーとマックス・シャーザー）。ひとりは（薬物問題で汚点がついた）ロジャー・クレメンス……もしぼくが

3回サイ・ヤング賞を獲ろうとしたら、いまは27歳だけど、33歳になるとチャンスが少なくなってくる。能力は落ちてくるだろう。

正直に言って、何が自分をこんなに駆りたてるのか、わからないんだ。もう10年か15年も、なぜ一流選手になりたいのか考えている。個人的な達成のためか。みんなの顔に向かって中指を立てるためか。自分は正しいと言いたいからか。ほんとのところはわからない。でも結局、最高の選手になりたいというところに戻ってくる。それに尽きるよ」

時計の針は動いている。その目標を達成するためには、時間は無駄にできない。2月初めにシアトルを発ち、アリゾナ州グッドイヤーにあるインディアンスのスプリングトレーニング施設に向かったとき、新しいスライダーの基礎はできあがっていた。完成はまだだが、近いところまで来ていると感じていた。スプリングトレーニングの開始にあたり、彼は記者に自分の能力はこれまでで最高に近づいていると語った。だがそれは、まだ言葉でしかない。大事なのはそれを投球で証明することだ。

7 パイプ役

写真は撮るものではない。創るものだ。

――アンセル・アダムス

「球種はふたつだけだぞ」２０１８年のワールドシリーズ第4戦、レッドソックスのベンチで、興奮した様子のクリス・セールがドジャースの先発投手リッチ・ヒルに野次を飛ばした。第3戦では同日の午前に入ってから延長18回の末に敗れていたレッドソックスは、この試合の6回裏に4点をリードされ、あと3イニングでシリーズ通算タイに追いつかれようとしていた。

ボストンはその後、2本のホームランで同点に追いついて9回に勝ち越し、翌日のシリーズ制覇に王手をかけた。「クリス・セールの叫びがレッドソックスを駆りたて、タイトル獲得に迫る」――それがＡＰ通信の見出しだった。だが得点を挙げたのはリリーフ陣からであり、2球種しかないその投手からではなかった。

セールが叫んだ内容は正しかった。38歳のヒルは第4戦で92球を投げ、そのうち53球がフォーシーム、39球がカーブだった。3つめの球種は必要なかった。ヒルは6回1／3をヒット1本、3与四球に抑え、7三振を奪って4対0とリードしてマウンドを降りた。

奇《く》しくも、ヒルが投球技術を身につけるのに大きな役割を果たした人物がレッドソックスのユニフォームを着ていた。ブライアン・バニスターだ。

ボストン・レッドソックスの投手育成担当副社長兼アシスタント投手コーチのバニスターは、MLBの規定でコーチは7人しかベンチ入りできないため、クラブハウスで試合展開を見守っていた。「野球を愛するひとりとして、嬉しさとつらさを同時に味わっているよ」とバニスターは、近くでちょうどセールがいくぶん露骨な感情表現をしていたころ、われわれにメールをくれた。「人類に幸あれ、そして敵味方のユニフォームの違いなどなくなってほしいよ」

レッドソックスは２０１１年に引退した元メジャーリーガーのバニスターを、２０１５年１月にスカウト兼アナリストとして雇った。彼とヒルの道が交差したのはその年の8月だった。当時35歳だったヒルはワシントン・ナショナルズ傘下のトリプルAのチームでシーズン開幕を迎えたが、6月に放出された。メジャー球団に16カ月で解雇されるのはそれが3度目のことだった。２０１０年から２０１２年まで所属し、おもにトリプルAと（ときどき）メジャーで投げたレッドソックスから、前年3月に放出されていた。そこで、雇い手のいない流浪の選手がたどりつく最後の手段、独立リーグを目指した。7月にアトランティックリーグのロングアイランド・ダックスに加入し、先発で2度印象的な投球を見せると、8月14日にレッドソックスと通算3度目の契約を交わし、トリプルAのポータケットに送られた。

同じ日に、レッドソックスのジョン・ファレル監督がリンパ腫の治療のため欠場することが発表され、コーチの配属が変わった。トリプルAでは、投手コーチのボブ・キッパーがメジャーに昇格し、下のチームからその代役が配属された。投手コーチ不在になったその短い期間に、バニスターがポータケットに送りこまれた。彼はレッドソックスのスカウトとしての初シーズンを、投手陣改善の方策を提案する文書を書きながら過ごしつつ、できるだけ現場に関わっていたいと思っていた。このとき、直接関わり、状況を変えるチャンスがめぐってきた。頭にはひとりの男のことが浮かんでいた。

マサチューセッツ州ミルトン出身のヒルは、すでに8月15日にポータケットで初先発をしていた。フィリーズ傘下のチームを6回1／3で無失点に抑えていたが、3四球を出しわずか2奪三振と圧倒的な内容ではなかった。ヒルより1歳若いバニスターは連日1時間半ほどヒルと面談し、復活への道筋を提示していた。「ずっと誰かに試して欲しいと思っていたアイデアのひとつを取りだしてきて、彼に渡したんだ」とバニスターは言う。トラックマンのデータから、バニスターはヒルが130キロ台後半から140キロ台の速球と見分けにくいカーブを持っていることに気づいていた。「データを見たとき、ボールに回転をかける能力に驚いた」とバニスターは言う。使いかたに変化をつければ、もっとカーブの割合を増やすことができるだろう。

何週間かまえにはマイナーリーグを解雇されたヒルが、いまや球団スタッフから、自分のカーブのリリースがクレイトン・カーショーやマックス・シャーザー、セールとよく似ていると説明を受けていた。8年で5チームを渡り歩き、肩の手術を1度、そして唯一メジャーで100イニング以上投げた年は肘の手術で離脱していたヒルは、その話に熱心に耳を傾けた。「投球の創造的な部分に目を開かせてくれたんだ」とヒルは言う。「創造的なカーブの使いかたに。軌道を変えるなんて聞いたのははじめてだった」

バニスターは投球のスピード、回転、コースを変化させることで、高めに投げると速球と見分けがつかなくなるという説明をした。ヒルはそれを聞いて、「これまで言われてきたよりもカーブを多く投げられるってことだな」と思った。ツーシームを球種からはずし、新しい投球のプランを立てた。それ以降、トリプルAでの4度の先発で27奪三振、6与四球の成績を収めた。

9月8日、レッドソックスはロースター枠拡大に伴い最後の追加登録をした。ヒルはそのなかに入っていた。5日後には2009年7月以来のメジャーリーグでの先発を果たした。結果は上々だった。レイズ相手に7回を1安打無失点、10奪三振に抑えた。そのつぎはブルージェイズから10三振を奪い、そのつぎはオリオールズから10奪三振、2安打完封。その年、先発をして3試合連続で2桁三振を奪った投手はほかに6人だけで、しかもヒルは6年ぶりの達成だった。その後ヤンキースを6回2失点に抑え、6三振を奪ってシーズンが終わった。

ヒルは投球の39パーセントをカーブ（これはそのシーズン20イニング以上投げた投手のなかで2番目に多い割合だった）にして、アメリカンリーグ東地区の全チームを相手に、防御率1・55、K%（奪三振数÷打席数）は34パーセントだった。ヒルの再昇格からシーズン終了までに10イニング以上投げた90人の投手のうち、奪三振数が彼より多いのはわずか4人、被打率・144もWHIP（投球回あたり与四球・被安打数合計）0・66も、それを上回ったのはナショナルリーグのサイ・ヤング賞投手ジェイク・アリエータのみだった。「人生で見たことがないほどすばらしい4試合だったよ」とバニスターは翌年われわれに語った。

それまでのヒルがメジャー契約で手にした額は合計で390万ドルだった。だがバニスターと出会って3カ月にもならないうちにアスレチックスと単年600万ドルの契約を結び、たったひとつの契約でその額を上回った。あっという間に、古いテレビドラマにちなんで〝600万ドルの男〟という呼び名が生まれた。

2016年には、アスレチックスからシーズン中にトレードされたドジャースで、防御率2・12を記録した。その年、投球のうち47パーセントがカーブで、100イニング以上投げた投手のなかで1位だった。高い年齢にもかかわらず、その年彼はドジャースと3年、4800万ドルの契約を勝ちとった。たび重なるマメの問題の影響で投球回数は多くはなかったが、２０１５年から２０１８年の４シーズンで４００回以上投げた投手のうち、Ｋ％は29・３パーセントでメジャーリーグ５位、防御率２・９８は６位で、アリエータと、サイ・ヤング賞を２度受賞したコーリー・クルーバーのあいだに位置した。

バニスターは、ヒルと協力しあうまえから適切な介入をすることでキャリアの危機を救うことができると考えていた。「わずかな変更をしたり、正しい精神面や肉体面のアプローチ、正しい配球、新しい球種の獲得を助言するだけで、選手の成績の推移に変化をもたらし、限界を変えられるということに、わたしはずっと魅力を感じていた」と、バニスターは２０１６年に語っている。だが２０１５年以前は、選手とのそうした会話は空想のなかにしかなかった。ヒルのキャリアが上向いたことは、この発想の正しさの証明であり、また彼を強く駆りたてるものとなった。「彼はわたしがそれまでに見たことがないようなことをした。それがわたしを興奮させたんだ」とバニスターは言った。「それにその経験は、まるで電球がぱっとついたように、これはうまくいくぞと思わせてくれたんだ」

ヒルがきっかけをつかむと、野球界では多くの人々が同じことに気づき、流れは変わった。「いまではあれ以来、変化球を多用する投手がたくさん出てきた」とヒルは言う。「昔は、速球を投げないと軟弱だと言われていた。それがいまでは、打者を打ち取ることが仕事なんだ。そのやり方はどうでもいい、というふうに変わった」

選手たちは毎年それをさらに押し進めている。２０１７年には、アストロズのランス・マッカラーズ・ジュニアがカーブの割合でヒルの記録をわずかに上回った。２００８年から２０１７年まで、１００回以上投球した投手でスライダーの割合が40パーセントを超えたのは５人だったが、２０１８年には１シーズンで６人の投手がそれを達成した。そのうちのひとり、ダイヤモンドバックスの先発投手パトリック・コービンは、数年間スライダーの割合が25パーセントほどで好成績を収めていたが、チームからの勧めでスライダーの割合を高めた。彼は29歳で過去最高の成績を収め、12月にワシントン・ナショナルズと6年1億4000万ドルの契約を結んだ。「考えかたは長いあいだに変わってきている」と、バニスターやヒルと同じころ現役投手だった、ダイヤモンドバックスの投球ストラテジスト、ダン・ヘイレンは言う。「大切なのは、1試合で何度最高の投球ができるかということなんだ」

この変化球多投の流行は、リーグ全体の数値にも反映されている。2010年には、投手はスライダーの1・75倍のシンカーを投げていた。だが2018年には、記録が始まって以来はじめてスライダーの割合がシンカーを上回った。「わたしにとってはごく単純なことなんだ」とバニスターは言う。「曲がる軌道で来るもののほうが、まっすぐな軌道で来るものよりも打ちにくい。ただそれだけさ」

2018年、打者はスライダーに対し36パーセントの割合で空振りし、シンカーに対するスイングの空振りの割合（Whiff%）は14パーセントだった。バットに当たったとき、対スライダーのwOBAは・263、対シンカーのwOBAは・351だった。この差はカウントによって大きく変化することはなかった。「どのチームも、そのときにうまくいっている方向へプレーを変えていく」とバニスターは言う。「いま、シンカー主体の投手は苦しんでいる」。統計からしてもそれは明らかなのだが、投手たちを反変化球のバイアスから解放したのはバニスターとヒルが手を結んだことだった。

ヒルは自分の復活にどれほど多くの偶然が必要だったかを考え、目がくらむ思いがした。まずバニスターを雇ったばかりのチームと契約する必要があった。それからファレルの病気により、バニスターがポータケットを訪れなくてはならなかった。さらに9月にメジャーに呼ばれなくてはならなかったが、それはレッドソックスの投手スティーブン・ライトが8月にバッティング練習中のバックネットの裏でスプリント走をしていて打球を頭に受け、脳震盪《しんとう》を起こしたからだった。それに当然だが、ヒルのカーブの回転を追跡するテクノロジーが開発されていたからこそ、バニスターは彼の隠されたポテンシャルに気づき、チームも4度の先発での成功が、サンプルが少ないためのまぐれではないと自信を持って判断することができた。「２０１３年の段階ではそんな数値はなかったし、誰もそれに注目しなかっただろう」とヒルは言う。「選手にチャンスが与えられたんだ。スカウトが狭量だったころと比べて。……そのころは『レーダーガンにはどう出ている？』と一応聞かれるだけだった」

また、第2球種の増加にはほかにも強い理由がある。変化球のほうが投手の腕にストレスをかけると長いあいだ信じられてきたが、実は速球のほうがダメージが大きいことが近年の研究でわかったのだ。「多くの投手が第2球種の割合を増やしても故障は増加していない──いやむしろ下がっている──ことがわかり、さまざまな可能性が広がった。それまではみんな恐がっていたんだ」とバニスターは言う。変化球に対する根も葉もない偏見のせいで、「数多くの投手がより高度な投球をすることを妨げられてきた」。球団がヒルのような軟投派を発掘するツールを持ち、彼らのためにそのツールを使うようになる以前に、どれほど多くの投手が道半ばで倒れたことだろう。ツールがなければ、「投手の潜在能力はわかりようがない」とヒルは言う。

テクノロジーと、それを正しく読みとることのできる人物がちょうどいいタイミングで現れたことで、ヒルは大きな注目を浴びた。バニスターのようにアスリートでありつつ統計データを分析できる人々はますます増えている。彼らの使命は35歳になるまで自分の才能をもてあます選手、あるいはついに才能を開花させられずに終わる選手を出さないことだ。

元投資アナリストで打撃フォーム研究者のD・K・ウィラードソンは、２０１８年の著書『バッティングの量的研究（*Quantitative Hitting*）』で、野球界に統計データが導入されて以来、選手育成の進化を阻害してきた知的な分断があることを指摘した。「データだけを見ているアナリスト側は現場の技術には触れず、一方で〝伝統的〟なコーチや選手育成担当の側はデータには関わってこなかった」と彼は書いている。「その結果、両極端の陣営のあいだに、肥沃な未開の地が残された[1]」

その地を最初に開拓した球団は大きな利益が得られるはずだ。「問題は」と、ウィラードソンはつづける。「そこにはきれいな道もなく、その結果データ解析と現場の両方の経験を持ちあわせた能力の持ち主もあまりいない。だがこのふたつの陣営が知恵を出しあわないかぎり、最善の結果は得られないだろう」。正しい答えは見えていた。だがそれを実行する者がいなかった。

ファームとは本質的に、選手の学校のようなものだ。テクノロジーと統計が盛んになれば、メジャーリーグさえもが継続教育コースのように見えてくる。数十年にわたり、野球界ではトップダウンでデータ主導の教育改革が行われてきた。そこから球団が学べる教訓があるとすれば、それはコミュニケーションと文化的な意識こそが見過ごされてきた要因だということだろう。

イェール大学教授で共同体の心理学の生みの親である故シーモア・サラソンは、学校改革に関する重要な研究のひとつ、１９７１年の著書『学校文化と変化の問題（*The Culture of the School and the Problem of Change*）』で、期せずして選手育成の阻害の問題に触れていた。難問は、「学校の外部から来た変革者は、その変革を行う場となる学校の文化を無視してしまう、あるいは変革者がその文化に属しているなら、彼ら自身がそれに取りこまれてしまうことがあまりに多い」ということだ、とサラソンは述べる。外部者が変革しようとする場合、彼らは「あまりにしばしば、学校組織の社会組織としての複雑さと、それが達成すべき目標に悪影響を及ぼすことを無視するという傾向」を示す。一方、内部グループのメンバーの多くは「変わろうとしなかったり、変化に強く反発する」。無視しあうことで、彼らは対立する。野球においては、こうした対立が後ろ向きな野球人と1度も野球をやったことがない傲慢なオタクたちという、的はずれとは言いきれないステレオタイプへの両極化を生んでいる。両陣営の唯一の共通点は、どちらも自分たちこそが正しい答えを知っていると考え、相手側からの干渉に憤慨しているということだ[2]。

統計データを採る対象となるのは選手たちなのだが、ごく最近までその多くは、１９３０年代のエースで殿堂入り投手のディジー・ディーンとあまり変わらなかった。「わたしは統計が嫌いだ。知るべきことはちゃんと頭に入っている」と彼は言う。アスリートではないアナリストには、有益な数多くの知恵がある。だが選手にそれを教えるのを焦るあまり、代々受け継がれてきた知恵を強く押しのけようとしてしまうことがある。

１９１４年に書かれた野球の手引き書『野球論（*How to Play Baseball*）』で、ジョン・マグローは捕手がボールをプレートにわずかに寄せることで、ぎりぎりのストライク判定を変えるために「ボールをずらす」ことについて書いている。ところがその90年後、セイバーメトリクスの信奉者はフレーミングが存在したことを否定し、捕球位置に関して攻めではなく守りを選ぶ監督を非難した。あらゆるフィールディングの動作の重要性や全力プレー、クラブハウスでの関係が生みだす相互作用の利点、調子には波があること――これらすべてはデータアナリストに疑いの眼差しを注がれるまえは、野球の知恵のおもな部分だった。だがそれらはすべて、のちの研究により――改善されたデータに基づき、またはその時点で手に入ったデータは、すべての問題を解決するには不正確だったとしぶしぶ認められたことで――以前の考えは少なくともある程度は間違っていなかったことがわかった。データアナリストはかつて、小柄な内野手デビッド・エクスタインの〝精神力〟や〝やり抜く力《グリット》〟を称賛する人々をあざけったことがあるが、エクスタインは身長１６８センチのドラフト19巡目での指名選手で、10

年間プロで生き抜いた。同じ年にプロ入りした1224人の選手のうち、それ以上に活躍した選手は13人しかいない。エクスタインの優秀さは、いまでは小学1年生でも練習の秘訣だと知っているグリットにあったのだろう。

すでに完成された選手のパフォーマンスが劇的に変化することを考慮に入れよう。データアナリストはかつて、完成された選手の成績が急上昇すると、それはサンプルが少ないがゆえのまぐれであり、セイバーメトリクスの研究者ボロス・マクラッケンが2000年に提唱した、「誰でも60打席ならばどんなすごい成績を残すこともできる」というボロスの法則の例だとみなしていた。[3] 2014年の9月、アストロズがJ・D・マルティネスを過小評価して放出した数カ月後、〈ベースボール・プロスペクタス〉の共同設立者ジョー・シーハンはツイートした。「技術論はさておき、J・D・マルティネスは以前と同じ選手だ。多少はパワーが増してはいるが。5番を打つ力量はない」

その4年後、シーハンはニュースレターで自らの過ちを認めた。「それほどまえではないが、わたしはこの打者がスタンスやスイング、グリップを変えたのを切り捨ててしまった。だがいまは、意見に自信がなくなってきた」。シーハンは投球やスイングを刷新することで変化が生まれる可能性を認めた。「わたしは長く、統計データを使って選手を評価することを主張してきた。だがこの新しい種類の情報によって、自分のこれまでの発言の多くが議論の余地があるものになっている」

シーハンが考えを変えたことからもわかるように、グラウンド上で発揮される目に見えない力の複雑な交差と比較すると、ビッグデータが単純に思えてくる。データアナリストもまた、異なる見解に耳を傾ける必要がある。より多くの情報やより正確なデータが手に入っても、通常それだけでは人の見解は変わらない。人は自説に固執するあまり、反論を受けるとさらに頑なになり、逆効果になってしまうのだ。だがマサチューセッツ工科大学で誤情報の拡散について研究している政治学者アダム・

ベリンスキーは、先入観を持ち、何かを強く信奉している被験者が、あるタイプの情報をとりわけ信頼することを発見した。それは、意外な情報源からもたらされたものだ。

選手たちにとって意外な情報源とは、ユニフォームを着たデータアナリストだ。彼らはコミュニティに入りこんだ理想的な仲介者で、「学校のなかである種の役割を果たし、ある意味で学校の一部となっていることが必要とされる」というサラソンの条件を満たしている。フロントオフィスに頻繁に出入りし、ベンチの知恵にも精通している、野球界では数少ないこうした人材は、「幹部の理論派の言葉をグラウンドで実践する人々へとメッセージを伝える完璧なパイプ役」だ、と2017年にサンディエゴ・パドレスのアンディ・グリーン監督は語っている。「そのメッセージは両方の言葉を話す人物によって翻訳されないと、たいていは聞きいれられることはない。フロントからの指示は完璧な計画かもしれないが、そうしたパイプ役を通じて伝えられないと、第一に理解されず、第二にまったく実行されることがないどころか、完全にはねつけられてしまう」(4)

ヒルがそれまでの自分のピッチングが間違っていたと聞いたとき、重要なのは自分と同じようにユニフォームを着ていた人物によってそれが伝えられたことだった。ヒルとの契約は、レッドソックスにとっては改善への序曲でしかなかった。「新しい考えに基づくフロントオフィスを作るうえでフリーエージェントなどの契約の効果はとても小さかった」と、マイク・ファストは言う。「大きいのはパイプ役となるスタッフなんだ。そして、その仕事を支えるテクノロジーだ」

〝ラストマイル〟とは、たとえばブロードバンド・インターネットといったネットワークサービスを構築するうえで、最終利用者までつなげることの難しさを表現するために技術者が用いる言葉だ。東西両海岸をネットワークでつなげるのは比較的簡単だ。だが最後の、家庭やオフィスまでの接続でボトルネックが生じる。野球界のラストマイルは、フロントオフィスとベンチの分断にあり、そのせいで使うべき人々まで統計データが伝わらなくなっている。バニスターは2015年にその分断を橋渡ししたパイプ役になったが、彼はずっと以前から、野球界に必要とされるはるか以前から、その準備をしていた。

バニスターは投手一家に生まれた。父のフロイドは1976年のドラフトで全体1位で指名され、メジャーリーグで15年プレーした。フロイドの義弟は前年のドラフト2巡目で指名され、最高がトリプルAだった。ブライアンは3人兄弟の長男で、兄弟のうちひとりはスタンフォード大学で投げ、もうひとりはやはりブライアンと同じように南カリフォルニア大学からドラフト指名されたが、ルーキーリーグ止まりだった。彼らはフロイドがアリゾナ州立大学に通っていたころ移り住んだ同州スコッツデールで育った。

フロイドのキャリアはブライアンが11歳のときに終わった。彼はそれぞれ異なる方法で成功した、たくさんのレジェンドとともに投球した。完璧な投球フォームと針の穴を通すコントロールを持つトム・シーバー。型にはまらないトレーニングのルーティンと変化の大きなスライダーで名を知られたスティーブ・カールトン。スピットボールに手を染めていたゲイロード・ペリー。純粋な力の具現者、ノーラン・ライアン。ブライアンはたくさんの質問をして、野球の知識を蓄えていった。ボールはなぜ変化するのか、投手ごとになぜ投球が異なるのかといったことを知ろうとした。

フロイドのキャリアは長かったが、パークファクター（球場による失点しやすさ）によって補正された防御率は平均レベルで、全体1位の投手としては物足りなく思える。おそらく、有望選手がどれだけの成績を挙げるかを予測するのは思った以上に難しいのだろう。フロイドの通算WARは26・6で、1965年から2003年の全体1位選手の平均22・3を上回っている。だが彼は速球派とみなされていて、ほとんどの投手コーチから「序盤は速球中心で組み立てろ」と促されていた。いまでは彼は、平均以上だった変化球をもっと使うべきだったと考えている。「わたしはもっとカーブを投げるべきだった。そうすればもっとはるかに成功できただろう」と彼は言う。

子どものころから自動車をいじっていたフロイドは、考えて何かを設計したり、自分の手でそれを作るのが好きだった。ブライアンはそうした父のメカニック的な考えかたを受け継いでいた。「息子は物を作るのが好きだった」とフロイドは言う。「遊び部屋でレゴやリンカーンログ、コンストラックスといった玩具で何時間も遊んでいた。すべてのピースを使いきることが目標だったようだ。すごいものを作っていたよ。何時間もすわりこんでいた」。玩具を卒業したあとは、シムシティで遊びはじめた。

ブライアンが10歳くらいのころ、フロイドは新しいソフトウェアを買った。フォトショップだ。ブライアンは夢中になった。彼は見たものを忠実に描くことができ、計算が得意だった。大学進学のための標準テスト、SATの数学では1問しか間違えなかった。だが結局は写真に惹かれた。それはピッチングと同じように芸術と科学への嗜好を満たしてくれた。

南カリフォルニア大学を卒業する前年の2002年に、ブライアンは父が投資のために購入していた建物で一緒に写真スタジオをやろうと父に提案した。フロイドは手間をかけ、そのスペースを840平方メートルの写真専門の施設〈ロフト19〉に改造した。ブライアンはいないが、彼はいまもその施設をひとりで運営し、機材を貸しだしたり写真や動画を撮影したりしている。「わたしたちがスタジオを作ったとき、ブライアンはコンピュータの前にすわって、好きな写真家の作品ばかり観ていたよ。インターネットに接続して、写真家たちのライティングを確認していた」とフロイドは言う。

「投手育成《デベロップメント》に関しては、すべて写真家のアンセル・アダムスから学んだんだ」。そう語るブライアンの顔に冗談の色はほとんど見えない。彼は自分のやりかたをアダムスの〝ゾーンシステム〟になぞらえる。それは露出を最適化し、正しく現像《デベロップメント》するための技法で、アダムスが2番目の著書『ネガ（*The Negative*）』（1948年）で説明しているものだ。「ゾーンシステムが目指すのは、ネガフィルムに含まれる化学物質の物理的限界を理解し、その限界を知りつつ、いちばんいいところを引きだし、なだめすかしてよりよい写真を創ることだ」とバニスターは言う。彼によればアダムスは、たとえばヨセミテ国立公園の景観の理想的な写真をよく制作していたという。フィルムとカメラの特性や光の物理的性質を知れば、写真家は使っている道具を考慮して、ある瞬間の最適な設定を計算することができる。

「野球選手の指導も同じだと思ってるんだ」とバニスターは言う。「その半分は芸術で、経験と創造性がものを言う。あと半分は純粋な科学で、自分が扱っているデータを深く知り、選手が最大の利益を得られるようにそれを用いる」。投手と向きあうとき、彼はその投手が本人の理想のフォームで理想の球種を投げているところを想像する。身体や野球という競技の物理的限界を理解し、腕や手首の角度、握りなどを調整して対処し、目標を達成しようとする。アダムスがヨセミテの最高の写真を撮ろうとしたことは、「完璧な、あるいは少なくともできるだけ完璧に近い野球選手を作ろうとするのと変わらない」

バニスター自身は完璧とは言えない投手だった。顔は父親似で、身長188センチ、体重92キロと身体は少し大きい。だが剛速球投手で奪三振率が2度リーグ首位になった左投げのフロイドとはちがい、右投げのブライアンのフォーシームの平均球速は145キロに達しなかった。2003年のドラフトでメッツに7巡目で指名され、メジャーに昇格するまでのマイナーリーグでの登板は、フロイドの7試合に対して74試合もかかっている。ブライアンは最有望選手ではなく、2006年、25歳のときメッツでルーキーとして36試合に登板したあと、ロイヤルズにトレードされた。

２００７年には、メッツをあざ笑うかのように27先発で防御率３・８７の成績を挙げ、アメリカンリーグ新人王投票で3位になった。これは１９７７年のフロイドよりも順位がひとつ高い。統計データに通じていたバニスターはそのまま好成績がつづくと思っていた。彼はメッツ時代に投手コーチのリック・ピーターソンからセイバーメトリクスについて聞き、かつてリンカーンログやフォトショップ、アンセル・アダムスに熱中したのと同じひたむきさで統計データにのめり込んだ。

バニスター以前にも、統計データを扱う人々がメジャーリーグの投手に影響を与えたことがあった。その後〝フェリックス事件〟と呼ばれる出来事だ。２００７年6月、のちに〈ファングラフス〉の編集長やパドレスのアナリストになるデーブ・キャメロン――このときはヘインズの正社員としてコスト分析をしつつ、マリナーズのウェブサイト〈U・S・S・マリナー〉にブログを投稿していた――が「ラファエル・チャベスへの公開状」を投稿した。チャベスはマリナーズの投手コーチだった。キャメロンはずば抜けた才能を持っているが気分屋のエース候補、フェリックス・ヘルナンデスが序盤に速球に頼りすぎていることに気づき、チャベスに変化球を混ぜるように説得してほしいと懇願した。その直後、スタンドのファンがチャベスにその投稿のプリントを渡した。チャベスは、すでに投球の幅を広げるようにヘルナンデスに言っていると主張し、その投稿を本人に読ませて、彼のパターンはよく知っていることを証明した。「チャベスから報告書をもらった」と、ヘルナンデスは7月初め、先発で2回連続で好投したあと言った。「インターネットで、初回に速球を投げすぎて失点していると書かれていた。初回にすべての球種を使うようにしたんだ」

フェリックス事件は画期的な出来事だったが、まだブロガーは記者席に入れず、ましてや意思決定に参加することなどありえなかった時代で、引きつづき何かが起こることはなかった。ヘルナンデスはこれからもっとインターネットに目を通すかと質問され、笑ってノーと答えた。バニスターにはヘルナンデスほどの才能はなかったが、ブログ界は自分たちの擁護者をえり好みすることはなかった。彼はメジャーリーガーとしてはじめて、セイバーメトリクスやPITCHf/xのデータを信奉していることを明かした。そのころからすでにパイプ役らしい発想でこう語っている。「外部者が興味深いことを知っているという事実が明らかになりつつある。その橋渡しができるなら、喜んでするよ」

バニスターが統計データを利用する先駆者だったのは、二重に皮肉なことだった。まず、バニスターの所属チームはスカウト重視のゼナラルマネージャー、デイトン・ムーアが率いる頑ななまでに保守的なチームだった。つぎに、バニスター自身は統計データという観点から見ると、伝統的な観点から見るよりはるかに劣るピッチャーだった。奪三振、与四球、被本塁打は、その投手の実力を表す〝3つの真の成績〟だ。好投手はこれらをコントロールすることで、守備や運に依存することなく、よい結果を出す。バニスターはそうではなかった。2007年に150イニング以上投げた94人の投手のうち、奪三振率は下から8番目だった。BABIP（三振とホームラン以外の打率を表し、.300を大きく下回っている場合、その投手は運がよかったとみなされる）は下位3分の1に入る.261で、アメリカンリーグ平均より.040以上低かった。そこから、翌年以降その数値は上がり、防御率もそれにともなって悪化すると予測できた。

その悪化の先手を打って、2008年にはより多くの三振を狙い、実際にわずかに奪三振率を高めることができた。だが予測どおりBABIPは.308に増加し、フライを打たれる確率の高さも災いして、被本塁打も増加した。バニスターのパフォーマンスは前年とさほど変わらなかったにもかかわらず、防御率は5.76に悪化した。

バニスターは、球団幹部がまだマネー・ボールを拒絶していたころに、すでにマネー・ボール後の思考法を取りいれていた。「たいていは、統計データを予測のために使う」と、彼は〈シアトル・タイムズ〉に語った。「わたしはそれを、将来の予測を変えるために使っている。自分の弱点を発見したい。そしてどのデータがそれに役立つかを知り、投球スタイルを変えたいんだ[5]」

バニスターの弱点は空振りを取れないことだった。それを修正しようとしては失敗し、身動きが取れなくなっていった。バットに当たることを許容するならと、より弱い当たりに抑え、ゴロを増やし被本塁打を減らそうとした。PITCHf/x のデータによればフォーシームによって成績が悪化していたため、２００９年にはフォーシームを減らし、スライダーと、ゴロを打たせるシンカーに似たカット・ファストボールを増やした。２００８年と比べて、カッターの割合を3割増やし、およそ5割にした。またジェームズ・シールズの握りを真似て落差を大きくした高速チェンジアップを開発した。

バニスターの自力での立て直しは著しい効果を上げた。２００９年シーズン開幕をトリプルAで迎えたが、見違えたようになってメジャーに復帰した。打球のゴロ率は12パーセント上がり、２００２年から２０１８年のあいだで、2年連続１５０イニング以上投球したすべての投手のなかで、単年での上昇幅としてはサイ・ヤング賞を獲った２００４年のヨハン・サンタナに次ぐものだった。バニスターはゴロを打たせることで、サイ・ヤング賞候補にはなれないまでも、ふたたびメジャーリーグで戦える投手になった。防御率は４・７３に改善し、ＦＩＰ（奪三振、与四球、被本塁打のみで投手の成績を評価する指標）はキャリア最高の４・１４となった。

もっとよい成績で復活を果たすことも可能だっただろう。最初の20回の先発で、バニスターは防御率３・５９、ＦＩＰは４・００で、ゴロ率も高かった。だがちょうどバニスターが自分なりにいちばんいい方法を見つけたかと思ったときに、新たな不運に見舞われた。8月2日の20回目の先発で、遠征でのタンパベイ・レイズ戦で7回１１２球を投げたとき、腱板が部分的に断裂した。怪我を押してプレーをつづけ、さらに6回先発したが、相手チームの猛打を浴び、31イニングで34点を失ったのち、9月初めを最後にチームの判断でそのシーズンの登板は終了となった。翌シーズンもあまり改善は見られなかった。バニスターの知性を持ってしても、腕が万全でなくてはどうしようもなく、防御率は6・34に落ちた。2011年には日本でのプレーを考えたが、まもなく第2子が生まれようとしており、東日本大震災と津波の影響を考慮して自国にとどまった。バニスターは30歳になったばかりだったが、投手としてのキャリアはそこで終わった。

2011年11月の〈ファングラフス〉でのインタビューで、カンザスシティでのバニスターの投手コーチ、ボブ・マクルアは、彼が保守派の野球人にとって大きな過ちを犯していたと語った。考えすぎだ。「バニーはちょっと極端に走って、自分にできる以上のことをやろうとしてしまったんだ」とマクルアは言った。「ボールの回転とかいったことにのめり込んでいたが、そんなに複雑に考えなくてもいいんだよ」。フロイドと同年代の投手だったマクルアは、データの利用法にいくらかの不安を抱いていた生涯の野球人だった。インタビューのべつの箇所では、ヒルの出世を妨げた昔ながらの言葉をやはり語っている。「序盤は速球中心で組み立てろ。できれば、できるだけ多くの打者に」。マクルアは翌年ヒルも在籍していたボストンの投手コーチに就任するが、投手陣がパークファクター補正のFIPで過去最低の数値を出し、8月に解任された。

バニスターは怪我によって落ちてしまったものの、自分の乏しい能力を最大限生かしていたと考えていたため、その批判に気落ちした。「ちょっとフェアじゃないと思ったよ」と彼は言う。2008年から2010年までバニスターの監督だったトレイ・ヒルマンは、マクルア同様に「当時は、彼が少し分析的なアプローチに頼りすぎていると考えていた」と言う。だがヒルマンはその後、分析的な手法を取りいれたドジャース、ヤンキース、アストロズなどのチームでコーチを務め、バニスターが「はるかに時代を先取りしていた」のだと気づいた。マクルアもそれ以降選手が新しいツールを使うことを容認するようになり、バニスターともいまでは親しいが、当時は「データ利用は新しいもので、彼はあまりに長く野球に携わってきたから、短絡的にその情報がわたしのパフォーマンスの足かせになっていると感じたんだろう」とバニスターは言う。そうした〝抵抗〟に遭ったことも手伝って、しばらく野球から離れることにした。野球界の変化の機はまだ熟していなかった。

それを押し進める役割を果たすには、バニスターには学ぶべきことがあった。ロイヤルズにいたころ、彼には投球を探求する仲間がいた。ザック・グレインキーだ。バニスターのように、グレインキーも投球を科学実験のようにみなしていた。２００７年、バニスターのカンザスでの初シーズンに、グレインキーは最初の７度の先発で防御率５・７１を記録し、中継ぎに降格された。そのとき彼は、よいコントロールを持っているからといって、かわす投球をする必要はないのだと知った、とバニスターは言う。創造的な投球で打者を圧倒すればいいのだと。グレインキーはシーズン終盤に先発ローテーションに戻って７回先発し、防御率は１・８５と殿堂入りクラスのキャリアのなかでも最高の成績を残した。

「以前は、ザックが投げられる最高の打ちづらい組み立てを考えようとした」とバニスターは言う。２００９年によく使ったのは、１００キロそこそこの、グレインキーがぎりぎり投げられる遅いカーブを見せ、同じ軌道で１５０キロ台の速球を右打者の内角高めに投げてファールを取り、最後は外角に落ちるスライダーで仕留めるというものだった。「その年彼はその３つの球種だけでサイ・ヤング賞を獲ったんだ」とバニスターは言う。グレインキーの２００９年のＷＡＲは10・４で、２００２年に４年連続でサイ・ヤング賞を受賞したランディ・ジョンソン以降、15年間で最高の数値だ。自分自身が同じ賞を獲得したとき、グレインキーは〈ニューヨーク・タイムズ〉に「同僚のブライアン・バニスターと同じように、セイバーメトリクスのデータを使って自分でコントロールできる数値をよく見ているんだ」と語った。「それがぼくのピッチングだ。ＦＩＰをできるだけ抑えようとしているよ[6]」

　バニスターとは異なり、グレインキーは5指にあまる球種を投げ分ける巧みな技を持っていた。球速でバニスターを簡単に圧倒するだけでなく、ふたりでどれだけ遅いカーブでストライクを取れるかを競ったときにも勝利を収めた。２００９年には、60マイル（約96キロ）から１００マイル（約161キロ）まで、１マイルごとの球速で投げ分けることができた。彼とバニスターは限界に挑戦し、自分たちの過去のPITCHf/xを調べ、成功の道を探った。「軌道の似た投球をつづけるシークエンスやピッチトンネル、投球の落差を最大化すること、ゾーンのなかでいちばん変化する場所へ投げることにつながっていった」とバニスターは言う。「世界最高の投手のひとりが最前線の情報を取りいれて、その発想を利用するのを見るのは本当に楽しいことだった」

　グレインキーをセイバーメトリクスに導いたことで、バニスターはパイプ役としての自分の役目を自覚していった。「自分の将来は、サイ・ヤング賞を争ったりオールスターに選ばれることにはないと気づいたんだ。自分がやるべきことは、情報を取りいれ、誰よりもそれに精通して、世界最高の選手たちがさらに上達するのを助けることだとね」と彼は言う。「あるいは、能力の限界よりはるかに低い成績しか残せていない選手のどこに効率の悪さがあるのかを知り、なぜ成績が悪いかを理解する助けとなることだ」

　バニスターのこの気づきは、選手育成に必ずつきまとうあることの証明となる。それは、人間は自分が理解していると思っているものについて間違いを犯すということだ。バニスターは現役時代ずっと、圧倒的な球がないにもかかわらず成功した投手——２００６年のチームメイトで、最高球速

137キロほどで40歳でオールスターに出場したトム・グラビンなど――、あるいは圧倒的な球を持っているように見えるのに成績のよくない投手に心を惹かれていた。プレーを見て、話を聞くほどに、「誰も投球の質を決めるのがなんなのかを知らないんだ」と思うようになった。「誰もが間違った投球をしているんじゃないかと思ったよ」と、バニスターは言う。「何十年も、投球について誤ったことを教えられてきたんじゃないか。すべての投球を最適化する方法はあるんだろうか。その最適な方法に、いまわたしたちはどれくらい近づいているんだろう」

それから3年かけ、バニスターはPITCHf/xを公開しているウェブサイト〈ブルックスベースボール〉で1日8時間から10時間調べ、「好投手がしていると思われることを一から再現していった」。もし彼らの特徴を見つけだすことができれば、ちょうどフォトショップで3Dフィギュアを再現したように、ほかの投手でそれを再現することができるだろう。彼が取りあげたパターンのひとつは、投手には間違ったコースに速球を投げる傾向があることだった。2ストライクで、彼らはほぼ外角低めを狙う。投球追跡が行われる以前ならば、審判はゾーンの端をいくらか余裕を持って判定してくれたから意味があった。ところが投球追跡が始まると、審判はゾーンどおりの判定をするようになり、投手は打者が打てないボールでストライクの判定を得ることができなくなった。同時に、浮きあがるように見える高回転の速球は、打者の空振りを誘うこともテクノロジーによってわかってきた。

「それはわたしにとって革命的なことだった。ずっと外角低めに投げるように教えこまれてきたんだから」とバニスターは言う。「あまりに多くの投手が、よい結果を得られないコースに速球を投げつづけている。それは伝統のためか、時代遅れの哲学か、あるいは単にデータでわかることへの知識が足りないためか」

バニスターはトレバー・バウアーとカイル・ボディほどぶしつけではなかった。自分と意見の異なるコーチをツイッターで罵倒したり非難したりすることはなかった。「わたしの目標はつねに、チームでいちばん優秀なコーチになることだった」と彼は言う。だが研究をつづけても、同じ結論に達するばかりだった。野球は、PITCHf/xによってより多くが明らかになった時代には、持ちこたえられない信念に縛られている。右投手はできるだけプレートの三塁側から投げて幻惑しなくてはならない。投手は身体のバランスを保ったまま投球しなくてはならない。チェンジアップは速球よりも少なくとも16キロ遅くなくてはならない。投球は下向きに投げ下ろさなくてはならない。「わたしは、入ってきたばかりの若手投手に繰りかえし伝えられてきたこうした投球理念の誤りを証明してきた」とバニスターは言う。「わたしはそのほとんどすべてに反対する……こうした一見よさそうに思えるものが、ほかの何よりも投手のキャリアを駄目にしてきたんだ」

バニスターは一時、吸収力のある若い投手に新しいピッチングの原則を教える、ドライブラインのような独立した施設の設立を考えていた。２０１４年のインタビューで、彼は自分の目標を、「選手の側に立ったマネー・ボール」、「筋肉増強剤ではなく統計データを使った」方法と表現した。だが、予期せぬことにＭＬＢ球団から声をかけられた。現役最後の投球を終えた数年後に、少なくとも1球団が彼の考えを取りいれようとした。

２０１３年に、投球に関するデータ分析サイト〈ブルックスベースボール〉の所有者、ダン・ブルックスはバニスターを招き、セイバー・セミナーで講演を依頼した。そこで彼は、グラウンドでのセイバーメトリクスの活用を予見した。２０１４年には、トラックマン・システムの野外での実演を行った。それを見ていたレッドソックスの上級アナリスト、トム・ティペットは、空席だったファームのアシスタント・ディレクターの面接を受けてみないかとバニスターに声をかけた。

バニスターがそのときボストンに行ったのは仕事を探していたからではなく、フェンウェイパークが近所だったからだ。翌日、彼とティペットは歴史ある本拠地まで歩いていき、「グリーンモンスター」の愛称を持つ外野フェンスのいちばん上のシートで、アシスタント・ゼネラルマネージャーであるマイク・ヘイゼンの面接を受けた。話しているうちに、バニスターの適任はファームのアシスタント・ディレクターではないことが明らかになった。彼の情熱は投手を中心にしており、しかももっと選手の近くで働きたいと思っていた。「球団はわたしをどう扱えばいいのかわかっていなかったと思う」とバニスターは言う。既存のポジションにはどこにも適していなかったため、手探りで仕事をしていくことで同意した。選手経験があるデータアナリストというのは新しい人種だった。だがレッドソックスはそうした人材が球団にとって必要であることを理解していた。

アンセル・アダムスは「誠実に手際よく写真を撮るには、表面の奥にあるものを見て、すべてのもののなかに潜在的にある、あるいは生きている自然や人間性を記録することだ」と書いている。この「写真を撮る」を「投手を育成する」に変えれば、バニスターがボストンでした仕事の内容になる。それぞれの投手に何ができるのかを読みとり、それをする助けになること。２０１５年にヒルがボストンに復帰した翌日に、バニスターは投球分析、育成部門ディレクターに昇進した。7月にはアシスタント投手コーチとしてメジャーチームに加わり、11月にはさらに昇進して投手育成部門の副社長に就任したが、アシスタント投手コーチも引きつづき務めていた。

「多くの選手は、メジャーリーグで投げるだけの能力を持っている。ただ必要なものを与えればいい」とバニスターは言う。ただし、誰もがそれを受けとろうとするわけではない。投手にある方法を売りこむことは、「広告代理店がキャンペーンで企業を売りだすのによく似ている」。データ分析から導かれた助言を選手やコーチにはじめて持っていくと、相手は4種類の反応を示す。身構える――なぜならちがったやりかたを提案するということは、現在のやりかたを暗に批判することになるからだ。プロ入りの原動力になったものを修正することをためらって恐れる。テクノロジーは野球を駄目にするといって怒りだし、わめく。そして、あまりに前のめりに受けいれる。情報をつぎつぎに求めて、バニスターでさえそれでは自由にプレーできないだろうと思う。「こちらが言ったことを気楽に、ごく普通に受けとめて、感情的な反応をせず、その利点を知ったうえでやってみようとする選手は稀だね」と彼は言う。

バニスターはフロントと現場スタッフの関係を医療にたとえる。上層部のアナリストはデータを分析し、それを外科医（コーチ）に伝え、外科医は患者（選手）に手術を行う。3つの役割すべてを経験しているバニスターによれば、テクノロジーを使わずに選手を改善しようとするのは、MRI検査をせずに外科手術をするようなものだ。

もう少し医療の例で話を進めよう。19世紀にジョゼフ・リスターが無菌手術を行えば感染が防げることを発見してから、手術室での手洗いが普及するまでには長い時間がかかった。リスターの考えが受けいれられるまでに、数多くの命が失われた。野球に関する決断は生死に関わるものではないが、各球団はまだその遅れを減らそうと努力している段階だ。よりよい情報がない状況では、試行錯誤することには競争優位がある。だがいまや、まっとうな謙虚さがなければ、試行錯誤は制約条件になってしまう。「球団の上層部は自分よりも早く学んでいるから、それを受けいれざるをえない」とバニスターは言う。「だからパイプ役になるしかないんだ」

コーチの側にもメリットがある。自分の仕事をすることで職を失う心配をする必要がないからだ。ドラフトで全体1位指名されたことのあるフロイドは、歴史的に最有望選手をいじることで仕事を失う危険があったことを、たいていの人よりもよく知っている。「多くの投手コーチは、何かを変えることで選手を損なったり、あるいは成績を落としてしまうだけでも、自分に厳しい視線が注がれると恐れている」と彼は言う。「そんな例はたくさん見たよ」。そうした及び腰のコーチングの結果、才能豊かな選手ほど指導を受けられないということになる。今日では、コーチが求めるどんなプレー改造も、データでたしかめ、裏づけることができる。それで改造がうまくいく保証はないが、もし悪化してもコーチは責められることはない。

当然ながら、テクノロジーによって球団による改造の種類は変わってきた。バニスターを批判した2011年のインタビューで、マクルアはこう言っている。「すごい球を持っていなくても好投手になることはできる。コントロールと感覚さえあればいい」。バニスターは、研究によってそれとは異なる見解に達した。「どこへ行くかわからないが70か80レベル（MLBのスカウトが使う20～80の評価スケール〔50を平均とし、最低の20から最高の80までの数値で評価される〕）の球を持つ投手のほうが、50レベルの球を毎回きちんと狙ったところに投げられる投手よりもいい。わたしならかりに失敗しても、いい球を持っている投手をつねに選ぶ」

15パーセントほどスライダーの回転軸の向きを変えることでキレが増し、空振りが取れるようになり、そしてその違いにより、ファウルの連続で粘られる球を打ちとれる球に変えることができる。「それはまるでクリスマスに、70や80レベルの球を投げられそうな身体的特徴を持った選手に出会って、その選手の握りがおかしいことに気づいて、『これだ！』と声を上げるようなものだ」とバニスターは言う。「それが最後の鍵だ。70や80レベルの球が50や60レベルになってしまっているのに、気づいていなかったんだ」

その洞察はまるで芸術のようだが、言語化することは可能だ。「ピッチングは神秘じゃない。ただの物理学だよ」とバニスターは言う。「『この投手はほかの誰にも教えられないクオリティの球を投げている』とはできるだけ言いたくないんだ……それは魔法じゃない。その投手はただ何かをほかの誰よりも上手にやっているにすぎない」。あるチームがその〝何か〟を解読し、投球のクオリティを高める要素を見つければ、それを再現するのに適した選手を見つける過程は自動化できる。機械学習と基礎的な人工知能を組みあわせたプログラムで投球フォームと投球の性質を調べ、最適でない部分を見つける。すごい球なのに滅多に投げないとか、回転が速いが効率が悪く、クオリティが下がっているとか。バニスターはそれを、強力なエンジンを積んでいるのに、つるつるのタイヤを履いている車になぞらえた。ならばコーチや指導者といったピットクルーは、その欠陥を治すための最善の戦略を考えればいい。

いまのところ、「わたしの仕事の99パーセントは打撃練習やブルペンでの練習のあいだ外に立っていることだ。そしてスマートフォンを持っていてそれを投手に見せ、データと修正すべき理由を伝え、その場で手を貸す」とバニスターは言う。彼が来るまえ、レッドソックスのスタッフは誰もデータをそのように使っていなかった。ボストンの球団内の情報処理はｉＰｈｏｎｅやｉＰａｄ以前の形態で行われていて、携帯機器では利用できなかった。レッドソックスに入団したあと、バニスターはＳＱＬ――フロントの業務に欠かせないプログラミング言語だ――を学び、データベースからより速くデータを引きだせるようにした。ただ彼が作ったクエリ（情報要求）では必要な情報が引きだせなかった。

そこでＰＥＤＲＯという新たなソフトウェアが導入された。それはpitching（投球）、evaluation（評価）、development（育成）、research（調査）、optimization（最適化）の頭文字で、レッドソックスの大選手であり、かつてバニスターの同僚だったこともあるペドロ・マルティネスの名前でもある。元野球ブロガーでバニスターが雇ったＲ＆Ｄ部門のアナリストが開発したもので、「選手育成やスカウト関連のさまざまなアイデアを集められる場所」だ。またそれによってバニスターは、かつては何時間も、ときには何日もかかっていたことがワンクリックでできるようになった。独自の投手評価を〝大規模〟に行うことで、それまでコンピュータの前で過ごしていた時間で選手と向きえるようになった。

選手と過ごす時間の多くはカメラを利用する。バニスターが写真に詳しいことは、ただ類推の元になっているだけではないのだ。エッジャートロニックやラプソード、キナトラックスなどの最適なツールを組みあわせて使うなかで、その知識を毎日生かしている。キナトラックスは価格が数千万円で、測定用のマーカーを身体につける必要がなく、長距離から動作を計測することができる機材であり、46センチ×41センチのフレームを持つ高速度カメラが一塁側から三塁側に向かって設置され、選手の身体の25個の関節の動きを記録し、（２０１８年にはＭＬＢの４球団を含む）クライアントは、球場でプレーした選手のフォームを分析することができる。

バニスターはそのテクノロジーを使って、現役時代からずっと持っていた興味を満たした。剛速球投手ではなかったが、自分の速球の欠点は単なる速度不足ではないことはわかっていた。新人の投手を診断するように自分自身を診断してみて、その謎は解けた。速球の回転が足りなかったのだ。「いまと同じだけの知識があれば、わたしはきっとちがう投球をしていたはずだ」と彼は言う。当時取ることのできた手段はコントロールやカッターで補うことくらいだったが、いまなら「生体力学的に腕の振りかたを見直せただろう」

バニスターは、いまさらどうしようもない回転数について嘆いてはいない。「たったひとり短いキャリアで終わっただけのことだよ。そのころはデータが手に入らなかったんだ」。最新のテクノロジーの登場は彼を救うには遅かったが、彼がほかの選手たちを救うには遅すぎることはない。

試合中、バニスターはたいていクラブハウスにおり、スタットキャストのモニターで球種や回転数、球速の変化を見て怪我をしていないか確認する。投手のコントロールが乱れたら、バニスターはキナトラックスでフォームの変化を確認する。またほかの問題が出てきたときには、投手（あるいは投手コーチのダナ・レバンジー）が地下通路を通ってアドバイスをもらいにくる。だが魔法のような仕事の大半は試合前には済んでいる。バニスターは外野かブルペンを双方向のピッチング・ラボにして、カメラや追跡機器を用意して投手同士で質問しあい、情報を共有し、気楽にキャッチボールをしながら集中して実験をする。「コーヒーショップのような環境があれば、投手たちが自分の技術についてオープンに話しあって、そこに多くの文化ができていくということに気づいたんだ」と彼は言う。「選手たちを少しだけ鍛える小さな魔法は、すべてそこにある」

高めのフォーシームの割合（2015 ～ 2018 年）

年	MLB 全体	レッドソックス	MLB でのランキング
2015	40.0	38.4	16
2016	39.9	48.6	2
2017	45.3	59.1	1
2018	45.9	59.1	1

　バニスターによる外面的な影響のうち最大のもののひとつは、レッドソックスの投手がストライクゾーンの上３分の１よりも高いフォーシームを投げる割合が上がったことだ。バニスターが加わった直後に、レッドソックスは高めのフォーシームで圧倒した。「分析結果を使って他球団を驚かせるのは楽しいことだよ」と彼は言う。

　パークファクター補正の防御率で２０１５年には20位だったボストンは、２０１６年から２０１８年に5位、３位、２位と上昇した。だがレッドソックスが高めの速球を使った攻めで得た優位は長くつづかなかった。レッドソックスはデータ利用に関して多くの球団より2年先駆けていたとバニスターは考えているが、どんな球団も、最も進んでいるライバル球団には大差をつけられない。成功する戦術はすぐに真似され、試合で負けた球団は「倒せないなら、その相手を雇え」という手段に訴える。2016年後半に、かつては頑なに伝統主義をとっていたアリゾナ・ダイヤモンドバックスがヘイゼンを新ゼネラルマネージャーとし、さらにヘイゼンはレッドソックスの重役だったアミエル・ソーデイをアシスタント・ゼネラルマネージャーとして呼び寄せ、またボストンのベンチコーチだったトーリ・ロブロを監督に据えた。それからほどなくして、スライダーを多投するコービンが球団のエースになった。

そうした熾烈な環境に対処するため、バニスターはよく見ている株式市場からヒントを得た。「リーグで長期的に勝ちつづけることはできない。けれどもアイデアを見つけたら短期的には勝つことができる。それを狙いつづけるだけだよ」と彼は言う。ある球団の傘下チームや少人数のマイナーリーグ投手が、データから導かれたいいアイデアを見つけたとしても、その結果を評価し、上層部から許可をもらうころには、その優位は消えている。バニスターはそれよりも、大胆不適だが慎重さも持ちあわせたスタッフを雇うべきだと考えている。つまらないルールには囚われない野球界のジャック・バウアーが、アイデアを最も効果の大きそうなメジャーリーガーに適用し、効果を観察し、その効果への自信が増すにつれてほかの一軍登録選手にも広げていくべきだと。

他球団に育成戦略で差をつけたと思ったときから、その差が消えてしまうまでのカウントダウンが始まる。「いつもつぎのことを考えなくてはならない。それでも『ああ、これを去年思いついていれば、だいぶ優位に立てたのに。そのときはそう思わなかったんだ』というふうになる。回りつづける車輪だね。どこまで掘りさげても終わりはないよ」

ボストンのパイプ役は現在ふたりに増えている。バニスターがメジャーチームとともに各地を遠征している一方で、彼のかつてのライバルのひとり、デーブ・ブッシュがマイナーリーグで同じ役割を果たしている。メジャーリーガーのあいだに現代的な育成方法が浸透するにつれ、それを真似するマイナーリーガーが増えていった。「彼らはメジャーリーガーのように見られたいし、メジャーリーガのように行動したいんだ」とブッシュは言う。「データもメジャーリーガーのように使いたい」それを勧めているのがメジャーリーガーならなおさらだ。

バニスターの言うようにリーグ全体が追いついてくる不安があるとすれば、他球団が急いでパイプ役を雇おうとしても不思議ではない。いまではボストン以外の少なくとも8球団が、最近引退したばかりの頭脳派の元選手にフロントと現場を往復して情報を伝えさせている。20代の数年間は最高の投手のひとりだったダン・ヘイレンを除いて、そのグループに元オールスター選手はいない。打者出身の多くはキャリアの短い控え選手、投手出身の多くは140キロ台前半の速球の持ち主だった。ヘイレンも30代になるとホームランをよく打たれる技巧派に変わった。彼はいま@ithrow88というアカウントでツイッターをしている。彼らは例外なく、純粋なパワーやスピードに頼るよりも、何をすべきかを自分で考えなくてはならない選手だった。「間違いなく、とても勤勉にトレーニングし、野球のさまざまな部分で優れていることでどうにか地位を保っているクラスの選手たちがいる」とブッシュは言う。「そういう種類の選手たちがこうした仕事に引き寄せられるのも不思議ではないと思う」

また、ヘイレンとレンジャーズのブランドン・マッカーシーを除いて、どの選手もメジャーリーグの標準からして十分に稼いだとはいえないことも、彼らが働きつづける原動力になっている。「自分の銀行口座にいくら入っているかということも大いに関係してくることはたしかだ」と、MLBで8年間プレーし、700万ドル稼いで2015年に引退した元外野手のサム・ファルドは言う。ファルドは2018年にフィリーズにメジャー選手の情報コーディネーターとして加入した。役割の多い、よくわからない役職名だ。「自分がコーチなのかフロントのメンバーなのかといった基本的なことさえよくわからないんだ」と、彼はわれわれに5月に語った。答えはもちろん「両方」だ。ファルドには数時間をオフィス内で過ごしたあと、クラーク・ケントのようにユニフォームに着替えてグラウンドへ走っていく日がある。そしてまたべつの日はその順番が逆になる。

ファルドは5歳のとき、『野球完全ガイドブック（*The Complete Guidebook of Baseball*）』という本を父親からもらった。データが詰まった年鑑で、彼はそれに夢中になった。スタンフォード大学で経済学を専攻し、2004年にドラフト10巡目でカブスに指名され、プロ1年目の2005年に『マネー・ボール』と出会った。「そのときに、自分がそれまでに考えてきたことの多くがたしかめられたんだ」と彼は言う。「世界にはそういうふうに考えるほかの人もいるんだと知って、本当に気が楽になったし、嬉しかった」

ファルドは登録選手枠に残るために必死の戦いをしなくてはならなかった二流選手として、プレーを改造することは長期的には役に立つことを知りつつ、メジャーリーグでの居場所を失うことを恐れて二の足を踏むメジャーリーガーの思考回路は理解できる。「『今年の年俸は数百万ドルだ。来年トリプルAに落ちて5万ドルになりたくない』という選手を責められるだろうか？」と彼は言う。パイプ役の職務のひとつは、この障害で引っかかっている選手を説得することだ。スプリングトレーニングとオールスターブレーク中、ファルドはゲイブ・カプラー監督やマット・クレンタックGM、ほかのコーチやフロントのメンバーとともに各選手とデータに基づくミーティングを行い、うまくいっていることを強化し、改善への具体的目標を提示している。「説明してくれる人がいれば、気持ちの面でも支えになる」と彼は言う。2018年から2019年のオフシーズンに、フィリーズはさらに、引退したばかりの元選手、エド・ルーカスとロブ・セゲディンのふたりをマイナーリーグ担当の選手情報アシスタントとして雇った。

自身がパイプ役であるカプラー監督は元外野手で、ファーム・ディレクターの経験もある。進歩的な育成に関わる多くの側面に触れることで、パイプ役は監督として必要とされる資質を身につけていく。マイナーリーグの組織の多くは監督の視界の外にあるという時代はもう終わった。現代の監督は選手育成にも通じていなければならない。「カブスで昇格したとき、ルー・ピネラ監督はわたしのことをまったく知らなかった」とファルドは回想する。「『レフトを守れるか?』といったことを聞かれた。もちろんですと答えたが、なぜ知らないんだろうと思ったよ」。2018年の終わりに、ファルドはブルージェイズの監督の面接を受け、評価は高かったとのことだが、現在の役職に満足していることと、家族を引っ越しさせることをためらって辞退した。

進歩的な育成やそれに伴うパイプ役の存在は、もう海を越えはじめている。日本のプロ野球であり、世界第2のレベルを誇るNPBに属する東北楽天ゴールデンイーグルスにはパイプ役が登場している。楽天はNPBではじめて球団内部のデータベースをつくり、2014年にトラックマンを導入し、2018年にはスタットキャストに似たシステムを試しているほか、チーム戦略室の拡大にも積極的で、現在10名のメンバーがいる。そのひとりが、元左の中継ぎで10年のキャリアの後半を楽天で過ごし、2017年に引退した金刃《かねと》憲人だ。

金刃は選手のころは統計データの知識はあまりなかったが、チーム戦略室に入ってからは、(チーム戦略室の村田伸吾室長の指導によって)「考えかたが180度変わった」と言う。村田は「彼はもっと以前からデータを活用しなかったことを悔やんでいた。けれどもいままでは、若い選手に同じ過ちを繰りかえさせたくないと思っている。彼らにはさまざまなデータが手に入るということを教えたがっている。わたしは彼をチーム戦略室の営業マンと呼んでいるんだ」とつけ加えた。

NPBでは、選手育成はメジャーリーグよりも大きな意味を持っているかもしれない。選手はNPB12球団に8年間所属しなければフリーエージェントの権利が得られない。そのため選手の移籍は制限され、チームが支配下に置く選手はメジャーよりはるかに少ない。年に1度のドラフト指名選手数名と各球団が補充する（最大で）4人の外国人選手を除けば、一軍選手はほぼ固定されているため、各球団は所属選手の能力を高めなくてはならない。

日本文化においては先輩、後輩という上下関係があるため年長者に敬意が払われる。そのため若い選手が伝統に逆らうのはさらに難しくなっている。「コーチの言葉はなんであれほぼ絶対なんだ」と村田は説明する。ということは、楽天のコーチが村田と同じ方針で指導することが非常に重要になる。選手たちがロッカールームで村田と個別面談をするべきだと主張しているのは金刃だけではない。イーグルスの元内野手で、2011年に引退し、チーム戦略室に所属したあと戦略・内野コーチになった塩川達也もそのひとりだ。28歳のイーグルスのエースで、2018年にパ・リーグの投手で最高のWARを記録した則本昂大は、選手としてはじめてアナリストと面談し、トラックマンを利用して自分の投球に関する実験を始めた。「彼の目標は毎試合1球、わたしたちが分析できないような球を投げることなんだ」と村田は言う。イーグルスの抑え投手で元メジャーリーガーのフランク・ハーマンは、インディアンスに所属していたころに選手育成に関するデリケートな部分を理解している。彼によればイーグルスには「計画があり」、「適切な段階を経ている」。そして、スライダーへの信頼が高まり、NPBでの2シーズン目には初シーズンよりも5倍近くのスライダーを投げるようになったのは村田のおかげだと彼は言う。

生体力学の専門家で楽天で働いていた神事《じんじ》努博士は2016年にチームを去り、日本のドライブラインとも言える〈ネクストベース〉という企業に加わった。2014年に、IT起業家で大学野球でのプレー経験がある中尾信一が設立した〈ネクストベース〉は、トラックマンのデータに基づいたBACS（Baseball Analytics and Coaching System）というデータ解析システムを提供している。また動作解析も行っており、これまでに70人近いプロ野球投手の画像を撮っている。〈ネクストベース〉の取締役になった神事は、経営理念は「データトラッキングは選手育成にとって有益で、選手自身がそれを利用すべきだ」ということだと語っている。神事も認めるようにまだそうした選手は少ないが、彼は日本の一流投手のひとり菊池雄星に協力している。2018年のシーズン後にシアトル・マリナーズと契約した西武ライオンズの先発投手である菊池が〈ネクストベース〉の協力のもとで行おうとしているのは、ピッチデザインや球種選択、そしてMLBへの移籍準備のためのピッチトンネルだ。

ウィラードソンが指摘した、データ解析とプレーの技術にまたがる経験と能力の持ち主が蓄積されていないという問題は、時とともに解消されつつある。バニスターは好循環を生みだしている。データに詳しい選手が少しずつ球団のパイプ役となり、彼らがさらに多くのデータに詳しい選手を作りだし、そのうち幾人かは選手としての時間が終わればパイプ役になるだろう。パイプ役やデータに基づいた指導をするコーチが選手育成をするうえで当たり前の存在になるにつれ、選手にデータを見るように説得しなければならない時代は終わるだろう。

「新しく入ってくる選手たちは以前よりもデータ利用に前向きだよ」とブッシュは言う。では、前向きではない選手は？「率直なところ、そういう選手は自ずと淘汰されていくだろうね」

8

完璧な投球

完全主義者とは何か？　社会的に認められるまえに何かを習得するという責任を自らに課す者で、好かれるよりも正義であることを好む。

——マルコム・グラッドウェル〈修正主義者の歴史〉

アリゾナ州グッドイヤーの静かな朝、東にそびえるスーパースティション・マウンテンズの上に太陽が昇る。スプリングトレーニングの始まりは早く、選手たちは施設に午前7時前に集まってくる。やがて、投手が投げたボールがグラブに収まる音で静寂が破られる。近年では、その昔ながらの音のほかに、外野の金網に吊されたパッドにウェイテッドボールが当たる、より反響の大きい音が混じるようになった。そしてこの朝は、トレバー・バウアーの機嫌がよくないためグッドイヤーはいつも以上に騒々しかった。

バウアーの高い声が現代的なクラブハウスの高い天井に反響する。自分が貸したウェイテッドボールはどこへやったと同僚のマイク・クレビンジャーに問いただしている。クレビンジャーは、おまえのロッカーに戻すのを忘れたんだよと説明する。おまえのせいでルーティンが妨げられた、とバウアーがなじる。もうおまえにはトレーニング用具を使わせないぞ。近くのチームメイト数人はバウアーの怒りっぷりが面白くて笑っている。

「あいつはルーティンを乱したとかでぼくのことを怒っていたんだ」とクレビンジャーは言う。「ひどい口げんかをした。ぼくもけっこうひどい言葉をあいつにぶつけたよ。でも、もう仲直りした……兄弟みたいなものなんだ。本物の弟にはしょっちゅう怒って、いつもふざけんなって言ってる。バウアーも同じようなものさ」

クレビンジャーはクリーブランドのクラブハウスでバウアーと最も仲がいいひとりだ。試合中はよくベンチの柵に並んでもたれかかっている姿が見える。だがクレビンジャーは、バウアーがときどきわがままで扱いにくい人間だということを否定しない。

「そうなんだ。そのとおり。あいつを知るほどわかってくる……噂のとおり、気に入らないことははっきり言う。とても率直だよ」とクレビンジャーは言う。「ぼくは嫌なやつとか、くそやろうでも正直なら認められる。正直ならいいんだ」

インディアンスのフロントオフィスはバウアーと協力するのは簡単ではないことを知っていた。2016年のプレーオフで悪名高いドローン事件があった翌年の2月、バウアーは1日中政治的なツイートをつづけた。それはアップルとツイッター社が「ぼくの携帯電話にリベラルに偏ったアンチ・トランプの記事をどんどん送ってきた」ことへの不満がきっかけだった。「これが不偏不党の報道か?」そのツイートはつぎつぎに批判され、数百の反応があった。バウアーは何人かのユーザーとやりあった。ある返信では、自分のチームメイトの「ほぼ全員」が11月の大統領選挙でトランプを支持した、と書いた。インディアンスの二塁手ジェイソン・キプニスはこの断定に疑問を呈したツイートに「いいね」をつけた。バウアーのチームメイト、ダン・オテロの妻ティファニー・オテロはトランプ支持のツイートにあきれ、オテロの祖母がキューバから亡命してきたときのことが書かれたページへのリンクをつけて返信した。

バウアーは、われわれに語ったところによれば、トランプに投票しなかった。というより、共和党支持が圧倒的な「赤い州」であるテキサス州では自分の一票になんの意味もないと考えて、誰にも投票しなかった。ときどき彼は意味のない〝釣り〟を楽しむ。その日ツイッターで繰りひろげられた堂々巡りの議論のなかで、バウアーは人間が気候変動に及ぼした影響を疑問視し、インディアンスのマスコットであるワフー酋長《しゅうちょう》に気分を害しているネイティブ・アメリカンには、ひとりも会ったことがないと言った。バウアーはときどきソーシャルメディアに幼稚なユーモアを持ちこむことがあり、とくに「420（マリファナ）」や「69」に関するジョークが多いが、この日は不作法な口調だった。あるユーザーはバウアーがガンにかかればいいと望み、バウアーはべつの批判者に「死ねばいい」と示唆した。

この出来事のあと、バウアーは編成部門最高責任者のクリス・アントネッティのオフィスに呼ばれた。球団はバウアーにチームメイトとよい関係を築くことを求めた。するとバウアーは、チームメイトとのよい関係とはどういうことかを定義するように要求した。彼にとってよい関係を築くとは、ほかの選手たちと同じようになることではなかった。それは有益な情報を共有し、チームメイトが能力を最大限生かす助けをすることだった。インディアンスはよい関係を築くことに関する概略を作って渡した。そのリストには、時間どおりにストレッチに姿を見せるとか、トレーニングの必要条件を満たすといったことが書かれていた。バウアーはそのすべてにチェックのしるしをつけた。「それから、太字のイタリックで強調され、丸で囲まれ、矢印の矢の先に書かれていたのが、『人を怒らせるようなことをするな』だった」とバウアーは言う。バウアーの記憶では、アントネッティとの会話はほとんどがツイッターアカウントの話で、２０１７年のシーズンまでに自分の意志で閉鎖するようにと言われた。

ソーシャルメディアでの失敗はあったものの、2017年の春を迎えるころには、バウアーはインディアンスのクラブハウスでより受けいれられ、心地よく過ごせるようになっていた。ダイヤモンドバックス時代やクリーブランドに来たばかりのころ、バウアーは一匹狼だと言われていた。クラブハウスでのほとんどの時間は画像編集をしたり、写真やドローンを調べたりして、ひとりで過ごしていた。

その後バウアーはチームメイトともっと関わり、ロッカールームで軽口を叩くようになっていった。「そんなことはやめたほうがいいのかもしれない」バウアーは著者（トラビス）に2017年に言った。「でもそのほうがぼくにはいいんだ。そうした小さなことをぼくは学ばなくてはならなかった。自分らしくないような気がして、気が滅入ることもあるよ。2年前に冗談で言ったんだけど、チームメイトついて思ったことを黙っていたときは関係がよくなかった。あいつらがどんなに最低かを伝えるようになったら、うまくいくようになったんだ。そんなの逆でしょ」

球団の求める「よい関係」が築けたかどうかはともかく、彼はクラブハウスで会う同僚選手がグラウンドでよりよいプレーができるように協力する、価値のあるチームメイトになった。インディアンスに加わったころ、クレビンジャーがバウアーについて知っていたのはUCLA時代に〝汚れたキャップ〟を被っていたことくらいだった。2015年のグッドイヤーでのはじめてのスプリングキャンプで、彼はバウアーに近づいて投球フォームについて話をした。

「最初は、こいつはまともじゃないって思ったよ」とクレビンジャーは言う。「あいつが変わったドリルとか、バンドなんかの機材を使った奇妙なトレーニングをしているのを見て、何をやってるんだ、って……でもそれから観察したり調べたりして、ドライブラインのことを知り、カイル・ボディと話すようになった」

クレビンジャーをボディに紹介したのはバウアーだった。クレビンジャーによれば、彼がトレードで入団したときには、インディアンスは〈テキサス・ベースボール・ランチ〉のウェイテッドボールを使ったプログラムを採用していた。彼はウェイテッドボールを使った〝3種類の小さなドリル〟に取り組んだ。そのときバウアーはもっとさまざまなルーティンをしていた。ボディはクレビンジャーに、なぜドライブラインではウェイテッドボールを使うのかをまとめたPDFを送った。

「最後まで読んでみたけれど、ちゃんと根拠があるんだ。ぼくは科学が大好きだからね。事実や証拠が知りたい。無意味なことはしたくないんだ」とクレビンジャーは言う。「昇格後も、バウアーはとても助けてくれたよ」

クレビンジャーは時間をかけて、バウアーが何をどのようにしているかを調べた。バウアーはじっくりとウェイテッドボールの練習方法を教えた。暗黙的学習に基づいたドリルでクレビンジャーが〝よりアスリートらしい〟動きになるのに手を貸した。

クレビンジャーは少しずつ、バウアーは（ウェイテッドボールが見つからないなど）ルーティンを邪魔されることへの忍耐力が弱く、そしておそらく社会学者マーク・グラノヴェッターが提起した〝閾値《いきち》〟が低いのだろうということを理解していった。グラノヴェッターは人々がなぜ暴動や抗議行動をするのかということを調べていたとき、社会的行動の閾値モデルを思いついた。グラノヴェッターは人それぞれに、周囲からの圧力を感じとる閾値があるという理論を立てた。グラッドウェルはその理論を〈修正主義者の歴史〉という自身のポッドキャストで解説した。「閾値とは、どれだけの人がそれに参加していれば自分も参加するかを示す数だ」。もし閾値が低ければ、「その人は自分が正しいと思うことをするのに支援や承認、あるいはほかの人々の参加を必要としない」とグラッドウェルは言う。もし閾値が低ければ、高校のチームメイトにショルダーチューブを「ペニス棒」と呼ばれても、それを使いつづける。野球への取り組みに関して、バウアーの閾値はもしかしたらゼロかもしれない。

　グラッドウェルが見たところ、元NBAの名選手リック・バリーも同じようにとても閾値が低かった。バリーはフリースローが得意だった（キャリア通算成功率は89・3パーセントに上る）。だが彼の下手投げのフリースローは、生体力学的な単純さからフリースローの苦手な選手が成功率を上げることができるにもかかわらず、〝おばあちゃん《グラニー》のショット〟とからかわれた。伝統に反したこの投法を採りいれたNBA選手はほとんどいない——際だってフリースローが苦手だったシャキール・オニール（キャリア通算成功率52・7パーセント）も含めて。シャックはかつてバリーに、下手投げをするくらいなら成功率〝0パーセント〟のほうがましだと語ったことがある。やはりフリースローが苦手だったウィルト・チェンバレン（同51・1パーセント）は1961〜62年の1シーズンだけ下手から投げ、キャリア最高のフリースロー成功率（61・3パーセント）を記録した。ところがチェンバレンは翌シーズンこの方法をやめてしまう。彼は〝グラニー・ショット〟をするとまるで〝意気地なし〟のように見えると書いている。シャックとウィルトは閾値が高かった。もちろん、閾値の低い人々はつきあいにくい人間であることもある。ときに高慢で、妥協せず、社会的規範に従いたがらないとみなされる。ニューヨーク・ネッツでバリーのチームメイトだったビリー・ポールツは、彼について有名な言葉を残している。「選手の半分はリック・バリーが好きじゃなかった。残りの半分は憎んでいた[1]」

　バリーはグラッドウェルに語っている。「誰かが自分のことをどう思い、どう言うかといったことを心配して成功を棒に振る、そんな態度を取るというのはわたしにはほとんど理解できないことなんだ。それは本当に悲しいことだ」

闘値の低い人生は、ときに孤独をもたらす。だがグラッドウェルが結論づけたように、「リック・バリーは自分がなることのできる最高のバスケットボール選手になった。ところが、ウィルト・チェンバレンは決してそうは言えない」。バウアーは、自分がなれる可能性がある最高の投手だったと言えるようになりたいと思っている。以前インディアンスでバウアーとのパイプ役を務めていたファルビーによれば、「バウアーは実験をためらわない。失敗し、そこから学ぶ。そのサイクルは現実的で、利益がある。多くの人は無様な姿をさらしたくないからそれを恐がっている。彼にはそういう恐怖がないんだ。恐がらない」

バウアーは腹立たしいまでに妥協しない一方、過小評価されている可能性があるべつのやりかたを試すことをためらわない。また、「自分が知っていることを人と共有するのをいやがらない」とファルビーは言う。

2013年に〈テキサス・ベースボール・ランチ〉で、オランダ人アスレティック・トレーナーのフランス・ボッシュがゲスト講演を行った。そのなかで彼はジョージア大学の運動学教授カール・ニューウェルによる、運動学習における制約主導型のアプローチについて紹介した。ボッシュは聴衆に、3つの変数のうちひとつを替えることで進歩の速度を上げることができると語った。バウアーは一心に耳を傾けていた。

「新しいスキルを身につける最短の方法は、変わりつづける環境や用具、活動のなかで、そのスキルを行うように自分に強いることだったんだ」とバウアーは言う。「もし毎回、要素のうちひとつを変えて同じ目標を目指せば、身体はそのスキルをはるかに早く身につけることができる」

ウェイテッドボール――わずかにサイズと重さの異なるさまざまなボール――は用具の制約の例だ。

「スプリングトレーニングを除いて、年間32回ブルペンで投げるけれど、そのほぼすべてが時間の無駄なんだ。それではいつも精神が活発に動くように強いることができないからだ」とバウアーは言う。「心のなかで、オーケー、これからブルペンで投げるんだ、と思う。でも2、3球投げたら心はどこかに行ってしまう。しかもたいていのピッチャーはストレートを5球、3球カーブ、といったことまで決めている。それではスキルは身につかない」

もっと効率的に学習するためには、いくつかのサイズか重さがちがうボールを投げることでタスクに変化をつければいい、とバウアーは言う。投げるごとに感覚が少しずつ異なり、それによって選手の精神は活動的であるように、身体は適応するように強いられる。コントロールや投球の感覚に苦しんでいるなら、つぎのブルペンではそうした標準的でないボールを交ぜてみる。ドライブラインで〝差異《ディファレンシャル》のあるコマンドボール〟と呼ばれるトレーニングの価値は球速を高めることだけではない。「いきなりつぎの登板で調子が戻るんだ」とバウアーは言う。オフシーズンになると、彼は投球の合間にバスケットボールでシュートしたり、バットを振ったり、サッカーボールを蹴ったりして、さらにランダムに練習する。

ファルビーは、バウアーがインディアンスにディファレンシャル・トレーニングという考えかたをもたらしたと言う。それは、記憶や暗唱など、さまざまな目的で効果があるという記録が残っている。バウアーはタイピングにおけるランダム練習（ディファレンシャル・トレーニングの一種）の効果に関する論文をフロントオフィスに渡した。

野球では伝統的にそれとは正反対の種類のトレーニング、ブロック練習が行われてきた。たとえば打撃練習なら、打者は毎日グラウンドでの打撃練習をする。コーチは繰りかえし、試合よりもはるかに遅い同じような球を投げる。

1994年にカリフォルニア州立工科大学で、打撃のランダム練習とブロック練習の比較調査が行われた。[2] この研究では、短大の野球選手30人が対照群、ブロック練習群、ランダム練習群の3つのグループに分けられた。打者たちは15球を1セットとして、カーブ（カ）、速球（速）、チェンジアップ（チ）の3つの球種を投げる投手と対戦した。ランダム練習群は速、カ、カ、チ、速、カといったように予測不能な順番で投げられる球を打った。ブロック練習群の打者に対する投球では、15球の投球順が速、速、速、速、カ、カ、カ、チ、チ、チといったように同一の球種が連続するように並んでいた。調査中に研究者は、試合と同様の条件下でバットをボールに当てることにおいて「ランダム練習群はブロック練習群よりもはるかに優秀だ」ということを発見した。

インディアンスは新たな育成方法に理解を示し、スタッフの変更、増員を行った。ファルビーが昇進したほか、2016年にはエリック・クレッシーに学んだマット・ブレイクを投手コーディネーターに採用した。2016年10月には、プロ野球での指導経験は1年で、プロレベルでの選手としての経験のないジェームズ・ハリスをファーム・ディレクターに据えた。彼はNFLのフィラデルフィア・イーグルスでチップ・ケリー・ヘッドコーチのもとでアシスタントコーチをしていたが、1年前からMLBのピッツバーグ・パイレーツで働いていた。ケリーはアメリカンフットボールで最先端の選手育成をしている人物だ。イーグルスの選手が朝ロッカールームに行くと、必ずプラスティックのカップが置いてある。それは尿検査をするためのもので、iPadで毎日行われる心拍数や痛み、心理状態の調査の一環だ。インディアンスはさらに、1万時間の法則を信奉する著述家のダニエル・コイルをコンサルタントにした。

そしてミッキー・キャラウェイ投手コーチが去ったことで、バウアーはより気楽に自分の考えや情報をチーム内で共有し、ブルペンでウェイテッドボールを投げられるようになった。インディアンスは選手育成法を最も積極的に変えようとしている球団のひとつで、ボディもバウアーにとってよい球団だと考えていたが、それでもバウアーは球団にさらに先進的に考え、器具を変更し、彼が伝えた考えを受けいれるように求めていた。

「きっと彼はピッチングを進化させたいんだろう。彼は自分のことを超えてそれを考えている」とファルビーは言う。「そこが誤解されている部分だと思う」

バウアーはいつも前進することを願っている。それにはピッチデザインという新しい領域も含まれる。だが彼は、新しい球種を生みだすことはつねになめらかな、直線的な経路をたどるわけではないことを学びつつある。

スプリングトレーニングに入って2週間後の3月7日、バウアーのスライダーに問題が起こっていた。

カブスとのナイターのオープン戦で、すでに5失点していたバウアーはセンターのアルバート・アルモーラにスライダーを投げた。ボールはあまり変化せずストライクゾーンの真ん中に向かっていった。アルモーラが打ったボールは3ランホームランになり、草の生えた斜面に落ちたボールをファンが争って取りにいった。バウアーは打たれた瞬間に自分の投球にうんざりして首を振った。

バウアーは自分自身とこの春のインディアンスに不満をためていた。衝突の要因のひとつは球団がエッジャートロニック・カメラに十分に投資していないことだった。バウアーによれば、多くの投手がいるのに、グッドイヤーにはカメラが1台しかなかった。ボディは3月12日のバウアーのつぎの登板を確認するために現地へ行き、エッジャートロニックをセンター後方に設置してバウアーの現状を知ろうとしたが、その動画は途切れがちで、ドライブラインでのようにバウアーにすぐにフィードバックすることができなかった。バウアーが自分のカメラで撮影すればいいと考える人もいるだろうが、以前スプリングトレーニングに彼の父が来て、外野から撮影したところ、あとで〝校長室〟に呼びだされてテリー・フランコーナ監督と話をすることになった。チーム内に、バウアーが施設をラボに変えようとしていると嫌がっているコーチがいたためだ。

バウアーの速球は153キロほどだ。カーブは鋭く曲がる。スプリングトレーニングの結果は悪くなく、29回1／3で5本のホームランを打たれていたもののチームトップの39三振を奪った。だが開幕が近づくにつれスライダーが横ではなく縦に曲がるようになっていた。しかもこの難点を元に戻すために必要な情報が手に入らなかった。3月22日、スプリングトレーニングの最後から2番目の登板では、サンディエゴ・パドレスのマニュエル・マーゴットにまたしても曲がらないスライダーをホームランにされた。

問題はそれだけではなかった。

「投球フォームが少し変わっていたんだ」とバウアーは言う。「フォームはシーズン中とオフで、身体の緩みや投球数の違いで変化する。スプリングトレーニングの序盤は、スライダーはよかった。なのに終盤になると身体の動きが変わった。それでスライダーが横に曲がらなくなったんだ」

3月終わり、インディアンスが機材をトラックに積みこんでシーズン開始に向けて北へ移動するころ、バウアーの投球はおかしな方向へ向かっていた。

4月に入り、バウアーはさらにスライダーに不満をためていた。試合後にロッカーの前に立ち、スマートフォンでスライダーの横の変化を確認するたびにさらに悪くなっていた。オフシーズンの計画は失敗に終わろうとしていた。開幕1カ月の成績はよかった（40回1／3で防御率2・45、46奪三振、16与四球）が、スライダーの改善が見られないことにイライラし、これでは成績を維持できないと不安になっていた。

4月1日には、スライダーの横の変化は平均17センチだった。4月7日の2度目の先発のロイヤルズ戦では15・7センチに、12日のデトロイト戦では11・4センチに落ちた。求めているのは25センチだ。比較的よい成績は収めていたものの、対戦していたチームのレベルは低かった。同一地区外との通算対戦成績が下から2番目のアメリカンリーグ中地区に所属し、しかもバウアーはそのなかでも強いチームと対戦していなかった。4月20日のボルチモア戦では、平均12・9センチだった。また打者をだますために、スライダーができるだけ長く速球と同じ平面に乗り、縦に変化しないことを求めていたのだが、8センチから10センチほども落ちていた。スライダーではなくカーブの劣化版のようだった。

インディアンスはエッジャートロニックを遠征には持っていかず、ホームでもときどき使う程度だった、とバウアーは言う。FOXスポーツTVのカメラがホームプレートの後方の設置場所を占領しているため、カメラが使えないこともあった。バウアーの記憶では球団から「テレビのクルーがいるから」と説明された。「おれの知ったことじゃない」と彼は言った。「テレビクルーにそこをどけと言ってくれ」

インディアンスの動画担当者はその機材の扱いがわかっておらず、その結果ブルペンでの投球がよく映っていないことも何度かあった。なにもかもがバウアーをいらつかせた。

そのカメラにはもうひとつの使いかたがあるのだが、インディアンスは十分に活用できていなかった。だがアストロズはすでに——そしてバウアーはそれよりも早くから——それを使っていた。情報収集だ。バウアーは自分だけでなく、野球界の優秀な投手を研究したかった。ミゲル・モンテロなど過去のチームメイトから受けた批判とは異なり、バウアーは自分がすでに答えを知っていると信じていなかった。いつでもよりよい情報や方法を探していた。同僚のコーリー・クルーバーとクレビンジャーのふたりは球界最高のスライダーの持ち主だった。バウアーは冬にスライダーを作りあげたとき、まえのシーズンに撮影しておいた彼らの握りを研究した。そして4月13日には研究したいもうひとりの投手が投げていた。トロント・ブルージェイズのマーカス・ストローマンだ。

ストローマンとバウアーはたがいに長いあいだ遠くから敬意を表していた。2012年のドラフトで1巡目指名を受けるまえから、ストローマンはバウアーを「ピッチング界のパイオニア」と呼んでいた。ストローマンはデューク大学の寮でバウアーのUCLA時代の先発の映像をよく見ていたという。バウアーはストローマンを、クリーブランド以外で見るのがいちばん好きな選手だと言っている。いまバウアーは彼が持つトップレベルのスライダーを手に入れたかった。

寒い4月の晩の試合開始前、バウアーは撮影スタッフとその責任者——白髪で勤勉な顔つきをしたボブ・チェスター——を探しだし、エッジャートロニックで確実にストローマンの動画を撮影するように頼んだ。だが初回、インディアンスのクレビンジャーの投球中には、ホームプレートの後方にある設置場所にはチェスターの姿もカメラも見えなかった。この先発の映像が撮れなかったら、バウアーは激怒するだろう。ようやく攻守交代中にエッジャートロニックが置かれ、チェスターが現れた。ストローマンの投球が始まるとき、チェスターはホームプレートの正面に置かれた三脚にカメラを設置して、それからどこかへ行った。ところが、カメラの前に障害物があった。バウアーがストローマンのスライダーをエッジャートロニックの画像で見られるのは、このときが唯一のチャンスだった。初回が終わったが、使いものになる画像はなかった。だがチェスターはミスに気づき、2回にもう一度そこへ行ってカメラをホームプレートの左に移し、遮るものなくストローマンが映るようにした。

これはおそらく、ピッチデザインの短い歴史のなかで最も大きな意味を持つ高速度カメラの移動だったかもしれない。

試合後、バウアーはすぐにそれに飛びついた。ストローマンの投球を毎秒数千フレームの速度でグローバルシャッターが詳細に捉えた11分51秒の動画だ。5月にその動画を著者（トラビス）に見せたバウアーは、ストローマンの右手を示した。

「親指が見えるよね」バウアーは言った。「はずれるのがとても早いんだ」

それが鍵だった。ストローマンの上半身が回転し、右手が振り抜かれるとき、まず親指がボールから離れる。人差し指と中指はリリースの直前まで接している。中指はボールの側面、人差し指はボールの後ろにある。バウアーは動画を一時停止した。

「中指はボールの前にこない。横をこするようにしているんだ」とバウアーは言った。「それから、人差し指が見えるのは、ボールが手から離れたあとになってからだ……人差し指はボールを［ストローマンの左へ］押している。それによってボールにさらに横回転がかかる。このビデオを見たときは、まだ手が後ろにあるときに親指を離す方法を考えなきゃと思ったよ」

2日後、バウアーは本拠地プログレッシブ・フィールドの地下深くに作られた、コンクリートの塹《ざん》壕《ごう》のような室内ブルペンで投球した。エッジャートロニックで練習を撮影した。最初の数球はほぼ完璧なジャイロボールになった。マグヌス効果をあまり受けないこの球は、彼が求めているものではなかった。人差し指と中指はボールに厚くかかりすぎで、親指がまだ邪魔をしていた。ボールから早く離すために、親指をボールの下に折り曲げてみた。これで回転軸が押し上げられ、横回転が多くなり横に変化するようになるだろう。だが試してみると、何球目かがすっぽ抜けてしまった。もし右バッターが打席に入っていたら頭部を直撃したかもしれない。ふたたび調整し、人差し指と中指がボールの側面に与える圧力を加え、8の字の縫い目の広い部分に沿わせた。進歩が見られた。軸が少し垂直に近づいた。だがまだ十分ではなかった。

バウアーはその後4度の先発で実験をつづけた。4月20日のボルチモアでの試合（横の変化は13センチ）、4月25日のリグレー・フィールドでのカブス戦（12・2センチ）、4月30日のホームでのレンジャーズ戦（13・7センチ）、5月5日のヤンキースタジアムでの試合（11・2センチ）。まだうまくいっていない。

5月11日のホームでのカンザスシティ戦の先発の前日、バッティング練習中に内野にボールを返球していたとき、バウアーはあることに気づいた。その年の冬から、スライダーを投げる多くの投手がするように、ボールの縫い目の〝馬蹄形〟の部分を中指で握っていたのだが、このときはツーシームとほぼ同じ握りで、ストローマンのように親指を折りこんで1球投げてみた。人差し指と中指を縫い目が平行に走る部分に置き、親指を折り曲げ、いつものように手首を固定した。

「なんだこりゃって思ったよ」とバウアーは回想する。「軸が変わっているのがはっきりわかった。ぼくはボール回収のカゴにボールを投げていた。2、3球軽く放っただけなのに、はっきり左に曲がっていたんだ……明日試してみようと決めたよ」

このグリップにより親指が邪魔にならなくなり、回転軸がより垂直になった。最後までボールに触れているのは人差し指で、こするようにして横回転を生みだす。これで求めていたジャイロ回転と横回転のミックスが得られた。完全に垂直な軸は不可能だということはわかっていた。自分に向かって60度に傾いた軸が彼の求めていたものだった。

試合で実験をする投手はほとんどいない。たいていはブルペンで行う。だがバウアーは大勢の観客の前で失敗することを苦にしない。低い閾値を持つことの利点のひとつだ。自分が正しいと信じることをして、他人がどう思うかを気にしない。もしコーチの言うことを聞いていつもそれに従っていたら、いまのようなキャリアは築けないだろうとバウアーは主張する。「それに、なんでコーチの話を聞かないという評判があるのかみんな疑問に思うだろうね」

5月11日、バウアーは新しい握りを2回と3回の2イニングで使った。スライダーは横に曲がった。試合後確認すると、1球は20センチ変化していた。彼は興奮したが、エッジャートロニックの動画は1イニング分しか撮られていないことがわかった。望みどおりの変化をしていたものの、それを検証することはできなかった。

「どこへ飛んでいくかわからないから、試合中に元に戻したんだ。ぼくは自己保存の本能に従っていた。まえの握りに戻すと投げやすかったけれど、そのデータは残っていない」

その先発は散々だった。4回2／3でヒット11本を浴び、5点を奪われた。だがそれは、おそらくそのシーズンで最も重要な先発登板になった。自分の望む変化が得られる握りがわかったのだから。

つぎの遠征先のデトロイトでバウアーはブルペンに入った。握りと回転軸が再現できた感触があった。だがブルペンでの投球練習を見ていた人々は改善されていることに気づいていなかった。「頭のなかは騒ぎが起こってたよ」とバウアーは言う。「自分ひとりのパーティだ。変化のデータが劇的に変わっていた」

新しいスライダーの握りに自信を深め、バウアーはデトロイトの本拠地コメリカ・パークでのデーゲームのマウンドに上がった。チーム再建中のタイガースのホームスタンドは空席が目立っていた。

初回2アウト、ニコラス・カステヤノスを打席に迎え、カウント2－2の場面でバウアーは新しい握りのスライダーを投げた。ホームプレートの後ろで、キャッチャーのロベルト・ペレスは外角低めに構えていた。投球はプレートに近づくにつれ左に曲がり、ペレスのミットに収まった。カステヤノスのバットは空を切った。2回には、タイガースのジョン・ヒックスにまた2ストライクでスライダーを投げた。またしても、スライダーはまっすぐにプレートに向かっていき、それから左に曲がった。ヒックスも空振りした。

バウアーがスライダーを求めていた理由のひとつはツーシーム・ファストボール、〝ラミナー・エクスプレス〟と組みあわせるためだった。どちらもほとんど上下に変化しないため、プレートに向かって飛ぶかなりのあいだ同じ軌道、つまりトンネルを通り、それから逆向きに平行に曲がるため、打者は対応できない。4回に、バウアーは2ストライクから153キロのツーシームを右打者のピート・コズマに投げた。ボールの回転軸により進行方向側になめらかな空気の流れができる。プレートに近づくと、ボールの後ろの空気の乱れにより急激に曲がり、ストライクゾーンの外角を通過する。外にはずれていると思って見送ったコズマは見逃し三振を喫する。

7回2アウトで、バウアーはまたヒックスを迎えた。カウント2－2で、バウアーはすばらしいスライダーを投げた。外角の速球と思わせる軌道で飛んでいき、外へ逸れる。ヒックスは空振り三振に倒れ、その回の攻撃は終了した。バウアーはいつもしていることのように、何気ない表情でマウンドを降りた。だがそれは見かけだけで、頭のなかでは祝杯を上げていた。おそらくバウアーのキャリア最高の先発だっただろう。8回4安打無失点、無四球、10奪三振。10個の三振はすべてスライダーの空振りかストライクゾーンの外から中へ入ってくるツーシームの見逃しだった。この日、バウアーは新しいスライダーを16球投げ、打者に8回空振りさせた。50パーセントという驚くべき空振り率は、バウアーのアウェイでの最高記録だ。

新しいスライダーの横への変化は平均して21・8センチ（8・6インチ）とほぼ望んだとおりで、それまでの6度の先発のおよそ2倍だった。またスライダーの重力による変化を含まない縦への変化

トレバー・バウアーの先発時のスライダーの横変化

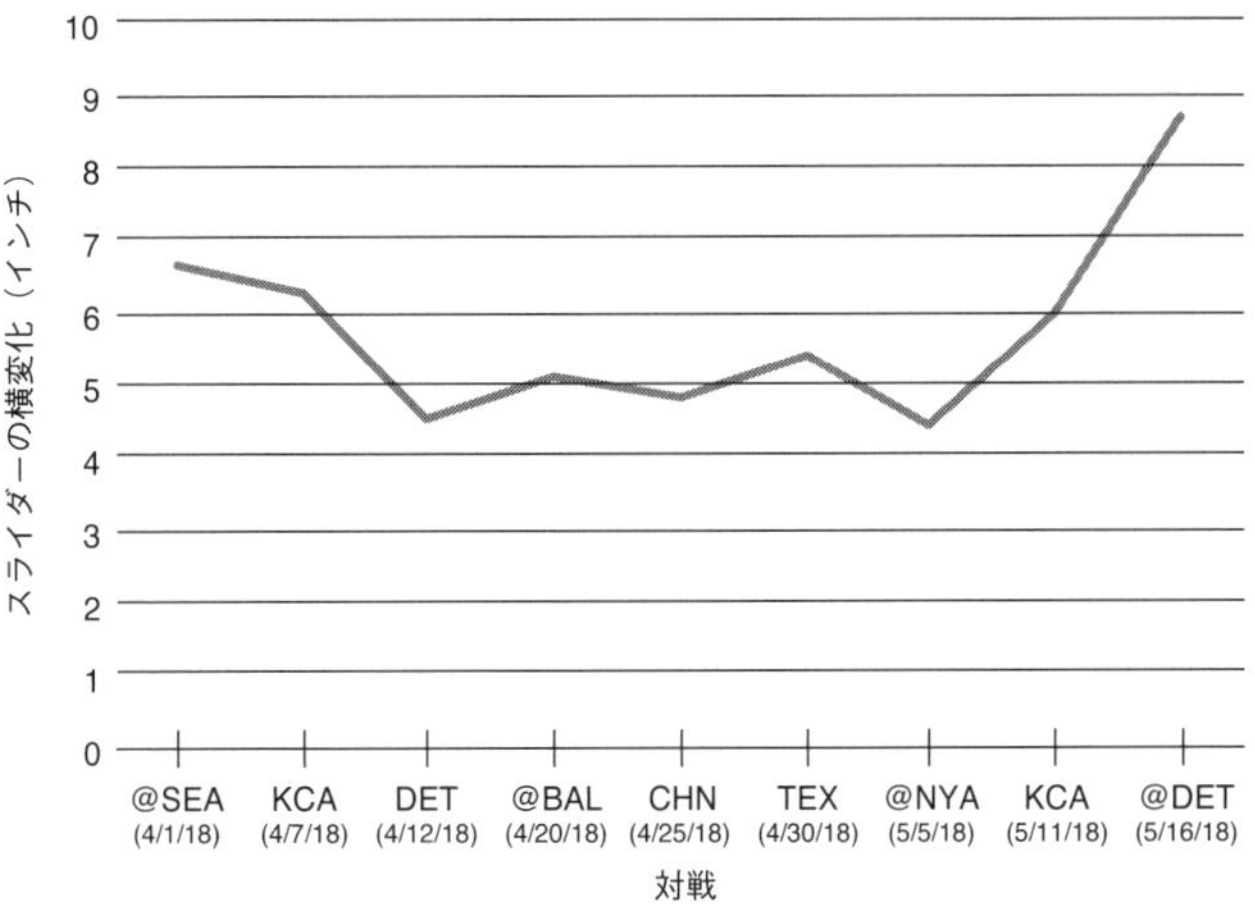

トレバー・バウアーの先発時のスライダーの縦変化

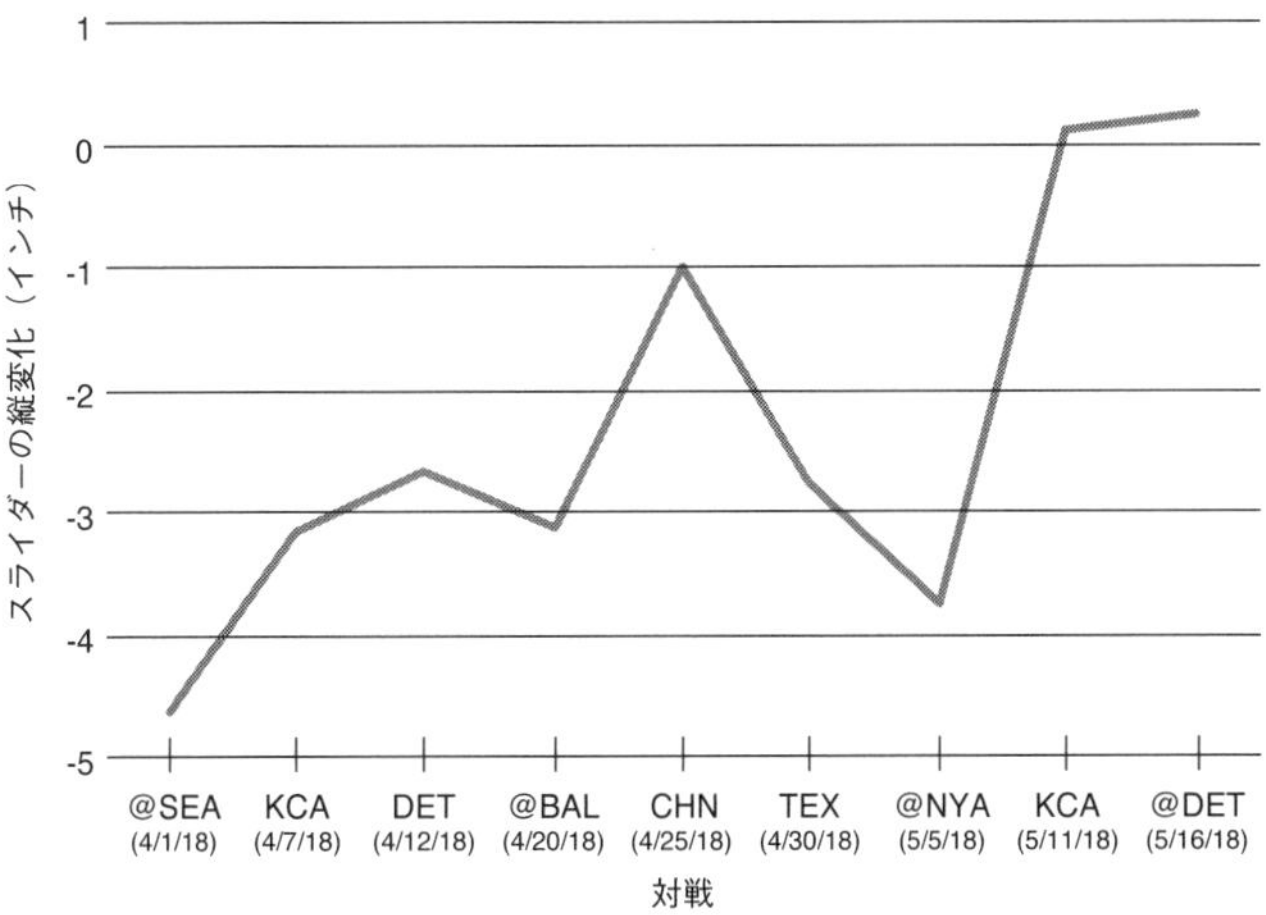

は平均して0・8センチ（0・3インチ）で、ほぼ完璧だった。

最初の9度の先発で、バウアーは防御率2・59、FIPは2・82だった。59イニングで67三振を奪い、打たれたヒットはわずか45本。しかも完全にコントロールできたと感じられたのは最後のアウェイ戦だけだった。彼は自分がなれると思っている最高の投手に近づいていた。

9

われわれはみな宇宙飛行士だ

パイロットは、能力や判断力を維持するためにはぎりぎりのところまで飛んでいく必要があると固く信じている。あるレベルでは、それはいい状態を保とうとするアスリートと同じだ。だがべつのレベルでは、それはパイロットにふさわしい資質の謎と、世界と自分自身に向かって力を誇示する、言うに言われぬ喜びに関係している。

――トム・ウルフ『ザ・ライト・スタッフ』

ライアン・プレスリーは、２０１８年7月27日にトレードされたメジャーリーガー６人のなかで、知名度は5番目だった。その日彼はアストロズに加入し、その後の道のりは大きく変化することになった。２００7年にレッドソックスからドラフト11巡目で指名されたプレスリーは、先発投手としてファームでもがいたのち、２０１2年に中継ぎに転向した。リリーフにまわるといくぶん成績は向上したが、ボストンの40人の登録選手枠には入れなかった。これにより、ひとつの球団に数年間所属しているが昇格できない選手を他球団が拾いあげるファームのフリーマーケット、ルール・ファイブ・ドラフトの対象となり、ツインズに獲得された。２０１3年にはメジャーに昇格し、その地位を保つだけの働きを見せたが目立つほどではなかった。プレスリーのＭＬＢ昇格以後の２０１3年から２０１７年までの5年間で、ＭＬＢのリリーフ投手は平均で防御率３・８０、プレスリーの防御率は３・８１だった。

プレスリーの２０１７年シーズンは開幕からひどい成績（18イニングで19失点）で、トリプルＡに降格した。２０１８年はそれよりもはるかによく、7月26日の時点で登板回数はメジャーリーグの最多まで1差に迫っていた。だがシーズン防御率は３・４０で、立派ではあるがずば抜けてはいなかった。この29歳の無名の右腕が、シーズン後半にすばらしい活躍をするとは誰にも予測できなかった。

トレードされたことでプレスリーは混乱したが、環境の変化には利点があった。ダラス生まれの彼はテキサス州に戻ることになった。また〈ファングラフス〉が算出するプレーオフ進出確率によれば、ポストシーズン進出の可能性は１・２パーセントから99・9パーセントに上がった。彼はボストンからヒューストンへ飛び、翌日から始まるテキサス・レンジャーズとの同州対決〝ローン・スター・シリーズ〟に間に合うように本拠地のミニッツメイド・パークに到着した。

クラブハウスで荷ほどきをして15分ほどで、プレスリーはミーティングに呼ばれた。出席者はアストロズのブレント・ストロム投手コーチ、ダグ・ホワイト・ブルペンコーチ、そしてフロントオフィスのデータアナリスト数人だった。アストロズには彼の投球を改善する計画があるのだとプレスリーは知った。アナリストたちはその詳細を説明しはじめた。「彼らはぼくを席に着かせ、ＸＹチャートとかさまざまなものを見せた」とプレスリーは言う。「まるでちがう言語で話しているようだった。ぼくは手を挙げて『何を投げて、何を投げてはいけないかだけ教えてほしい』と言ったよ」。彼らはプレスリーの左打者へのツーシームは効果がないが、カーブはすばらしい球だからもっと投げるようにと言った。またフォーシームを高めに投げ、スライダーを少し増やして速球の効果を高めるよう提案した。

アストロズに新たに加わったこの選手は、学ぶことに熱心だった。ツインズでは、「なぜ自分にはしっくりこないんだろう」と疑問を持ちながら過ごしていた。いま、その答えを提示する人々が現れた。しかもそれはほかでもないアストロズなのだ。前年にワールドシリーズを制覇し、現在のアメリカンリーグで最高の投手であるタイガースの元エース、ジャスティン・バーランダーなど、はるかに完成された投手を獲得し、さらに向上させてきた歴史がある球団だ。「うまくいくんだろうかと興味があったんだ。乗ってみよう。なにせ殿堂入り選手がいるチームなんだから」プレスリーはバーランダーの名前を挙げた。「彼は35歳にしてキャリア最高の年を送っていた。この球団の話をよく聞くべきだと思ったよ」

その晩、プレスリーは7回に登板した。最初に対戦したのはレンジャーズの二塁手、ルーグネッド・オドーアだった。プレスリーはアストロズの指示どおりに6球を投げた。フォーシームを4球(うち高めに3球)、カーブ1球、スライダー1球。オドーアは6球目のスライダーを引っ張り、打球は右翼フェンスを越えてホームランになった。「くそ、嘘をつかれたんだと思ったよ」プレスリーは回想する。「でも、もう少し様子を見ることにした」

プレスリーは計画に従った。2017年から2018年のツインズ時代のプレスリーは、左打者に対してシンカーを13パーセント投げていた。その期間に、左打者がその球を空振りしたのはわずか1度だった。アストロズに移籍すると、左打者へのシンカーは1パーセント未満になった。ツインズに所属していた2018年には、カーブは全投球の24パーセントだった。アストロズではそれが39パーセントに上がった。ヒューストンではフォーシームを高めに投げるようになり、スライダーの比率が上がった。「野球界ではおおむね、ある種のマッチョな感覚があって、男なら速球で押す、とか内角を攻める、なんて考えが生まれやすい」と、プレスリーをトレードで獲得したときアストロズのR&

Dディレクターだったマイク・ファストは言う。「ときには、たとえ自分のベストピッチじゃなくても速球を投げる、ということになってしまう。アストロズではしばらくまえから、『各投手のベストピッチを投げる』ことにしているんだ」。２０１７年と２０１８年の、アストロズ投手陣全体でのカーブとスライダーの割合は34パーセント以上に達する。これは史上最高の数字だ。２０１７年のリーグ優勝を決めるＡＬＣＳ第7戦で、チャーリー・モートンとランス・マッカラーズは１０８球のうち65球カーブを投げた。これは1試合でのカーブの比率として最高の数字だった。

プレスリーは新しい投球スタイルがうまくいくことを納得した瞬間を覚えている。8月31日のヒューストンでの試合で、彼は8回に登板し、この10年で最高の選手であるエンゼルスのセンターでＭＶＰを2度獲得しているマイク・トラウトと対戦した。初球は内角の速球。それから2球連続でスライダーを投げ、ファウルとボール。２－１のカウントで投げたカーブは物理学の法則に逆らうかのように内角から外角へ曲がり、ストライクゾーンに収まった。そして２－２でふたたびスライダー。カーブよりやや高めで、トラウトは手が出ずに三振に倒れた。トラウトは納得していた。打席に立ったままプロテクターを肘からはずし、ゆっくりと何度かうなずいて完敗を認めた。

「［アストロズの投手］コリン・マクヒューが試合後に寄ってきて、『マイク・トラウトがあんなことをするのははじめて見たよ』って言ったんだ」とプレスリーは言う。「これからすごいことになるぞ、ってね。常人離れした打者にああいう態度を取らせたんだから、これはうまくいくかもしれないと思ったね」

それが通用したのはマイク・トラウトに対してだけではなかった。その年の7月28日以降に20イニング以上投球したメジャーリーグのリリーフ投手１３０人のなかで、プレスリーは防御率4位（０・７７）、ＦＩＰは3位（１・４９）、ＯＢＰ（被出塁率）は3位（・１７９）、Ｋ－ＢＢ％（奪三振率－与四球率）は5位（34・5パーセント）、被wOBAは5位（・179）、ゴロ率は8位（60・4パーセント）、ソフトコンタクト率〔打球をその強さによって〝ハード〟、〝ミディアム〟、〝ソフト〟に分けた場合の〝ソフト〟の占める割合。投手の場合は、率が高いほど弱い当たりに抑えたことを示す。２０１８年のＭＬＢ平均は18・１パーセント〕は1位（31・3パーセント）だった。「彼はリーグに火をつけた」とアストロズの捕手マックス・スタッシは言う。

プレスリーは移籍後レギュラーシーズンの登板数はチーム1位の26回で、どれだけ重要な局面で登板したかを表すレバレッジ・インデックスでは、彼を上回ったのはシーズンの大半でクローザーを務めたヘクター・ロンドンだけだった。ポストシーズンでアストロズが戦った8試合のうち5試合に登板し、5イニングで1失点、7奪三振の成績だった。わずか1度のトレードと1度のミーティングで、プレスリーは球界最高のリリーフ投手のひとりになったのだ。

「もしシーズン前にこうなると言われたら、笑って部屋から追いだしただろうね」と彼は言う。

プレスリー獲得のために、アストロズはMLB.comの算出によると10番目と15番目の若手有望選手《プロスペクト》を手放した。それは小さくない犠牲だったが、翌２０１９年シーズンもゲーム終盤で登板する一流リリーフ投手を獲得することになった。「われわれが望む投球スタイルに合っていたんだ」アストロズのA・J・ヒンチ監督はトレード時に語った。プレスリーがアストロズのデータ分析で浮上したのは、回転数がずば抜けていたからだ。アストロズは２０１８年の全投球の平均回転数で2位のインディアンスを上回りメジャーリーグ1位だ。２０１８年の、カーブを１５０回以上投げた１３４人のうち、プレスリーの３２２５ｒｐｍを超える投手はいない（リーグ平均は２４９３ｒｐｍ）。プレスリーのスライダーとフォーシームもそれぞれの球種で最高レベルの回転数だ。２０１８年に球種によらず４００球以上投げた５０６人の投手のうち、プレスリーの全投球の平均回転数は最も高かった。

プレスリーはいまだに自分のボールがどうしてそれほど速い回転をするのか知らないが、アストロズから配球と高速回転を生かして3球種で攻めることを教わってからは、非常に打ちづらい投手になった。リリーフ投手がこれほど巧みに、頻繁に変化球を投げるのはあまりないことだ。２０１８年に30イニング以上投げたリリーフ投手は２５０人いる。そのうち全登板でスライダーと、さらにカーブをどちらも25パーセント以上投げたのはプレスリーだけだ。プレスリーのカーブはその回転のおかげで、アメリカンリーグで２００回以上カーブを投げた投手のうち、横の変化が2番目に大きい。１位はヒューストンのチームメイトであるモートンで、回転率はプレスリーについで2位だ。一方プレスリーのスライダーは、ある定義によればメジャーリーグで最も打てない球だ。低めに集め、２ストライクでの投球を増やしたことで、およそ3度に1度は空振りを奪える武器に変わった——これは２０１８年に２００回以上投球された全球種のなかで最高の数字だ。彼の速球は１００マイル（約１６１キロ）に迫る１５６キロほどだが、それもつけたしにすぎないように思える。

シンカーを球種から削り、残りの球を29パーセントから39パーセントの割合で投げ分けることで、プレスリーは打者に球種を読ませ、そしてしばしば読みをはずすことができる。プレスリーと対戦したヒューストンの打者は、高めの速球は浮きあがるように見えるし、変化球は速球と同じように見えるから、判断できるのは手遅れになってからだと言った。「彼らは『どの球種もそっくり同じように見えて、それからちがう経路をたどるんだ。どれにも絞れないんだよ』と言っていたよ」とプレスリーは言う。

プレスリーは以前から回転数が高かった。アストロズがしたのは、ほかの球団に先駆けて、すでに能力を示している投手を集めたということだけだ。その戦略は『マネー・ボール』のころのアスレチックスがＯＢＰを重視したのと基本的には同じことだ。だがプレスリーがこれほど打ちづらい投手である理由は、回転率だけではなかった。彼が「まるで異なるレベル」に達することができたのは、アストロズの要請で投球を修正したからだ。プレスリーにとってヒューストンへの移籍は、ハリー・ポッターがホグワーツに入学したようなものだった。そこではじめて自分の力に気づき、それを使うよう促され、本来の自分になれたのだ。

プレスリーはチームメイトの言葉より、行動から多くを学んだ。「彼らはストライクゾーンの高めに投げていた。そして速球のような軌道から変化するカーブを投げているのがよくわかった」とプレスリーは言う。「それでピンときた。ぼくも同じ球を持っているんだ。彼らが成功しているなら、って」。ブルペンで見たつぎつぎに空を切るバットのイメージが、どのアナリストが見せるグラフよりもよく理解させてくれた。「それはアストロズの思考法なんだ。あのチームにはほかとはちがうマインドセットがある」

マインドセットとは心理学の概念で、それを紹介するTEDトークの動画もある。すでに述べたように、スタンフォード大学の心理学教授キャロル・ドゥエックは実績を上げられる人と上げられない人の差は態度の違いにあると説明し、〝マインドセット〟という言葉をビジネス界で流行させた。「自分の才能は（勤勉さや適切な戦略、他者から学ぶことで）伸ばすことができると信じている個人は成長マインドセットを持っている」と彼女は書いている。「彼らは（才能とはもともと備わった贈り物だと考えている）硬直マインドセットの持ち主より概して多くのことをなしとげる」[1]。アストロズは成長マインドセットを持つ選手を高く評価し、またほかのどの球団よりもそれを実践している。それはトップレベルの成績を収めている人でも、未開発の才能が眠っているということを示す野球界で最高の実例だ。

２００９年から２０１４年のあいだに、アストロズは３８２勝しかしていない。これはつぎに勝利数の少ないチームに47勝差をつけられた最下位だ。その6シーズンは、絶望の度合いの異なるふたつの期間に分けられる。２００9年から２０１１年までは、勝利数は下から4番目で、この間の通算勝率は・４２４と、悪いものの最悪とまではいえない成績だ。だが２０１２年から２０１４年の通算勝利数は他チームに24勝差をつけられた圧倒的な最下位で、勝率はわずか・３６２だ。このうち最初の期間は、ドレイトン・マクレーンがオーナー、ゼネラルマネージャーはエド・ウェイドだった。あとの期間は造船業と運送業で財を築いた億万長者の実業家である新オーナーのジム・クレインと、彼が２０１１年12月にゼネラルマネージャーに任命した元カージナルスの球団幹部ジェフ・ルーノウという体制だ。

前体制はチームの高齢化を放置し、メジャーには優秀な選手が少なく、ファームは機能していない状態でルーノウに引きついだ。２０１１年、アストロズは56勝１０６敗という圧倒的最下位でシーズンを終え、『ベースボール・アメリカ』のマイナー組織に対する評価では26位だった。アストロズには競争力も将来性もなかった。そこでルーノウは思いきった改革をすることにした。ロースターを刷新し、有望選手を集めるために大きく負け越すことを許容した。出場した選手は毎試合全力を尽くしたが、フロントオフィスが短期的に目指していたのは勝たないことだった。

ルーノウの初年度、アストロズは目にあまる有様だった。そして、誰も見ていなかった。２０１３年から２０１４年には、試合の視聴率が０・０を記録することがあった。つまり、ニールセン社の視聴率調査の参加者には、アストロズの試合を観るほどマゾヒスティックな家庭がまったくない日もあったわけだ。２０１３年の開幕までに、ルーノウはチームの給与総額を２６１０万ドルに抑えた。これは過去5年で25人のアクティブ・ロースターに1球団が払った金額として最小だった。その年はシーズン51勝と最低の結果だった。当時のアストロズの試合で最も記憶に残る象徴的な出来事は、

2012年8月のナショナルズ戦の延長で、バントをきっかけにふたつの悪送球が出て、ふたりの野手が交錯する、まるでキーストン・コップスの喜劇のようなドタバタぶりで失点したことだった。この試合を含む期間に、チームは4勝34敗という、1916年以降最悪の負け越しを喫している。

再建中に成績が悪化したチームはこれまでにも多かったが、あえてそうした極端な戦略をとったチームはほとんどなかった。ルーノウとクレインはMLB版のマシュマロ実験に合格したわけだ。それはやはりスタンフォード大学の心理学部門による実験で、長期的な利益のために短期的な満足を拒絶できるかどうかを試すものだ。マイナーレベルのプレーや、メジャーリーグの球団数が拡張されて以来3年間の成績での60年代のメッツに次ぐ悪さ、そして2013年のシーズン終盤の15連敗に耐えられたのはそのためだ。だが同時に、ドラフトでは上位指名権を手に入れ、ベテランとのトレードで若手有望選手を獲得し、浮いた資金でアマチュアとの契約をし、将来に備えることができた。アストロズの妥協なき再建は容赦ない、一貫した意思表示だった。チームの強化のためとはいえ、ときに応援するのが難しくもなった。また彼らはそれと同じ精神で、凝りかたまった野球界の思考に挑戦した。たとえ人的な犠牲を払うことになるとしても。

まさに計画どおりに、アストロズは野球界で最も豊富な才能を揃え、数年の低迷から抜けだした。2015年にはワイルドカードで10年ぶりにプレーオフに出場した。2017年には球団史上はじめてワールドシリーズを制覇し、しかも『ベースボール・アメリカ』によるマイナー組織への評価は3位になった。およそ6年で、アストロズは野球界で最低のチームから、最高レベルのマイナー組織を持つ野球界最高のチームに変貌を遂げた。

2015年から2018年までに、アストロズはアメリカンリーグで最多の374勝を挙げた。2017年から2018年ではメジャー最多の204勝だ。2018年のチームはレギュラーシーズンで103勝〝しか〟できなかったが、いくつかの数値では過去10年で最強のチームのひとつだ。2018年の得失点差（＋263）は1954年以降3番目の数字で、1998年のヤンキースと2001年のマリナーズという、シーズン勝ち星の史上3位に入る2チームに劣るのみだ。またこの年のチームはピタゴラス勝率（あるチームの総得点、総失点、リーグ全体の得点状況を基に、そのチームが本来何勝する〝はず〟だったかを計算したもの）で・679を記録している。これは第二次世界大戦以降で2番目の数字だ。ALCSではレッドソックスに第5戦まで戦って敗れたが、シリーズ通算のヒット数では上回っていた。

アストロズがチーム力を下げることで得たドラフト上位指名権の成果のひとり、アレックス・ブレグマンは2018年にはチームで最高の選手になった。2012年の全体1位指名選手、ショートのカルロス・コレアは2016年、2017年にチーム2番手の、2015年にはチーム3番手の選手だった。アストロズの暗黒時代を終わらせた2015年のチームの序列上位4選手のうち残りの3人、ホセ・アルトゥーベ、ジョージ・スプリンガー、そしてダラス・カイケルはルーノウ体制になるまえに加入している。こうした中心選手だけを見ると、アストロズがなしとげたことは少数のスター候補を引きつぎ、多くを捨て、成果を得るというごく単純なことに思える。だが残留した若手有望選手（彼らはずっと期待の星だったわけではない）もドラフト上位指名選手も、交換可能な資源ではなかった。アストロズは彼らに頼るのではなく、ルーノウの前任者から残された選手と、チーム状況が改善すればいずれ出ていくことになるドラフト上位のすぐに使える選手の両方のなかから、自立した、長く活躍できる選手を見つけ、育成するための手法を植えつけたのだ。

その結果、アストロズはメジャー以上にマイナーで圧倒的な成績を収めた。最後に全体1位指名をしてから4年後の2018年には、アストロズの投手陣はMLBからショートシーズンAまでの6つのカテゴリーで、奪三振率が各リーグのトップだった（7番目のルーキーリーグでは2位）。それらマイナーリーグの上位5カテゴリーを合わせて、アストロズの投手陣は対戦した打者の26・5パーセントを三振に打ち取った。2位のヤンキースとの差（2・4パーセント）は、ヤンキースと19位の球団との差に等しい。さらにヒューストンには、数値を向上させるベテラン投手も少なかった。ルーキーリーグからトリプルAまでのマイナーリーグ投手の、投球回数ごとの平均年齢は22・9歳で、メジャーリーグ全体で3番目、アメリカンリーグでは最も若かった。一方でルーキーリーグを除く打者は年齢の若さでは8位、三振に対する四球の比率で2位、そして、打者有利な球場ではないにもかかわらず、本塁打率で4位だった。本塁打率上位の3球団は、マイナーからメジャーまでの本拠地のうち、少なくともひとつが狭いか、標高が高く、飛距離の出やすい球場だった。そして勝率では、アストロズはルーキーリーグ（・585）、ショートシーズンA（・587）、ローA（・589）、ハイA（・592）の合計で全球団トップだ。

それを達成した方法も効果的だった。他球団から得られたトラックマンのデータによると、アストロズの打者は引っ張った打球の割合とゴロ以外の割合がマイナーリーグ首位で、さらに打球速度が95マイル（時速約152・9キロ）以上の割合は7位だった。それだけ強打を狙いながらも、ボールを振る割合は下から3番目で、平均以上のコンタクト率を維持していた。投手部門では、アストロズは速球の球速、変化球の回転数、緩急をつけるための遅い球の割合、フォーシームがストライクゾーンの高め3分の1に投げられる割合、「空振り／スイング」でマイナーリーグ1位、さらにポップフライを打たせた割合は3位だった。今日の野球界でデータ主動の育成に関するさまざまな傾向を挙げれば、アストロズはそのどれでも、メジャーリーグ・レベルでその先頭か先頭グループにいるだけでなく、トリプルAからドミニカン・サマーリーグまで、現在の一軍選手たちに取って代わることができる選手を擁している。

　2012年の夏、バント処理の失敗があった試合の数日後、ルーノウはアストロズのシーズンチケット保有者に手紙を書いた。「安定した戦力を持つために、アストロズはワールドクラスのスカウティングとファーム・システムを築かなくてはなりません」と、その手紙には書かれていた。「スカウティングと選手育成を通じて、われわれは勝てる選手を生みだし、保持しつづけられるでしょう。これらの分野で優る球団が野球界のチャンピオンになる傾向があります」。その5年後、アストロズはワールドシリーズを制覇し、その言葉が正しかったことを証明した。そしてそのころには、アストロズのスカウティングと選手育成は、かつてどんなチームにもなかったようなものになっていた。


　新しい選手育成の方法を採りいれた多くの球団と同じように、アストロズを率いたのも生涯の野球人ではなかった。ルーノウは大手コンサルタント会社マッキンゼーに務めたのち、セントルイス・カージナルスのオーナー、ビル・デウィット・ジュニアにより、セイバーメトリクスへの対応のため、スカウト部長として雇われた。『マネー・ボール』の信奉者でルーノウが2005年に雇い、できたばかりのデータ分析部門を任せたシグ・マイデルは、かつてブラックジャックのディーラーをしており、多くの学位を持ち、ロッキード・マーティン社やNASAで働いていた人物だ。マイデルが苦労して集めた大学野球の統計データに基づくアマチュア選手への評価によって、カージナルスはその後数年、他球団よりも多くのドラフト指名選手がメジャーに昇格した。その多くは下位指名の選手だった。

　ルーノウはセントルイスの選手育成過程の責任者だったが、彼とマイデルは育成にはドラフトほど介入しなかった。「のちにヒューストンに移籍したあとと比べれば、選手育成には努力やエネルギーを注いでいなかった」とマイデルは言う。「わたしたちは参加者ではなく観察者だった」

ルーノウはヒューストンに移籍したときマイデルをアストロズの意思決定科学ディレクターとして連れていった（アストロズは職員の肩書きに関しても他球団と一風変わっている）。マイデルは自作のドラフト・モデルを作りなおし、それを使ってカージナルス時代のモデルでも過小評価されていた選手をあぶり出そうとした。だがすぐに、他球団も追いついてきたことが明らかになった。マイデルのモデルで好まれる選手は、以前よりも他球団にすでに引き抜かれていることが増えた。アストロズがドラフト5巡目で指名できるだろうと考えている選手が2巡目か3巡目で名前を呼ばれ、以前ならば10巡目から15巡目くらいで指名できた隠し球が、もっと早い巡目で消えた。「いまから思えば無知だった」とマイデルは言う。「ドラフトでの優位はあと数年維持できると考えていたんだが、イノベーションが予想外に早く広まっていたんだ……2005年から2010年には数球団しかしていなかったことが、いまは当たり前のことになっている」

アストロズのドラフトでの優位がなくなってくると、フロントオフィスはふたたび、あまり開拓されていない分野に努力を振り向けた。「成長マインドセットを持った組織は、リスクが現実化することもあるとわかったうえで適切なリスクを取ることを促す」とドゥエックは書いている。アストロズはそうした組織のひとつだった。「ジェフの下で働いていると、いつもイノベーションや、改善をもたらす新しいものを探すという文化がある」とマイデルは言う。「駄目なアイデアを出したり、人騒がせな間違いをしても構わない。おそらく、そうした文化が選手育成に向かわせたんだろう」

アストロズがデータに基づく選手育成に本腰を入れ、すばらしい成功をつぎつぎに収めはじめたのは2013年のことだが、それを加速させた要因のひとつは、2012年にマイク・ファストをフロントオフィスのアナリストとして採用したことだった。物理学の学位を持つ技術者のファストは個人的なブログで２００７年から野球のデータ分析を始め、その後セイバーメトリクスに基づいたウェブサイトのなかでも注目を集めるようになっていった。PITCHf/x分析の草分けとして各球団の関心を引き、〈ベースボール・プロスペクタス〉に２０１１年9月にフレーミングの効果を決定的に証明した記事に対して、とりわけ大きな反響が出ると、アストロズは彼を引き抜いた。

ファストがはじめにテクノロジーを使った選手育成の可能性に行き当たったのは２００８年のことだった。〈スタット・スピーク〉という野球の分析サイトの記事に、ＢＡＢＩＰの数値を抑えようとしていたブライアン・バニスターがコメントをつけたことがあった。ファストはそれに対する解説を3回にわたって投稿した。バニスターは3本目の投稿に長いコメントを残してファストを讃え、その後メールを送り、どうすれば被本塁打を減らせるかを質問した。ファストは27時間かけてデータを調べ、50点近いグラフを添付した15ページにわたるＰＤＦファイルを作成した。その文書の最後では、自分の仕事の限界を認めつつ、いくつかの方法を勧めていた。「最も効果的な方法はさまざまなツールを組みあわせることだと思う。投手自身の直感とか、伝統的なスカウティングや動画など。そしてPITCHf/xの軌道の情報にクエリを実行してデータを抽出し、フィードバックの頻度を上げる」と、ファストの報告書は結論づけていた。そこに書かれた方法にはチームに直接関わる立場でなければ実行できないものも含まれていたが、4年後にはそうした立場を手に入れた。

球団に所属すると、ファストはコーチや選手と協力し、自分の考えを現場に伝えていった。「入団して選手育成の目標を確認したとき、これでは無理だろうと思ったよ。たとえば〝コントロールを高める〟とか。投手がシーズンオフにコントロールを高めるにはどうしたらいい？　必要なのはドリルだ。そして、上達の過程を知る方法がなくてはならない」とファストは言う。ブランチ・リッキーはこのことを理解していた。監督は改善法を伝えずに選手のミスを批判してはならない。「三振が多すぎると若手に伝えるだけでは不充分だ——そんなことは本人も監督と同じくらいよくわかっている」と、リッキーの部下だったフレスコ・トンプソンは書いている。「必要なのは三振数を減らす方法を教えることだ」

クレイグ・ライトとジム・サンドバーグの例と同じように、最初にブレイクスルーを果たしたのは捕手だった。2008年のドラフトで1巡目指名したジェイソン・カストロだ。カストロは2012年にメジャー昇格してヒットを量産し、シーズン終わりまで捕手として多くの出場機会を手に入れた。だが守備には大きな難点があり、捕手が原因となった失点が多かった。とりわけフレーミングは平均以下だった。

ファストが以前に行った調査に基づき、欠点を克服するための取り組みが始まった。2013年の春、彼とカストロ、そしてコーチのダン・ラディソンは毎日午前中にミーティングで動画を確認し、統計データで劣っているとみなされたキャッチングを改善するべく、カストロの技術を高めた。この頻繁なフィードバックが実を結んだ。〈ベースボール・プロスペクタス〉によれば、カストロのフレーミング技術は2012年には平均をかなり下回っていたが、2013年には平均になり、2014年は平均をかなり上回った。メジャーリーグで控えとして出場した最初の2年間で、アストロズは彼の守備で24点多く失点しており、代替可能選手に劣る選手だった。だがその後の4年では41点の失点を防いだ。カストロはフリーエージェントで退団したが、そのまえに自分が学んだことを控えのスタッシに伝えた。スタッシは入団以来、ずば抜けて捕球が上手いわけではなかったが、カストロとの出会いによって、フレーミングを高められると確信した。「教えてくれたのは彼がはじめてだった。あらゆることを知っていたよ」とスタッシは言う。2018年、スタッシはフレーミングによって14点を防いだ。これはわずか64試合の先発にもかかわらずアメリカンリーグ1位の数字だ。

つぎの成功は翌年だった。アルトゥーベは2012年、フルシーズン出場した最初の年にオールスターに選ばれているが、そのときでもリーグの平均的な打者にすぎなかった。22歳でチームの顔とみなされていたが、それはひどいチーム状況にあるアストロズで誰かが代表選手にならなくてはならなかったからだ。翌シーズン、彼の打撃は後退した。小柄で、ベネズエラからわずか1万5000ドルの契約で出てきたアルトゥーベは、ずば抜けた若手有望株とは考えられていなかった。メジャーへの昇格でその評価を覆し、スカウトたちを驚かせたものの、165センチそこその身長ではパワーの限界につき当たっていた。メジャーリーグでの1500打席以上で、長打率はわずか・377だった。

2013年から2014年のオフシーズン、彼はチームとともによりパワーを高める取り組みをした。「打撃コーチのジョン・マレーだった」とファストは言う。「そしてそれは、ボールを打ちあげることの価値に関してわたしが（質問に答えて）共有したデータに基づくものだった。彼はアルトゥーベにもっと手前でボールを叩くようにと言い、そのための踏み込みに慣れるまで、レギュラーシーズンのースイングの改造を手助けした」。アルトゥーベはスプリングトレーニングで不振に陥り、新しいスイングの改造を手助けした」。アルトゥーベの最初の23試合ホームランがなく、4月末には長打率はまだ・370台にとどまっていた。だがその後、新しいスイングがうまくはまった。それ以降は打率・355、長打率は・471で、首位打者のタイトルを獲得し、安打数も1位、二塁打の数は3位だった。彼はその後ホームランを倍増させ、2017年にはMVPに選ばれた。

アルトゥーベがスイング改造をしていた年の冬、アストロズは当時26歳、ロッキーズで先発中継ぎ両方をこなしていたコリン・マクヒューを高く評価していた。彼は2012年から2013年にメッツとロッキーズに所属し、MLBで47回1／3を投げ、50失点していた。「またしてもひどいシーズンだ……マクヒューがメジャーリーグで通用するのかを問うべき時期に来ている」と、〈ベースボール・プロスペクタス〉の年鑑には書かれている。アストロズはその問いに「十分通用する」という答えを出した。一般には知られていなかったが、マクヒューは回転数の多いカーブがあるにもかかわらずシンカーを投げすぎていた。アストロズはウェーバーで彼を獲得し、シンカーを捨ててカーブを増やすように伝え、先発ローテーションの一角に据えた。防御率は2・73で1イニングに1人以上を三振に取り、新人王投票では4位だった。翌年には、サイ・ヤング賞の投票で彼に下位票を投じる記者もいた。

1年も経たずに、カストロ、アルトゥーベ、マクヒューの3人がアストロズの育成の方向性が正しいことを強烈に証明してみせた。彼らはそれまで3人とも代替可能選手（トリプルAから昇格したばかりの控え選手）にも劣るか、縁の下の力持ちタイプの選手だった。さらに心強いことに、プレー改造は守備や打撃、投球と、あらゆる面で効果をもたらした。こうした初期の成果から考えると、アストロズに最適化できない部分はなかった。

アストロズの選手育成は順調に成功しつづけたわけではなかった。こうした初期の成功例のあいだに、球団は才能ある選手を育てるうえでふたつの大きな失敗をしている。

J・D・マルティネスはアルトゥーベと同時期の2011年にメジャーへ昇格し、2011年から2013年の3年間で、アルトゥーベと長打率は・010しか変わらなかった。2014年のスプリングトレーニングにやってきたとき、自分は生まれ変わったと主張したが、アストロズはそれを証明する機会を与えなかった。同じ年のうちに解雇されることになるボー・ポーター監督のもと、マルティネスはスプリングトレーニング14試合で18打席しか与えられないまま放出された。

とはいえ、マルティネスのその後の成長を見抜けるチームがほかにあったわけではない。彼はタイガースとマイナー契約を交わし、トリプルAに送られ、そこで17試合に出場し10本塁打を放ったあと、ようやくメジャーに昇格した。だが、アストロズはどの球団よりもよく知っているはずの選手を大幅に過小評価していた。「おそらく野球界最高の打者を放出して、しかもその選手を40人枠に入れるチームがひとつもなかったなんて、いかにわれわれの知りうることが限られているかというい い例だね」とマイデルは言う。「彼が積みあげた実績が、そのまま教訓の大きさになる」

信じられないことに、アストロズは同じシーズンに、それよりもさらに大きな失敗を犯している。2012年のアストロズで消えることのない圧倒的な不名誉は、先発右腕として期待したドラフト全体1位指名のマーク・アペルだ。アペルは身長195センチのヒューストン生まれで、スタンフォード大学4年時には防御率は2・12を記録した。9イニングあたり奪った三振は11個。ところが翌シーズン、ハイAのランカスターでは44回1／3で51失点し、9本塁打を打たれた。その翌年それなりの成績を挙げると、アストロズは2015年12月にフィリーズのクローザー、ケン・ジャイルズとの複数選手のトレードに出した。そのころにはアペルの株は下落し、トレードの目玉ですらなくなっていた。それからトリプルAで2シーズン過ごしたが成績は変わりばえせず、結局2018年に引退し、怪我に苦しんだスティーブ・チルコット（1966年）とブライアン・テイラー（1991年）について、ドラフト全体1位指名でメジャー昇格できなかった3人目の選手となった。

フロントオフィスの側から見ると、アペルが思ったように成長しなかったのは情報伝達の不備によるものだ。「球団内のコーチも世話役も特別補佐もひとり残らず、アペルのどこがよくないのかについて、技術面や精神面、あるいはそれ以外の何かに関してそれぞれ異なる意見を持っていたことも一因だろう」と、あるアストロズ関係者は言う。「そしてランカスターでもがいていたとき、彼は自分の欠点についての相反するアドバイスをなんでも取りいれていた」。アストロズはブランチ・リッキーがドジャータウンを計画していたときに解決しようとしていたのと同じ問題に突きあたっていた。「みんなバラバラのことを言っていた」とアペルは認める。「自分でもそのことを考えていた。ずっと『もしあのコーチにあれを言われてなければ……』と思っていた」

アストロズはこのふたつの失敗に学んだ。マルティネスの元の評価に固執したことから、選手の真の才能をすばやく判断し、向上が見られたときにはその判断を変更するテクノロジーの必要性が浮かびあがった。ファストはアペルについてこう語っている。「あの失敗が、翌年のスプリングトレーニングでの投手育成計画のきっかけになった。トラックマンのデータを使い、マイナーの全投手の前でフロントオフィスの人員が説明した」

チームのメディアガイドによれば、ルーノウ体制以前のアストロズでは、2011年のスプリングトレーニングでの選手育成スタッフは監督、コーチ、フロントオフィスの選手育成担当を含めて51人と、ちょうど平均的な規模だった。それが2015年の春には、球界全体での選手育成部門の急成長を反映して78人になった。2011年の春から2018年のあいだにMLB球団の選手育成担当スタッフの平均人数は、2011年の51人から2018年の77人へと51パーセント増加した（予算潤沢なヤンキースが全球団最多で、2018年には選手育成部門のスタッフ102人を抱えている）。総員は増えつづけている。

アストロズが2015年に育成コーチのポジションを創設し、人員を拡大すると、他球団もそれに倣った。育成コーチは既存のコーチの役割を代わりに担うものではない。マイナーリーグのコーチに与えられるデータが増えすぎたため、それを扱うために作られた追加のポジションだ。この新しいコーチは、「従来のコーチよりもよりテクノロジーに詳しく、数字に強い。打撃練習で球を投げることもできるし、SQLのクエリを書くこともできる」とマイデルは言う。

アストロズの従来からのコーチはすでに手一杯で、仕事をさらに増やすことはできなかった。「投手コーチはたいてい午後3時か4時にぶらぶらと球場に入って投球練習に入る」とアストロズの元スカウトは言う。「ところがアストロズの投手コーチは午前9時か10時には球場に来て、動画や指導する部屋の準備をする。彼らはずいぶん働いてる。コーチはこれからそうなっていくだろうね。5年で9割が離脱し、残った者がようやく一人前になる」

野球界全体で、各チームがますます旧来の教条にとらわれない育成を重視していることを反映して、コーチの顔ぶれは変わってきた。マリナーズの選手育成ディレクター、アンディ・マッケイは語る。「2018年現在、コーチとしての最大の武器は選手としての実績ではなく、好奇心を持ち、利用可能なすべての情報を利用するために欠かせない成長マインドセットだ……だから、もう何十年も面接ではまっさきにどこでプレーしていたかと聞かれたけれど、いまではそれが、どれだけの知識があるかという質問に変わりつつある」

この変化はファームにとどまらない。かつてメジャーリーグのコーチは、スタッフの人選をする監督の仲間が多かった。今日の育成を重視するフロントオフィスは、選手たちが下のレベルからずっと聞いてきたメッセージの一貫性を損なわないように、監督に人選を任せないようになっている。「若くて有望な選手ばかりの球団は、メジャーまで一貫した育成をしたい。だから打撃コーチや投手コーチに、実際に選手を指導させたいと考えているんだ」と、あるアストロズ関係者は言う。「それはメジャーリーグの標準からしたら、かなり急進的な考えかただ」

MLBでスタッフが増えているのは選手育成部門だけではない。2019年初頭の段階で、従来の標準的な6人(ベンチコーチ、打撃コーチ、投手コーチ、一塁、三塁ベースコーチ、ブルペンコーチ)

に加えて、30球団のメジャーリーグに合計で80人のコーチが所属し、さらに25人のアシスタント打撃コーチ、6人のアシスタント投手コーチ、そして守備や体調管理のコーチが数人いる（ドジャース、ホワイトソックス、エンゼルス――最新の情報に通じ、ツイッターで注目されたコーチを雇った球団だ――などでは、打撃コーチが3人いる）。MLB選手の年俸が450万ドルに上昇していることを思えば、各チームがはるかに少額の投資で的確なスタッフを雇い、選手たちの持てる可能性を発揮させようとするのはまったく理に適ったことだ。「なかには、情報を遮断するフィルターになろうとするコーチもいる。『そんなものを選手に見せちゃ駄目だ。頭を混乱させてしまう』と言って」とファストは言う。「それから、データを恐れず、『これは本当に役立つ。この点で改善できるように選手にドリルを用意しよう』というコーチもいる。価値があるのは後者だ」

進歩的なチームが若く経験の浅い監督を招くのは偶然ではない。現役を引退したばかりの監督は若い選手との関係を築きやすいということもあるし、またフロントオフィスが打順や投手交代など試合中の戦術を決定したいということもある。経歴の長い監督は、そうした部分は自分の領域だと思っている。だが理由はそれだけではなく、アストロズの関係者によれば、フロントオフィスが選んだコーチを任命できるようにする方法のひとつは、「仲のいいコーチ仲間が少なく、自分の部下として雇うコーチが少なく、フロントオフィスがコーチを好きなように指名できる監督を雇うこと」だ。

プレスリーが以前に所属していたミネソタ・ツインズは、近年の有益な実例だ。フロントオフィスはプレスリーのカーブの威力を知っていた。プレスリーがツインズにいるあいだに改善できなかったことは、「とても厳しい教訓になった」と、野球運営ディレクターのダニエル・アドラーはスポーツウェブサイト〈ジ・アスレティック〉で10月に語った。

2018年シーズンの終わりに、ツインズは62歳のポール・モリター監督を解雇し、ほとんどのスタッフを放出した。「判断を変えるべきだと感じた。若い選手に対する方法やスタイルを変えることは、球団にとって利益になるかもしれない」と、ファルビーは記者会見で語った。そして「最善の人的資源や手法を（若い選手の）周辺に置く」必要性について指摘した。数週間後、ファルビーはレイズから37歳の新人監督ロッコ・バルデッリを引き抜いた。「彼は情報や、それを使って選手に影響を与える方法を理解しているだけでなく、情報の必要性を選手に言って聞かせることができる」とファルビーは言う。

アストロズも同じ問題と闘っていた。２０１４年に、当時のボー・ポーター監督はアペルが自分の許可なくヒューストンに呼ばれ、ブレント・ストロム投手コーチのもとでブルペンでの投球練習をしていたことでルーノウに不満を漏らしていた。いくぶん頑なところがあり、自分の権威に逆らうものをよく思わないポーターは、ストロムが自分ではなくフロントオフィスの指示に従っていることに憤慨していた。そのシーズン終盤に、ルーノウはポーターを解雇して〈テキサス・ベースボール・ランチ〉で長く指導していたストロムを残すことで、何を大切にしているかを明確にした。また、それは十分な理由のあることだった。元メジャーリーグの投手で、70歳のいまはメジャーリーグで最年長の投手コーチであるストロムは、まさにアストロズが望むタイプのコーチだった。「ストロムはおそらく、データ分析の趨勢《すうせい》のなかで最も過小評価されている人物のひとりだ」とマイデルは言う。「誰にも劣らない経験があるのに、飽くなき好奇心と、自分やアストロズを有利にするものを見つけようとする競争心を持ちあわせている」

ドゥエックはほかにも成長マインドセットを持った組織の特徴を挙げている。「従業員や部署のあいだで競わせるのではなく、組織の境界をまたいだ協力を支える」。２０１４年9月、アストロズはストロムの邪魔にならない監督を雇った。メジャーリーグの元捕手——そしてスタンフォード大学の心理学の学位を持つ——で当時40歳のA・J・ヒンチだ。彼はダイヤモンドバックスでファーム・ディレクターと監督を務め、パドレスでスカウト担当副社長とアシスタント・ゼネラルマネージャーになったあと、ルーノウに招かれてベンチに戻った。さまざまな立場を経験してきたことから、彼は監督が長きにわたる選手育成の過程の末端に位置する世話役にすぎないことを理解していた。「わたしはとても開かれた心を持っている」と、2018年にアストロズとの契約を2022年まで延長したヒンチは言う。「わたしを雇った球団が求めているのもその点だ」

アンダース・エリクソンの研究と意図的練習の持つ力が少しずつ「われわれの組織に浸透してきた」とマイデルは言う。その考えかたは、選手に対してだけでなくフロントオフィス自身にも向けられる。「選手育成部門はこの3年ほどで大きく飛躍した」とファストは言う。「年々とても大きな向上を見せている」

育成コーチは成果を挙げた。またアストロズがどれだけ人の入れ替わりが激しくなろうとも、ひるまずに球団の望む人材を探しつづけたことも同様だった。カイル・ボディは2013年と2014年に投球フォームのコンサルタントとしてヒューストンに協力し、スプリングトレーニングの施設があるキシミーを訪れた。そのとき彼はルーノウの意志の強さを理解した。「彼はなんであれ自分がやることに手を抜かない」とボディは言う。「自分で決めたら、全力でそれを貫くんだ」

アストロズはコーチをより吸収力のある、多くの場合は大学の指導者に置き換えた。ルーノウがチームに来た2012年シーズンの春にいた選手育成部門の53人のうち、6年後に明確に選手育成に関わる役職にとどまっていたのはわずか2人だ。選手育成ディレクター(のちに編成部門ディレクター)のクイントン・マクラッケンでさえ、フロントオフィスの好みからすると厳しさが足りず、成績の上がらないコーチや選手の放出の決断が遅いという理由で2017年に解雇され、チームを去っている。「その時期に追いだされた人の多くは、フロントオフィスが望むことを人に強いようとしなかった人々だった」と、あるアストロズ関係者は言う。「コーチからスカウトまで、これほど徹底してフロントオフィスの人員を入れ替えた人は知らないよ」

追放することでルーノウの権威は確立されたが、生き残った人々の革新的な能力は削がれなかった。ラス・スタインホーンがマイデルの目に止まったのは、『スポーツ・イラストレイテッド』の記事で、彼がコーチをしていたデラウェア州立大学の選手が、2012年のシーズンにディビジョン1の死球数の記録を破ったという記事を読んだことがきっかけだった。スタインホーンは選手たちに、チームのために身体を張ってひとつの（そして合計152もの）出塁を稼ぐハングリーさを植えつけた。その精神はアストロズの手段を選ばない首脳陣に好印象を与えた。彼は2013年にマイナーリーグの打撃コーチに採用され、その後2017年までマイナーリーグの監督を務めたのち、クレムソン大学の選手育成ディレクターになるためチームを去った。

スタインホーンは自分とフロントオフィスとの契約はある程度自律したものだったと説明する。「アストロズはさまざまな取り組みをした最初の球団で、いまでは全球団があとを追いかけてきている」とスタインホーンは言う。彼らの優位な点は、「すべてを説明し、解釈できるという点だった……豊富な知識、豊富な情報を持っているから、『われわれにはこれだけのものがある。きみたちはいいコーチだ。いい育成スタッフだ。では、マイナーリーグでこれを最大限生かすにはどうすればいいだろう』と問いかけ、その答えに対して、『では、やってくれ』と言うことができる。コーチと球団に信頼関係があるから、成功は自然なことだった」

スタインホーンは自分の裁量で練習を決める権利を認められており、ボードに毎日打球の角度や速度に基づく打撃練習のメニューを書きこんでいた。彼は打者に、標準的な打撃練習やティーバッティングではなく、実戦を想定したスピードと変化球による練習をさせた。とにかく意図的で絶え間ない学習を促し、「何をやったのかわからないような」簡単な環境を避けることだ、と彼は言う。「だが、レベルに関わらず、選手を大量に育成することはできない。ただ個々の選手の動きを見ていくしかないからだ」

フロントオフィスとファーム――なかでもアルトゥーベやスプリンガー、そしてカイケルといったルーノウ体制が引きついだ最高の有望選手たち――の信頼と調和に必要不可欠な人物がピート・ピューテラだった。アストロズの元職員のひとりは彼を「球団の誰よりも価値ある人物」とみなし、べつの人物はアストロズの重役のなかで将来のゼネラルマネージャーに最も値するとしている。成熟した魅力的な人物であるピューテラは２０１１年に編成部門にインターンとして採用され、コーチとアナリストのあいだの協力の文化を築くうえで重要な役割を果たし、早くも２０１６年８月には現在の選手育成ディレクターに出世した。

コーチングとコミュニケーションの質が向上するのと並行して、データの質も高まった。ウェアラブルセンサーと高速度ビデオの採用により、パフォーマンス向上というパズルを解くためのさらに多くのピースが集まった。「アストロズのなかでも、『打者はボールを強く叩いて飛ばすものだ』ということが受けいれられたのはそれほどまえのことじゃない」とファストは言う。それ以来、「よい打者と駄目な打者を分けるのは何か、そしてどうトレーニングすればいいかについて、たくさんのことがわかった」。マイナーリーグの試合では、アストロズの投手はスポーツのパフォーマンス追跡を行うオーストラリアの企業、カタパルト社が製作した装具を身につけるようになった。カタパルト社のデバイスで得られたデータを使って、フロントは球筋や投球フォームに関する推論を行う。またカタパルト社のGPS追跡装置を選手のユニフォームの下の背中につけ、選手がグラウンド上でどれだけ動き、どれだけのエネルギーを消費したかを調べている。練習では、マイナー選手たちはまたKベスト社、4Dモーション社というワイヤレス動作追跡装置のメーカー2社のセンサーを装着している。そしてアストロズは「ディープラーニング」の技術を使って、高速度ビデオの動画を取りいれ、コーチやアナリストが技術的に足りない部分を分類し、数値化し、正すためのデータに転換することができる。

2016年に、ピューテラがバウアーやボディとは関係なくエッジャートロニックを発見し、それを導入すると、さらにヒューストンの能力は高まった。ファストは〈ハードボール・タイムズ〉に投稿した最後から2番目の記事「握りへのデジタルの洗礼」のなかで、握りの地図学のようなものを構想している。それはボールを握る手の形、それぞれの指のどの部分でボールに触れているか、そしてボールのどこにそれぞれの指が触れているかによって握りを記述することを可能にする表記法だ。一般には投手がボールを握っている高画質の画像を入手することは難しいが、現在の技術があればカメラを向けた投手の握りの画像を簡単に手に入れられるため、ファストとフロントオフィスはその欠陥を見つけて修正することもできる。回転が足りなければ、微調整してもっと曲がりが大きくなるように改善できる。「高回転の変化球ならいいというわけではない」が、「高回転の変化球という素材を、投球によって効果的な武器に変えられるんだ」とファストは言う。

ドゥエックは成長マインドセットを持つ組織は「言葉だけでなく行為で、たとえば誰でも触れられる向上や進歩の機会を与えることによって、すべてのメンバーの成長に関わる」と書いている。これもアストロズの組織にあてはまることだ。期待度は高くなくても、プロの世界に入った選手は全員、チームの各種ツールを使って生体力学的な評価が得られる。レジー・ジョンソンは1962年以降メジャーリーグ選手を輩出したことのないディビジョン３の弱小大学、ハムデン・シドニー大学からドラフト外で２０１６年に入団した選手だ。１４１キロから１４５キロの速球を持つ中継ぎ右腕で、２０１６年のルーキーリーグでの成績は24イニングで17失点（うち自責点は10点）だった。２０１７年のシーズンを迎えたときにはプロ野球界の最底辺にいたが、それでもトラックマンとエッジャートロニックを使うことができた。「1年目は、なぜそれが大事なのかわからなかった。アウトを取ればいいんだろうと思っていた」と彼は言う。「でも1年たって、スプリングトレーニングに行って、チームや選手たちが有効に活用しているのを見てわかってきたんだ」

　アストロズのハイテクツールによってジョンソンは２０１６年にはレベルが上のリーグでＫ／ＢＢ（奪三振と与四球の比率）をほぼ倍にしたが、そのツールは彼のプロ野球界からの引退も早めることにもなった。２０１７年から２０１８年に、アストロズはファームのチーム数を9から7に縮小し、ドミニカン・サマーリーグの第2チームと、ジョンソンが２０１６年の多くを過ごしたアパラチアンリーグのグリーンビルを手放した。それに伴う選手枠の圧縮で、彼のような崖っぷちの選手は退団せざるをえなくなった。大きな育成上の優位を持つ球団がファーム・システムを縮小するのは奇妙なことに思えるかもしれないが、実はまさにその優位のためにアストロズはスリム化を図ったのだった。「選手の評価に長けているという意識で進められたことだ」と、アストロズの元球団職員は言う。ただしその職員も認めるように、オーナーは財政的な倹約を意識したわけではない。「メジャーリーガーになれる器かどうか、3シーズンもプレーさせなくても判断できるからだ」より少ないサンプル数で結論に達することができ、才能の面で劣る選手は競争力を増したアマチュア市場から簡単に獲得できるため、球団は指導時間をより有望な選手に集中させる選択をした。アストロズはリッキーの育成にまつわる格言「量は質を生む」を独自のものに変えた。「定量化は質を生む」

アストロズは新たなツールによってそれまでになかった育成力を手に入れた。アペルはいまでは、当時は診断されず、ほぼ見過ごされていた腕の症状を抱えていて、投球によって負担がかかるため力が出せなかったと考えている。引退の引き金になったのは肩と腕の怪我だったが、そのことから彼は、身体の調子がどれだけの期間よくなかったのかと考え直した。「振りかえってみると、プロに入ってからずっと大学時代のような調子ではなかった」と彼は言う。

フロントオフィスの元職員は、自分がアペルに会ったときにはずっと怪我をしていたようだったと言う。速球のコントロールが悪いのは投球フォームの問題である可能性があったが、チームは当時そうしたデータを収集していなかった。２０１７年には、アストロズはスプリングトレーニングで各投手に明確な個人ごとの目標を提示し、登板のたびにトラックマンのデータに基づくフィードバックを与えた。さらに携帯用と固定された計7台のエッジャートロニック・カメラがミニッツメイド・パークに設置され、傘下の各マイナーリーグの球場にも7台ずつ置かれ、詳細な画像が得られるようになった。「その過程で怪我を発見できたとは言わないが、実際の状況をもっと詳しく診断することができただろう」と元職員は言う。データがあれば、問題をピンポイントで指摘してピッチャーによくわからせれば、やせ我慢をしなくてもよくなる。「ただ腕の状態が１００パーセントではないと言っても、調子が悪いことのいいわけになるだけだ」と元職員は言う。「たとえば前足を着いたあと腕の振りが遅れていると指摘すれば、その点に注意してドリルをし、それでもうまくいかなければ、選手は『それができないのは○○が故障しているせいだ』ということになる」

先進的なテクノロジーによって、アストロズは攻撃面で可能なことも増えた。２０１３年の遅く、ＭＬＢでデビューする前年、スプリンガーはダブルＡとトリプルＡで三振率27パーセントだった。マイナーでそれだけ三振していたら、メジャーではもっと空振り三振が増え、打撃の足を引っ張るだろ

う と考えられる。だがそれは時代遅れの思考だ。ポスト・マネー・ボール時代にあって、スプリンガーの三振率は固定されたものではない。アストロズには彼がもっとバットに当てられるように指導する方法があった。

２０１４年から２０１６年のあいだにスプリンガーと同じだけ打席に立った打者のうち、26パーセントという彼の三振率を上回るのは7人しかいない。その期間に、アストロズは打順上位から下位まで、チーム全体がスプリンガーのように三振率が高かった。２０１４年、２０１５年のチーム三振率はそれぞれアメリカンリーグで1位、メジャー全体で2位で、２０１６年にはさらに上がった。各チームが三振はほかのアウトより悪いわけではないこと、そして三振が増えるほど四球やホームランも増えるという関係があることに気づき、三振を汚点とみなす考えは薄れてきてはいたが、アストロズは改善の余地があると考えていた。四球とホームラン数を保ちつつ、コンタクトを高める方法がわかってきたからだ。

ブラストモーション社のセンサーと高速度ビデオを使って、アストロズはデータにより打撃を向上させる方法を模索しはじめた。遅ればせながらその分野に取り組まざるをえないと気づいたのだ。チャーリー・ロウはロイヤルズ・アカデミーで画期的なビデオ分析を行った影響力のある打撃コーチで、ジョージ・ブレットら強打者の指導で成功し、野球界ではじめてコーチとして6年契約を結び、１００万ドル以上の報酬を得た人物だ。「われわれがエッジャートロニックで２０１６年に発見したことの多くは、30年以上もまえにロウが知っていたことの再発見にすぎなかった。結局、ロウがスイングのメカニズムに基づいて指導したのとほとんど同じ結論に達した」とファストは言う。ロウはバランスと体重移動、リズム、なめらかさ、そしてフィニッシュを重視し、「叩きつけるバッティングを推奨していたが、実際に教えていたのはそういうスイングではなかった」

アストロズはその知識を使って、強いスイングを持ちつつバットに当てることができる打者を獲得し、バットを長くゾーンに残すように指導した。的確なスイングの判断を促すアプリを開発し、2ストライクまでは見送るように勧めた。またロウと同じ方向性でスプリンガーを改造した。かつて三振が多かったが、2017年には同型の打者よりもバットに当てられるようになり、しかもパワーも増して、キャリア最高の1年になった。「スプリンガーと同じことをする選手はいない。あれほど熱心には」と、〈ファングラフス〉のジェフ・サリバンは「野球界の信じがたいコンタクトバッター」という投稿で書いている。「ラインナップ全体も、これほどのものはなかなかお目にかかれない」。その年のALCSでアストロズの三振率はメジャーリーグ最少で、加えて個々のパワーも強く、ベーブ・ルースとルー・ゲーリックが並んでいたとき以来、打席ごとで見ると最も強力な打線だ。「コレア、スプリンガー、アルトゥーベ、ブレグマンという顔ぶれを見ると誰もが言う。『これだけすごい打者が揃っていれば勝てるにちがいない』と」とファストは言う。「だが彼らはみな、われわれと一緒にやってそこまですごい選手になったんだ」

球団が現代的な発展を遂げている一方、選手たちが伝えあうことで内的な情報への欲求も高まっている。だが、改善の余地があると判断した選手をトレードで獲得するとき、選手にやりかたを変える意欲があるかどうかを予測するのは難しい。意欲がある可能性は、居場所を失う恐れを感じている選手のほうが高い。「トレードのときはできるかぎりの調査をしてみる」とオークランドのデビッド・フォーストは言う。「でもわからないものだ。移籍してきた選手に『もしきみがこの3つのことをやれば必ずよくなる』と伝えても、『いや、自分の方法で間違いない』と断る選手はたくさんいた」

ヒューストンでもこの「いや」を聞くことはあるが、チームが成功することで問題は解決してきた。チャーリー・モートンの改善に関する2018年の記事で、〈ボストン・グローブ〉は、アストロズには「投手に妖精がまとう粉《ピクシーダスト》をふりかける方法を知っている」と書いたが、彼らの成果に超自然なところはまったくない。２０１６年10月に、アストロズは回転数は高いが故障がちで、キャリア通算のＷＡＲがマイナス０・５というＦＡ投手と2年１４００万ドルで契約した。「先発投手市場で最初のおかしな動きだ」と、そのニュースを全国に発信した記者のジョン・ヘイマンはツイートした。「正気じゃない！」だがそれから1年も経たず、モートンがワールドシリーズ第7戦でドジャースの打者をなぎ倒すと、ヘイマンは「えぐい球だ」とツイートし、「ジェフ・ルーノウによるすばらしいフリーエージェント選手との契約」と讃えた。ひとつの出会いが、なんと大きな違いを生みだすことだろう。

「ぼくはシンカーを多投してゴロを打たせるツーシームの投手と言われていた」とモートンは言う。「ところがヒューストンに行ったら、もっと空振り三振を狙うことを求められた。そんなことは言われたことがなかったよ」。プレスリーとマクヒューと同じように、アストロズはモートンにシンカーからフォーシーム主体に変え、左打者に有効なカーブを増やすよう求めた。彼はすぐにカーブを増やした。「いまにして思えば、プロ入りしてからずっと、もっとカーブを投げていればよかった」と彼は言う。２０１８年にはオールスターに選ばれるなど、ヒューストンで2年好成績を収めたことで、モートンは考えを改め、針の穴を通すコントロールや、ストライクゾーンに投げなければならないという気持ちを捨てた。「考えてみれば、自分が投げる一カ所を見ているわけじゃない」と彼は言う。「打者が打ってくるゾーンを見ているだけだ」。２０１８年の暮れ、35歳のモートンは再びフリーエージェントの資格を得て、前回の倍額以上となる2年３０００万ドルでレイズと契約した。

　実績の面で、２０１７年8月のウェーバー公示選手の移籍期限ぎりぎりにヒューストンに移籍したジャスティン・バーランダーは、モートンとはかけ離れている。だが、この元ＭＶＰ選手は学ぶことに貪欲だ。「この球団の長所は、選手の長所を伝えることだ」とバーランダーは言う。新たな雇用主は、きみのフォーシームはすばらしい、ただほかの種類の速球を使うときが危ないんだと彼に伝えた。「ぼくは自分のツーシームがフォーシームのできそこないみたいなものだと気づいていなかった」と彼は言う。バーランダーはまたエッジャートロニックを使ってスライダーを改善し、ヒューストンではキャリア最高の比率でそれを投げ、それまでよりも低めに集めて空振りを奪った。こうした球種の変更により、彼は2018年のサイ・ヤング賞の投票で2位に入った。

2018年の春、バーランダーはやはりトレードで加入した、そしてアストロズのエースの座を争う最大のライバルとなるゲリット・コールと長い時間ともに投球練習をし、話をした。コールはスプリングトレーニングをひと月後に控え、カリフォルニアのワイナリーで妻とテンプラニーリョを味わっているときに、ピッツバーグ・パイレーツからアストロズにトレードされたことを知った。パイレーツは2011年に、UCLAのチームメイトだったトレバー・バウアーよりも上位で彼をドラフト指名した球団だ。「電話を切ったあとで、それまで以上にワインを飲んだよ」と彼は言う。入団当初はピッツバーグで期待どおりの成績を挙げ、2015年のナショナルリーグのサイ・ヤング賞投票では5位に入ったが、27歳になったこのとき、キャリアはやや停滞していた。モートンと同じように、彼は本来速球とカーブの投手なのに、パイレーツの好む、打たせて取るタイプのシンカー投手だと考えられていた。アストロズは彼をパイレーツの投球の型から自由にしようとした。その型のせいでコールはパワーを封じられ、2017年にはリーグ平均並みの投手になってしまっていた。「個別化した育成と個別化した観察こそが、組織が持ちうる最も強力なもののひとつだ」とヒンチは言う。「この世界では、誰にでも共通なものなどない」

スプリングトレーニングに行くと、アストロズは彼を会議室に呼び、投球に関する1時間の個別面

談をした。テーブルの端にすわったコールは、職員たちがずっと彼を見ており、2年
を画策していたと語るのを聞いた。彼らはコールのいい点と、改善できると考えている点を
「膨大なデータで選手を分析していることを伝えても、選手は恐がらない」とヒンチは言う。「とくにゲリット・コールはね」。すべての推奨事項はビデオやヒートマップ、そして明確な説明に裏づけられていた。ヒューストンの提案は意図した効果をもたらした。コールは自分の反応を、「圧倒された」と表現した。「あんなミーティングはまるでしたことがなかったよ」

もう、つぎに起こることは想像がつくだろう。コールはフォーシームを増やしてツーシームを減らし、カーブの割合をキャリア最高にし、2度目のオールスター出場を果たしてサイ・ヤング賞の投票で5位以内に入った。先発投手のなかで、K％が彼よりも高かったのはクリス・セール、バーランダー、マックス・シャーザーだけだった。アストロズは「カーブがぼくのベストピッチだということを強調した。そう言われたのは6年間ではじめてだった」。コールはずっと先発ローテーション投手のなかでも最高の球種の幅《ツールボックス》を持っていたのだが、トレード以前は「ときどき間違ったツールを使ってしまっていたんだ」と彼は言う。

トレードで加入した選手の多くからアストロズの方法が信頼されたことは、「会社全体が成長マインドセットを持ったとき、従業員は力づけられ、より深く関わっているように感じたと述べている」というドゥエックの主張を裏づけるものだ。２０１３年の4月に、アストロズの投手バド・ノリスが「球団に考えがあるのはわかるが、ぼくたちは残念ながら実験用のダミーにされている」と言ったときからは、はるか遠くまで来た。今日のアストロズはまだフロントオフィスによる実験をつづけているが、その結果は大惨事ではなくなっている。

２０１３年のドラフト33巡目で指名され、ブラストモーション社のセンサーを使って成長し、平均

以上のメジャーリーガーになったタイラー・ホワイトは、お笑い草だったアストロズが球界のリーダーになるまでの変化を見てきた選手だが、他球団の友人たちは、「アストロズが何を教えているのか、選手としてできるだけ向上するために何をしているのか」を知りたがり、うらやましがるという。ホワイトはデータに基づく育成を活用しているチームでプレーしていることを誇りにしている。「ぼくたちはそれで成長してきた。この育成方法でいまよりいい選手になりたい」

アストロズのフロントオフィスと現場スタッフには「分離はなく」、そのふたつのあいだには「つねに会話がある」とスタインホーンは言うが、それは歴史的な選手育成の方法とは状況が大きく異なっていることを意味する。

かつて、「育成はべつべつの貯蔵庫《サイロ》でやっているようなものだった」と、パドレスの前アナリスト、クリス・ロングは言う。「育成のスタッフは遠く離れた州や都市で選手たちを指導していた……組織には属していたが、何千キロも離れたところにいた。だから相互のやりとりは最小限のものだった」。地理的な隔たりが情報や考えかたの分断を生みだしていた。「わたしたちは練習のメニューも知らなかった。その部分はまったく情報が届かなかった……完全にアクセス不可能で、チームを訪れるか、選手を呼んで話をさせないとわからなかった」

テクノロジーはその分断を軽減した。トラックマンや高速ビデオ通信のおかげで、フロント
スにいながらマイナー選手のプレーをほぼリアルタイムで確認できるようになった。さら
ッフが職場のコミュニケーション・ソフト、スラックにアクセスでき、育成コーチ
ス実習生――ストレングス&コンディショニングに絞ってチームが2019年
じて、多くの接触の機会がある。2017年に、アストロズのフロント

年近くもトレード
出した。

ニケーションをさらに一歩進めた。マイデル本人がコーチになり、傘下のショートシーズンAチームで育成コーチ不在だったトリシティ・バレーキャッツにひと夏帯同したのだ。「そこに行った理由のひとつは、フロントオフィスが全般的にマイナーチームの制約をよりよく知るためだった」とマイデルは言う。「それを改善する方法を思いつくのは簡単だし、ときにはすごいアイデアが出ることもある。だが大失敗に終わることもある。それがどちらに転ぶかを予測することはできないんだ」

マイデルも、このアイデアがどちらに転ぶかには自信がなかった。ユニフォームを着るのはリトルリーグ以来で、打撃練習のボールを投げることはできるが、ノックを打つのは意図的な練習をしても〝まるで使いものにならない〟から〝下手くそ〟に」改善されただけだった。マイデルは回想する。「はじめは、選手たちに受けいれてもらえるかどうか不安だった……『くそ、俺たちは本物のコーチにつけるはずだったのに、代わりにこのNASAから来た男があてがわれたよ。ありがたいかぎりだね、アストロズ』と言われるんじゃないかと」

トリシティの投手だったジョンソンは選手の側に懐疑もあったことを打ち明けている。「最初は彼が何をしようとしているのか、選手たちは疑問を抱いていた……狙いはなんなんだろう、と」だがマイデルもジョンソンも語っているように、マイデルはすぐに溶けこんだ。一塁コーチのポジションにつき、食事中や移動のバス内で選手と時間を過ごして、通常のスタッフとほとんど見分けがつかなくなった。彼はストライクを先行させることの重要性を強調し、スイングセンサーを使っている打者を指導し、つねにノートパソコンをそばに置き、データを引っ張りだして選手にわかりやすく提示した。

マイデルがマイナーリーグのチームに帯同したことは、ポスト・マネー・ボール時代にあってはほかのどの手段にも増して選手育成が重視されていることの象徴だ。手段を選ばないアストロズにとって、育成はすべてであり、すべては育成だった。だがその革命を支えるテクノロジーには明確な犠牲者がいた。スカウトだ。「伝統的なスカウトはいくつかの球団では5年ほどで死に絶えるだろう」とあるアストロズ関係者は言う。ヒューストンでは、スカウトはすでに生命維持装置を必要とする状況にある。

マネー・ボール革命の直後、伝統主義者たちは統計データによってスカウトが絶滅してしまうと恐れた。ところがそれから10年のあいだに起こったのはまったく逆のことだった。フロントオフィスの情報への欲求が高まり、外国人選手の市場が実り豊かになるにつれ、各球団はむしろそれまで以上のスカウトを雇った。だがいまでは、それは恒星の中心部が崩壊するまえに輝きを増すようなものだったように思える。もしも古いスタイルのスカウトが絶滅するとしたら、その死の原因は、育成革命を生みだしたものと同じもの、つまりテクノロジーにより得られた、スカウトの仕事のほとんどを人間よりも上手にやる優れたデータだ。

多くのチームと同じように、アストロズは対戦相手の偵察をするアドバンススカウティングの人員を削り、スタットキャストやビデオで置き換えた。だがその後はさらに大胆に、プロ選手のスカウトをマイナーも含めてほぼなくしてしまった。アストロズから最近解雇されたあるスカウトは球界で流通しているプロスカウトの名簿について語った。その2018年のアストロズのページには、「ただアストロズとしか書かれていない。そしてケビン・ゴールドスタイン特別補佐の写真が上に載っているだけだ。1枚だけね」。べつのチームに移籍したそのスカウトは、「ワールドシリーズのリングをつけてメジャーリーグの球場に行くんだけど、『見せてくれないか？　アストロズのスカウトにはこの1年まるで会わなかったな』と言われるんだ」と語っている。

2017年8月、アストロズが8人のスカウトを解雇したとき、ルーノウはそれを〝配置転換〟だとし、MLB.comに、「スカウト部門の総員は、増えることはないにせよ、ほぼ変わらない」と語っている。そしてそのニュースは「通常のもの」で、「毎年起こること」だとした。そのとき解雇されたスカウトのひとりは、「あの言いかたには憤慨したよ」と言う。２００９年に、アストロズにはMLB平均の41・5人よりも多い55人のスカウトがいた。MLB平均が10人近く増えた２０１６年春の時点で、アストロズのスカウトは52人だった。２０１９年はじめには、何度も解雇が繰りかえされてスカウトは20人未満になり、MLBでつぎにスカウトが少ない球団の半分にも満たない数になった。アストロズは不要とみなした人員すべてを解雇する必要はなかった。最初の解雇のあと、壁に張りだされた紙を見たスカウトたちが、自分の意志で退団や引退を選んだためだ。「あれは計算ずくで、決して偶然やたまたまなんてものではなかった」と、アストロズのべつの元職員は言う。「球団は計算高く、手段を選ばない」

大量解雇の以前から、「直感や主観的な部分はなんであれ、すべて数字よりもずっと後回しにされていた」とあるスカウトは言う。スカウトの派遣先が統計データによって決まることもしばしばだった。「統計データのよくない選手をスカウトすることはなかった」と、元アマチュアスカウトは言う。「球団に却下されるんだ」。そのスカウトは、アストロズに入って1年目にそのことを痛感させられた出来事を回想する。「笑われたよ。文字どおり、面と向かってね。大学5年生のブルペン捕手になれそうなキャッチャーを推薦したときだった。負傷者が出れば、球を捕れる選手には価値があるはずだろ？　たとえメジャーには上がれなくても、球団にとって価値がある。だからその選手を推薦したんだ……そうしたら笑われたんだよ。『その選手はデータ上マイナス50点の選手だぞ』って」

スカウトたちにとって不幸なことに、人間の目は高速度カメラや回転数を測る機材のようには見えないし、経験が役に立つ部分も限られている。アストロズはモートンやコール、プレスリーをスカウトの視察によって獲得したわけではなかった。球団はスカウティング分析グループという、ヒューストンで遠くから選手を研究している少数の集団の意見を頼ったのだ。「たぶん彼らは、ごく少数のスカウトを残し、ビデオを分析する人員を増やそうとしているんだと思う」と、アストロズのべつの元スカウトは言う。「そのスカウティング分析グループとフロントオフィスには、数値やデータ、ビデオを高速で処理する技術者が大勢いる」

スカウト自身が柔軟になり、分析を身につければ助かると考える人もいるかもしれないが、アストロズの超秘密主義のフロントオフィスは分析手法をスカウトの目に触れさせない。ある元スカウトは、「彼らは『できるときにこの小さなブラストセンサーをバットに装着してくれ。それで重要なことがわかるかもしれない』と言うが、それがなんなのかは言わないんだ。わたしは『それはなんなんだい？　何を探ろうとしているんだ？　なぜこれを装着するんだ？』と聞いた……だが学ぼうとしても、まるで方向性がつかめなかった」

適応力があり、球団に対し柔軟性をアピールしたスカウトもいたが、その甲斐はなかった。「わたしはアストロズの技術的な部分に共感していて、自分の仕事にそれを取りいれることに前向きだった」と、またべつのスカウトは言う。「ほかの多くのスカウトたちとはちがって、モデルによってどの選手を見るかを指示されることが嫌ではなかった。それでうまくいくことはわかっていた」。彼はトラックマンを見ることやエッジャートロニックの使いかたを学ぶことを希望したが、学習意欲を見せても仕事はつづけられなかった。写真や動画を撮影する実習生のほうがスカウトよりも安上がりだったうえ、アストロズは残ったスカウトがデータによって左右されないように、テクノロジーから遠ざけていた。

いまだにアナログだけの、スカウトが不可欠な場所はあるが、そうした学校や外国人選手の市場は年々縮小している。一時期、アストロズは選手の撮影に人員を派遣するとき、エッジャートロニックのロゴの上にテープを貼って使用している機材を隠し、ビデオによる優位を保とうとしていた。エッジャートロニック社の抗議でやめたのだが、それでもなお、多くのチームのスカウトは携帯電話で撮影をしつづけ、アストロズに優位を与えている。「外国ではアストロズがエッジャートロニック・カメラを使っているのがよくわかる」とブライアン・バニスターは言う。「バックネット裏に20人ほど立っていても、ポールを立てて高速度カメラをつけているスカウトがいれば、バッグのタグを確認するまでもなくどの球団の所属かわかるんだ」

2019年のドラフトまでの期間に、アストロズは全国で何度かのアマチュア選手トライアウトを行う。そのどの回も、6台から8台のエッジャートロニック・カメラがあらゆる動きを捉え、トラックマンがグラウンド上に照準を合わせる。選手たちのほうがカメラのあるところに来るのに、スカウトを選手のところへ派遣する理由があるだろうか？ 2019年の春には国際的なスカウトの拡大により、各球団が抱えるスカウトの平均は2009年の41・5人から、54・6人に増えたが、他球団もアストロズに倣ってプロスカウトを減らしはじめ、リーグによって運営される団体で1970年代に設立され、各チームの業務を補完する役割を果たしていたMLBスカウティング・ビューローは2018年に閉鎖された。

テクノロジーで捕捉できない部分は残っている。まだ打者の目を欺く投手の技には対抗できないし、選手の精神面を判断することもできない。とはいえ、その面ではスカウトの努力もつねに不正確なのだが。アストロズは統計データの網をすり抜ける選手が出てくることは知っているが、取り逃した少数は、より効率的に標的となる選手を見つけ、苛立たしいほどに間違えやすい人間にデータ分析による見通しを乱されることなく、自信を持って計画を立てて育成することで補えると考えている。解雇されたスカウトたちの多くも、アストロズの構造改革が持つ知恵に気づいていた――そしてそれが彼らを不安にさせた。「球団はうまくいっていたから、議論の余地はあまりなかった」と、あるスカウトは認める。「順調に行けば、スカウトはみな、もう必要とされなくなるかもしれない」それでも、「長期的には、球団は少ししっぺ返しをされることになるだろう」と彼は言う。これまでのところ、アストロズはうまくいっている。そしてこれまでのところ、スカウトはうまくいっていない。

昔ながらのスカウトの苦境によって、これまで球団内に生じていた亀裂は埋まりつつある。歴史的に、選手との契約まではスカウト部門の仕事で、選手育成部門は与えられた選手で最善を尽くしてきた。ある元ファーム・ディレクターは、ドラフト会場で「スカウト部長が育成部長に文句を言うことはよくあったし、その逆もあった」と言う。2017年のドラフト前会議では、ヒューストンはスカウトには情報を与えず、これまでとちがう育成中心のやりかたでドラフトに臨んだことで、変化が起きた。

「それはとてもおかしな光景だった」と、あるアストロズ職員は言う。「大人数がその日、ドラフト会場に陣取っていた。スカウトたちはしゃべっていた。フロントオフィスの人間はあまり話していなかった」。ホームでの試合があったため、結局スカウトは試合を見るために出ていった。だがそのあとも会議はつづいた。ピューーテラとアシスタント・ゼネラルマネージャーのマイク・エリアスはアマチュアの試合で撮影したエッジャートロニックの動画を分析し、ほかに数名のフロントオフィスの職員が入手可能な大学のトラックマンのデータを調べていた。少人数のグループが各投手を調べているとき、R&D部門のひとりが統計データによるランク付けを話すと、ピューテラがそこに加わってファームでの指導でどこが改善できるかを話す。「翌日スカウトがやってきたとき、ドラフト指名選手は大幅に変わっていたが、その理由は誰にもわからなかった」と関係者は言う。

2018年には、こうしたドラフト準備はアストロズの選手育成過程に詳しいスカウティング・

アナリストのものになった。それにより伝統的なスカウトの影響力はさらに下がった。「野球界のどこでも、選手育成とスカウティングは異なる組織で行われているが、アストロズはそうはみなしていない」と、アストロズの元職員は言う。アストロズで成長できないような選手はそもそも入団させることはない。

アストロズの選手育成力は相対的なものだ。２００６年から２００８年に球団を問わずマイナーチームに入団したすべての選手のうち、メジャー昇格を果たしたのはわずか13・6パーセントにすぎない。他球団と同じく、ヒューストンの場合もその割合はミスによって下がるし、マイナーリーグ選手の大多数は成功しない。彼らはただ、負ける確率の非常に高いゲームで暫定的にトップに立っているにすぎない。

目立たないようにとかなり意識はしているが、アストロズの成果は隠しようがない。他の全球団がアストロズの試合に注目し、そのトラックマンデータを分析できるのだから。だが育成に関するほとんどの過程はいまだにスポットライトが当たらないところで行われている。また、選手たちが理想的な結果ばかり聞かされても上達に苦労するのと同じように、アストロズが勝つのを見て真似をしても、たやすく成績を上げられるわけではない。「リーグには、『いったいあそこでは何をやっているんだ?』という関心があると思う」とマイデルは言う。ルーノウは彼らやわれわれの質問に答える気はない。彼はインタビューを断り、こう語った。「きみたちの言うとおり、選手育成はいまや野球界最大のイノベーションの場で、メジャーリーグ最大の戦いの場なんだ。自分たち独自の、革新的なやりかたを話そうとするチームがあるだろうか」

ルーノウとマイデルのカージナルス時代の同僚、クリス・コレアが〝グラウンド・コントロール〟

というヒューストンのデータベースに2013年から長期にわたってハッキングしていたとして起訴されたことで、アストロズは身をもって秘密を守る難しさを知った。コレアは不正侵入によって投獄されたが、完全に合法な手段で強豪チームの情報を得る方法はたくさんある。「他球団から聞いたことのひとつは、アストロズがマイナー選手をトレードに出したとき、移籍先でまず驚かれるのが、選手が自分の目標や取り組みについてしっかり把握していることだそうだ」とファストは言う。選手たちは、たがいのあいだだけでなく、しつこい記者にもさまざまなことを話すものだ。

秘密保持契約によってデータアナリストやコーチはチームの情報を持ち出すことを禁じられているが、自分が知っていることを忘れることはできない。そこに問題が生じる。アストロズは野球界の障壁を壊すことで選手育成を現代化したが、チームの一体性は絶対のものではないのだから。優勝を目指すことでチームはひとつにまとまるものだが、2017年のワールドシリーズ制覇のあと、スカウト以外の職員までもが、ルーノウはコスト削減の意識が高すぎ、数値を信頼しすぎているとして不満を高めていた。この批判は、アストロズがあらゆる手段に訴えて再建をしていたときに球団外からなされていたものと同じだ。

フロントオフィスのメンバーは、どれだけの情報をスカウトと共有するか、何人のスカウトを雇うか、あるいは抑えのロベルト・オスーナをトレードで獲得するかどうかといった問題に関して何度も衝突した。オスーナは2018年にドメスティック・バイオレンスによる出場停止処分を受けており、その最中《さなか》の獲得だった。その後ルーノウがその移籍を「いかなる種類の暴行に関してもいっさい許容しないゼロ・トレランス・ポリシー」と抵触しないように苦しい申し開きをしたことで、批判を浴びることになった。複数の関係者からの情報では、フロントオフィスのほとんど、あるいは全員がトレードに強く反対していた。だが、幼児の性的虐待で有罪歴があり、ドライブラインでトレーニングをしていたオレゴン州立大の投手ルーク・ハイムリックの獲得に関して、かつて説得を受けて回避した経緯のあるルーノウが、オーナーのクレインの支持を得てトレードを強行した。かつて選手を入れ替え、選手育成を刷新したとき、このゼネラルマネージャーとオーナーはわざとチームを弱体化させたことがあったが、それと同じ志向が彼らに一線を越えさせた。「率直なところ、彼らはまったく意に介していないんだ。ほかの人間にどう思われているかなんて」と、あるアストロズの元職員は言う。「ジェフは自分がやりたいようにやる」。ヒューストンという球団もまた、低い閾値の持ち主なのだ。

ただ、一般の人々にどう思われるかはあまり懸案事項にならないにせよ、球団内の不一致はアストロズの方針を遅らせうる。「ワールドシリーズ制覇以来、人間性という面では悲しいことに堕落しつつあると強く感じるよ」とべつの関係者は言う。その人物はルーノウがオスーナのトレードを正当化していることを〝嫌悪〟している。また、頻繁に職員を入れ替えたり、秘密主義をとっていることも、士気の点で悪影響を及ぼしはじめている。ある球団関係者が言うように、「スラックのアカウントが消えていることで、誰がいなくなったのかは誰でもわかる。でもその告知さえされないんだ」

2018年にも、アストロズのスラックのアカウントがいくつか消えた。オリオールズの新ゼネラルマネージャーとして引き抜かれたエリアス。10月にはファストが契約更新をせず球団を去ることを選んだ。16球団の誘いを受けたのち、彼はアトランタ・ブレーブスに加入し、やはり最近アストロズを退団した前スカウティング・アナリストのロニット・シャーと再会した。マイデルとアシスタント投手コーディネーターのクリス・ホルトはボルチモアでエリアスに加わった。マイナーリーグ守備コーディネーターだったジョシュ・ボニファイはフィリーズのファーム・ディレクターになり、データ主導の方法に抵抗したとされる前選手育成ディレクターと交代した。シニア・テクニカル・

アーキテクトでグラウンド・コントロールをはじめに設計した責任者だったライアン・ハラハンは野球以外の仕事に挑戦するため、フルタイムでの勤務からはずれた。2012年にアストロズの〝オタクの洞窟〟に集まった初期の統計分析チームは全メンバーがいなくなった。「オフシーズンに野球界の上級職で生じた欠員のうち、およそ2割はアストロズの職員で埋まった」とルーノウは、2019年に記者のリチャード・ジャスティスに語っている。「それは成功した組織の必然だとジェフは言うが、わたしはそうは思わない」とアストロズの元職員は言う。「居心地のいい場所なら、人はそこに残る理由を見つけるものだよ」

コーチの流出はさらに加速した。2017年のシーズン後、ジャイアンツはアストロズのアシスタント打撃コーチのアロンゾ・パウエルを打撃コーチに任命し、フィリーズはアストロズのスカウト兼スカウティング顧問クリス・ヤングをアシスタント投手コーチ（現在は投手コーチ）に採用し、レッドソックスはアストロズのベンチコーチ、アレックス・コーラとブルペンコーチの（アストロズが契約更新しなかった）クレイグ・ビョルンソンを、それぞれ監督、ブルペンコーチとした。ボストンに行ったコーラはヒューストンで学んだとおりリリーフを先発させ、フライボールを狙い、強打とコンタクトを融合させて、お株を奪う戦いかたでアストロズを破った。2018年のシーズン後には、またしても多くのスタッフが離脱したり、より高い地位で引き抜かれたりした。アストロズのマイナーリーグ打撃コーチ、ディロン・ローソンがヤンキースの打撃コーディネーターに抜擢されたのに加え、ほかにも4人のマイナーリーグの監督やコーチがチームを去り、あるいは放出された。レイズはアストロズのトリプルAの監督ロドニー・リナレスをメジャーの三塁コーチに引き抜いた。カージナルスはアシスタント打撃コーチのジェフ・アルバートを打撃コーチ、ブルージェイズは打撃コーチのデーブ・ハジェンズをベンチコーチ、エンゼルスはブルペンコーチのダグ・ホワイトを投手コーチとして獲得した。ヒンチ監督のもとで２０１４年から残っているのはストロム投手コーチと三塁コーチのゲイリー・ペティスだけになった。

「われわれの優位のひとつは、新たな手法を導入しようとする（そして多くの場合は失敗する）のを恐れなかったことだ」とピューテラは言う。これほど多くのものが計測しうる時代にあって、あとどれくらいの新たな手法が残されており、そしてアストロズ――あるいはほかのチーム――がいち早くそれを見つけることができるのだろう。だが、野球界の最先端にいる人々はその速度が鈍ることはないと予測している。「ヒューストンに数年いて、そのあいだずっと考えつづけていた。よし、トラックマンを消化し、自分のものにした。これで発展は緩やかになるだろうと思った」とファストは言う。「それから今度は、よし、ブラストモーションを消化して自分のものにした。発展は緩やかになるだろうと。よし、スタットキャストを……だが加速は止まらなかった。傾きは大きくなりつづけている」。そして、古い育成方法はますます後方へと置き去りにされる。

ミズーリ大学の投手コーチ、フレッド・コラルは、１９８０年代にナッシュビルでのＡＢＣＡ（アメリカ野球指導者協会）で行われた投手の腕の保護に関する会合に出席したときのことを覚えている。会合のなかで、長年マイアミ・デイド・カレッジのコーチをしているチャーリー・グリーンが立ちあがり、かつて自分も採用していた時代遅れの育成方法に対する強い後悔の念をこめて発言した。「間違った教えかたをしてしまい、申しわけなく思っている。現在の指導法は以前よりもはるかに改善されているよ」コレルの記憶では、彼はそう語った。コレルは言う。「わたしは聞いていられなくなってしまった。彼のことをとても敬愛していたからね。その言葉を遮ってこう言ったんだ。『謝る必要なんてありませんよ。あなたは（事故による失敗に終わった）アポロ１号を月に打ちあげようとした宇宙飛行士なんですから。われわれはみな宇宙飛行士であり、そのことは何も間違っていません』」。アストロズは、過去数シーズンにわたり野球界で最も冒険心に富んだ宇宙飛行士だった。たとえある選手がヒューストンに行ったときにふさわしい資質を持っていなかったとしても、そこを去るときにはそれを得ているだろう。

10

回転数疑惑《スピンゲート》

わたしは塩と胡椒、チョコレートソース以外のあらゆるトッピングを古いりんごにつけてみた……審判に拭き取るように指示されたときのために、グリースはいつも2カ所に持っていた。けれども、しっぽをつかませる気はこれっぽっちもなかった。そんなのはプロじゃない。

——殿堂入り投手にしてスピットボーラー、ゲイロード・ペリー

5月27日、バウアーはヒューストン・アストロズ戦を控え、試合前のルーティンを始めた。いつものように、日を浴びたプログレッシブ・フィールドの外野の芝の上を、ファウルポールからファウルポールまで100メートルほどの距離をボールが高く弧を描いて飛んでいく。それから投げるたびに投球パートナーのほうへ近づいていき、最後は18メートルほどになって、受け手はおそらく恐怖を覚えるプルダウンで終わる。成長マインドセットを体現したような選手であるバウアーにとって、ほかのどの球団にも増して自分が支持する戦略を組織に組みこんでいるチームとの対戦だった。多くの点で、バウアーはアストロズに敬意を抱いていた。野球界のモデルとなる球団だと考えていた。だが2018年には、アストロズはバウアーに好感を抱いていなかった。

バウアーはようやく本拠地プログレッシブ・フィールドのブルペンでのウォームアップに向かった。この球場では、両チームのブルペンが右中間のフェンス裏に異なる高さで配置されている。バウアーの上に平行して設置されたブルペンでウォームアップしているのは、大学時代のチームメイト、ゲリット・コールだ。それは野球の歴史のなかでも、かなり奇妙な試合前の投球練習だった。コールとバウアーはたがいに平行したブルペンで投げているのだが、どちらもそれを知らなかった。ふたりはともにUCLAで投手として2010年のカレッジ・ワールドシリーズに出場していたが、関係は浅く、数週間前にはその関係はさらに物議を醸していた。2018年のシーズン序盤、ふたりのトップ投手による投げあいはより人々の興味を掻《か》きたてていた。

4月10日、著者（トラビス）は〈ファングラフス〉に「アストロズに新たなエース誕生か」と題した、コールのヒューストンでの活躍に関する記事を書いた。コールには、それまでのアストロズによる選手への介入よりも興味深い背景があった。2017年から2018年のあいだに球速は変わっていないが、回転数が跳ねあがっていたのだ。

2015年から2017年まで、コールのフォーシームは回転数が平均2163rpm、平均球速が154・7キロだった。それが2018年シーズンの4月14日まででは——この期間には21イニングを投げ3失点、36奪三振、わずか4与四球と圧倒的な成績を収めている——フォーシームの平均回転数は2322rpm、平均球速は154・3キロを記録した。速球をスイングされたときの空振りの割合は41・3パーセントとメジャーリーグ最高で、自身の2017年（21・6パーセント）の2倍にあたる（2018年シーズン全体では、コールのフォーシームは平均2379rpm、155・3キロだった）。

回転の性質を最もよく知る人々、ドライブラインの研究者やバウアー、MLBのコンサルタントでイリノイ大学の物理学教授アラン・ネイサンによると、球速を保ったままこれほど大きな回転数の増加が自然に見られる可能性は低い。「個人で速球の回転数を変えるのは、おそらくかなり難しいだろう」とネイサンは〈ファイブサーティエイト〉に語っている。「速球は純粋に力によるものだ。技術は関係ない」。回転は速度とともに増すため、ドライブラインでは回転数（rpm）／速度（mph）が投手ごとにほぼ決まっていることを発見し、それを〝バウアー・ユニット〟と名づけて、各球種や投球を標準化し、比較している。前年との比較で回転数／速度が2018年のコール（＋2・01）よりも改善したのは、ダイヤモンドバックスやカブスに所属したホルヘ・デラロサ（＋2・31）ただひとりだ。

バウアーとカイル・ボディが発見した、回転数／速度を増すための唯一の方法は、ボールか投手の手に粘りのある物質を塗り、握りをたしかにすることで回転数を増すことだ。著者（トラビス）がコールの記事を公開してツイートすると、ボディはコールがそうした物質を使ったと非難する反応をした。「くそったれ、おれがはっきりさせてやる」と、ボディは4月11日にツイートした。「パインタールと〈ファームグリップ〉（滑り止めスプレー）の両方かどちらか。それを使えば速球やスライダーの回転率が高まる」

今度はバウアーがツイートした。「パインタールは試合でステロイドよりも大きなアドバンテージになる」。誇張のようにも思えるが、裏づけがある主張だった。メジャーリーグ全体で、フォーシームを回転数で分けると投球の結果が異なっているのだ。2018年シーズンで、回転数が2000rpmから2299rpmのフォーシームに対し、打者は打率・270、スイングに対する空振りの割合は7・5パーセントだった。2300rpmから2599rpmでは・245（空振り率は9・8パーセント）、2600rpm以上では・226（空振り率は11・9パーセント）だった。

ＭＬＢの野球規則６・０２ｃには、「いかなる種類の異物もボールに」つけることを禁じると記されている。それに違反した投手は、自動的に10試合の出場停止処分を受ける。だがこの規則は、たとえばヤンキースの元投手マイケル・ピネダが、２０１４年の先発時に首筋にパインタールを塗って退場になり、出場停止処分を受けたときのように、目にあまるほどの反則でなければほとんど適用されることはない。監督たちも、めったに相手投手を確認するように審判に対して抗議することはない。自軍のロースターにも違反者がいることを知っていることもその理由のひとつだろう。このルール破りをたがいに認めあっているのだ（レッドソックスのアレックス・コーラ監督は２０１８年のＡＬＣＳでアストロズのキャッチャー、マーティン・マルドナードのミットを確認し、マルドナードのミットから汚れが拭き取られた）。粘る物質の使用はメジャーリーグに蔓延《まんえん》していると考えられている。

過去には、投手は粘る物質を使用することでコントロールがよくなり、死球を避けられるという、安全面の理由で正当化されていた。だが回転数を追跡する技術が登場すると、それが球の変化やパフォーマンスに大きな影響を与えることが明らかになった。回転は球速をも超えて、最も重要なものとみなされはじめた。

２０１５年から２０１８年に、アストロズは投手陣の回転数／速度の増加（＋０・９０）がヤンキース（＋１・４７）、ドジャース（＋１・１２）という強豪に次ぐ3位だった。回転数の多い投手を集めたり、所属投手に回転数を高めるよう指導している球団が現れているのは明らかだ。アストロズは回転数が極めて高い選手に狙いを絞っている。ジャスティン・バーランダーやライアン・プレスリーなどはその例だ。プレスリーの回転数はヒューストンに来てから増加したわけではないが、それは粘る物質の恩恵を受けていないということを意味しない。２０１８年の8月、彼がオークランドのアウェイチームのブルペンで左の前腕になんらかの物質をスプレーでかけているのをテレビカメラが捉えている。彼はそのあとの登板中、ほぼ投球ごとにその前腕に触れていた。投手がマウンド上でキャップやグラブ、前腕、パンツに触れるのを見るのはよくあることだが、このときはそれ以上に大胆な行為だった。

5月1日、あるツイッターユーザーがヒューストンのコール、バーランダー、チャーリー・モートンの回転数の増加についてボディに質問した。ボディはその発見が「おかしな偶然」だとツイートし、〝思考中の顔〟の絵文字をつけることで本当はそう思っていないことを示した。バウアーがたくさんの絵文字をつけてそれに返信した。「回転数をすぐに高められる方法があればいいのに。回転数をひと晩で跳ねあげられるとわかっている投手をトレードで獲得できたらどうなるか……トレード市場で掘り出し物が手に入れられる！」

ボディとバウアーの5月1日のツイートは回転数疑惑《スピンゲート》に火をつけた。それはおそらく、おもにツイッター上で行われたことも含め、野球の歴史で最もオタクな論争だったかもしれない。〝祭り〟の始まりは、アストロズの三塁手で、オフシーズンの一時期バウアーとテキサスでトレーニングをともにするアレックス・ブレグマンが、バウアーを当てこするツイートを返したことだった。「落ち着けよタイラー［原文ママ］……あのワールドシリーズの使用球はちょっとおかしな回転をするんだ」

今度はアストロズの投手ランス・マッカラーズ・ジュニアが、バウアーはコールの成功を妬んでいると示唆するツイートをした。「嫉妬は美しいものじゃない。きみはすごい球を持っていて、ハードな練習もしてる。それは誰だって一緒だ。こんなことをする必要はないだろう」

バウアーは、これはアストロズの投手ではなく、「都合に合わせてルールの適用を変えるMLBの偽善」の問題だ、と返した。野球界が粘る物質の使用を全員に対して許容し、たとえばマウンドのロジンバックの隣にクレーマー社製の〈ファームグリップ〉を1缶置くことを認める、といったようにルール化するならまったく問題ない、とバウアーは言った。彼もやはり、現行のルールを守らせるのは不可能ではないにせよ、難しいと考えているのだ。

インディアンス対アストロズの5月の対戦中に、コールは著者（トラビス）に、フォーシームが改善したのは、アストロズの分析スタッフと球種の効率を最適化する方法に取り組んだことや、バーランダーの助けがあったからだと語った。

「ジャスティンとキャッチボールをした日のことを覚えてるよ」と彼は言った。「フォーシームも投げた。チームが推薦する投球のビデオを見せられていたから、そのことを話したんだ。彼はすごいフォーシームを持っているしね……彼は自分が目指すところをわかっている……『真の回転とホップを求めてるんだ』と言ってたよ……それから3、4球投げたら、それだ、と言うようにうなずいた。ぼくは声を上げた。『そうか、求める球はこれなんだ』。そしたら彼は、『そう、それを追い求めればいいんだよ』と言った」

コールはそう語った。粘る物質でないと回転数は上昇しないという疑惑に関しては？

「他人がどう考えるかは気にしてないよ」とコールは言った。

では、バウアーとの問題については？

「個人的な問題に関しては話すつもりはない」

記者との懇談で、バウアーは自分とコールの関係について「大学では仲はよくなかった。彼はぼくがプロではやっていけないと言い、大学1年のときにぼくのやっていることを侮辱したからだ。それが気に入らなかったから、ぼくたちのあいだはこじれていた」と語った。だが、そうした感情は「ずいぶんまえに薄れてしまった」

5月中旬、バウアーは大学のチームメイトだったころにコールが彼の考えを否定したと言った。

「ぼくは人が間違ったことをしていれば遠慮せずにそれを言う。それじゃ置いて行かれるよと。ぼくはさんざん攻撃される。ドライブラインに行っていることを黙っていたり、何も変わったことはしていないと言うのは簡単なことだ。球団に報告しないでいることもできる。ただ話すのは身内だけにして、試合に出場していればいい。ほかの人とどうちがうのかなんて誰もわかりはしないだろう。でもそういうやりかたは自分らしくないんだ。自分に正直じゃないから」

アストロズがクリーブランドに遠征するまえに、インディアンスのテリー・フランコーナ監督はスピンゲートに関してA・J・ヒンチに謝罪した。ヒンチはまた、5月の対戦前にこの論争について記者たちに語った。

「あきれたね」とヒンチは言った。「みんな、確認もされていない疑惑を人に投げつけるまえに、自分の家のポーチを掃除して、自分の問題に対処するべきだと思うね。個人的な復讐なのか、何か問題を抱えているのかは知らないが……そろそろ野球に集中すべきだろう」

だがバウアーは、粘りのある物質の効果に関する自分の主張を裏づける実験をしていた可能性がある。

先発した2018年4月30日のレンジャーズ戦の初回、バウアーは速球を9球投げた。それはそれ以前の彼の速球とも、その年のそれ以降の速球とも異なるボールだった。

テキサス相手のその初回の速球の回転数は、平均して2597rpm（球速は150・5キロ）だった。その試合のそれ以降の回は、普段通りの2302rpm（150・0キロ）に落ち着いた。バウアーの速球の回転数は1イニングのあいだだけ300rpm近く上がっていたのだ。何が起きたのか？

「ノーコメント」翌日、回転数の急上昇を指摘し、ボールに何かをつけたのかと質問されたとき、バウアーは記者たちに言った。

彼はそれにつづけて、まわりに集まった大勢の記者たちにスピンゲートの高まる論争についてつけたした。

「いま野球界では粘る物質と回転数の問題が起こっている。ぼくたちはそれが回転数にどう影響するか、そして回転数が打席の結果や球種、変化にどう影響するかを知っている。それらは1試合、1シーズン、そして各選手のキャリアに大きな違いをもたらす……それをしないと決めた人々は競争上不利な立場に立たされる」

ではほかの多くがしているのに、なぜバウアーは不正をしないのか？

「結局のところ、自分がしたことが100パーセント自分のものだと思いたいんだ」とバウアーはわれわれに語った。

MLBはこの問題の調査をしているかどうかについてコメントしなかった。だがステロイド時代とは異なり、MLBはスタットキャストを使ってルールを破っている者を特定したり、あるいは少なくとも警告をすることはできるだろう。バウアーが告発したのは、全員がどうやら口をつぐみたがっている問題だった。そしてその過程で、手段が合法的か非合法的かを問わず、成功をもたらす要因を理解することによって自分の能力を高めることができることを彼はまたしても証明した。

2018年6月、われわれはシアトルで、当時ドライブラインの投手コーディネーターだったマット・ダニエルズ——2019年1月にサンフランシスコ・ジャイアンツが新たに作った投球分析コーディネーターに採用された——の協力を得て、粘る物質が回転に計測可能な即座の影響を及ぼすかどうかを直接確認する調査を行った。粘る物質を実験するために、ダニエルズはiPadをラプソードに接続した。まず、ダニエルズはなんの物質もつけずにドライブラインのR＆Dの施設にあるマウンドから10球あまり投げた。これが対照群になる。８割ほどの力で、球速は１１０キロ台だった。何度か投げたあと、彼は球速と回転数のデータを確認した。彼の自然な回転数は１７００から１７５０rpmで、自然な回転数／速度（バウアー・ユニット）は24・0から24・4だった。２０１８年のMLB平均は24・2だった。

それを基準として、ダニエルズはふたつの製品をテストした。はじめに、右手に〈ファームグリップ〉をスプレーした。彼はその粘り気の強さに驚いて笑った。それから数球、８割の力で投げた。ラプソードに表示された回転数は大きく上がった。〈ファームグリップ〉をつけた最初の３球は回転数／速度がそれぞれ26・3、25・7、26・7だった。回転数は１８５０から１９００rpmに跳ねあがり、ボールの垂直方向の変化は、高い回転がより大きなマグヌス効果を生みだしたことにより増加した。

ダニエルズは〈ファームグリップ〉をできるだけ洗い落とした。それから右の人差し指と中指をペリカン社の〈グリップディップ〉（パインタールとロジンを混ぜた滑り止め剤）の缶に浸した。それはこれまでに調合された、最も粘る物質のひとつだ。彼が以前にそれを試したときからかなり時間が経っていた。「なんだよこれは！」と彼は言った。「ひどいもんだ」

それをつけて投げたとき、ダニエルズは手からボールが放れるとき、バンドエイドを肌から剝《は》がすときのような音がたしかに聞こえた。その粘る物質によってリリース時の指の角度が大きく変わり、何球かは地面に叩きつけてしまった。〈グリップディップ〉を使うと、ダニエルズの回転数／速度は27・5と27・9に上がった。

「指にボールが張りついてる！」と彼は言った。数人がまわりに集まり、広げた手をよく調べた。

たしかに、白い残存物――ボールの革――が指に残っていた。指はパインタールと革で汚れていた。

その年の11月、ドライブラインで、バウアーはさらに粘る物質の実験をした。連続して5球を8割の力で投げ、ラプソードの光学装置で追跡する。〈グリップディップ〉を1球ごとにつけた。その結果は、

82・6mph（132・9キロ）／2500rpm（30・2）
82・8mph（133・3キロ）／2428rpm（29・3）
81・3mph（130・8キロ）／2421rpm（29・7）
80・5mph（129・6キロ）／2518rpm（31・2）
80・5mph（129・6キロ）／2561rpm（31・8）

強烈な回転数だ。

バウアーはそれから、実戦でイニングの合間にベンチか地下通路でつけることを想定して、1セットの投球を行うまえに〈グリップディップ〉をつけた。つけたのはその1度のみだ。

78・4mph（126・2キロ）／2486rpm（31・7）
78・8mph（126・8キロ）／2412rpm（30・6）
80・3mph（129・2キロ）／2401rpm（29・9）
81・5mph（131・2キロ）／2444rpm（29・9）
80・9mph（130・2キロ）／2312rpm（28・5）

80・8mph（130・0キロ）／2409rpm（29・8）
81・8mph（131・6キロ）／2334rpm（28・5）
81・6mph（131・3キロ）／2278rpm（27・9）
81・1mph（130・5キロ）／2228rpm（27・4）
82・8mph（133・3キロ）／2223rpm（26・8）

回転数／速度の数値は、物質が手から取れていくにつれて下がった。これもMLBが物質を使用している選手を特定する方法になるだろう。イニングの合間に物質をつけている投手もいると考えられるが、その物質はプレー中に次第に落ちていく。1イニングの投球中に大きく回転数／速度が落ちることがあれば、人工的に高められた回転数／速度が自然な数値に戻っていくことを示しており、注意を引くことになるだろう。もし質問されれば、スタットキャストが球種を誤認したとか、自然に回転率を高める方法を見つけたのだと主張するかもしれないが、回転数／速度のイニング中の低下についての説明はそれ以上に難しいだろう。

そのテストのあと、バウアーは人差し指と中指の画像を公開した。ダニエルズと同じように、指は白いボールの革で覆われていた。

MLBによる調査が行われないなか、〈ハードボール・タイムズ〉の記者ビル・ペティは2018年の一般公開されているスタットキャストのデータを分析した。非公開だったその調査によると、同一イニングのフォーシームで、最初と最後のボールの回転数／速度の下落が最も大きかったチームは、意外にもインディアンスで、平均よりも2・6シグマ高かった。アストロズは10位だが、ただしペティの方法では投球中により頻繁に物質をつけていたとしても特定できないし、イニング中に汗をかくことによる影響がどれだけあるのかを確認することもできない（２０１７年にはインディアンスとアストロズはそれぞれ2位と18位だった）。ペティの数字によると、バウアーは２０１８年に、５回以上速球を投げたイニングが50回以上あった投手１７８人のうち１６９位で、彼がクリーンな（粘る物質を使用しない）投球をしているというさらなる証拠になった。コールは27位で、前シーズンから大きく上がっている。

５月27日のバウアーの回転数には異常なことは何もなかった。７回１／３でアストロズから13三振を奪い、インディアンスは延長で勝利を収めた。シーズンの最初の２カ月で、バウアーは球界最高の投手のひとりの地位を確立していた——しかも、規則を完全に守ったうえで。

11

アマチュア野球

わたしは恐れずに、学校などなくても野球はできると全世界に向かって言おう。
――〝シューレス〟・ジョー・ジャクソン

1948年の春、ドジャータウンでは毎朝同じ面白い光景が見られた。ドジャースの若手選手がまだほとんど顔を出していない時間に、66歳の老ブランチ・リッキーがグラウンドのホームプレートのわきに置かれたベンチに、いつものボウタイを身につけ、火をつけていない煙草を口にくわえてすわっている。一緒にいるのは、大学でもメジャーリーグでもリッキーがコーチを務めるチームに所属し、いまは殿堂入りを果たして打撃コーチを務めているジョージ・シスラーだ。マウンド上にはマイナーリーグの元投手でコーチ兼スカウトのジョン・ケアリーがいて、ホームプレートの後ろにはケアリーの球を受けるために呼ばれた選手がしゃがんでいる。そして打席に入っているのが、この集まりの目的であり、左打ちの21歳の中堅手、30年以上のちにリッキーやシスラーとともにクーパーズタウンの野球殿堂に入ることになるデューク・スナイダーだった。

スナイダーはジャッキー・ロビンソンとともに、その前年にメジャーデビューしていた。だが新人王になったロビンソンとはちがい、ブルックリンで40試合に出場したスナイダーは苦しんでいた。その年80打席以上の打者は245人いたが、三振と四球の比率が8：1の彼よりも悪いのはわずか6人だった。そのうち5人は投手で、残りのひとりはその後メジャーでプレーすることはなかった。「メジャーに昇格したものの定着できない選手は、多くの場合ストライクゾーンを覚えられないことが失敗の原因だ」と、スナイダーは1988年の自伝『フラットブッシュの公爵（*The Duke of Flatbush*）』に書いている。1947年には、彼自身もそんな選手のひとりだった。

未熟なルーキーの年、彼はカーブと高めの速球につい手を出してしまっていた。それを見たリッキーは、1日1時間スナイダーの指導をすることにした。毎回はじめの15分は打席に立たせ、構えたバットを振らずに1球ごとにコースとストライクの判定をさせた。それから15分、スナイダーは来たボールがストライクだと思ったらバットを振り、振っても振らなくてもコースを言う。するとリッキーは残りの3人に、それが正しいかを確認した。つぎの15分はストライクゾーンにボールを置いてティーバッティングをした。そして最後の15分にもう一度投球に対してバットを振るが、このときケアリーが投げるのはカーブとチェンジアップだけで、（以前にホーンスビーがしたように）スナイダーは二塁ベースよりも右へ打球を引っ張ることは禁じられている。

「ブランチ・リッキーはわたしにストライクゾーンと、ボール球を見送ることを教えてくれた」とスナイダーは書いている。リッキーは「メジャーで通用する打者にしてくれた」。多くのパワーヒッター同様、スナイダーは三振を減らすことはできなかった。1948年から1961年のあいだに、彼はほかのどの打者よりも多くのホームランを打った。その間彼よりも三振が多い打者はふたりだけだった。だが我慢強さもあり、1955年には三振以上に四球を選んだし、56年には四球数でリーグ首位を記録した。リッキーの〝個人的なプロジェクト〟後の17シーズンでは、1度の四球に対し三振はわずか1・25回だった。

それから70年ほどが経ち、それと同じレッスンを必要とするさらに若いバッターが現れた。幸運にもそのころアマチュア球界ではハイテク導入が盛んに行われており、それによって彼のキャリアは大きく変わった。

トレイ・ハリスはアマチュア選手のスカウティング・サービス〈パーフェクト・ゲーム〉によると、全国の高校生二塁手のなかで2番目の好選手だった。だがミズーリ大学に進学した2015年から2年間は成績が上がらなかった。2シーズン合計の369打席で、わずか5本塁打、長打率・333しか打てず、四球の2・5倍の三振を喫し、出塁率はわずかに3割を超える程度だった。成績だけでなく体格――おそらくいくらかサバを読んで身長178センチ、体重97・5キロと記載されている――も、将来のプロ選手のものとは思えなかった。ハリスが目標とするメジャーリーガーはスーパースターではなく、パイレーツのスーパー・ユーティリティ・プレーヤーで、スイングや小柄な体格が似ているジョシュ・ハリソンだった。だがもっと打たなければ、ハリソンのキャリアに手は届かないだろう。

ハリスの大学2年目のシーズンが終わった2016年の夏、ミズーリ大学は地元ミズーリ州出身の新監督、スティーブ・ビーザーを雇った。ビーザーは90年代後半に短期間メジャーリーグに在籍しており、メッツとパイレーツで代打や外野守備で出場するなど、プロ選手として13年のキャリアがあった。引退後にはじめてした仕事は高校野球の監督と数学教師で、二足のわらじを履き、生徒たちに代数や幾何を教えながら州大会で2度優勝した。

ビーザーが着任したのは、ちょうど卒業生のマックス・シャーザーが2度目のサイ・ヤング賞を獲るシーズン中で、チームはとくに投手の育成に優れているという評判を得ていた。大学側がビーザーにはじめに求めたのは、「打撃成績を高めるために何をするつもりか」だった、と彼は言う。それに対するビーザーの答えは、トラックマン・システムを導入することだった。2017年のシーズン開始までに導入は完了した。これで、直感に頼った打撃練習をする必要はなくなった。

ビーザーが大学から与えられたのはトラックマンの機材を購入する予算だけで、データを分析するフルタイムのスタッフはいなかった。だが幸運なことに、ビーザーのミズーリ大学での初年度に、ちょうどマット・ケーンという学生が入学してきた。彼はセイバーメトリクスに精通し、経済学と数学、統計学の3つを専攻し、スポーツに関連した調査をする機会を探していた。ケーンがチームに電話をかけると、打撃コーチのディロン・ローソンはトラックマンのデータベースを設計できる人を探していると言った。ケーンは野球の統計データに関心があり、独学でプログラミングのスキルを習得していた。それがビーザーとローソンが求めている先進的なプログラムを作るのに役立つことになった。

ミズーリ大学にとって、育成で名を上げることは死活問題だった。2012～2013年度をまえに、ミズーリ大学はそれまでのビッグ12からサウスイースタン・カンファレンス（SEC）に移籍していた。SECはNCAAディビジョン1のなかで最も熾烈な地区であるうえ、ミズーリ大学は参加校のなかで最北に位置していた。「フロリダでは1月でも気温が15度もあるのに、ここでは3月でも雪が降る」とケーンは言う。雪は練習だけでなく、選手を集める妨げにもなる。「カンファレンスの他チームがうちに対して優位な点は、間違いなく天候だね」とビーザーは言う。

ミズーリ大学の野球施設は標準以下で、西に位置するカンザスシティ・ロイヤルズや東のセントルイス・カージナルスに視聴者の注目も分散してしまう。観客は平均800人で、カンファレンスの14チームのなかで圧倒的最下位だ。トップのルイジアナ州立大学はMLBのマイアミ・マーリンズよりも多くの観客を集める。こうした不利を抱えたミズーリ大学は懸命にならざるをえなかった。「目標にできるのは、選手育成くらいしかなかった」とビーザーは言う。「そういう、他大学がしない小さなことで選手たちに有利になるようにしているんだ」

ケーンが最も大きく貢献しているのは数量化と、打席での規律改善だ。テッド・ウィリアムズの指南書『バッティングの科学』で最初に挙げられているルールは、スイングとなんの関係もない「好球必打」だ。ウィリアムズが書いているように、「投手にストライクゾーンのまわり2インチ（約5センチ）余分に与えたら、ストライクゾーンは35パーセントも広がってしまう」。大学生投手でも、打者の選球眼の悪さをうまく利用することができる。だからビーザーによれば、新たなテクノロジーによるプログラムが打者に与える最も効果的な点は、選球眼を鍛えることなのだ。

ウィリアムズはまた、意図的な練習も勧めている。『バッティングの科学』には、意図のない練習をしていたワシントン・セネタースの一塁手マイク・エプスタインを矯正したという回想が語られている。「彼はチームのほかの選手と同じだけの量と強さの練習をこなしていたが、やりかたは正しくなかった」とウィリアムズは書いている。「通常の打撃練習で、実戦形式をとらず、どの球種を投げるかを投手に言わせていた」。ウィリアムズは控えめに、エプスタインが彼の言葉を聞きいれたあと、「成績は向上した」と書いているが、1969年にウィリアムズがセネタースの監督になって最初のひと月が打率・231だったエプスタインは、シーズンのそれ以降の期間でOPS・990を記録した。これは4人の殿堂入り選手に次ぐメジャー5位の成績だ。

ミズーリ大学はウィリアムズの知恵のこうした側面も取りいれた。チームの打撃成績を高めようとするなかで、ミズーリ大学に来るまえの2016年シーズンにはアストロズのマイナーリーグでコーチを務めていたローソンとケーンは、エリクソンが意図的な練習について書いた『超一流になるのは才能か努力か？』を読んだ。ローソンは打席での規律をポイント制にして、上位者のスコアをクラブハウスに掲示し、下位の選手とは個別に取り組むことにした。ケーンの助けを借りて、コーチ陣は

「スイングの良し悪し、選球眼の良し悪しを追いかける」ことができた。

ケーンの計測をもとに、カウントやコース、打者の選択に基づいて球種ごとに打者にプラス点やマイナス点を与えることで規律をゲーム化した。カウント3－1で外角球を振ったとき、もしそれがボールで、真ん中寄りの球に絞るべき状況だったなら、打者はポイントを失う。打者がそのボールを見逃したり、ストライクゾーンに来た球を振った場合（そのスイングの結果と無関係に）ポイントが加算される。打者たちは自分の判断に応じてスコアが上下するのを確認できる。ローソンは各打者の進歩をチェックし、必要ならば声をかけた。ビーザーが――そしてトラックマンとケーンが――ミズーリ大学に来た初年度、チームの打撃成績は２０１６年度のチームから上位３人の打者が抜けたにもかかわらず、前年と比較して出塁率が・０１５、長打率が・０４３改善し、長打は30パーセント、ホームランは70パーセント近く増加した。

ミズーリ大学での最初の2年間、トラックマンのことなどまったく知らなかったハリスは、その恩恵を最も受けた選手だった。2年生のときは実力を発揮できず打率・２１３、１本塁打の成績だった。野球を始めて以来最悪の成績だったが、よい打者になれるという信念は捨てず、新しいものを進んで試した。３年生のシーズンが始まると、投球に対する打者の選択がよかったか悪かったかによって、投球コースに緑か赤の表示がされるというケーンのシステムにのめり込んでいった。「毎試合、緑の表示をつけるのを目標にしていた」とハリスは言う。「あるとき、緑の表示がついたら自然とヒットが増えていることに気づいたんだ」。ヒットを歓迎するのは当然だが、試合が進むにつれ、緑の表示そのものが目的と化していった。「それが重要なことになっていた。試合《ゲーム》のなかに、もうひとつべつのゲームがあるみたいに」

ハリスは自分の得意なコースと苦手なコースを徹底的に調べた。外角の球はストライクとボールをしっかりと見分けられるが、内角球に苦しんでいることがわかった。いったんその問題を自覚すると、問題のあるコースへの投球に意識を集中して、結果を確認することで修正した。「トラックマンのおかげだよ。コースと球種を的確に教えてくれるのがすごく役に立った」とハリスは言う。

ハリスにとってのトラックマンは、スナイダーにとってのリッキーのようなものだった。おまけに人がコースを判定することによる主観性も入らないうえ、ひとりの選手の練習に毎日1時間3人を付き添わせる必要もない。大学3年時、トラックマンで強化されたハリスは三振27に対し、四球を32回――これは大学1、2年時の合計よりも多い――選び、出塁率は9分近く上がった。チームで100回以上打席に立った誰よりも高い数字だった。しかもそれは、まだハリスの上達のうち半分にすぎなかった。

グラウンドで打撃練習をするとき、トラックマンに接続されたiPadには各打球の角度と初速度に加え、その角度と速度で打ち出された打球が実戦でヒットになる確率が表示される。チームはそれもまたゲーム化した。「いつもそれでゲームをしていたよ。ある打球角度の幅に何度打てるかをポイントにしたりして」とハリスは言う。トラックマンを最初に試したとき、ハリスは自分のパワーには問題がないことを知った。「ボールを強く打つことはできるけど、打球角度が悪くてゴロになってしまっていたんだ」。ケーンとローソンからバックスクリーンの上端を狙うように指示され、それまでのダウンスイングを変え、打球角度を上げる取り組みをした。

ハリスが調子を取りもどすには、本人も監督も過去の練習方法と決別する必要があった。「教えはじめたころの指導法を振りかえると、スイングのメカニズムに関して間違ったことを教えていた」とビーザーは言う。彼は自分が教えられて育った「ダウンスイングで、バックスピンをかけるように振りおろす」という意識の正しさを信じ、選手にもそう教えていた。ハリスも同じように教わった。だがトラックマンのデータでは、15度から25度の角度で打ち出された打球はおよそ7割がヒットになっていた。それは打率・213の打者には有効なことに思えた。3年時、ハリスは打率を・268に上げ、長打率は・508で12本塁打を放った。それは大学1、2年時の合計本塁打の2倍以上だった。メジャーリーグの各球団はその改善を本物とはみなさず、ハリスは2017年のドラフトでは指名されなかった。だが4年時に11本のホームランを打ち、・316の打率を記録すると、興味を持つスカウトが一挙に増えた。

プロのアスリートになるには自分の能力に対するある程度の信頼が必要だ。対戦投手の最高の速球をバットで捉えられるとか、強い打球を打ち返すことができるという自信が。そうしたふてぶてしさは自分の脅威になるかもしれない相手に恐れを植えつけられるため、ある程度までは利点がある。だがそれによって、変化を必要としているにもかかわらず自分は現状で完璧だと決めつけたり、データ主導の修正中に成功するうえで数字など小さな要因にすぎないと思いこんでしまうことにもなる。ハリスはそうした幻想とはまるで無縁だった。彼の変化のうち、自然に備わった能力が果たした役割は3割ほどだった。残りの7割はトラックマンのおかげだった。

ハリスは2018年5月にミズーリ大学を卒業したが、野球に関しては6月まで立場は保留されていた。予想通り、ドラフトの最初の2日間、10巡目までには彼の名前は呼ばれなかった。指名を期待していた3日目には、母は仕事に出かけ、父は妹を連れて食事に行っていた。ハリスは指名の通達や重要な電話を逃してはいけないと、ひとりで家に残っていた。ようやく電話が鳴った。相手は地元のブレーブスから32巡目で指名されたと告げた。ハリスの予想よりも低い巡目だった――またしても〝体格の悪さ〟があだとなった――が、大学3年のシーズン後に指名されなかったつらさを思えば、指名を受けただけでも祝福すべきことだった。32巡目指名の選手がメジャーに昇格できる確率はとても低い。だがそれはビーザーにとっても同じことだった。彼もまた32巡目指名だったのだ。

カンファレンスでは昇り調子だったミズーリ大学にとっても、ハリスのような成功者の出現は意味があった。ビッグ12を脱退してからNCAAトーナメントには出場していないものの、ビーザーが率いた最初の2シーズンは2008年以降で最高の勝率を記録した。同じくらい重要なのが、選手育成で成功を収めたことによって、ミズーリ大学はアマチュア選手を上達させられる、そしてメジャーリーグの傘下のようにデータが入手できる環境にあり、MLB球団にデータを提供することでドラフト指名される可能性が高まるというメッセージを入部希望者に伝えられたことだった。

入部希望者がミズーリ大学を見学に来ると、ビーザーたちはアストロズのような、各選手に合わせた育成計画を提案し、プロ入りへの道を示す。ケーンはそのツアーのアトラクションになっているのだそうだ。ときどき、コーチは入部希望者を引き連れて彼の仕事場をわざと通りかかる。オタクの存在やたくさんのテクノロジー機器、そしてそれを使ってプレーを分析することなど、かつてはスポーツマンにとって退屈でしかなかったものが、いまでは魅力になっているのだ。

それはミズーリ大学だけのことではない。そのことが、育成の優位性を他大学との競争に生かそうとしているミズーリ大学の最大の障害になっている。現在の育成では、より魅力的な成績を残している、より多くのリソースが利用できるプログラムがほかにも開発されている。最初にトラックマン・システムを導入したのはUCLAで、トラックマン社によれば（1校を除くディビジョン1校の）57大学が2019年の開幕日までに独自のシステムを備える。そこにはSECの14校のうち11校も含まれる。強豪校に同じ賢明な方法をとられたら、下位校が勝利を収めるのは難しい。

より広範囲な難点として、大学チームには通常、あまり大きなR&D部門がないということがある。

それでは選手の上達に果たすテクノロジーの力が限定されてしまう。ＭＬＢの編成部門のミニチュア版のような制度を持つ大学もあれば、トラックマン社のザック・デイによれば、システムを設置するなり、「これをどうやって使えばいいんですか？」と問いあわせてくる大学もあるという。デイは〝大勢の大学生〟がＮＣＡＡのデータを分析し、その結果ＭＬＢ球団に指名されることを期待している。すでにケーンはパイレーツでインターンを経験した。およそ15大学とＭＬＢの5球団のプログラムで、データをわかりやすくし、育成に役立つ自動ツールに変える〈ピッチ・グレーダー〉というアプリが利用されている。このアプリを開発したウェイン・ボイルはすでに、自分の息子で右腕投手のショーンにそれを使い、２０１８年に22巡目指名された。２０１９年1月には親子共著で『テクノロジーの投球への応用（*Applied Technology in Pitching*）』という本を自費出版した。

２０１８年に5年ぶりにカレッジ・ワールドシリーズに戻ってきたノースカロライナ大学では、統計学専攻のミカー・デイリー＝ハリスがマット・ケーンと同じ役割を果たし、投手コーチのロバート・ウッダードが柔軟に協力している。「わたしは肩に問題を抱えていて、それでへんてこなワインドアップをするようになったんだ。誰もやってないワインドアップをするほうが、なめらかで努力が要らずきれいなフォームで負けるよりいいと思ったから」とウッダードは言う。「不幸なことに、人々はむしろそれまでの慣習に従って負けて、なんの疑問も浴びせられないほうを選ぶ傾向がある」より才能ある選手に恵まれたノースカロライナ大学ではかつて、データをゲームの戦術に使っていたが、いまでは育成にも応用しはじめている。「一度味を占めたら、やめられなくなるものだよ」とウッダードは言う。

アイオワ大学の元投手コーチ、デシ・ドラッシェルはトレバー・バウアーやカイル・ボディ、ダグ・ラッタのツイートに、モニターがいくつも置かれた研究室の画像や、機材に囲まれた場所でアイオワ大学ホークアイズの選手たちが映画『ロッキー4』のように能力を誇示している画像をつけてリツイートした。「ソーシャルメディアで大勢の人の目に触れた——それが大事なことなんだ」とドラッシェルは語った。この大学はまた、内野のまわりをスクリーンで囲み、打者に打球を上げる意識をさせる、元アシスタントコーチのピート・ローリットソンが作った〝ゴロ防止壁〟でも知られている。この壁のことが拡散されてまもなく、ローリットソンはインディアンスにマイナーリーグ打撃コーチとして採用された。さらにレイズはスプリング・トレーニングでその方法を取りいれた。

進歩的な育成プログラムに関してはまだまだ多くの校名が挙げられる。ダラス・バプティスト大学、ウェイクフォレスト大学、ヴァンダービルト大学、コースタル・カロライナ大学、クレムソン大学、(ブランチ・リッキーの指導者としてのキャリアが始まった)ミシガン大学。そして2018年カレッジ・ワールドシリーズで決勝進出を果たしたオレゴン州立大学とアーカンソー大学の両校。この前者にはドライブラインの元教え子が大勢いる。マイナーリーグよりも勝利が重視されるアマチュアレベルでは、どのチームもドラフトで有力選手が引き抜かれてしまうまえに彼らを生かそうという意識がある。

ハリスは2018年のドラフトから2週間足らずで、ルーキーリーグのガルフ・コーストリーグ・ブレーブスでセンターとしてプロデビューをした。出だしは低調だったがその後調子を上げ、クラスAに昇格し、マイナーリーグのシーズン終盤1カ月は本拠地アトランタに近いジョージア州ロームでプレーした。合わせて53試合で打率・302、出塁率は・409で、三振数を四球が上回った。フロリダのルーキーリーグではトラックマンは使えなかったが、ロームでふたたび機材使用に目覚め、自分の選球を確認するのが日課になった。わずか189打席で18本の二塁打を打ったが、フェンス越えは1本のみだった。目標よりも低い平均7度という打球角度がその原因だと彼は考えている。シーズンオフのあいだに、スイング中の無駄な動きをなくし、体重を7キロから9キロそぎ落として、2019年にはハイAに昇格し、打率・280以上、5本から10本のホームランを打つことを目標にしている。もしどこかで上達が止まったとしても、それは彼がチャンスをみすみす逃したからではないだろう。

かつての選手はあまり知識がないまま大学を卒業していた。1978年に3巡目指名でプロ入りしたダグ・ジョーンズは、1987年、30歳のときにようやくフルシーズンをメジャーで過ごした。ジョーンズは31歳でオールスターのクローザーを務め、40代まで投げつづけたが、その活躍のまえにはマイナーリーグで246試合を戦い、失敗を通して徐々に、球種を5つから信頼できる速球とチェンジアップの組み合わせに減らした。「野球界では、自力でいろいろと適応をしていくものだと学んだ」と、ジョーンズは『ニューアーク・スターレジャー』に1989年に語っている。「多くのことを言われるが、本当にやるべきことは誰も教えてくれない。それは自分自身で身につけなければならないんだ」。ジョーンズは自分と同じようになかなか昇格できない将来のマイナーリーガーにただ、「あきらめるな」という言葉を贈っている。

ハリスは洗練されたテクノロジーを取りいれる大学の増加とともに、プロ野球界に増えてきた新しいタイプの選手の典型だ。「トラックマンや自前のアナリストがいるディビジョン1校出身の若手が増えてきた……彼らは自分の投球の物理学的な面についてたしかな知識を持ち、自分に関するデータもよくわかったうえでプロに入ってくる」とバニスターは言う。「それによって実際にいくらか育成のスピードは増しているかもしれない」。野球においては、いくつかの時間的制約と戦わなくてはならない。契約期間の終了や、選手の身体的全盛期の終わり、そしてキャリアの終わりなど。今日チームや選手が利用できるツールによって、その制約された時間をより実り多いものにすることができる。

分析力の優れた大学は、指導者の流出に悩まされている。ドラフトで優秀な選手が指名されるように、各チームは有望な選手育成法を横取りしようとする。「プロ野球界で働ける人はプロ野球の経験がある人物だけだとはわたしは思っていない」とツインズのデレク・ファルビーは言う。２０１８年11月に、ファルビーの球団は――すでに大学から引き抜いたコーチを3人マイナーリーグのスタッフとして雇っていたが――アーカンソー大学の投手コーチ、ウェス・ジョンソンをメジャーリーグの投手コーチに採用した。近年ではこれほどの抜擢《ばってき》ははじめてのことだが、各チームがプロ野球での実績よりも結果を重視するなら、今後はより一般的になるだろう。12月にはラス・スタインホーンがクレムソン大学からフィリーズに移籍し、レンジャーズはウッダードをマイナーリーグ投手コーディネーターに引き抜こうとした（が、ノースカロライナ大学の説得で留任した）。２０１９年はじめには、カージナルスがコースタル・カロライナ大学の動画分析コーディネーターのマイケル・マクドナルドをマイナーリーグのスタッフとして、ヤンキースはドラッシェルを投手育成マネージャーとして雇った。こうした引き抜きを防ぐ唯一の方法は、指導者が大学から、マイナーやメジャーリーグでの仕事を上回る報酬と職の安定を与えられることだろう。

２０１７年の暮れ、ハリスの再生を助けたローソンはヒューストンのマイナーリーグ打撃コーチになった。ミズーリ大学はJ・D・マルティネスの指導者クレイグ・ウォレンブロックの教え子、マット・ライルをその後任にした。ところがミズーリ大学で職に就いてわずか5カ月後、ライルはホワイトソックスで、打撃分析インストラクターというマイナーリーグで新たに設置されたポジションに着いた。アマチュア球界の指導者のプロ野球界からの引き抜きはつづいている。

こうしたことは、さらに低いレベルにも広がっていくかもしれない。「トラックマンを導入する高校が出てきても驚かないね」とハリスは言う。すでにカリフォルニア州サン・ファン・カピストラーノのジェイセラ・カトリック高校と、フロリダ州ブラデントンのＩＭＧアカデミーの少なくとも2校が使用している。先駆けた行動をする人の常で、ジェイセラのブレット・ケイ監督は批判を浴びた。この場合はデータ主導による選手育成をそれまでにないレベルにまで広げたことが原因だった。「高校生に関わる多くの人が眉をひそめた」とケイは言う。そんなに真剣に取り組むのは子どもには早いとか、選手がみな機械みたいな画一的なスイングになるとか、感化されやすい選手は身体が十分に成長するまえに情報の波に圧倒されてしまうだろうと彼らは言う。だがチーム内からはそうした批判はまったく上がらなかった。選手たちは「みな興味を持ち、面白がっていた」とケイは言う。そして高校生レベルにおいても、上達は大きな魅力になる。「翌年高校に入る予定の中学3年生の選手でも、もし教えられるなら、上達に手を貸したい」とケイは言う。中学3年生のなかにも、やがてメジャーリーガーになる選手はいる。そして近ごろでは、それにあまり長い時間はかからない。

著者ふたりはどちらも中学3年生のときプレーしていないから、現代の育成をほかのアマチュアの人々と同じように経験する資格がある。われわれはどちらかひとりがこのテクノロジーの世界を探索し、自分で最新機器に触れてみるべきだと考えた。そしてわたし、ベンがその任務に就いた。実際の選手たちがデータを使ってどう弱点を発見し、克服しているかを書くためには、少なくとも自分の弱点を知る必要があるだろう。

夏のシアトル。わたしはカイル・ボディのドライブラインがある金色に輝く産業団地に着いた。野球を探究するラボがこんなところにあるとはとても思えなかったが、やがて金属バットがボールを捉える明らかな反響が聞こえてきた。その音の方向へ向かうと、すぐにちがう音も聞こえてきた。響き渡るステレオ、バーベルが落ちる音、そしてときどき笑い声が混じる。すべて、オレンジ色のドライブラインの看板がかかった平屋のプレハブの建物から来る音だ。うだるような暑さで、エアコンもなく、本物のアスリートが汗をかいて不安を克服するために集まっている。ところがわたしはここで不安を増大させることになった。

わたしがここに来たのは、ドライブラインにはじめて来た選手が必ずこなす3つのことを経験するためだった。打撃あるいは投球パフォーマンスの計測、機敏性の審査、筋力テストだ。これらのテストで、選手の身体的能力と野球の技術を把握し、それを基準値として選手の成長を判断することができる。わたしの場合はもちろん、そのテストによって子どものころ以降にプレー経験のない人物と、プロ野球経験者あるいは志望者との違いが計測されるだろう。

ひとつめのテストの付き添いはドライブラインの主任エンジニア、ジョー・マーシュだ。19歳のとき、マーシュはできたばかりのドライブラインに来て、マックスベロ・プログラムを行って21キロ球速を上げた（ドライブラインの公式フェイスブック・アカウントには、フォロワー向けにマーシュが成功例として提示されている。ただしその後ろには、「結果は典型的なものではありません。一般的な野球選手は身体が弱く意志薄弱な不平家が多く、十分な努力をしないためです」というただし書きがついている）。ドライブラインがモーションキャプチャー・システムのオプティトラック社のカメラを15台購入したとき、すでに卒業してスタッフになっていたマーシュは生体力学の担当者となり、シアトルで常時モーションキャプチャーをするための準備と、顧客のチームを訪れて診断するための〝移動可能な生体力学ラボ〟の建設をしていた。

マーシュはドライブラインのプロの顧客全員に携わっているから、わたしにつきあうとその分稼ぎが減ってしまうことになる。彼はわたしにウォーミングアップを指示した。シアトルの猛烈に暑い夏の一日にそれをするのはあまり気が進まなかった。それから彼はシャツを脱ぐように言った。その瞬間わたしは、プロのアスリートたちの目の前で身体を動かすことへの不安が2倍にも高まった（現在試合に出ているアスリートのほかにも、ロイヤルズの元有望選手で、腕の故障のためリハビリ中のカイル・ジマーもそこにいた）。服を脱ぐという行為で、完全に普段と役割が入れかわった。野球について書くという仕事をしていてときどき突きあたる災難は、服を脱ぎかけてさまざまな格好をした野球選手たちがいるクラブハウスで、自分だけきちんと服を着て歩きまわらなくてはならないことだ。だがいまわたしは、半裸の野球選手たちばかりの部屋できっちりボタンを留めた姿でいるほうが、その逆、つまりきちんと服を着た選手たちでいっぱいの部屋で服を脱ぎかけているよりも、はるかにましだということにすぐに気づいた。

マーシュが服を脱ぐようにと言ったのは何もわたしを不安にさせるためではなく、灰色の丸いマーカーをわたしの胴から腕や脚に着ける必要があったからだ。カメラはそのマーカーを捉えることでわたしの動きを追跡し、それぞれのマーカーの動きを数値や力、角度へと変換する。「きみの動きをテレビゲームのキャラに変えて、それを分析しているんだ」とマーシュは言った。マーカーがいくつか、まるで基準に満たない調査対象を拒絶するかのようにわたしの身体に着けられるのを拒絶したため、マーシュは粘着剤をスプレーした。すぐにわたしは小さな球体をたくさんつけ、数カ月前にはトレバー・バウアーがこの研究室で開発した変化球でバッターをなで斬りにしたマウンドに向かった。

マーシュは計測システムの目盛りを定めるため、わたしにホームプレートのほうを向いてTの字のように腕を伸ばすように言った。それから指示に従って投球を始めた。わたしは静かに立っていれば野球選手で通ることもある――もっとも何人か野球選手に会ったことのある人ならばそのことに大した意味はないとわかるだろう――のだが、動きだすと15台の追跡カメラをだますことはできなかった。

野球をしていたころはもっぱら二塁手で、ボールが投げられなくてもあまり問題ではなかった。ピッチャーの経験はない。力をこめて最高速96キロほどの速球を投げたが、それはつまりどんなに都合よく解釈しても平凡なメジャーリーガーの速球の３分の２ほどの力しかないということだった。何度か繰りかえしていると、脇で見ていたボディが変化球は投げられないのかと口を挟んだ。わたしは笑った。

　そのセッションが終わると、マーシュはマーカーをはずすのを手伝ってくれた。マーシュがわたしの投球をモニターで見ていた作業場で、わたしの動作を反映した非効率的な動きをするコンピュータのモデルをボディが見せた。恥をかきたくない一心でできるだけ強く投球したように感じていたのに、そこに映ったものを見れば、まるで力を出しきっていなかった。それには３つの理由があった。第１に、全力で投げなくてはならない経験がなかったこと。第２に身体を傷つけるのを恐れていたこと。第３に、本気で投げてもレーダーの数値が極度に低いことを目の当たりにして、心が傷つくことを恐れていたこと。必要ならもう少し強く投げられると思いたかったのだ。

　ボディはのちに６ページのPDFでわたしのテスト結果を送ってくれた。マーシュが「きみがメジャーリーガーではない科学的な理由」を述べた専門用語を日常的な言葉に置き換えてくれていた。もちろん、科学で多くのことがわかるだろう。球速を出す鍵となる肩の外旋可動域は１６０度ほどなくてはならないのだが、わたしの場合は１２８度しかない。前足が地面に着くとき、わたしの胴体は25度傾いている。「好投手ではおよそ０度で、ホームプレートへの経路に対して垂直になる」とマーシュは言う。「身体の開きが早いんだ」。わたしは腰と肩が、つまり骨盤の端の回転と肩の端の回転がほとんどねじれていないのだ。「きみの腰と肩はだいたい、時間差がなく同時に回転している」前足が地面から得る力が「弱く」、身体を支える基礎がしっかりしていないため、ほかの測定値は遅く、低くなってしまっている。ムチのように動くはずの身体がうまくしならない。ボールを放すとき、わたしの胴はホームプレートの方向ではなく、後ろに11度傾いている。つまりピッチャープレートからリリースポイントまでの距離が平均以下で、ストライドの長さは身長の75パーセントほどでなければならないのに、わずか62パーセントしかない。

おそらく唯一の励ましとなる知らせは――ボディが「トラビス（本人によれば、その場でイップスになった）よりははるかによかった」と言ってくれたことのほかには――ひどい投球フォームのおかげで、腕にあまり負担はかからないということだった。肘が伸びる速度と肩の内旋の速度は本物の投手の70から75パーセントほどで、その結果、関節には通常なら１００ニュートンメートルの負荷がかかるところ、わたしの場合は40ニュートンメートルしかかかっていない。マーシュの要約によれば、「君は姿勢が悪くてプロ選手ほどの速度はないけれど、トルクがかなり低いから身体を傷つける心配はあまりないよ！」傷つくのは、せいぜいわたしのプライドくらいだ。バウアーとわたしには少なくともひとつ、どちらも腕の怪我をしたことがないという共通点があることがわかった。

もしわたしに選手として（比較的）得意な分野があるとすれば、バッティングだ。友人たち――その多くはもちろん、わたし同様スポーツ選手ではない――とプレーしているときには、たいていバットに当てることができる。だからドライブラインの主任打撃コーチ、ジェイソン・オチャートと会ったときはもう少し堂々としていた。このときはそれほど身体をさらすこともなかった。オチャートは打者を評価するのに１週間、数百球のバッティングを見るのが普通だが、わたしはそんなに滞在できないので、長さ84センチ、重さ８５０グラムの、ブラストセンサーがグリップエンドに装着されたバットを手渡された。

センサーはバットにつけられているので、そこから身体の動きやボールを読みとることはできない。それが提示するのはスイングのデータのみで、バットスピードと手の最高速度、スイングの角度、コンタクトの時間を計測する（ドライブラインでの調査によれば、スイングの角度を1度変えることで、打球角度は０・２５度変わる）。

オチャートはティーを立て、そのうえに砂が詰まったトレーニング用のウェイテッドボールを置いた。この打撃用のプライオボールはインパクトの瞬間に変形するため、通常のボールよりもコンタクトの質に関するフィードバックをしっかりと得られる。プライオボールの中心を打たないと、回転がかかって打球が斜めに飛んでいくため、スイングをミスしたことがわかる。わたしは動いていないプライオボールを打ち損じないように注意した。何度かスイングすると、オチャートはブラスト・センサーの数値をドライブラインでのプロの平均と比較して示してくれた。わたしのインパクト時の平均バットスピードは時速87・5キロで、標準となる１１９・４キロより30キロも低い。手の最高速度は28キロで９・２キロ低い。スイングの角度は7度で、平均の12度よりも5度小さい。そしてコンタクトの時間は０・２２秒で、速く感じられるが、実際には平均の０・１４秒よりもかなり遅い。「言いにくいんだけど、もしもプロでやりたいなら、かなり頑張らないと」とオチャートは言った。

投球とスイングのセッションが終わったあと、ドライブラインの打撃トレーナー、マックス・ゴードンはＴＰＩ（タイトリスト・パフォーマンス研究所）による評価を受けさせた。ゴルフ用品メーカーによる、スイングの欠点となり怪我のリスクを高める動きを突きとめるためのプログラムだ（ゴルファーの怪我が増えればそれだけスイングする時間が減り、ゴルフボールは売れなくなってしまう）。ゴードンは身体をさまざまにねじらせてわたしの柔軟性やバランスを測り、その結果をアプリに入力すると、すぐに結果が出た。ＴＰＩによると、左右の下肢それぞれも、下半身全体も回転が弱く、また肩の可動域も、理想は170度だがわたしは120度しかないことがわかった。

ゴードンはわたしの身体の性能を計りおえると、気まずい役回りを主任トレーナーのサム・ブリエンドに任せた。ブリエンドは可動範囲の調査と筋力テストを行った。彼はパッドつきの台にはじめはあおむけ、つぎはうつぶせでわたしを寝かせ、身体のあちこちを動かなくなるまで押したり引っ張ったりした。何度かはわたしに押し返させて筋力を測った。つぎはバックスクワットやデッドリフト、ベンチプレスだ。これはまさに望むところだった。ブリエンドは飛ばしてもかまわないと言ったが、バウアーがネイビーシールズから学んだ規律のとおり、ウェイトリフティングから逃げてはいけない。わたしは水を飲んでつづけた。

ドライブラインでは球速アップのためのウェイトトレーニングが行われており、目標は選手が重いウェイトを持ちあげられるようになることではなく、選手の動きのスピードや爆発力を増すことだ。ブリエンドはわたしに各トレーニングを繰りかえさせ、わたしの身長と体重から割りだした最大重量になるまで毎回ウェイトを加えていった。バーの先端につけられたクリップからワイヤーが伸び、それがセンサーにつながっている。1セット終えるとセンサーから音が鳴り、リフトにかかった時間が記録される（その2カ月後、ボディはブリエンドの高性能な部門に新しい機材を購入した。18台のカメラがついたオプティトラック社の装置で、ウェイトリフティングやジャンプの動きを追跡できるものだ）。

わたしのリフトは速さでは劣っているものの――スピードを高めるトレーニングはしたことがなかった――左右の肘や肩の筋力や回転は十分すぎるほどで、怪我をしかねないため、ブリエンドはさらなるダメージを与えないようにリフトを中止させた（〝中止〟したところで普段の生活は何も変わらないのだが）。だがブリエンドもやはりマーシュやゴードンと同じように、わたしは頭上での肩の回転域が、とくに利き腕でない左肩が狭いと口にした。どう見ても、わたしの上半身の筋肉組織は前に傾いているらしい。「鋸筋《きょきん》に問題があるか、回旋腱板《けんばん》がうまく働いていないのかもしれない。もしくは胸椎が少し前方に曲がっているのかもしれない」と彼は言い、これまで心配などしたことがなかった身体のことが心配になった。このことを知って自己評価が下がったとしてもライターとしてはなんの問題もないが、真剣に取り組む打者や投手にとっては、こうしたことが最大のパフォーマンスを発揮できるかどうかに関わっている。

ブリエンドは結果を説明し、さらにのちにメールで要点を送ってくれた。文書の見出しにはわたしの名前と評価のデータ、そして冷酷な〝アスリートではない〟という言葉が表示されていた。この言葉はわたしが本当のクライアントではなく、メディアの一員であるという事実を示しているものだと思っているが、わたしの能力へのコメントはついていなかった。だが今回得られたデータからすれば、アスリートとしての能力がないという意味でも正しいのは間違いない。

オールスターに3度出場したジョン・クルックはかつてこう言った。「わたしはアスリートじゃない。プロ野球選手なんだ」。だが高レベルの選手になるには、ますますその両方でなければならなくなっている。筋力トレーニングを高速化するために設計された新たなツールのひとつに、2016年に設立され、紛らわしいことにニューヨークのクイーンズにあるボストン・バイオモーション社という新興企業が作ったプロテウスがある。この企業は自社の製品によって「アスリートのリハビリやトレーニング方法は根本から変わり、改善する」と主張している。2018年終わりに、MLB球団としてはじめてドジャースがボストン・バイオモーション社と提携し、プロテウス・システムを導入した。

わたしは創設者でCEOのサム・ミラーとクイーンズのロングアイランドシティで会った。見せてもらったプロテウスは、まるで自動車製造に使う巨大ロボットのような、細長い部分が突きでた機材だった。ミラーはプロテウスを横に置いて、発案したのは自分の父で、子どものころに住んでいた家の地下室で製造しようとしていたという話をした。彼の父が思い描いたのは、1度に1方向にしか動かない多くのトレーニングマシンとはちがい、三次元の抵抗を生みだすことのできるマシンだった。だが結局それを不可能だと思ったか、自分の能力を超えていると思ったか、諦めてしまった。それからかなりの時間が経ち、ミラーはその時が来たことに気づいた。「自己定量化をもとにした、たくさんのテクノロジーが出現していた」が、そのなかにトレーニングや筋力測定に特化したものはあまりなかった、とミラーは説明する。

ミラーはロボット工学や電子機械工学、そしてさまざまな分野に精通したソフトウェア開発者を集めた。製作されたマシンは長い金属製のアームの先に回転するハンドルがついていて、立体的に動き、列車で使われる磁気ブレーキや空間上のアームの位置を検知するセンサーとアルゴリズムを使って、なめらかに理想的な抵抗を生みだす。マシンが回転することで、野球選手やゴルファーにはうってつけの機材になっている。

ミラーがエクササイズや抵抗のレベルを選択する画面を操作しているあいだに、わたしはプロテウスのアームを押し引きし、上下左右に動かして、宣伝文句の三次元の動きを試してみた。フリースタイルに設定されたので、自分の好きな動きができるようになった。自分の腕を回転させ、投球のまねごとをし、さらにはハンドルを両手で握ってバットのように振ってみた。プロテウスはわたしが何をしてもそれに従って動くが、低めの抵抗レベルに設定しても、動くたびに水のなかのような抵抗がある。

投手がリハビリで行う水中運動療法のように、プロメテウスでは同心運動に偏ったトレーニングが行われる。ウェイトリフティングではウェイトを持ちあげるときには同心運動が、そして下げるときには偏心運動が起こる。筋肉組織へのダメージは後者のほうが大きく、そのため筋肉の成長を最大化させるが、同時に怪我のリスクを増し、回復時間が長くなる。プロテウスは前者の運動に特化しているので、偏心運動による代償を避け、爆発力を高め筋肉を成長させるという利点を得られる。そして複数の平面で抵抗が与えられるので、各セットでより鍛錬できる。「この抵抗によってフリーウェイトやケーブルマシンで同じ負荷をかけ、同じだけエクササイズしたときと比べて2、3倍筋肉を活性化するうえ、筋肉への負荷や機械的ストレスは低いため、関節や組織、靭帯《じんたい》にかかる負担も少ない」とミラーは言う。

プロテウスによってデッドリフトやベンチプレスがなくなることはないだろうが、リハビリ・プログラムやシーズン中に体力を奪うことなく調子を整えるのに最適なトレーニングになるだろう。ミラーが描く野球の未来では、選手たちはプロテウスを使って腕のケア・プログラム、全身のワークアウト、試合前後のウォームアップとクールダウンをするようになる。ケーブルマシンは消え、フリーウェイトは使用法が限定され、各球団が5から10台のプロテウス・システムを導入するだろう。「トレーニングの重点は動きの改善に置かれるようになると思う」と彼は言う。

プロテウスの画面は毎回エクササイズ前には調子はどうですかと尋ね、あとではきつかったですかと尋ねる。だが、プロテウスはただ礼儀正しいばかりではない。もちろんあらゆるものを追跡している。セッションを終えれば統計データのまとめが画面上に現れ、ひとつひとつの動きを追跡した3Dの色分けされたグラフィックが表示され、ユーザーがいつどこで最大限の力を発揮したかがわかる。データはすべてクラウドに保存され、長期的な発達を記録することができる。

2018年暮れの時点で、プロテウス・システムはドジャースのユニットも含めてまだ4台しか出回っていない。ミラーによれば各球団に売りこんだときにいつも言われたのは「こんなものは誰も見たことがない」という言葉だった。広く使われるようになれば、この製品は見慣れないものではなくなるだろう。量産することでコストが落ちるまでは球団やプロの施設を中心に販売しているが、ミラーは世界のあらゆるジムにこのマシンが仮想のパーソナルトレーナーとして受けいれられるという構想を描いている。わたしたちは誰しも助けの手を必要としている。たとえそれが伸縮アームについたものであっても。

「野球の試合に勝つことは急速に、技術と科学、そしてハイテクの娯楽になりつつある」と『ポピュラーメカニクス』に書かれたのは１９８４年5月のことだった。メッツのデービー・ジョンソン新監督は「バットへ向かう科学」というタイトルのこの記事を引用し、コンピュータを〝第6のコーチ〟と呼んだ。８年後には同じ雑誌が、同じ主題で少しだけタイトルを変えた「バットへ向かうテクノロジー」という記事をふたたび公開した。これらの記事で記述された当時最新鋭のテクノロジーは、いまから見ればかなり古めかしいものに思える。選手が自分のスイングを研究できるＶＨＳビデオ、打球や対戦成績など基礎的なデータを引きだせる箱形のコンピュータ、車輪がふたつついていて、速球以外の球も投げられるピッチングマシン、どの投手の球が速いかを確実に判断できるレーダーガン（１４５キロが速い球と思われていた時代だ）。80年代半ばには、ビデオに撮られた投手が〝投げる〟３Ｄホログラフ画像のボールに向かって、打者が電気のバットでスイングし、そのレーザービームを映しだす〝革命的なテレビシステム〟は到底実現できないアイデアだと思われていた。だがそのなかには、現在使われているのとあまり変わらないアイテムもいくつかある。スイングが届く距離やその強さをグラフ化できる実験的な「診断用バット」や、光センサーによってスイングを計測し、バットスピードを測ることができる「クイックバット2」など。

これらの後継として実際に出現したものはもちろんより正確で使いやすく、多くの人が利用でき、はるかに価値があり、適用範囲も広い。そうしたトレーニング器具のひとつが、Kベストというバイオフィードバック装置だ。これはKモーション社という、トラックマン社と同様にもともとゴルフ用に使っていたセンサーを野球にも応用したメーカーによる製品だ。Kベストが提供するパフォーマンスの鍵は、トラックマンのようにボールを追跡するのでも、ブラストのようにバットを追跡するのでもない。「このテクノロジーは結果を計測するんだ」とKモーション社のCEO兼社長ブライアン・ヴァーミリアは言う。「Kベストが教えてくれるのは、そのバットスピードやバットの角度、打球速度、その他さまざまなものを生みだしているとき、自分が何をしているかだ。結果をもたらすインプットだね」。この売り文句で、メジャーリーグの8球団、アストロズ、レッドソックス、ヤンキース、カージナルス、カブス、アスレチックス、ジャイアンツ、マリナーズが2018年にはKベストの顧客となり、ほかにも多くの球団が購入を検討している。

5500ドルという価格のKベストは、小型で軽量なワイヤレスの慣性センサー4つからなり、打者のおもな動きのスピードと方向、加減速を捉えることができる。センサーのひとつは打者の引き手のバッティンググローブに、ひとつは上腕に、ひとつは胸のあたりにつけたハーネスに、そしてひとつは骨盤のまわりのベルト状のものにつけられている。各センサーからのデータはグラフ上で色つきの線として表示される。それはスイング中に身体の各部分がどこへ向かっているかを示しており、選手の打撃フォームをより正確に評価することが可能になる。

Kベストを利用しているオチャートによれば、スイングのある部分では効率的なのだが、ある部分ではエネルギーを浪費している打者がいるという。腰の回転はマイク・トラウトにも劣らないのに、コンタクトまでのどこかでその潜在的な力が削がれてしまっていたりする。「腰と肩、腕、手、そしてバットのスピードを計測してそれらの関係を確認すると、どこがその打者の欠点なのかはっきりとわかるんだ」とオチャートは言う。

わたしが計測されることになった。Kモーション社の3Dパフォーマンス・コンサルタントで、大学野球の選手経験がありプロゴルファーでもあるジム・ビードルは、わざわざマンハッタンまで機材を持って来てくれた。室内で説明を聞いたあと外に出た。42丁目にはバットを振れる場所はないので、わたしの自宅のテラスまで歩き、壁に向かって打つように機材を設置した。ものを破壊してしまう危険を減らすため野球ではなくテニスのボールを使った。建物のファサードがへこんだらコンドミニアムの管理人から文句を言われるかもしれない。

ビードルの手を借りてセンサーをつけ、ウォームアップのため何度か素振りした。それからそばでしゃがんだ彼に何球かトスしてもらい、自分の動きが逐一ビードルの携帯電話へ送信されていることをあまり意識しないように、リラックスして球を打った。センサーは1秒ごとにおよそ200回わたしの位置を記録する。手につけられたセンサーがコンタクトの瞬間を捉え、アプリに1スイングが保存されると音が鳴り、つぎのスイングへの準備ができたことを知らせる。嬉しいことに、計測されたわたしの身体の4カ所は、骨盤、胴、上腕、手という理想的な順番で最高速に達していた。「フォワードスイングに入るまえに骨盤が最高速に達しているのはいいことだよ」とビードルは言う。「それから骨盤がうまく減速して、コンタクトしようとするときにほぼゼロになるのもいいね。骨盤から胴への力の伝達はだいたいうまくいっている」。自分の骨盤が誇らしくなった。

だが、正しい順番で身体の各部分が最高速に達しているにもかかわらず、その速度は平均以下だった。数百人のプロ選手から採取されたデータに基づき、追跡される各部分のプロ選手の数値分布が参照できるのだ。わたしの手（バット）の角速度はわずか秒速１３４４度で、プロ選手の１５００度から２２３０度に及ばない（マリナーズの打撃アドバイザーで近ごろ殿堂入りしたエドガー・マルティネスは、50代にして３０００度を超えている）。胴は理想的だと言われた骨盤の１・５倍の速度で、腕は胴の１・５倍の速度なのだが、手の速度はこのパターンに従わず、腕の１・９倍の速度で回っている。そのことから、わたしは「少し手打ちになってしまっている」のだとビードルは言う。わたしの手は、グラフで見るかぎりスイング中に急に止まり、それからまた動いていた。これが画期的な新打撃法であるという可能性もなくはないが、あまりいい徴候ではないらしい。オチャート曰く、「こういうのは見たことがないね」

ビードルが残りの測定結果をスキャンし、十数個のカテゴリーでプロの数値と比較したところ、嬉しい（そして驚いた）ことに、最高速は遅いものの姿勢はほぼ問題なかった。だがひとつ難点があった。頼りになると思っていた骨盤が裏切っていたのだ。まず、最高速に正しいタイミングで達しているのだが、はじめの位置が「まっすぐ立ちすぎている」こと。本来は前方に傾いていて、「大臀筋《だいでんきん》をつなぎ、体幹をつなぎ、もう少し強く打つことができる」のが正しい位置だった。そして、回転も十分ではなかった。ドライブラインで投球したときと同じで、コンタクト時の胴と骨盤のねじれが小さすぎたのだ。ビードルによればわたしは「腰帯《ようたい》に問題がある」か、「股関節か骨盤を傾けるときに何かおかしなことが起きている」可能性がある。そしてこれが肩の回転域の狭さと相まってさらに問題を大きくしていた。ダンスが下手くそなのもこれが原因らしい。

Ｋベストには、弱点ごとに改善のためのトレーニング・ルーティンのパッケージも付属している。弱点動きの悪い部分がある打者は、その弱点を克服するための指示にしたがってトレーニングする。弱点の強度や柔軟性が増してきたら、センサーを装着してさらに繰りかえすことで、正しい動作を定着させる。選手が正しい数値帯に入ると画面に表示され、確認音が鳴る。「ゴルフのレッスンをしていると、『もっと回転したほうがいい。インパクトの瞬間に骨盤が下に来ているのを感じとってくれ』と言いたくなることがある」とヴァーミリアは言う。「きっと相手は、わたしが言おうとしていることも、そのときのわたしの感覚も理解してくれないだろう。このマシンはそうした障害をすべて取りのぞいてくれる。フォームを習得する学習曲線が短くなるんだ」。わたしもすでに、しっかりと回転するイメージができてきた。

骨盤に問題を抱えていて、Kベストによってそれを知った打者はわたし以前にもいた。ヴァーミリアによれば、オークランド・アスレチックスに同じ弱点を持っていたがそれを矯正して大活躍した選手がいたという。「スプリングトレーニングで3度骨盤の修正をしたら打ちだしたんだ」。あとで知ったのだが、その選手とはエリ・ホワイトのことだった。

2018年のシーズン中に24歳になったホワイトは、アスレチックスから2016年のドラフト11巡目で指名された。捕手以外で最も専門性が高いショートとセンターを含めた5つのポジションが守れる。若手のスーパー・ユーティリティ・プレーヤーはいま恵まれた状況にある。ベンチ入りの控え投手を増やすために野手の数が減らされるなか、守備の控えには多数のポジションを守れ、さまざまな守備に通じていることが求められている。その結果、2018年はメジャーリーグの歴史上はじめて、各チームが1試合あたり1人以上、選手本来のものではないポジションにつかせたシーズンになった（DHは除外し、外野の3ポジションはひとつのものとして数える）。ベン・ゾブリストのようなスーパーサブは増加している。2018年に100試合以上出場したマイナー選手のうち29パーセントが、ふたつ以上のポジションを経験している。そしてホワイトを含む13パーセントが、3つ以上のポジションについている。そのどちらも、少なくとも〈ベースボール・プロスペクタス〉によるマイナーリーグのデータ集計が始まった1984年以降で最高の数字だ。

だが2012年ごろのジャスティン・ターナーのように有望なスーパーサブでも、打たなくてはならない。そして身長188センチ、体重79・4キロという細身のホワイトは、2018年シーズン以前、マイナーでもクレムソン大学でも1シーズンに最高で4本しかホームランを打ったことがなく、通算の長打率は・379だった。だが2018年の春、アスレチックスがKベストを試用するために選ばれた若手有望選手のなかにホワイトも入っていた。「実験用のモルモットみたいなものだったんだと思う」と彼は言う。ホワイトはそのベストを着て何度かバッティングマシンの速球を打った。そしてその後、チームからレポートが伝えられた。「腰が少し崩れていて、前足を着いたときに腰の力がうまく伝わっていないと判断された」とホワイトは言う。そして内角球を打つとき、バットの経路は「まっすぐではなく、少し傾いていた」

ホワイトは打撃コーチとともに、センサーで判明した欠点を修正することを目指した。スプリングトレーニング後、彼はハイAからダブルAに昇格し、激しい競争と、右の長距離打者には苛酷なミッドランドの球場にも負けず、5月末の時点で5本塁打を放ち、前シーズンの数字を上回った。結局9本塁打、長打率・450でシーズンを終え、安打数と得点でアスレチックスの全マイナーリーグ選手のトップに立った。彼は自分の秘めた長打力を開花させるのにそのデータが有効だったことを認めている。「パワーはそれまでもあったんだ。バットの経路や腰の回転を修正できたこと……そのおかげでいいシーズンを過ごせたよ」

Kベストを使うまえには、ホワイトはMLB.comが選ぶオークランドの若手有望選手30位に入っていなかった。そのシーズン中に17位に上昇し、シーズンオフにMLB主催で精鋭の若手有望選手によって行われる6チームによるリーグ戦、アリゾナ秋季リーグに参加した。12月にはレンジャーズにトレードされ、そこで若手有望選手12位にランクされた。「フォームの改造によりホワイトは攻撃面で花開き、バット経路の改善によりラインドライブとフライボールが増えて打撃はつねに好調で、持てるパワーを発揮している」とMLB.com の短評には書かれている。２０１９年にはメジャーへの昇格が予想されている。

わたしのみじめな野球放浪の最後の目的地は、ダグ・ラッタがロサンゼルスに構える〈ボールヤード〉だった。それはかなりスポーツとかけ離れた控えめな店が並ぶ〈ビジネス・センター・ユニット〉という通りの裏手にある。夏の土曜日で、ラッタはわたしにつきあうためにスケジュールを空けてあると言っていたが、施設内ではすでに騒々しく野球に関する活動が行われていた。脚の怪我でニーブレースを装着した高校生が親と一緒に訪れてスイングしていた。高校を卒業したばかりのしゃれた服装の選手が、秋にハーバード大進学を目指して最後の打撃調整を行っていた。またラッタの携帯電話にはクライアントからの予約や緊急の用件を伝えるメールが入り、何度も音が鳴っている。誰もがつぎのターナーになりたがっているのだ。ラッタの言葉は彼らにとって神の言葉にも等しい。

Kモーション社やドライブラインと比べて、ラッタはローテクだ。15台の高画質カメラがあるドライブラインに対してカメラは標準的な、20年以上使っているモノクロが1台しかない。モノクロなら色の対照がはっきりしているし、何時間もバッティングを分析しても目が疲れないとラッタは言う。それにウォレンとトレバー・バウアーが、ボールが指からどう離れるかを研究していたときとはちがい、解像度の低さも問題にならない。「指先の細かな動きはわからなくてもいい」とラッタは言う。データに裏づけられた打撃を推奨しているが、打者に打球の角度や速度ばかりを言って聞かせるつもりはない。彼にとって、バッティングで最も重要なのはバランスなのだ。

「体重のバランスが取れていなくてはならない。両足に等しく体重をかけ、わずかに前方の親指のつけ根あたりに乗せる。膝を曲げ、柔らかくする」と、テッド・ウィリアムズは『バッティングの科学』に書いている。「踵に体重がかかっているようでは、ほかの仕事を探したほうがいい」。ウィリアムズはバランスについて同書でさらに5回言及している。ところがラッタはわたしと話しはじめて数分でその回数を上回った。ラッタは打撃についての会話でソクラテスのような哲学的対話を用いるのだが、わたしはすぐに、彼の少し言葉足らずな問いにどう答えていいかわからないときは、バランスやバランスの欠如と答えるのがいちばん安全だということに気づいた。たとえばこんな調子だ。

ラッタ：前の肩を見ろ。君の前の肩はどっちの方向へ行っている？
わたし：……後ろ、ですか？
ラッタ：後ろだ。投球はこっちに行く。君の肩はそっちへ行く。そうするとどういうことが起こる？
わたし：えっと、そうですね……バランスが崩れる？
ラッタ：そう、バランスが崩れるんだ！

学校時代の嫌な思い出が蘇るような方法で質問されたあと、ラッタから黒いルイビススラッガー社製のバットを渡されてバッティングケージに入り、Lスクリーンの後ろからラッタがトスするボールを数分間打った。それからラッタは画面の前に移動してわたしのスイングを横から確認し、ときどき画面を止めてコマ送りにして細かい部分を確認した。「実際、身体の動きはそんなに悪くない」これはたぶん、わたしをおだてるための言葉だ。「いいところもある」。だが同時に、たくさんの問題点も挙げられた。最初の欠点は、ブラスト・センサーでも示唆されていたようにバットの軌道があまりに平らで、ホワイトと同じくコンタクトまでに無駄な経路を通っていることだった。わたしは「ボールのまわりをスイングしていた」。高レベルの投球は、効率の悪いことをしていては打てない。そういう打ちかたをしている選手の多くは、ラッタによれば「郵便局で働く」ことになる。

だがラッタの説明によれば、わたしの問題はスイングのまえにある。肩に力が入りすぎているうえ、登り坂を登っているときのように体重がわずかに後ろ足にかかっているのだ。「バランスのポイントが後ろにあるんだ」とラッタは言う。頭も後ろにずれ、つま先は開き、「エネルギーが保たれて」いない。スイングをするとき、両肩はボールから離れ、両手は身体の後ろにあり、前足は横にずれている。ボールとバットが当たるときには、最初のバランスの悪さのせいでコンタクトは弱くなってしまう。「きみは暗いところで木の実を探すリスみたいになっている。やみくもにボールを打とうとしているし、何をするにも状況が見えていないんだ」。それでも球が遅い仲間うちでは問題なく打てているのだが、好投手と対戦したらあっという間に「足がバタバタに」なってしまうだろうとラッタは言った。

わたしはいまも自分の足りないところについて考え、ラッタが気の毒に思ってそれ以上挙げるのをやめた欠点を忘れないようにしている。わたしの心を引き裂いたあと、彼はなぐさめようとして言った。「信じられないかもしれないが、君のなかには小さなアスリートがいる」ただそれは「押し殺されているんだ」

能力はないかもしれないが、わたしには何を教えても無駄だと言う指導者はいないだろう。ケージに戻り、肩の力を抜こうと意識し、後ろに寄りかからないようにバランスを直した。両手を前に動かし、つま先を見た。ラッタの指示通りのスイングに変えるのに何度かかかったが、すぐに投球が来るまえに修正点を確認するチェックリストを作り、新しいスイングを自然に取りいれた。無駄な動きが減り、それぞれの動きに力がこもっているように感じられる。スイングはコンパクトになり、力強さが増した。そして気がつくと、いつものスイングよりしっかりと球を捉えていた。それまでも空振りしていたわけではない——ラッタは強いボールを投げなかった——が、急にどんな球でもちゃんと打てるという自信が出てきた。コンタクトの音はかなり大きくなり、ボールは音を立ててまっすぐ飛んでいった。

　笑みが浮かんできた。突然何かに目覚めたという話をアスリートから聞いたことは何度もあったが、それを自分で感じるのは高揚感があった。わたしがこんな短時間にこれほど改善できるなら、プロの選手が努力を継続すれば大きな進歩をするのも不思議ではない。だらしなく表情を崩してバットを振るのはみっともないと思ったが、どうしても笑顔を抑えられなかった。牛の革で包まれたボールを木の棒で打つのが少し上手になったくらいで興奮していることに、ばかばかしさを覚えないでもない。だがアメリカ文化は、その無意味な行為をあるレベルのスキルで行うことに何百万ドルもの価値があると判断しているのだ。それが理性的なことであるかはともかく、大きな達成感を覚えていることは間違いない。野球を始めてかなりの年数が経つが、ようやく〝ぶちかます《レット・イット・イート》〟ことができた。それは野球選手が使う言葉で、思いのまま全力を出しきることを意味する。わたしは自分がこの感覚にどれほど飢えていたかを、このときにはじめて知った。

「10分くらいでよくなったな」とテープを再生しながらラッタは言った。「身体の使いかたが変わってきた。アスリートらしくなったし、力を抜いているようでいて打球は力強くなった。エクステンションが延びた」

　打ち、確認し、修正するというこの過程を何度か行った。ラッタからのフィードバックをもらいつつ、どれだけ強く打撃ができているかという感覚を確認した。だが意図的な練習を始めたばかりなので、進歩するには練習量がまだ足りなかった。ためらいながら、この1度のセッションで打球角度や速度はどれくらい改善されるだろうかとラッタに尋ねた。またソクラテスのような対話が始まった。

ラッタ：正しい打ちかたを身につけてから、どれくらいのボールを打ちあげた？
わたし：たくさんです。
ラッタ：かなりたくさんだ。うまく打ちあげられたか？
わたし：ええ、かなりよくできました。
ラッタ：よし。わたしはきみに、打ちあげるように言ったか？
わたし：いいえ。
ラッタ：わたしはボールをケージの上部に向かって打てと言ったか？　ちがうな？　それで、どうなった？　なぜ奇跡が起きたんだ？

「バランス」という答えが浮かんだが考え直して、より自然な動きをすること、と答えた。数字に置き換えないほうがいい、とラッタは言った。数字の向上は、身体の動きが改善すればあとからついてくる。「いいスイングで時速１４５キロの速球を打ったら、どうなる？」と彼は尋ねた。「打球速度が速くなる」とわたしは答えた。「そう、打球速度が速くなるんだ」ラッタは満足そうに繰りかえした。「わたしは今日、きみの身体の本来の動きに合わせようとしただけだ」とラッタは言った。わたしはほぼ椅子にすわりっきりの仕事をしているが、それは運命ではなく、ほかにも選択の余地はあったのかもしれない。「まあ、ライターにしては動きは悪くないよ」と彼は言い添えた。わたしはずっとその言葉を待っていたのだ。

メジャーリーガーになりたい（あるいは、なれる）と思ったことはないから、身体的な欠陥と向きあうのはわたしにとってつらいことではなかった。アンディ・マッケイも野球選手だったことはないが、メジャーリーガーを育てることを仕事にしている。マリナーズの選手育成ディレクターである彼は、最新のツールをできるかぎり取りいれてきた。「マリナーズはいまのところ野球界で最も積極的に導入してくれているチームだ」とヴァーミリアは言う。マリナーズはKベスト・システムをシアトルと傘下の各チームに1台ずつと携行用ユニットの合計8台を所有している。

2008年にマッケイが大学生による夏季リーグ、ノースウッズ・リーグに所属するラクロス・ロジャースを運営していたとき、午後7時開始のホームゲームのまえに午後1時にグラウンドに来るように選手たちに言った。「このリーグは夏のあいだだけだ」という言葉が頻繁に繰りかえされる気楽な雰囲気のリーグでは、こうした追加練習は稀だった。行われたのはおもに選手個々のスキルの意図的な練習だった。「二塁手がダブルプレーの練習をしたければ、毎日15分ずつやれば、3、4日後には驚くほどの成果が出る」と彼は当時語っていた。マッケイはそのころと同じ心構えのままだが、いまでは時間を有効活用する能力はさらに上がっている。「評価に関しては、ある選手が上達するかについて、絶対によくなるともよくならないとも、いまのところ判断することはできない」と彼は言う。

マッケイの考えでは、マリナーズはこれまでにピッチングに関しては7、8度、そして攻撃面でも同じくらいの〝重要なブレイクスルー〟を果たしてきた。そしてそれには、Kベストやブラスト、ラプソードといったテクノロジーを利用した「ことがとても重要だった。そうしたツールやテクノロジーがひとりの選手の役に立ち、技術の助けを借りてメジャーリーグで1勝できたなら、それを導入するだけの価値はあったことになる」。細かい部分はともかく、選手のパフォーマンスをすべて測りたいというマッケイの思いは、たとえば40ヤード走を数値によって評価することの意味にも通じるものがある。「40ヤード走というのは、選手たちが走るのをただ見て、すごく速いとかちょっと遅いとか感想を言っているだけではない」と彼は言う。「ストップウォッチを持って測っている。いまや、野球のさまざまな部分を計測するストップウォッチがあるようなものなんだ」

チームは問題点を把握すれば選手を修正できるとはかぎらない。だが問題が確認できていないとか、誤認してしまっているよりもはるかにいい。見た目と実力は必ずしも一致しないが、客観的な測定をすることで「見た目と能力を切り離せる」とマッケイは言う。ツールから得た数字を選手に伝えれば、選手はそれを単なるひとつの意見にすぎないとは言えなくなる。「それはわたしの意見ではなく厳然たるデータだ。だから誰もが受けいれるはずだ」

「誰もが」というのはいくらか誇張がある。だがマッケイは見解の相違は気にしない。「誰かがわたしに向かって、20年の経験を持つ自分の目には、データが伝える真実よりも価値があると主張してもかまわない。ほかにはこんなふうに進められるビジネスはないからね。だが、ツールが存在しないときならその意見は受けいれられたかもしれないが、いまはそれがあるんだ」。たしかにそうだ。わたしは自分で試してみた。そしてわたしのエゴにとっては悲しいことに、それは間違いなく真理を語っていた。

12 オールスター出場と、ほかの選手への指導

人生の結構な時間を野球のボールを握って過ごし、結局はいつだって間違っていたとわかるものなんだ。

――ジム・バウトン（元投手、『ボール・フォア』の著者）

2018年7月8日、日曜日の晩、オハイオ州ウェストレイクの自宅で、トレバー・バウアーはアメリカンリーグのオールスターに選出されたことを知った。WARでメジャートップ、防御率2・24はクリス・セール（2・23）に次ぐ2位だった。前半戦の防御率はインディアンスの投手陣では1991年のトム・キャンディオッティ以来最も低かった。136イニングで許したホームランはわずか6本で、175人の打者を三振に切ってとった。アストロズのジャスティン・バーランダーの代替でチームに入ったことは不満で、侮辱だと感じたものの、個人的な目標のリストからオールスター選手になるという項目を消すことができた。だがそのとき彼はより大きな目標に挑んでいた。サイ・ヤング賞争いだ。

7月10日、オールスターゲームの1週間前、シンシナティ・レッズを迎えたプログレッシブ・フィールドでのホームゲームでマウンドに上がった。この試合では面白い対戦が見られた。球界最高峰の

頭脳派投手（バウアー）と、球界最高峰の頭脳派打者、レッズのスター選手で一塁手ジョーイ・ボットとの対戦だ。

「似たもの同士だよ」とインディアンスの捕手ロベルト・ペレスは言う。

初回、バウアーのボットへの組み立ては――フォーシーム（ボール）、フォーシーム（見逃しストライク）、チェンジアップ（ボール）、フォーシーム（見逃しストライク）、ツーシーム（ファウル）。そこで打者のベルトから足元まで落ちる大きなカーブを放ると、ボットはどうにかファウルで逃げた。バッターボックスから足を踏みだし、笑みを浮かべた。バウアーとは前年の冬にUFCを観戦したときに短く言葉を交わしていた。野球への取り組みについて、ふたりはたがいに敬意を抱いていた。ボットは最も三振を取りにくい選手のひとりだ。しかもこのときは、バウアーのほとんどの球種を見ていた。2ストライクに追いこまれ、彼はいつもどおりバットをかなり短く持った。それほどバットを短く持つ選手はほとんどいないが、ボットは気にしなかった。無様でも構わなかった。バウアーと同じように、彼も自分がなれる最高の選手を目指していた。バウアーはここでペレスのサインに首を振った。ペレスは指を2本下に向けてカーブを要求した。バウアーは首を振る。つぎは指を3本下に向け、スライダーのサイン。バウアーはまた首を振る。ペレスは指を3本下に向け、それを左の太ももの方に動かした。バウアーがほとんど投げたことのない球種とコースの組み合わせ、ストライクゾーンに戻ってくるスライダーだ。

「ボットはいい球をファウルにしていた。何を投げさせればいいかわからなかったよ。バウアーはバックドア・スライダーのサインを出すまでずっと首を振った」

右のバッターボックスから曲がってきてホームプレート上を通過する球だ。ボットはそれを見送り、三振に倒れた。イニング終了。バウアーの完璧な投球だった。マウンドから降りるとき、バウアーはボットのほうを見て、自分のキャップを指さした。ボットはそちらを見なかった。

「しとめた、と思ったんだ」バウアーはボットに向けた仕草について語った。「今年2度目［の戻ってくるスライダー］だった……あのカウントで彼が待っている可能性がある球を避けようとしたんだ。同じことをつづけたら彼を抑えることはできない。彼にも得意なコースと苦手なコースはあるけれど、ただ［苦手なコースを］繰りかえしていたら察知されてしまう。苦手な球は絶対に打てないというバッターもいる。たとえば［レッズのスコット・］シェブラーは、カーブが来ると教えたって打てない。だから彼の3打席ではそうしたよ。だがボットは、たとえカーブを打てないというデータがあっても、3球つづければ打たれてしまう」

この出来事のあと、SNSでGIF画像を作成しているロブ・フリードマンはバウアーがサインに首を振るGIFを作り、ボブルヘッド人形に重ねてツイートした。顔を左右に振る、世界初のボブルヘッド人形だ。ペレスは2013年からバウアーとバッテリーを組んでいるが、バウアーを納得させるのは簡単ではない。

バウアーの先発前には必ず、インディアンスのカール・ウィリス投手コーチが来て、フロントオフィスが用意したその日の対戦相手のスカウティングデータと自分の考えを伝える。情報を確認するのは初回の投球の数時間前だ。ミーティングにはたいていキャッチャーも参加するのだが、ペレスがすぐに見つからないときはわざわざ探そうとはしない。

「ロベルトはどこだ?」

とウィリスは尋ねる。

「まあそれはどうでもいいよ、カール。どうせぼくは自分が投げたいように投げるんだから」

とバウアーは言う。

「ああ、わかってる」

とウィリスは言う。

「首を振るだけだよ」

とバウアーは言う。

ペレスはこう語る。

「計画なんかないんだ。どう投げるかは自分でわかっているから、ぼくはそれに従う……あいつのほうが野球をよく知っているし。スカウティングレポートに目を通すけれど、あいつは自分がしたいようにするだけだよ。もちろん首を振られるのは嬉しくないし、キャッチャーなら誰でもそう思うだろうね。でもぼくは慣れている。決めるのは向こうなんだ。ぼくはサインを提案してみるだけさ……打者の攻めかたはあいつが考えている」

ペレスはそれに気を悪くしていない。またバウアーは、一方的な関係ではないという。ペレスがより近くでバッターのスイングを読みとる能力を評価し、投球に関してもペレスの意見を尊重している。「ぼくにサインを出すのは本当に難しいと思う」とバウアーは言う。「たとえ正しい球を要求しても、こっちの考えがちがっていればノーと言う……投球の組み立てに関するぼくの考えは、同じことをあまり繰りかえしたくないというのが中心になっている……打者のタイミングをはずすことが基本なんだ」

この日のレッズ戦の先発はバウアーのキャリアでも最高の登板のひとつだった。8回を無失点に抑え12奪三振、出塁を許したのは7人。スライダーもシーズン最高だった。横への変化は平均で25・9センチ（10・2インチ）、縦の変化は1・5センチ（0・6インチ）。まさに彼が望んでいた球だ。7月の横の変化の平均は22・9センチ（9インチ）だった〔このシーズン、スライダーの横の変化がメ

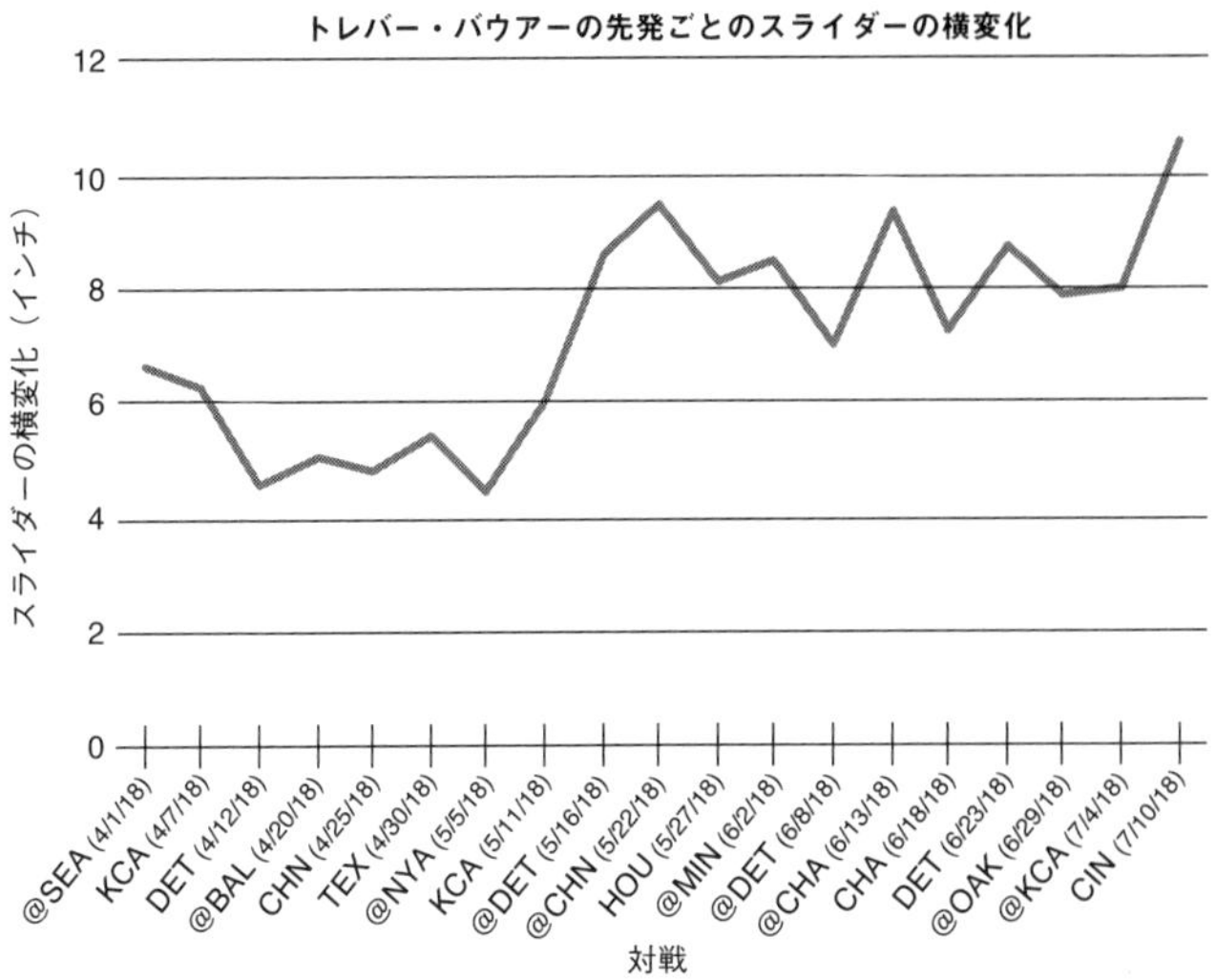
トレバー・バウアーの先発ごとのスライダーの横変化
スライダーの横変化（インチ）
12
10
8
6
4
2
0
@SEA (4/1/18)
KCA (4/7/18)
DET (4/12/18)
@BAL (4/20/18)
CHN (4/25/18)
TEX (4/30/18)
@NYA (5/5/18)
KCA (5/11/18)
@DET (5/16/18)
@CHN (5/22/18)
HOU (5/27/18)
@MIN (6/2/18)
@DET (6/8/18)
@CHA (6/13/18)
CHA (6/18/18)
DET (6/23/18)
@OAK (6/29/18)
@KCA (7/4/18)
CIN (7/10/18)
対戦

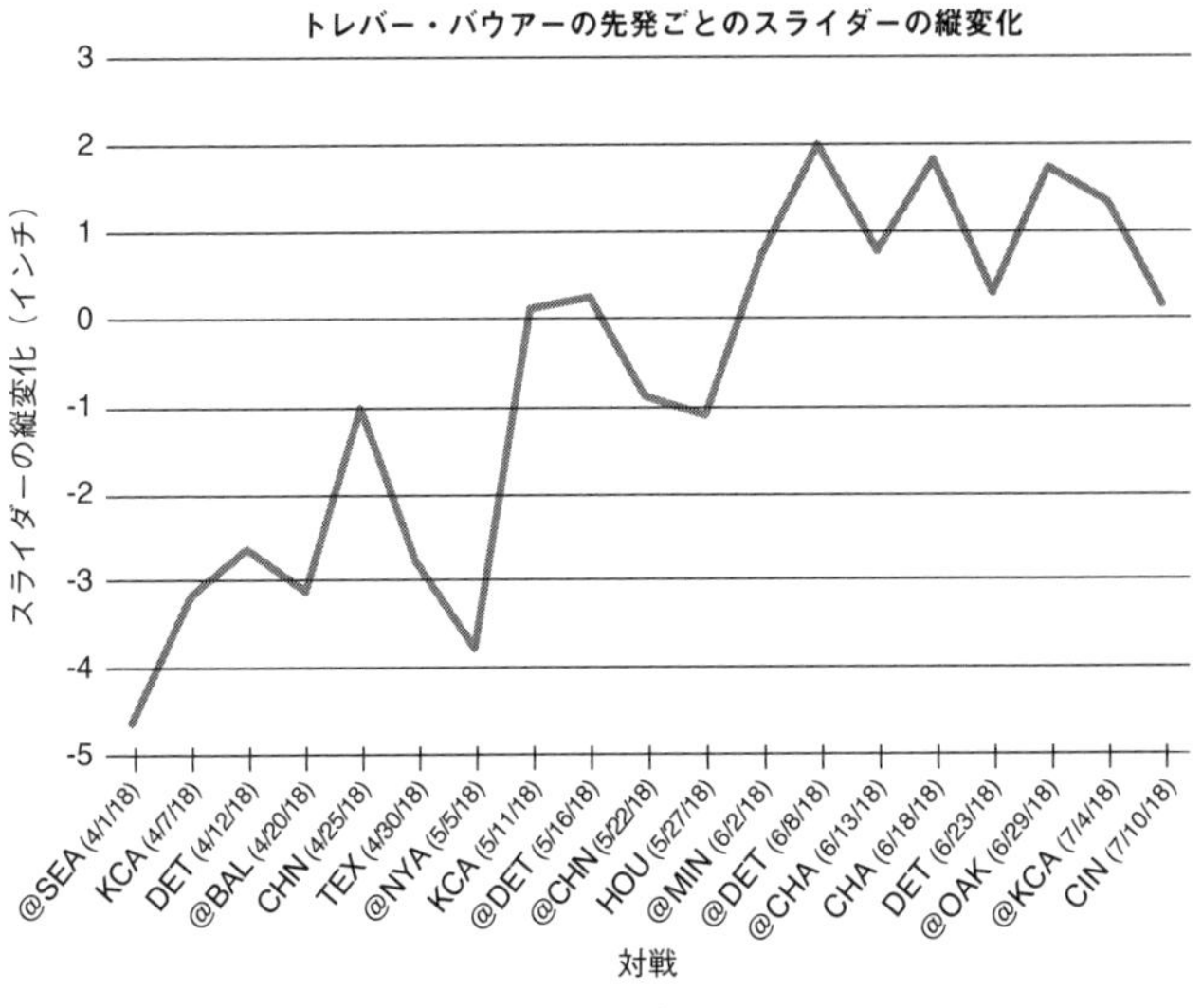
トレバー・バウアーの先発ごとのスライダーの縦変化
スライダーの縦変化（インチ）
3
2
1
0
-1
-2
-3
-4
-5
@SEA (4/1/18)
KCA (4/7/18)
DET (4/12/18)
@BAL (4/20/18)
CHN (4/25/18)
TEX (4/30/18)
@NYA (5/5/18)
KCA (5/11/18)
@DET (5/16/18)
@CHN (5/22/18)
HOU (5/27/18)
@MIN (6/2/18)
@DET (6/8/18)
@CHA (6/13/18)
CHA (6/18/18)
DET (6/23/18)
@OAK (6/29/18)
@KCA (7/4/18)
CIN (7/10/18)
対戦

ジャートップだったのはクレビンジャーで、24・4センチ（9・6インチ）だった」。

バウアーはこの先発登板を終えて防御率が2・23になった。トップレベルの球種の新たな習得は完成した。空振り率41・4パーセントは、全投手のスライダーのなかで18位、100球あたりの球種価値は平均を2・8点上回り、ブレイク・スネルとマイルズ・マイコラスのスライダーにつづきメジャーリーグで3位だった。球速は153・5キロでキャリア最高レベルだった。コントロールもかつてないほどよかった。このときの先発登板は最高の水準だった。

7月15日の日曜日に、バウアーはオールスターのため、チームメイト4人とともにバーク・レイクフロント空港からチャーター機でワシントンDCに向かった。バウアーのオールスターは複雑な経験になった。ワシントンではほとんど独りで、あまり人とは話さなかった。だがゲームの前日にMLBネットワークのセットに招かれ、ボールの握りについて話した。生番組で子どものころのアイドルだったペドロ・マルティネスと手を合わせた。マルティネスの手は彼の手をすっぽり覆ってしまうほど大きかった。番組中で自分のWARを知っているかと質問され、バウアーは「もちろん」と答えた。

その後アメリカンリーグのクラブハウスに行くと、シーズン中にバウアーが批判したことを怒っているアストロズの選手たちに冷たくあしらわれた。ブレグマンがアストロズの選手たちと一緒にいたときに声をかけると、気まずい沈黙が返ってきた。オールスターゲーム前の日曜日に投球していたため、バウアーはエキシビションに出場できなかった。ゲームが終わったあとは、飛んで帰ってサイ・ヤング賞争いのために準備を始めた。

バウアーは2018年にマウンド上でのパフォーマンスが変わった――2017年5月にはおそらくメジャー最低の投手だった彼が、このオールスターまでに生まれ変わった――だけでなく、チームメイトからの評判も一変していた。バウアーは自分の投球能力を高めるだけでなく、クラブハウスの仲間の能力も高めていた。とくに関心があるのは、コントロールという部分で手助けをすることだった。

7月下旬、インディアンスのピッチャー、ジョシュ・トムリンはプログレッシブ・フィールドの地下深くにあるトレーニングルームでバウアーを見つけた。過去数年、トムリンはかなりコントロールがよかった。2014年以降、与えた四球は9イニングで平均わずか1・2回、対戦したバッターのうち3・2パーセントだった。ところが2018年の夏に調子が崩れた。6月には9イニングあたり2・5回、6・7パーセントの打者に四球を与えた。ストライクゾーンにボールが行かなくなっていたのはシーズンはじめからだった。速球が145キロに満たない彼は、細かいコントロールがなければメジャーで生き残ることはできない。トムリンは7月10日に負傷者リスト入りしたのだが、短期間でチーム復帰を期待されていることを知っており、早急に助けを必要としていた。探しだしたバウアーは、ルーティンになっている身体のケアを受けていた。以前にも質問したことはあったが、このときのバウアーはちがっていた。彼はトムリンが以前、自分のコントロールに何が起きているのかまるでわからないと言ったことを覚えていた。バウアーによればそれが「きっかけ」だった。

「この2週間ずっと自分のフォームの心配ばかりしていただろう」とバウアーは言った。「全身ロボットみたいになって、脚の上げかたはこう、とか。すべてを自分の内側で考えてる。意識が内に向いてるんだ。君はショートを守ってみるべきだと思うよ」

トムリンは一瞬答えに詰まった。え、なんだって？

バウアーはスポーツ科学のあらゆる側面に興味を持っている。心理学もそのひとつだ。そのなかでもとりわけコントロールに影響を及ぼす精神面のトレーニングと改善は、最も身につけにくい技術だと考えている。

「アスリートじゃない一般人に、ある日1日だけメジャーリーガーの身体能力を与えてマウンドで1試合投げさせるとする。身体能力なんか役に立たないだろう。精神面でその人はつぶれてしまうよ」とバウアーは言う。

バウアーは運動選手のパフォーマンスに関するロバート・ニデファーの「意識と個人的スタイルの理論」に関心を抱いている。1976年に、ニデファーはパフォーマンスの際の心的態度を表にしたものを理論化して発表した。運動選手の意識はつねに幅（意識の広さと狭さ）と方向（意識が内側へ向かうか、外側へ向かうか）というふたつの次元によって決定される。そのため心的態度は、狭く内向き、広く内向き、狭く外向き、広く外向きの4種類に分類できる。内向きの意識とは、選手が自分の動きを意識していることを意味するが、それは投球するうえで好ましくない。広い意識とは、選手が自分の周囲の状況を意識していることだ。バウアーは狭く外向きの意識を持つことを目指している。それは、自分の外側の特定のタスクに意識を向けることだ。投球や、たとえばバスケットボールのシュート、ゴルフでパットを沈めるときに理想となる心的態度だ。

バウアーの身体のケアが終わると、ふたりは試合前の無人のプログレッシブ・フィールドのグラウンドに出て投球をした。トムリンのつぎの先発は2日後だ。バウアーは重さの異なるウェイテッドボールで遠投させた。さらに、身体を動かしてからボールを投げさせた。

「大丈夫。今日のところはボールの行き先は気にしなくてもいい」とバウアーは言った。

バウアーはトムリンに、ショートの守備でダブルプレーを取った動作をしたあとで速球やカーブを投げるように言った。それによって、素早い動きのあとで身体をまわし、投球フォームを意識せずに投げることができる。

「べつのことをさせて、考えすぎないようにしたんだ」とバウアーは言う。「それで頭からよけいなものが消える」

トムリンはその後ダブルAのアクロンで先発し、3イニングパーフェクトの好投をした。メジャー復帰後、シーズン後半戦の与四球率は9回あたり0・84で、対戦したバッターのうち2・1パーセントだった。

毎回うまくいくというわけではなかったが、バウアーは球場でアドバイスを求めて近づいてきたチームメイトや友人には手を貸した。トムリンはおそらくごく軽度の〝イップス〟だった。運動選手はなぜか、投球するとかゴルフボールを正確に打つとか、それまで何度もしてきたことができなくなってしまうことがある。バウアーは投手のコントロールにもっと強い悪影響を及ぼす心理的な障害を取りのぞくために、さらに劇的な治療法を試したこともある。

イップスにかかった投手は、投げたいところへボールをコントロールする能力を取りもどせることばかりではなく、スティーブ・ブラスやリック・アンキールのように2度と以前のコントロールを回復できないこともある。2年前の冬、バウアーはドライブラインで感覚遮断ブルペンとでもいうようなものを作るのに協力したことがある。それはイップスに苦しみキャリアの危機に陥っていた友人のコディ・バッケルを助けるためだった。

バウアーとバッケルはふたりが13歳だったころに知りあい、メジャーリーガーになるという夢を共有してきた仲間だ。「メンターみたいなものだった」とバッケルは2012年にバウアーについて語っている。バッケルは2010年にレンジャーズにドラフト2巡目で指名された。10代だった2011年にクラスAで圧倒的な成績を残し、『ベースボール・アメリカ』ではレンジャーズ傘下の全選手で最もコントロールがいいと評価された。翌年には球団のマイナーリーグ最優秀投手に選ばれた。20歳だった２０１３年の春にはメジャーリーグのキャンプに招待された。ところが最初のメジャーリーガーとの対戦では、５つの四球を与え、ワンアウトしか取れなかった。２度目の登板ではツーアウトを取ってマウンドを降りた。マイナーリーグのシーズンが開幕しても、リラックスできず強いプレッシャーがかかっていた。５月１日までで防御率は20・２５を記録した。なかでも不可解だったのは、対戦した66人の打者のうち28人を歩かせたことだった。

「気づけば少しずつ心にのしかかってきて、すぐに圧倒されてしまう」とバッケルは言う。「現れると言うとおかしいけど、何かがそこにあるんだ……そして意識を奪ってしまう」

レンジャーズ所属の心理学者でマイナーリーグ・リハビリコーディネーターを務めており、自身イップスを克服したことがあるキース・カムストックに会いにいった。またバウアーに勧められてブルペンで異なった投球法を試したり、プライオボールを投げてみた。だがどれもうまくいかなかった。シカゴ大学の心理学教授で『なぜ本番でしくじるのか』（河出書房新社）の著者シアン・バイロックによれば、イップスは無意識の思考に意識が入りこむことによって起こる。

「人に見られていると、あなたは自分自身を見はじめる」とバイロックは言う。(1)

問題は本人よりも環境のほうにあるのかもしれない。そこでバウアーは２０１６年から２０１７年の冬に、ストライクを投げられなくなって４年経ったバッケルとともにドライブラインのＲ＆Ｄ部門へ行き、そこの照明をすべて落とした。暗闇のなかでは周囲の環境はいっさい見えない。完全に真っ暗で、コントロールのトレーニング用に、投球の的になるレーザーの赤い点だけが灯っている。誰にもバッケルの投球は見えない。誰にもどんな球を投げたかは見えない。

ドライブラインのデータによれば、バッケルのストライク率はその施設で投げているあいだ、50パーセントから60パーセントに上がった。その動画と球速、回転数のデータをボディが各球団に送ると、

2017年1月にそれを見たエンゼルスはバッケルとマイナー契約を交わした。ところが試合に戻り、ダイヤモンドの真ん中で水槽のなかの魚のように観客の視線を浴びると、また心の障害物が戻ってきた。

ダブルAで20回2/3を投げ、21四球を出した。彼はプロの投手としてのキャリアを閉じて歩き去った。

「競争よりもトレーニングのほうが楽しいと思うようになっていたんだ」と彼は言う。投手としてのキャリアは終わったが、野球のキャリアはまだ始まったばかりだ。マイナーリーグのパイプ役として、シアトル・マリナーズ、そしてクリーブランド・インディアンスに採用された。

バウアーは投手に要求されるマインドセットを知っている。難しいのはその意識を強化し、プロとして投げるマウンドに安定した気持ちで臨むことだ。

ドライブラインでは、バウアーたち選手はコントロールを早く身につけるためのミニゲームをする。ゲームのひとつに、カイル・ボディが12メートルくらい先に立って「ゴー!」と声を上げ、大きなゴムボールを空中に投げ上げるというものがある。後ろを向いていたバウアーは身体を回転させ、落ちるまえにボールを探す。目的は意識的な思考をなくすことだ。これもバッケルの治療のために考えられたゲームだった。なかには失敗した実験もあったが、バウアーは2018年にトムリンの助けになった。クレビンジャーとはいつも投球について話している。アダム・プルトコにはボールの回転数について教えた。中継ぎのニール・ラミレスが5月に加入してくると、その数週間後に新しい球種を習得するように勧めた。

「ベンチで柵にもたれて試合を見ていたときだったと思う」とラミレスは回想する。「いつも君の投球の数値をチェックしているんだ、とバウアーが言った。たしか彼にスプリットフィンガーのことを質問したことがあった。そうしたら、カーブのほうがいい球だと言われたよ」

ラミレスには回転数（2436rpm）も球速（153・4キロ）も平均以上の速球があるし、スライダーも十分に通用する。あとは縦に落ちるボールがあればいいとバウアーは考えた。

「トップレベルの変化球を加えて、速球を全体の40パーセント投げれば、ラミレスは一流投手になれる」とバウアーは言う。

プロでもアマチュアでも、多くのコーチがゼロから平均以上の変化球を開発するのは難しいと考えている。回転を生む感覚は生まれつきのものだと考えるコーチもいる。だがバウアー自身の経験から言って、そうした硬直マインドセットは誤りだ。

ラミレスはおそらくほかの投手よりも柔軟な考えを持っていたのだろう。メジャーに残るために必死で、前年の冬にはブレッドソー・エージェンシーで働いていたケイレブ・コーザムの指導でウェイテッドボールのプログラムに取り組み、速球の球速を3キロ以上（2017年の149・8キロから2018年の153・4キロへ）上げていた。元プロ投手でドライブラインにも通っていたコーザムは、ラミレスが中継ぎ陣の崩壊したインディアンスにトリプルAから呼ばれたときにバウアーと話をしたのだろうと考えている。

「ぼくはバウアーが好きだよ。試合後に戻ってきたら、彼は『今日は151キロしか出てなかったじゃないか、へなちょこ』と冗談を言う」ラミレスはそう言って笑いだした。「ぼくは自分で会うまえに人を決めつけたり判断したりしない。バウアーは5日に1度登板して、全力で戦っている。同じチームではなかったころもそうだったし、クリーブランドに来てからもそうだ。人は自分が理解できないものを恐れる」

ふたりはオールスター休暇のまえに球種習得を開始し、投げはじめたばかりのラミレスのカーブをエッジャートロニック・カメラで撮影した。ラミレスはバウアーとキャッチボールをし、握りを試した。腕の動きを改善させ、球種の習得を助けるために、バウアーは肘のスパイラルの考えかたをラミレスに教えた。

バウアーの投球フォームはほとんどの投手と異なっている。まるでアメリカンフットボール用の楕円球を投げているようだ。グローブからボールを取り、投球動作を始めるとき、投球腕を二塁ベース方向に伸ばさない。バウアーにとってそれは不必要なストレスを生む無駄な動作にすぎないのだ。グローブからボールを取るとき投球腕の肘を一塁側に引き、前腕を地面と平行にすることでボールを身体の近くに保つ。マウンドの前方に左足を着くまえに前腕は90度上を向くため、手とボールはクォーターバックが耳の近くでボールを持っている体勢に似ている。とてもコンパクトで効率的だ。肘はらせん《スパイラル》階段を降りるようにリリースポイントに向かうため、肘のスパイラルと呼ばれる。

ボディとドライブラインのスタッフが肘のスパイラルという発想に出会ったのは日本の指導者、手塚一志による『ピッチングの正体』（ベースボール・マガジン社）という本だった。英訳書は手に入らなかったので、ボディは自分で翻訳料を払ってそれを読んだ。ドライブラインのスタッフは手塚の回旋軸という発想に修正を加えたが、「脊柱を軸とした回旋と上腕を軸とした回旋を連結する」という考えは独特で、「腕の経路の効率化につながる」と考えている。バウアーはピボット・ピックなどドライブラインでのドリルで腕の動きを短縮したが、その変化は彼によればほとんど自然なものだったと言う。「若いころからかなり投げこみをしていたからだろう。負荷に耐えるために自然に適応したんだと思う」。バウアーはこの後ろへの動きのないフォームを、ボールを〝ニュートラル・ポジション〟に置いた動きと呼んでいる。自分では、この動きのためにほかの投手よりも怪我が少ないように感じている。このときまで一度も負傷者リストに載ったことも、先発を回避したこともなかった。

一方ラミレスの腕の動きは大きく、それが原因で質の高いカーブを投げられずにいた。投球腕を二塁側に伸ばすとき、腕を回内してから回外し、そして腕を前方に振るときにもう一度回内していた。言い換えれば、「回転部がたくさんあるということだ」とバウアーは解説した。だが肘のスパイラルでは、投手はリリースするまで回内のポジションにはならない。新しい変化球はバウアーの考えでは完成に近づいていた。ところがそのプロジェクトは、投手コーチ陣がラミレスのスライダーに悪影響を及ぼすと考えたため中止になった（バウアーはむしろ、有益なディファレンシャル・トレーニングになっただろうと考えている）。ラミレスは球団の意向に従った。インディアンスのコーチ陣と対立したくはなかった。だがラミレスは、カーブの開発と肘のスパイラルの習得をブレッドソー・ピッチング・ラボで過ごすオフシーズンの優先事項にすると言っている。

バウアーの手助けはチームメイト以外にも向けられた。その年の夏、翌年にはプログレッシブ・フィールドにエッジャートロニック・カメラを設置したいというインディアンスの球団職員と会った。彼らはスタジアムのどこにどのように設置すればいいのかを知りたがっていた。インディアンスがマイナーリーグ投手コーディネーターのルーベン・ニエブラをメジャーリーグに送りこみ、ピッチデザインや新しい球種によって利益を得るマイナーリーグの投手の話をバウアーに聞いたときは、ほぼ試合時間いっぱいを使って、ベンチの柵のそばでピッチデザインの基本を話しあった。チームと生産的な対話ができていること、そして自分の話が評価されていることをますます感じていた。

バウアーはラミレスにカーブを教えるのにそれほど時間はかからないと考えていた。また、球速アップの背後にある考えは単純なものだった。「強くボールを投げる。そうすれば身体が勝手に理解する」とバウアーは言う。２０１８年の夏にはこの考えが正しいことを示す実例がほかにも現れた。

２０１６年の春に、ドジャースはある実験を計画した。評価の低いマイナーリーグの投手10人が傘下チームの試合からはずされ、そのとき球団のコンサルティングをしていたボディに実験用のモルモットとして与えられた。投手たちは有無を言わさず、フェニックスのすぐ西にあるドジャースの施設〈キャメルバック・ランチ〉に呼ばれ、ボディのドライブラインのチームによって速球が速くなるかどうかを調査された。参加者のなかには、前年のドラフトで全体の702番目で指名され、ルーキーリーグでは防御率8・38だったアンドリュー・イストラーと、同じドラフトでオクラホマ大学から全体の942番目で指名されたコーリー・コッピングのふたりがいた。イストラーの大学時代の最高球速は142キロ、コッピングは145キロだった。

「ぼくたちはそれまでだいたい、自分たちの小さな世界のなかにいた」とコッピングは言う。「球団からチームに合流せず、スプリングトレーニングを継続すると言われたんだ……ドライブラインのスタッフが来た。リストウェイトとかウェイテッドボールをやらされたが、どれも見たことがなかった。はじめて見るものばかりだった」

ボディとの継続スプリングトレーニングで球速は上がり、その効果は2018年の夏以降もつづいた。有望選手と呼ばれるようになり、期限の迫ったトレード要員に育った。

7月31日、ドジャースは10月の戦いを見すえてコッピングをトレードに出し、トロントから抑えのジョン・アックスフォードを加えた。8月31日にはイストラーをナショナルズのライアン・マッドソンとトレードした。マッドソンはセットアッパーとしてデーブ・ロジャース監督の信頼を得た。

「あの仕事は無報酬だったよ」と、ボディはその球速アップについて語っている。

ボディとバウアーは球速は増強でき、ピッチングは教えられることを証明した。コントロールについてはより複雑だ。バウアーは与四球率を2015年の10・6パーセントから2016年には8・6パーセント、2017年には8パーセント、2018年の前半には7・5パーセントと徐々に減らしてきた。それはスライダーを開発したときや2014年に球速が上がったときのブレイクスルーとは異なっていた。8月になるとバウアーのコントロールは不安定になった。そこでより強力な解決策を試すことにした。

8月6日のプログレッシブ・フィールドで、いつもは狭く外向きのバウアーの意識は、普段より内側に向いていた。

「ケン・ジャイルズと同じことをしそうになったよ」登板翌日の朝、バウアーは両親と朝食を食べながら、シーズン序盤の登板で失敗し、自分の顔を平手で張ったヒューストン・アストロズの抑え投手ジャイルズの名前を挙げた。「昨日は2回、ストライクを投げることができなくなったんだ」

1度目はツインズ戦の2回だった。バウアーは5球でマックス・ケプラーを歩かせた。4球目のボールとなった速球は外角高めにはずれた。つぎのローガン・フォーサイスへの投球は3球つづけてボールになった。バウアーはマウンドのわきに降り、帽子を取ってユニフォームの袖で目をぬぐい、またマウンドに登った。それから3球つづけてストライクを投げた。最後は152・9キロの速球がコーナーに決まり、フォーサイスは空振り三振に倒れた。

なぜコントロールを失い、これほどすぐに回復したのか?

「投げていたら、急に3球連続で同じ場所にボールが行ったんだ」とバウアーは言う。「文字どおり自分の頬《ほお》を張って、そのときに起こっていることから気を紛らわさなくちゃならないことがある。副交感神経が優位の状態から抜けだすんだ。それとも交感神経だったかな。ともかく、どちらかが閉じるんだ。複雑な仕組みだよ」

イニング中に投球感覚を失った場合、バウアーはときどき味方の攻撃中にベンチを離れてプライオボールを投げる。野球のボールを投げている感覚を捨て、感覚を取りもどすためだ。また自分の顔を叩くことで集中しなおすこともある。

トレバーの母、キャシー・バウアーはもっとわかりやすく説明してくれた。交感神経は戦いや空を飛ぶことに関係していて、察知した危険への身体の反応をコントロールしている。

キャシーによれば、近ごろべつの機会にも意識によって左右できない部分が働いたことがあった。7月25日のホームでのパイレーツ戦、バウアーは初回、グレゴリー・ポランコに151キロの速球を投げた。左打者であるポランコの内角低めを狙った球だったが、外角に逸れた。初回の午後の日射しのなか、ポランコはまっすぐにボールを打ち返し、バウアーは顔に向かってきたライン ドライブの打球をかろうじてよけた。インディアンスのショート、フランシスコ・リンドーアは内野の守備シフトでバウアーの後方に守っており、ワンバウンドでさばいてイニングを終わらせた。

だが2回の投球を始めると球速が落ちた。凍えるような気候で行われた4月のロイヤルズ戦以来の遅さだった。ジョシュ・ベルに147・6キロ、そしてコリン・モランにも同じ球速の速球を投げた。バウアーの速球のシーズン平均球速は152・2キロだ。

「ポランコの打球はグローブと顔のあいだに飛んできた。それがイニング最後の球だった」とバウアーは言う。「それでベンチに戻った。かなりの疲れが出たのを覚えてる。意識がぼんやりした。初回は調子がよかったんだ。ところが2回のマウンドに向かったら球速が落ちた。身体の動きが悪くなった」。試合中の計測によれば、球速はがくりと落ちていた。「カール［・ウィリス投手コーチ］はぼくが怪我をしたと思ったようだ。イニングの終了後、大丈夫かと聞かれた。なぜか身体が眠ってしまったみたいだ、と答えた。身体がおかしくなった。何かが起きていた……それで対処することにした」

2回が終わると、バウアーはベンチ裏のカメラのない場所へ行き、自分の顔を平手で打った——彼はそれを〝ベロ（ベロシティ）・スラップ〟と呼んでいる。

「本当に顔を張るんだ」とバウアーは言う。「気持ちを切り替えるために」

3回表の投球のあと、バウアーはベンチのクレビンジャーに近づいた。

「2回のあとはどこに行ってたんだ？」とバウアーは訊いた。

「クラブハウスにいた。どうして？」クレビンジャーは答えた。

「ぼくにベロ・スラップをするチャンスを逃したな」

クレビンジャーはバウアーの顔を張るチャンスを逃したことを悔しがった。

オフシーズンのドライブラインでは、自分の最高球速に挑んで更新できなかった選手がいると、トレーニングパートナーが強く頬を張る。「しかも思いっきり叩くんだ」とウォレンは言う。

「すぐアドレナリンが放出される。それで3キロは球速が上がる」とトレバーは説明した。

ベロ・スラップはコントロールを磨くことにも有効かもしれない。

8月6日、インディアンスはツインズに6回2アウトで6-0とリードし、バウアーはミゲル・サノに3ボール1ストライクのカウントで、この日2度目のコントロール不能に陥った。156キロの速球を投げたが低めにはずれた。ハイカットの赤いソックスを履いた白いユニフォーム姿の彼はマウンドのわきに降り、口元をグローブで覆って「ファック！」と怒鳴った。声が記者席まで届くほどだった。ウィリスはマウンドに向かった。バウアーは怒りで煮えかえっていた。この試合もアメリカンリーグ中地区の優勝争いもほぼ決まっていたが、サイ・ヤング賞争いはまだこれからだった。

「それまではFIPもかなりよかったのに。くそっ、これで不利になる、と思ったんだ」とバウアーは言う。

マウンドに近づきながら、ウィリスはバウアーの顔に浮かんだ苛立ちを見てとった。そしてその理由を察知した。ウィリスは笑った。

「あれはむかついたよ。ウィリスがベンチから出てきてこっちを見て、笑ってこう言ったんだ。『相手はローボールヒッターだ。振ってこないぞ』」

われわれはバウアーに、〈ファングラフス〉版のWARを試合中いつも確認しているのかと尋ねた。〈ファングラフス〉のWARはFIPを使い、投手が守備に関係なく得点を防ぐ能力を計算している。その計算式のなかで与四球には重要な意味がある。

「もちろん、いつも見てるよ」とウォレンが笑いながら口を挟んだ。「奪三振のつぎに気にしてる。〈ファングラフス〉のWARではいちばんの重要項目だからね」

コーチがマウンドに足を運ぶことに意味はあるのだろうか？　とりわけ灰色の髭を生やしたウィリスのように伝統的な考えの投手コーチがバウアーのところに行くことに。またウォレンが答えた。

「コーチがマウンドに行くとき、いちばんいいのは関係のない話をすることだ。ピッチングのことを話すくらいなら降板させたほうがいい。技術的な修正をしたら、投手はそこで勝負する気持ちを削がれてしまう」

トレバーが口を挟んだ。

「聞いたなかで最高のマウンドでのアドバイスは、ブレント・ストロムのものだね。どこかで投手コーチをしていたときだ。メジャーに上がってきたばかりのルーキーの2度目の先発マウンド。四球、四球、ヒット。そんなイニングだった。1アウト満塁。ブレント、ちょっと話をしてきてくれ、と監督が言った。ブレントは投手のことも知らないし、自分には何も話せないと思った。それで自分の尻をすぼめてマウンドに歩いていった。そして、『なあ、おまえがこの回を切り抜けてくれないとおれはうんこを漏らしてしまう。おまえがここを切り抜けないとトイレに行けないんだ。できるだけ早く片付けてくれ』彼は尻をすぼめてマウンドを降りた。ピッチャーはその2球後にダブルプレーでピンチを脱した」

ストロムはその言葉で投手の意識を狭く外向きに修正したのだ。

ツインズ戦でウィリスにFIPを計算しているのをからかわれたことにより、バウアーはもう一度集中し、ちょっとした精神的な障害を克服できたのかもしれない。バウアーはつぎのバッターのマックス・ケプラーに3ボール2ストライクになった。フルカウントで外角にきちんとコントロールして三振を奪い、この登板を締めくくった。バウアーはアメリカンリーグのWARでクリス・セールと互角の争いを繰り広げた。この先発を終えて、彼のWARは5・7から5・6にまで上昇した。

バウアーは7回零封で11三振を奪った。3回にはツインズの捕手ボビー・ウィルソンから、ストライクゾーンに戻ってくるラミナー・エクスプレスで見逃し三振を奪い、シーズン200奪三振を達成した。観衆のスタンディングオベーションはホームプレートの後ろのスカウト席にいたウォレンもその場で味わった。先発登板を撮影するために、エッジャートロニック・カメラを持って来ていたのだ。試合前に、彼はそれをホームプレートの後ろの最前列の席の前の柵に設置した。試合中にはスカウト席でモニターを確認し、ノートパソコンでリアルタイムでビデオを編集していた。われわれはウォレンに、スカウトたちが近づいてきて何をしているのか、どんなカメラを使っているのかを尋ねたのはこれまで何度あったかを質問した。「数年前にひとりだけいたね」とウォレンは言った。それだけだった。

ベストシーズンの、おそらくプロとしてのキャリアで最高の月のあと、バウアーは自分が取りもどさなくてはならないものがあることに気づいていた。安定したコントロールの感覚だ。意識に従わない身体を整えること、そして集中を、より正確には狭い外向きの集中を取りもどさなくてはならない。ブルペンでディファレンシャル・トレーニングをする必要がある。そうでないと、チャンスをつかむことはできない。

13 パフォーマンスを高めるデータ

ホームランを狙って打席に入ったことはありますかと聞かれたことがある。「もちろん、毎打席狙っているさ」と答えたよ。

——ミッキー・マントル

6月、ジャスティン・ターナーはある試合日の午前のほとんどを、ピッツバーグのPNCパークの広く、窓のないビジターー用クラブハウスに置かれた合成皮革のソファにすわり、クロスワードを解いて過ごしていた。メジャーリーグの頭脳派選手は、よくロッカールームでこうして暇つぶしをする。選手には身体を休める時間もたくさんある。そしてそれは、自分の成功や失敗が頭から離れない時間でもあった。ターナーには気晴らしが必要だった。

2018年のアリゾナでのスプリングトレーニング終盤、アスレチックスのケンドール・グレーブマンが投げた荒れ球でターナーは左の手首を骨折した。それによりシーズン開始から5週間欠場した。骨折から復帰したあと、ターナーは打率・243、出塁率・325、長打率・343と、近年の好成績からはほど遠い不調にあえいでいた。80打席でホームランはわずかに1本。ナショナルリーグ最強のチームのひとつであるはずのドジャースは、30勝30敗のナショナルリーグ西地区3位でピッツバーグにやってきた。

ダグ・ラッタはターナーの全打席を、できるかぎりライブで見ようとした。スイングを保つにはつねに注意を払っていなければならない。ラッタは怪我から復帰したターナーが問題を抱えていることに気づいていた。手首が弱くなり、他の部分がそれを補おうとして全身に悪い影響を及ぼしていたのだ。そのバランスの悪さがのちに鼠径部の故障につながった。彼らは解決策を探していた。

スイングの修正はある意味で芸術のようなものだ。ほぼ毎日、ラッタとターナーはショートメッセージで話し、意見を交換した。「ずっと対話していたよ」とターナーは言う。「さまざまなアイデアや試してみるべきこと、少しでもよくなるために考えるべきことを話していた」

修正のあいだにも変わることのない原則はあった、とターナーは言う。ピッチャーに向けて脚を大きく開き、バランスを保ち、肩の下からスイングすることだ。だがそのチェックリストをこなしたあとも直すべき点はまだ残っていた。さまざまな修正を試し、手の位置を変えてみた。7月上旬には構える手は下がっていた。ラッタは両手が「働く空間」が必要だと感じていた。身体とホームプレートのあいだにより広い空間が必要だと。

6月にはいくらか数字が改善し、ホームランは4本、wRC+は139を記録した。だが7月も不調はつづき、40打席ホームランが出なかった（wRC+は89）。手探りでの修正が継続された。8月上旬になると、ターナーは大きな修正に手をつけた。かなりのオープンスタンスに変え、前の（左）足はほぼマウンドと平行にして、三塁ベースのほうを向いていた。この修正は両手を自由に動かせる空間を作るためだった。

ターナーは前半戦で打率／出塁率／長打率が・258／・354／・393、wRC+は110という成績だった。後半戦はメジャーリーグの打者全体で2番目の成績で、wRC+は190、打率・356を記録した。いずれもミルウォーキーのクリスチャン・イエリッチ（wRC+220、打率・367）に次ぐ成績で、ナショナルリーグのMVPになった。打球のうちラインドライブの割合は前半戦の20パーセントから後半戦は31・4パーセントに上昇した。

〈ベースボール・プロスペクタス〉が算出するWARP（WAR同様、選手の総合的な貢献度を示す指標）を600打席の出場に換算すると、ターナーはこのシーズン、ナショナルリーグで最も価値ある選手（600打席あたりのWARPは8・9）で、メジャーリーグ全体でもムーキー・ベッツ（10・9）とマイク・トラウト（10・8）に次ぐ成績だった。ラッタとターナーが繰りかえした細かい修正の成果だ。

「人々はこのドリルをしろとか、これとこれをやれば上向くよと言ってくる。だがそれは、本当に高いレベルにいるプロの打者へのヒントになるものなのか？」とラッタは言う。

ラッタの方法の正しさを示す実例は数多い。ターナーはMVPを獲るまでに成長した。ベッツはスイング修正によってキャリア最高の32本塁打、長打率・640、wRC+185でアメリカンリーグのMVPとなった。ベッツはゴロ率を2017年の40・4パーセントから2018年にはキャリアで最も低い33・9パーセントに下げ、HR／FB（フライ打球に占める本塁打の割合）は、ハイヤーズとラッタから学んだことで10・1パーセントから16・4パーセントに上がった。

フライボール革命は若手からベテランまでさまざまな選手が取りいれ、コーチ（と球団）が教え、テクノロジーとフィードバックによって誰にとってもより効果的になることで広まった。このあとさらに、革命にとって最も重要な局面が訪れることになった。

2014年、当時レイズの監督だったジョー・マドンは、追跡技術の発展が得点増加よりも失点減少の面で有効に活用されていると指摘した。「いまのところ打者はかなり不利になっている。それに今後も有利になる兆しはない。少なくともわたしには見えない。だからこそ、創造的思考を働かせる必要がある……いまのところ、打者は厳しい状況にあるし、ピッチングや守備の強化によって今後もさらに厳しくなるだろう。データやビデオ、あらゆる情報などすべてが攻撃を抑えるのに活用されている」

実際には、マドンがこう語ってから3シーズン連続で打撃の数字は上昇した。だがそのおもな要因はボールが変わり、ホームラン数が伸びたことだ。マドンが指摘したデータ分析の偏りはいまだ変わらない。「ボールを投げる側の投手にとっては情報を活用して成績を上げることは比較的簡単だった」とサム・ファルドは言う。「自分で下す判断をコントロールするほうが簡単だ。だがバッティングは反応という部分が大きい」

このことを誰よりもよく知っているのがドライブラインの元打撃ディレクターで、2018年12月にフィリーズのマイナーリーグ打撃コーディネーターになったジェイソン・オチャートだ。ドライブラインにいたころ、オチャートは打者の苦境に対抗しようとしていた。「かなりイライラする状況だったよ。投手の側ではどんどん進歩的なことが行われているその場所に自分がいたんだから」と、オチャートは2018年の夏に語った。「球界の打撃関係者といろいろな話をしたし、いまも議論はつづいているよ。ゴロを打つのはいいのか悪いのか、とか。打者はやられてるよな、とか」

「そもそもバッティングのことはわかっていない部分があまりに大きい」と彼は嘆いた。だが打者たちは遅ればせながら状況に対応しはじめ、いまでは極端な攻撃と守備の不均衡は改善されつつある。投手のトレーニングを大きく変えたドライブラインでは、いまは打撃にこそ最大の成功のチャンスがあると考え直している。

新時代のコーチの多くと同じように、オチャートの指導キャリアは目立たない場所から始まっている。

カリフォルニア州グレンデール出身で、グレンデール・コミュニティ・カレッジやその後編入したサンフランシスコ州立大学では、自分でも認める下手くそだった。運動生理学を専攻したオチャートはスポーツ科学や生体力学のあらゆる面に関心を抱いていた。弟のアダムはシリコンバレーのアサートンという町にあるビジネススクール、メンロ・カレッジでプレーしていた。そのチームのコーチが辞めたとき、アダムは兄に打撃コーチにならないかと尋ねた。オチャートはそれに応募し、仕事を得た。メンロ・カレッジが彼の最初のラボになった。

「ぼくは普通でないものをあれこれ試すのが嫌じゃなかった。そもそも、あまりいい選手ではなかったからプライドはなかったし、気楽に試すのは楽しいことだった」と彼は言った。「そうやって運動学習とかスポーツ科学の理論を取りいれていったんだ」

メンロ・カレッジは２０１３年にチーム記録を更新する34勝を挙げ、ＮＡＩＡの全国大会に進出した。投手陣と守備はすばらしかったうえ、打撃ではチームのホームラン32本に対して対戦相手に許したホームランは６本、長打率では・４１５に対して対戦相手は・３０５、出塁率では・３７８に対して対戦相手は・３２８と圧倒した。実験をするには最適の環境だった。選手たちはエゴを持たない実験室のネズミだった。

「その実験を見て、うまくいきそうなものを見つけていったんだ」とオチャートは言う。

オチャートは自分の従来のやりかたとは異なる練習をツイッターに上げはじめた。「打撃《ヒッティング》ツイッター」というのは、ソーシャルメディアやユーチューブでよく見られる疑わしいコーチングや打撃指南を揶揄《やゆ》する言葉だ。高い知識を持つ専門家の指導と気まぐれなアドバイスの見わけがつかないこともある。だが大勢の認められていないコーチのなかには、よいアイデアや、少なくとも実験に値する見解を持っている人々もいる。ボディはオチャートがデータ追跡を使ってしていることに興味を持った。彼はウェイテッドバットによる過負荷／過小負荷トレーニングをし、話題になるまえから打球角度について論じていた。ボディはオチャートに連絡を取った。オチャートは２０１４年にボディが書いた球速向上に関する本『運動連鎖をハックする（*Hacking the Kinetic Chain*）』を読んだ。

「とにかく圧倒されたよ」とオチャートは言った。「そのころ、育成に関してボディの本ほど科学的なものはなかった。野球をあんなふうに語る人はいなかった。本も人もレベルが低かった。だからすごく関心を引かれたんだ。その後彼に、チームに加わることに興味はあるかと聞かれた。将来的には打撃に範囲を広げるつもりだったたんだ。もちろんだよと即答した」

オチャートはシアトルに引っ越した。

「メンロでは最初は50ドルくらいしか予算がなく、小さな大学でバッティングケージは1台だけで、おまけに網には穴が空いていた。ところがカイルにはこう言われたよ。『会社のカードを渡すから、好きなものを買ってくれ。なんでもやってくれ……6カ月後に確認するから』って。嘘だろと思って、ちょっと恐くなったよ。どうすればいいのかわからなくなって、何もできなかったくらいだ」

ドライブラインのピッチング部門と同様に、オチャートはあらゆるものを計測し、なんにでも疑問を抱くようになった。数値によれば、引っ張って打ちあげた打球は打者が望む最善の結果を生みやすいことがわかった。だがボールを引っ張ることは過去何十年にもわたり多くの指導者によくないこととされてきた。「アマチュア選手の多くは引っ張ると打球が下に飛ぶ。そしてボールをうまく引っ張ることができる選手はとても少ない。最高の選手にしかできないことなんだ」とオチャートは言う。「そして引っ張ることは教えられてもいない。まったくね。ほかの世代はわからないが、ぼくが子どものころも、高校や大学でも、誰もボールを引っ張る練習はしていなかった。逆方向の練習ばかりだった。逆方向に打つ練習をして、グラウンド全体を使う。ぼくが一緒にやってきたアマチュア選手もたいていは引っ張るのが苦手だ」

だが、最も価値ある打球は教えることができる。ラッタはそれを教えてきた。また技術を身につけることで予想外の才能が開花するという例もある。２０１８年には野球の歴史のなかでも意外なパワーヒッターになったフランシスコ・リンドーアやホセ・ラミレスのような選手もいる。

〈ベースボール・リファレンス〉によると、メジャーリーグの歴史上、シーズン38本塁打以上は１７８人の選手が累計４６２回達成している。そのなかで身長5フィート11インチ（約１８０センチ）以下の選手によって達成されたのは46回で、選手は22人だ。身長１８０センチほどのリンドーアと、おそらく身長１７５センチに達しないラミレスは、そのリストに最近加わった。しかもそのふたりがチームメイトだとなると、さらに確率は低くなる。

ラミレスもリンドーアも打撃の方法に関して尋ねてもあまり饒舌《じょうぜつ》に語ってくれず、リンドーアは自分はパワーヒッターではないと言い張っている。だがクリーブランドはチーム全体として時代遅れの打撃理論に異を唱えている。打撃コーチのタイ・バンバークレオ〔登録名「バークレオ」で西武、広島に在籍していた〕はかつて、ラッタの〈ボールヤード〉で行われていたシンクタンクに参加していた。インディアンスはこれまで外部からマイナーリーグのコーチを招聘してきた。傘下のマイナーリーグ・チームでは、グラウンドでのバッティング練習をコーチの投げる球ではなく、実戦の球速に近いボールを投げるピッチングマシンで行うようになった。クラスAのレイクカウンティのように屋内にバッティングケージが置かれている場合は、掲示されたリーダーボードの数値で、打者同士に打球速度や角度を競わせた。打撃練習を見直しているのはインディアンスばかりではない。アストロズのタイラー・ホワイトはソーシャルメディアで、チームが延長スプリングトレーニングでディファレンシャル・トレーニングの一種を取りいれていると語っている。各バッティングケージやグラウンドでの打撃練習では、速球を投げるマシンと変化球を投げるマシンが置かれている。コーチが1球ずつマシンにセットするので、バッターは変化球が来るのか速球が来るのかわからない。

2018年にリンドーアは38本、ラミレスは39本のホームランを打った。これまでのスカウティングレポートの評価では、リンドーアのパワーはせいぜい平均程度だったし、マイナーリーグでも最大でシーズン5本しかホームランを打ったことのないラミレスは平均以下だった（リンドーアのマイナーリーグでのホームラン数は最大6本だった）。ルーキーの年のラミレスの長打率は・340だった。「誰もぼくがこんなにホームランを打てるとは思わなかった」とラミレスはESPNの取材で語った。「身体が小さかったからね」

2018年になっても、打球速度で測るかぎり、とくにパワーがあるわけではなかった。ラミレスは規定打席に達した打者332人のうち、フライとラインドライブの打球速度は166位（時速148・7キロ）だった。リンドーアは80位（151・8キロ）だ。彼らは、強い打球を打てない球を捨て、ホームプレートの前で捉えることのできる球に狙いを絞った。「すべてのコースを打とうとするとうまくいかない」とリンドーアは言う。「その気になればどのコースも打つことはできる。思ったとおりにフェアグラウンドに飛ばすことはできる。でもそれは自分にもチームにもまったくよくないことなんだ」

ホームプレートの前でボールを捉えると、バットの角度に従って引っ張った打球が飛ぶ。球団からもデータからも後押しされて、リンドーアとラミレスはボールを引っ張るようになった。

2018年、ラミレスは引っ張った打球のゴロ率が、低いほうから11位（43・7パーセント）だった。ベッツは28位（46・3パーセント）で、リンドーアは68位（50・9パーセント）。リーグ平均は58・7パーセント（ターナーは規定打席に達したなかで10位で、43・4パーセント）だった。

こうした数値はすべて大きな前進を示している。2017年には、ラミレスは引っ張った打球のゴロ率が48・8パーセントで48位だった。リンドーアは52・8パーセントで94位、ベッツは50パーセントで70位だった。さらに2016年には、ラミレスは57・1パーセントで132位、リンドーアは64・6パーセントで246位、一方ベッツは54パーセントで88位だった。

著しい変化だ。この3人の小柄なスラッガーたちは、突如としてボールを135メートルも飛ばせるようになったわけではなかったのだ。彼らはスイングを改善しながら、最適な打球を生みだすことを身につけていったのだ。

フライボール革命の第1段階は、打球をゴロにしないことだった。リンドーアとラミレスもそれを行い、平均打球角度（と本塁打数）を年々高めていった。

だが第2の、そしておそらく最も重要な段階は、ボールを高く上げることだ。そして各選手がたがいに進化するなかで、ボールを高く上げることの副作用と思われる空振りの増加はまったく起こらなかった。

MLBでの2018年の引っ張ったホームランの本数上位は以下のとおりだ。

1. ラミレス　32本
2. リンドーア　27本
3. ベッツ　26本

リンドーア

シーズン	平均打球角度	本塁打	空振り率
2015	3.8	12	8.6
2016	7.6	15	7.7
2017	13.6	33	6.4
2018	14.5	38	7.4

ラミレス

シーズン	平均打球角度	本塁打	空振り率
2015	9.5	6	4.2
2016	12.9	11	4.9
2017	14.8	33	5.4
2018	18.8	39	4.7

引っ張ったフライ打球の合計で、ラミレスは2018年にメジャーリーグで2位（251本）、小柄なアストロズのMVP候補アレックス・ブレグマンは3位（246本）、リンドーアは8位（226本）、ベッツは18位（205本）だ。打球を引っ張り、高く上げることを学んだことで、彼らは身長が183センチに満たないにもかかわらず全員がMVP候補になった。2013年に、19歳のベッツがクラスAでのハーフシーズンをホームラン0本で終えたとき、『ベースボール・アメリカ』は彼をレッドソックス傘下で若手有望選手ランク31位と評価し、「長所があるかどうか疑わしい。身体に恵まれず、強い打球を打つこともできない」と評した。ところが2018年には、250打席以上の打者の身長とISO（長打率－打率。打者の長打力を示す指標）の相関関係は1954年以来最低（0・23）に下がった。賢明な打者は身体が大きくなくてもホームランを打てるのだ。

ラッタにとって、理想的な打球とは芸術の域に達したものだ。それは彼の目と長年の経験によって生みだされる。彼はいつも〝バランス〟と〝タイミング〟について話している。打球速度を上げるように指導するわけではない。打球角度については何も言わない。それでも選手たちのキャリアを変えてきた。

一方で、ドライブラインやプロまたは大学のチームのように、データに基づいてスイングを最適化する方法が行われている場所もある。オチャートとの会話では、タイミングやバランスという言葉は一度も出なかった。それはそうした考えを疑っているからではなく、それを思考の中心に置いているラッタとは異なり、オチャートはあらゆるものを計測し、数値化することを中心にしているからだ。彼はストライクゾーンを9つに分割し、それぞれの区画の打球を調べる。オチャートはアマ選手のデータをわたしたちに見せ、ひと目でその選手について判断を下した。ひとりは打球角度が低すぎ、べつの選手は真ん中のコースは得意だが、内角と外角の球には苦しんでいる。「この選手の練習プログラムは修正して、それに沿ってやってもらうよ」とオチャートは診断した。

オチャートは打者の手とバットのスピードだけでなく、自前のデータ分析によって手とバットの関係の効率性も計測する。「効率性はバットスピードを手のスピードで割ることによって算出できる」と彼は言う。「手のスピードがまったく同じふたりの打者がいて、生みだすことのできる手のスピードはまったく同じなのに、それをうまくバットスピードに転換できる打者とできない打者がいるんだ。それにはいくつかの原因がある。たとえば、手をうまく減速させてバットの速度を高めることとか。それにグリップも大事だ。多くの選手にいろいろなグリップを試してきたけど、かなりの選手が改善した。手首の可動域を広げることで解決した選手もいた。なめらかに回外できない選手もいた」

彼の科学的専門用語にはバウアーやボディがいる投手の世界とよく似たところがある。だが、芸術か科学かという点では、バッティングのほうが芸術性の割合が高い。

「何をすればよい投手になれるか、あるいは何が投手の成功と関係しているかに関しては、どうにか基本的な理解はある……ところがバッティングについては、推測するしかない未知の部分が多い」とオチャートは言う。「何もわかっていない状態だから、いまのところ生まれつきアスリートとして高い能力を持つ選手が、トレーニングとは無関係に成功しているんだ」

ドライブラインのスタッフが1チームへの貢献ではなく野球界全体への貢献について語るのは珍し

いことではない。「自分には分野全体に影響を与えるだけの能力があると思う」と、ドライブラインの計量アナリスト、アレックス・キャラバンは言う。「もし1チームに所属して働いたら、来週対戦するチームの打者からより多くのアウトを取ることが仕事になるだろう。でもそれでは、野球界全体にはわずかしか貢献できない」

2018年の夏には、オチャートも同じような思いを語った。その年の暮れに、彼はフィリーズに加入したのだが、ドライブラインとの協力関係は維持している。彼はたぶん、プロレベルでも強打者を生みだせるだろう。選手たちは彼の助けを欲しがるだろう。

「もしもトレバー・バウアーが打者で、旧来の練習法に従っていたら、成功できなかっただろう」とオチャートは言う。「トレバーは生まれつき才能のある選手ではなかったから、自分がなれる最高の選手になるには持てるものを出し尽くし、かなりの努力をしなければならなかった。だがバッティングではまだ、やみくもに頑張るしかない状況だ。誰が成功してトップになるかは予測できないんだ」

14 上達する

人はこんなふうに自己嫌悪に陥るものだ――悪いことをしているとわかっていて、止められないときに。

――ダニエル・キイス『アルジャーノンに花束を』

ブランチ・リッキーは、彼ほどの選手育成能力をもってしても直すことのできない欠点はあると考えていた。

たとえばトム・ウィンセット。カージナルス傘下に所属する左のスラッガーで、身長188センチと1930年代の選手にしては大柄だったため、ロング・トムと呼ばれていた。レフトの守備はお粗末だったが、1934年から1936年まで打率と長打率は最低でも・348、・617だった。その最後の年にはアメリカン・アソシエーション・リーグで536打席に立ち、長打率・731、リーグトップの50本塁打を放った。

リッキーはこのスラッガーを一般に向けては「次代のベーブ・ルース」と称賛し、「ウィンセットのバットが待ち構えるところにボールを投げる投手には災いが降りかかる」とうそぶいていた。だがどういうわけか、カージナルス時代のリッキーはこの選手をあまりメジャーに呼ばず、結局12打席しかチャンスを与えなかった。

その理由はのちに明らかになった。１９３６年8月、リッキーは26歳のウィンセットを3選手と金銭と引き替えにブルックリンにトレードした。ウィンセットは「美しいスイング」を持っているが、「どこに球が来ても、かならず同じ高さでしかバットを振れなかった」とリッキーは語った。メジャーリーグの投手ならほぼ誰でも、そのバットが届かないところにボールを投げることができる。３シーズンをドジャースで過ごしたウィンセットは４６５打席で打率・２４１、長打率・３５７、７本塁打の成績に終わった。メジャーに在籍中、ＭＬＢで６００打席以上出場した選手のうち、彼よりも三振率が高かったのはわずかひとりだけだった。リッキーはウィンセットの美しいが欠陥のあるスイングを矯正できず、見栄えのいい不良品をブルックリンに売ったのだ。

もうひとつリッキーが嫌っていたのが、あまりにストライドが大きく、バランスとパワーを犠牲にする打者だった。大学のコーチだったころには、バッターボックスの前に砲丸投げの足止め器を置き、打者が足の幅を開きすぎるとぶつかるようにした。ところが何度ぶつかってもストライドが狭くならない選手がいたため、足首のねんざを防止するために、代わりに足首にロープを巻くことにした。だがそれはいかにも窮屈だった。「ストライドの大きすぎる選手を矯正することはできない」と、リッキーは１９５０年に『ニューヨーカー』のロバート・ライスに語っている。

だがのちに、それをやってのける人物が登場する。１９８０年にインディアンスに1巡目指名された外野手のデーブ・ギャラガーは、１９８６年にはマイナーリーグで7年目、トリプルAで3年目のシーズンを過ごしていた。ＯＰＳは7割台に停滞していて、自分ではストライドが大きすぎることを原因に挙げていた。「ボールに飛びついて、バランスを崩してしまうんだ」と、彼は『スポーツ・イラストレイテッド』に１９８９年に語っている。「足さえコントロールできれば、それ以外は自然とうまくいくだろう」。リッキーのロープのことは知らなかったが、プラスティックの鎖とベルクロという、より近代的な素材で類似品を作った。ストライド・チューターと名づけられたその装置を使うと、あまり意識しなくてもストライドが狭くなった。

ギャラガーはストライド・チューターによるドリルでトリプルAでの打撃成績を伸ばし、1988年に28歳でメジャーに昇格した。アメリカンリーグの新人王投票で5位になると、その後7年をメジャーリーグで過ごした。またストライド・チューターの特許を取って5000ユニットを販売し、選手としての年俸以上に稼いだ。2012年のインタビューでは、成功できたのは古いアイデアをうまく活用したストライド・チューターのおかげだと語った。もしもウィンセットにKベストがあればもっと球に合わせたスイングができたかもしれないし、トラックマンがあれば空振りしがちだった高めの球を見逃すことができたかもしれない。ギャラガーがいれば、ストライドが大きすぎた昔の打者を助けられたかもしれない。

また、ギャラガーの物語は成功に終わったが、ほとんどの選手はいまもメジャーを目指す道の途中にいる。球団には有用な設備が整っているにもかかわらず、数多くの若手有望選手が飛躍できずにいる。野球界の最大の謎が育成の限界にあるのはそのためだ。「誰もが知ろうとしているのは、選手の性質のうちどの部分が変えられず、どの部分が変えられるかだ」とブライアン・バニスターは言う。

2014年3月にリッチ・ヒルを放出したとき、レッドソックスはやはり球速が遅い左腕で、ヒル同様に過去2シーズン所属したクレイグ・ブレスロウを残した。ヒルより年齢が5カ月若いブレスロウは、開幕には肩の故障で負傷者リストに入ったが、ロースターの地位は保証されていた。2012年から2013年には、パークファクターによる補正をした防御率は、120イニング以上投げたリリーフ投手のなかでは6番目に低く、彼より上位はオールスターの抑え投手ばかりだった。パドレスに所属してメジャーデビューを果たした2005年から2013年までの通算で、400イニング以上投げた300人の投手のなかで、パークファクターによる補正をした防御率は8番目に低かった。クレイトン・カーショーや、1シーズンでの最多セーブ記録を樹立したフランシスコ・ロドリゲスと並ぶ数字だ。

身長180センチのブレスロウはドラフト26巡目指名の選手で、とくに将来を嘱望されていたわけでもなかった。オールスター選手やクローザーになるとは期待されていなかった。ドラフト指名したブリュワーズには2年後に放出された。ヒルと同じく一時は独立リーグに所属し、トライアウトを経てパドレスにボーナスがほぼつかない契約で入団した。サンディエゴから1シーズンで放出され、レッドソックスと契約。それからの数シーズンには、3度自由契約になり2度トレードに出された。奪三振率も与四球率も一流とは言えず、防御率予測では、本来はるかに多くの失点を喫しているはずという評価をされることもあった。ブレスロウを長く保有しようとするチームはなかった。だがバットの芯をはずしてアウトを取りつづけ、引っ張られることを避け、BABIPと被本塁打率を低い数値に保った。メジャーリーグでの最初の8年で、防御率が3・80を超えたことは1度もない。

150キロを超える速球はなく、空振りはあまり取れなかったため、わずかな狂いで成績が落ちる危険があった。2014年には、長いあいだの綱渡りにほころびが出た。肩の故障の影響か、フォーシームの球速は140キロ台前半に落ちた。与四球率は上がり、被本塁打率は跳ねあがり、防御率は5・96になった。翌年は改善されたが、全盛期には遠く及ばなかった。レッドソックスに見切りをつけられ、スプリングトレーニングの直前にマーリンズと契約したが7月に解雇された。レンジャーズに拾われてトリプルAに送られたが、数週間後、36歳の誕生日前日に放出された。これで命運は尽きたように思われた。

ブレスロウは決してこれで終わりにはしないと決意した。まだ立ち去るつもりはなかった。「ぼくはほかのこともできるんだから、ほかのことをしたいはずだと思われていた」と、ブレスロウは２０１７年にわれわれに語った。彼はいつも野球選手にしては頭がよすぎるとみなされていた。イェール大学で分子物理学と生化学を専攻した。そして学科の負担の大きさ――さらには野球チームのキャプテンとしての努力――にもかかわらず、大学での成績評価値を表すＧＰＡは３・５の好成績だった。ミルウォーキーに解雇され野球のキャリアが途絶えたときはＭＣＡＴ（医学部入学資格試験）を受け、ニューヨーク大学医学部から入学を許可された。だが、パドレスに入団したため医師になる道には進まなかった。

ある担当記者は２００８年にブレスロウを「野球界で最も頭がいい男」と呼び、それがあだ名として定着した。野球界の外の人々には、野球はブレスロウの能力にふさわしくなく、いつか放りだしてもっと真剣に何かに取り組むまでの若いあいだの慰みだと思われていた。だが本人はちがう感じかたをしていた。野球ほど心臓が高鳴り、アドレナリンが分泌し、しかも頭を使うものはなかった。「クリティカル・シンキングと問題解決という知的な組み合わせと、身体的な準備と競争を兼ね備えたスポーツはほかにはない」と彼は言う。

こうした背景を持つにもかかわらず、何年も科学的トレーニングを投球に適用しようとしなかった。２００６年、26歳のときには、〈ベースボール・プロスペクタス〉のインタビューで学問とスポーツをきっぱりと分けていると答えた。「生化学という学問には曖昧さはない。分析的で整然としている。そういう心構えは野球では害になることがあるんだ」。その11年後、若かったころを回想し、「うまくいっていたときは、ぼくはおそらく単純で、ずっとそれがつづくと思っていた」と彼は語った。シーズンをうまく乗りきっているときの投手は、『いま考えていないことを考えたり、取りいれていない情報を取りいれることで、成功しているやりかたから逸れてしまう危険を冒さないほうがいい』と考えるものだよ[1]」

ブレスロウがはじめて成功から逸れてデータに頼ったのは、シーズン終盤の9月12日の時点で防御率が4・00を超えていた2011年だった。「ぼくはずっと、それぞれの球種もいままでと変わらないし、コントロールも変わらないと思っていた。これまでどおりのやりかたで抑えられるし、四球も減っていると。ところが実際にプレーしてみると、何かがおかしかった」

ブレスロウはシーズンの成績を判断するのに感覚や印象に頼ってはいけないということに気づいた。統計データを確認しなくてはならない。安心したことに、データは心強いものだった。自分の投球は改善こそしていないものの以前のとおりだ。BABIPは野手のあいだを抜けた単打が増えたせいで跳ね上がっていた。結果がよくないのはたまたま運が悪かっただけで、ブレスロウがメジャーリーグで過ごす期間が終わろうとしていたわけではなかった。これまでどおりにつづければ運は向いてくるはずだ。

ところがその5年後には、統計データを確認しても安心できない状況になっていた。トリプルAでも強い打球を打ちかえされるようになっていた。2014年とはちがって怪我のせいにもできない。事実と向きあう必要があった。自己最高のシーズンからすでに3年が経ち、通常は選手として盛り返すことのできない年齢に達していた。「いままで以上に自分が向上するとは言えなかった。それはただの希望的観測だ。球種やスキルセット、投球フォームを大幅に見直すか、少なくとも選手としては野球から離れるくらいしか選択肢はないと思った。そのなかから選ぶのは、ぼくにとってはとても簡単なことだった」

ブレスロウはできるだけ多くの球団に自分の評価を尋ねた。２０１７年には、契約に興味を持つ球団は少なかった。なぜだろう。自分には何が足りないのか。潜在的な雇用者にアピールするためには何をすればいいのか。考えていると、答えが浮かびあがってきた。左打者への対策だ。ブレスロウはこれまで左打者キラーではなかった。だがそうしたピッチャーなら、相手チームの左の強打者に対して、勝負がかかった場面で起用されるだろう。メジャーリーグのリリーフ陣には多くの場合、左打者相手に登板して1アウトか2アウトを取る左投手の枠がある。

「足かせになるのは、いつも球速だった」とブレスロウは言う。ウェイテッドボールを使った練習をしたこともあるし、ドライブラインに通って球速を上げることも検討してみた。だが１４０キロ台前半から１４０キロ台半ばへ上げること――平均未満から平均になれば、短期的には大きな成果と言える――は、時間のいちばんいい使いかたではないだろう。「何をしても、どんな修正をしても、１４１キロが１５７キロになることはない」と彼は言う。

だがブレスロウには、「昨日よりも上達しようというやむことのない思い」があった。たとえるなら、「それこそがぼくの速球なんだ」。現実の速球が衰えたとしても、そちらの速球は変わることはない。

左打者と対するうえで最も意味があって自分でもできるのは、打者を欺くことだとブレスロウは考えた。オーバースローから低めのスリークォーターに変えれば、左打者からボールを見えにくくなって空振りが増えるはずだ。またこれまではおもにフォーシームとシンカー、カッター、チェンジアップに頼ってきたが、変化球を見直せば球団の目に止まるだろう。

キャリアの終わりは近づいていた。さらにひと冬で「新たな方法、フォーム、球種のレパートリー」を身体に落としこまなくてはならないこともあり、最も規律正しく効率的な方法でフィードバックを得ながら急いで大幅に修正する必要があった。そのために、彼はテクノロジーを活用した。入手や持ち運びが可能で、身体の動きや回転を確認できる機材を探した結果、３０００ドルのラプソードを購入し、５００ドルを支払って練習のデータを蓄積できるクラウドのアカウントを取得した。２０１６年9月にブルペンでの練習を始め、まずはそれまでどおりのフォームと球種を記録することで進歩の跡を追う基準とした。

２００6年には、ブレスロウは〈ベースボール・プロスペクタス〉に「アームスロットを下げるのは、右で投げるのと同じくらい違和感がある」と語っていた。２０１6年にはじめて投げたときもやはり不自然な感覚だった。試しに投げてみたときのビデオを見ると、かなり大きく腕の位置を動かしたつもりが、せいぜい5センチほどしか下がっておらず、おそらくほかの誰にもわからない程度だった。チームに雇われるという目標を見すえ、彼は目に見えない困難と闘った。

ボストン・カレッジなどの施設でリリースポイントを下げる実験をするとき、ブレスロウはメジャーリーグの試合中に装着することを許可された最初のウェアラブルデバイスであるモータススローを身につけた。コンプレッションシャツの袖につけられたその小さなセンサーにはジャイロスコープと加速度計が備わっていて、腕の角度とスピード、圧力を測ることができる。「腕の角度を下げると、肘への圧力は下がっていたのに、球速が上がっていた」とブレスロウは言う。「そこから自然と疑問が浮かんだ。『これまで35年間、なんでこうやって投げなかったんだ？』」何度も繰りかえすことで、ブレスロウの脳は新しい動きを自然と感じるようになっていった。フォーム改造に取り組んで4カ月のとき、彼はこう語った。「昔のアームスロットで投げるほうが、いまのものより不自然に感じる」

アームスロットを下げるのはブレスロウの苦闘のまだ半分にすぎなかった。トレバー・バウアーがクルーバーやストローマンを率直に讃えたように、ブレスロウは自分が真似することのできる最高級の投球を探した。「左対左の変化球なら、アンドリュー・ミラーのスライダー。左対左のシンカーなら、ザック・ブリットンだね」とブレスロウは言う。ここでもやはり、ブレスロウは限界に突きあった。ブリットンや、友人でかつてのチームメイトでもあるミラーのような強い球が投げられないばかりか、彼らよりもエクステンションが短く、ボールを操ることもできない。「身長が2メートル近くあって腕や指が長いわけじゃない」と彼は言う。「指をもっと長くすることはできない。もっと柔軟にすることもできない。ぼくにはミラーのようなてこがないんだ」

最高の投球を真似することはできなかったが、それに近づけることはできた。「変化球の曲がりとか回転軸、そういったものは真似できた」基準となる元のフォームでの数値から、シンカーとスライダーの回転が不足していることがわかった。腕の角度や握り、指にこめる力を変え、投球ごとにラプソードで目標とする左投手に近づいているかどうかを確認することで、回転を調整してより大きな変化を生みだし、「自分にとって最適な変化球」を手に入れた。

ブレスロウの動きの改善は短期間に行われた。それを確認するのはラプソードでもできたが、いつもの投球パートナーが10月末にNLCSで負けてニューイングランドに戻ってきたときには、感度では劣る人間の目でもはっきりとわかるほど変化していた。そのパートナーとはリッチ・ヒルだ。

この数年で、かつてチームメイトだった彼らの立場は入れ替わっていた。2014年にボストンに残ったブレスロウには所属チームがなく、同じときに放出されたヒルはNLCSで先発し、しかもこの6週間後にはドジャースと大型契約を結ぶことになった。「リッチはみんなに希望を与えた」とブレスロウは言う。さらに、新しいアームスロットとフォームで球が捕りにくくなったとヒルに言われたことにも希望を与えられた。捕りにくい球なら、打つのも難しいはずだ。

ブレスロウは２００６年に野球と化学の違いについて、「ラボは特殊な場所だから、そこでの結果はマウンドに持っていけない」と語っていた。「マウンドでは、微調整が必要になる。それはラボではできないことだね」

ブレスロウは２０１６年の暮れから２０１７年初めに自作の野球ラボで過ごし、復活の方法を探った。テクノロジーによる答えは見つかっていた。だがこのオフシーズンの実験は学術的発見のためにしているわけではない。それをマウンドに持っていかなくてはならなかった。

２０１７年1月23日、ブレスロウの代理人が取り組みの結果を披露するために招待したおよそ15球団の代表者がマサチューセッツ州ウォルサムの屋内施設に集まっていた。成績の落ちた投手が復活したと主張することはよくあるだろうが、ブレスロウにはその主張を裏づけるデータと動画があり、それを代理人が各球団に配布していた。それでも、スカウトや球団幹部は自分の目で確認しようとした。数カ月ぶりのプレッシャーがかかるマウンドで、ブレスロウは新しい投球を披露した。球速は変わらず１４０キロ台前半だ。だがこの1月の段階では、それは大事なことではなかった。より重要なのは新しいアームスロットと、大きく変わったシンカーとスライダーの組み合わせだ。各球団は以前のブレスロウをよく知っていて、不要だと判断したが、いまここにいるのはそのころのブレスロウではない。よりよい投手に生まれ変わっているかもしれない。

ブレスロウは独力で投球を改造したことで、ほかの点でも有望な人材とみなされるようになった。各球団はその腕だけでなく、頭脳を欲しがった。マウンド上で昔のような調子《フォーム》を――より正確には、新たなフォームで昔のようなパフォーマンスを――取りもどすことはできないかもしれないが、チームメイトが不調に苦しんでいるときには指導的な役割を果たしたり、いずれはフロントオフィスのメンバーとして価値ある働きができるだろう。またマルティネスやヒルなど突如復活して躍進した選手たちの例もあり、各球団はブレスロウが復活する可能性も真剣に考慮した。

投球を披露して数日のうちに、ブレスロウは10球団からオファーを受けた。スプリングトレーニングに招待選手として参加することができるマイナー契約ばかりで、メジャー昇格の確約はなかったが、どこからも声がかからなかった前年の夏と比べれば、ブレスロウのわずかな投資はよい結果を生んでいた。ツインズを選んだのはメジャー昇格の可能性が高かったからでも最高額の報酬を提示したからでもなく、編成部門最高責任者になったばかりのデレク・ファルビーと電話で数時間、データ主導の育成などさまざまなことを話しあったのが理由だった。ファルビーは球団とブレスロウの関係を、何かに取り組んでいる投手をサポートする〝提携〟と呼んだ。

ブレスロウの実験はすでにある意味では成功していた。新しいアームスロットはもう馴染んでいた。ラプソードのデータから、スライダーとシンカーは望んでいる変化に近づいていることが確認できた。だが、やるべきことはまだあった。「データから判断できない唯一のことは、打者を打ち取れるかどうかだ」と、ブレスロウはスプリングトレーニングのまえにミネアポリスの〈スター・トリビューン〉に冗談めかして言った。フロリダでは9試合に登板して失点はわずか1点だったが、与四球は奪三振と同数（7）だった。ブレスロウはツインズでキャンプを終え、メジャーリーグでの12シーズン目に突入した。

ブレスロウのＭＬＢでのデータから浮かびあがってくるのは、以前とはまるでちがう投手の姿だ。腕を下げたことにより感覚を失ったカッターは消え、代わりにシンカーが増えた。以前は少なかったスライダー（カーブに分類されることもある）が投球の柱になった。リリースポイントの高さは平均で23センチ以上下がり、２００球以上投げた左投手のなかで下位37パーセントから下位5パーセントになった。シンカーとチェンジアップはかつてより10センチ落ちるようになり、しかも横への変化も数センチ大きくなった。

だが、ひとつだけ問題があった。生まれ変わった球種でも打者をアウトに取れなかったことだ。ブレスロウのミネソタでのデータはボストンやマイアミ時代よりも悪く、7月29日の時点で30試合に登板し、防御率は5・23で、胸の痛みで負傷者リストに入っているときにツインズから放出された。8月7日にはインディアンスと契約してトリプルAに送られ、9月に昇格した。バウアーが2012年にアリゾナでメジャーデビューしたとき以来、短期間だがチームメイトになった。「ぼくたちの方法は似ているところがある。分析的で計画的で」とブレスロウは言う。「でももちろん、彼のほうがはるかに効果が出ているね」

このシーズンの成績でよかった点は、左打者に対して、(三振は多くないものの)OPSは・580だったことだ。悪かった点は、右打者の餌食になり、OPSは・934を記録したことだった――しかも、対戦相手は右打者が左打者の2倍も多かった。

ブレスロウはくじけずに、翌年2月に今度はトロントとまたマイナー契約を結んだ。37歳になったこのシーズンはダブルAで開幕を迎え、24歳だった2005年のシーズン以来はじめて、故障によるリハビリ以外でこのクラスで投球した。ハムストリングの張りで1カ月半無駄にしたあとトリプルAに昇格した。そしてそこで夏の終わりまで過ごし、バスで各地を遠征しながらメジャー昇格の知らせを待ったが、それはついに訪れなかった。

バス移動は苦にならなかった。低い報酬やメジャーリーグのような贅沢《ぜいたく》がないことをやり過ごすのに懸命だった。彼を苛立たせたのは、なぜ自分のやりかたでうまくいかないのかわからないことだった。28回1/3で30人の打者を三振に打ち取ったが、四球も24与えていた。左打者へのOPSが・865に上がり、防御率は5・40でシーズンを終えた。ブレスロウはトロントのフロントオフィスと定期的に連絡を取り、登板ごとにトラックマンでデータを確認し、ピッチトンネルや打者の幻惑、動作の流れなど見落としがあるのではないかと探した。「客観的な投球のデータからは、左対左の中継ぎとして成功できるはずだった。だったら、うまくいかないのは何が原因なのか」

２０１８年のマイナーリーグでのブレスロウの投球をトラックマンのデータで分析した、トロント以外の球団のあるアナリストによれば、それはあまり不思議なことではない。たしかに変化球は改善されたが、それは20－80の評価スケールで35か40程度だった変化球が45か50になったくらいのことだ。「１４１キロの速球では打たれるのは当然だよ」カッターとホップするフォーシームを失ってまで手にした武器は少なすぎたし、年齢による衰えもあった。「右打者にやられることで、左打者に対する優位は相殺されてしまう」とそのアナリストは言う。「球速を失って四球が増えてしまっては、どれだけ球種を見直しても、状況はむしろ悪くなる」

そのアナリストはブレスロウの左打者に絞った対策が正しかったのかどうかも疑問視している。また、投球スタイルを変えるときには多くの場合に問題が生じる。エッジャートロニックを使わなかった場合はなおさらだ。ブレスロウは購入を検討したが、結局見送っていた。「ピッチデザインに関しては、いまだに球団主導のほうが有利だ。正しいやりかたがわかっていないんだから」。彼によれば、球速を高めたほうがブレスロウには有効だったかもしれないが、それでも成功したかどうかはわからない。なぜなら、「結局のところ通用しなくなった原因は、何か失敗をしたからではなく、残酷な時間の経過そのものなのだから」

目に見える範囲では、ブレスロウは現代的な投球改造の成功例になるためのあらゆる要素を持っていた。少なくとも、彼は野球界で最も頭がいい人物のひとりなのだ。テクノロジーについてよく理解し、称賛すべき努力家で、リッチ・ヒルともつながりがあった。だがヒルの例が彼に与えた希望は偽りのものだったのかもしれない。ブレスロウにはすばらしい速球も、息を飲むようなみごとな変化球もなかった。

「ラボで新しい投手を生みだすことの興奮や希望、それに限界がはっきりと理解できた」とブレスロウは言う。トロントも同じことを理解した。フロントオフィスのある職員は、それまでにテクノロジーを使って活躍した実例があったことがブレスロウへの評価に影響したことを認めている。「いまではさまざまな実例が出てきたから、2、3年前のその選手の力からむやみに期待をするのではなく、その選手の現状の力を評価すべきときが来ている」とその職員は言う。復活を遂げる――そして、フロントオフィスの言葉に従って取り組む――選手を安く買うチャンスが来たと考えたことが、球団の思考を曇らせたのだろう。

2007年以来はじめてメジャーでの登板がなかったのは残念だが、「それによって自分がやってきたことや努力への評価は変わらない」とブレスロウは言う。だが、彼はグラウンドから離れることになった。彼は幼い双子の父であり、また12月には3人目の子どもが生まれることになっていた。マウンドで過ごす時間が長くなれば、子どもたちとあまり一緒に過ごせない。そしてシーズン終了直後には、現役続行の選択肢も消えたことも明らかになった。「選手としてより、引退後の話が増えている」とブレスロウは認めた。残念だけど、たぶんそろそろ潮時なんだろう、と彼は言った。「データ分析を教えること、ピッチャーとして身につけたこと、データを見ながら遂行し、投球すること。そういったこれまでの経験が今後の人生の役に立つだろう」

そのときはすぐに訪れた。1月に、カブスは編成部門戦略主導ディレクターとして彼を採用した。さまざまな現場とフロントのパイプ役を果たすこの部門で、ブレスロウは投手育成を担当する。それまでのキャリアを立て直そうとしたことで、ブレスロウは新たなキャリアを手に入れた。

２０１８年２月、ＭＬＢネットワークでの公開討論に出席したレッズのスター選手ジョーイ・ボットは、打球角度の重要性について質問された。シーズンＭＶＰに選ばれたこともあり、ポップフライを避けて長年高い出塁率を誇ってきた彼はこの問題の権威だった。２０１８年には全打球の45・９パーセントを打球角度8度から32度のスイートスポットに集めた。これはレギュラー野手のなかで最も高い数字だ。「ラインドライブで野手のあいだを狙う打撃スタイルからフライ狙いに変えて成功した選手の多くは、あまり語られていないけれど、もともと完璧な打者だったんだ」と彼は言った。

つまり、データに基づくスイング変更に成功して一流の仲間入りを果たすことができたことには、それ以前から持っていた技術も関係していたわけだ。元外野手で２０１８年にパイプ役として採用され、ツインズの選手育成アシスタント・ディレクターになったアレックス・ハッサンも同じことを述べている。「見落とされているが、クリス・テイラーは打撃修正をするまえにすでにメジャーに昇格していた。ジャスティン・ターナーも、Ｊ・Ｄ・マルティネスもそうだ。メジャーリーガーになったあとでスイング改良に取り組んで、大成功を収めたんだ」。彼らは一流メジャーリーガーでこそなかったが、あまり効率のよくない打ちかたでもメジャーリーグで戦える能力はもともと持っていたのだ。

打撃改造が成功した選手はメジャーで生き残り、人々の注目を集めているため、「大きな生存者バイアスがかかっている」とハッサンは言う。わたしたちは強打者になれなかった打者やメジャーに昇格できなかった打者のことをもっと話題にしなくてはならない。こうした選手は、マーク・アペルほど失敗したことが知れ渡っているわけではない。「そうした選手のことは誰も知らないから、話が表に出てこないんだ。『ダブルA止まりだった選手のストーリーを調べよう』と考える人はあまりいない」とハッサンは言う。

ハッサンがそのことをよく知っているのは、自分もまたそうした選手のひとりだったからだろう。デューク大から２００９年にレッドソックスの20巡目指名を受け、その後1年におよそ1カテゴリーずつ昇格していった。２０１３年、25歳のシーズンにはトリプルAで2年目を迎え、ＯＰＳは・８９１だったが、メジャー昇格の声はかからなかった。その年のバッティング成績のよさはＢＡＢＩＰの高さに助けられたもので、２１０打席でわずか4本塁打という数字もライトとレフトを守る身長１９０センチの選手としては物足りなかった。ハッサンは自分とメジャーのあいだにある壁を乗りこえるには、選球眼のよさに加えてパワーをつける必要があると考えた。

そのシーズンオフ、彼はある有名な打撃指導者（誰なのかは明かされなかった）のところに向かった。右打者のハッサンは左翼方向に高い打球を上げる修正を目指した。体重を強く前方に踏みだし、スイングのまえに反対のバッターボックスのほうへバットを傾けるバリー・ボンズの動きを真似した。だがその修正はひどい結果に終わった。「まるでうまくいかなかったんだ」と彼は言う。「自分でないみたいだった。ストライクゾーンの球を何度も空振りした。それまでにはなかったことだ。ボールを飛ばすことさえできなかった」

Ｊ・Ｄ・マルティネスがベネズエラのウィンターリーグで活躍していたのと同じ年の冬、ハッサンはドミニカ共和国のウィンターリーグでさんざんな成績に終わった。トリプルAに戻っても5月末時点でＯＰＳはわずか・６２１で、ホームランは1本、そして三振率はらしくないことに30パーセントにも達していた。ところが皮肉にも、そんなときに声がかかった。フェンウェイパークから20キロのところで、その球場の名物であるグリーンモンスターが庭にある家で育ったハッサンは、負傷者との入れ替えでメジャーに昇格し、最初の先発でセンターに起用された。メジャー昇格という重荷を下ろした彼は以前のスイングを復活させ、トリプルAに戻ると、シーズン終了まで手探りをつづけた。

2014年以降、ハッサンはふたたびメジャーに昇格することはなかった。メジャーでの生涯安打1本の記録を残して28歳で引退した。「残りのキャリアはずっと、スイングを変えるところを探し、修正に明け暮れたよ。結局ぼくは、ほかの選手のように答えを見つけることはできなかった。修正したとたんにうまくいく選手もいるのに」

ハッサンはその指導者の教えが間違っていたのだと言うつもりはない。ただ自分がそれについていけなかっただけだった。まだスイングや打球の追跡技術がいまほど普及するまえで、データの利用はそれほど多くなかったこともある。「データがもっと整っていれば、もう少しよい方向に打撃修正ができたかもしれない」。より高度なテクノロジーがあればパワーヒッターになれた可能性もあるが、それはわからないことだ。

誰もがフライを増やすべきだとは言えないし、打ちあげても強く叩けず、コンタクトが弱まれば逆効果になる。パドレスの内野手で一か八かの強振が売りのライアン・シンフは生涯フライボール率が史上最高という記録を持つ選手だが、2017年には打率・158、三振率35・5パーセントでマイナーに降格し、4カ月で3度トレードに出され、その後解雇された。打球を上げることで利点を得てきた打者も、多くはそのままでは通用しなくなっていた。また以前から強い打球を打っていた打者は、角度を上げることでかえって飛距離が落ちる危険もあった。

2016年、オリオールズのマーク・トランボはメジャー最多の47本塁打を放ったが、2017年にはパワーが鳴りを潜めた。翌年の1月、トランボは「去年はたくさんの数字やデータ分析、打球角度などで集中できなかった」と語った。そして「いい球を選んでしっかりと叩く」ことを決意した。その結果2018年には自身最高の打球速度とスイートスポットの確率（しかし平均角度は自身最低だった）を記録した。2018年にMLBアドバンスト・メディアの上級データベース設計者トム・

タンゴが行った調査によると、「打者は成績向上が伴ったほうが高い打球角度を維持しやすい」という。そしてスランプに陥った打者は以前のやり方に戻す傾向がある。

２０１８年に、ブリュワーズのクリスチャン・イエリッチはナショナルリーグのＭＶＰを受賞した。ゴロ率が高いため、打球を上げる利点があると考えられたが、彼はフライを増やそうとしなかった。本拠地が打者有利なロッキーズを除く全ナショナルリーグの打者で最多のホームランを放ったが、打球の半分以上はゴロで、平均打球角度にも変化はなかった。「意識的には何も変えていない。打球角度も上げるつもりはない」とイエリッチは10月にMLB.comに語っている。だが、打ちやすいボールだけを選ぶことや外角球はホームプレートの前で捉えるなど、より細かい修正をして、スイングの全面的な見直しをせずにスイートスポットの確率やハードヒットの際の平均打球角度を高めた。

スイング変更は驚異的な結果を生むこともあるが、それを持続できない場合も多い。２０１６年のシーズン終了時点で、かつてのドラフト全体７位指名選手で翌年には30歳になるヨンダー・アロンソは平均以下の一塁手で、メジャーでの合計２０００打席以上でホームランはわずか39本、１シーズンでの最高は９本だった。ほかのベテラン選手が生まれ変わったような活躍を見せていることや、〈ファングラフス〉でフライボールの効果について記事を読んだことがきっかけで、彼はより力をこめたスイングを目指すことにした。「それまでは、体重が１００キロ以上あるのに、70キロの選手のような打ちかたをしていたんだ」と彼は言った。動画やボットからのアドバイスを頼りに、足の踏み込みを強くして下半身の力を使ってボールを上げ、遠くへ飛ばすように変更した。

結果は上々だった。シーズン開始時点の生涯長打率が・３８７だったアロンソは、２０１７年には長打率・５０１、28本塁打を打ち、オールスターに出場した。それまでキャリアで32・６パーセントだったフライボール率が43・２パーセントに上がり、予想どおり三振率も大きく上昇したが、それと引き替えに強いコンタクトを手に入れたことで十分に報われた。〈ファングラフス〉のデーブ・キャメロンは「フライボール革命の新たな象徴」と呼んだ。

シーズン後、アロンソはクリーブランドと契約した。翌年、バッティングの力強さは相変わらずだったが、より貪欲になったことでほかの面でのパフォーマンスが落ちた。四球が減り、空振りは増え、彼への対策として各球団が増やした低めの変化球を追いかけて引っかけ、弱々しい打球を打ち返した。２０１５年から２０１６年には97だったwRC+は２０１７年には１３３に上昇したが、急激な揺り戻しで２０１８年には97に戻った。12月にインディアンスは、同地区のライバルであるホワイトソックスの無名の若手選手とトレードした。

失敗の可能性を考慮せず、成功だけに目を奪われるのはよくあることだ。また、個々にちがうはずの過程をあまりに単純化してしまうことも多い。「打撃の方法はひとつじゃない」とイエリッチは２０１８年10月に語った。そして、選手育成の方法もひとつではない。

適切な育成をするには、選手の強みだけでなく弱みを知らなくてはならない。また弱みには克服できるものと、どうにもならないものがある。「ある面では、いまだに生まれつきの限界は超えられない」とバニスターは言う。

たとえば投球に関しては、「質の高い速球を投げることを可能にする腕の動きがあり、それによって打者を幻惑し、球速が速く、空振りを奪えるような速球が投げられる。一方で、質の高い第2球種を投げることを可能にするべつの腕の動きがある。その両方をあわせもった投手はごくわずかしかいない」とバニスターは言う。各球団はそうした投手には高い報酬を払い、ドラフトやアマチュア市場を通じて獲得しようとする。そうしたわずかな投手を逃した場合、球団は多数の投手の能力を高めることに力を入れることになる。「わたしはいまも、そうした動きができるようになるにはどう身体を動かせばいいのか、延々と試しつづけているんだ」とバニスターは言う。

バニスターの考えでは、球速はおもに筋力によって生みだされるため、ある程度トレーニングや練習でどうにかなる。だが球速の面でもやはり体質は関わってくる。筋肉のタイプによって、速度による負荷への耐性が異なるためだ。重い重量を持ちあげられるが、軽いものを速く持ちあげることができない人もいれば、速く持ちあげられるものの、重い重量は持ちあげられないという人もいる。それでもある限度までなら、筋肉は鍛えることができる。

回転数は他の要素と関連がない。速いが回転の少ない球を投げる投手もいれば、遅いがよく回転する球を投げる（ヒルのような）投手もいる。「回転や球筋は、個々の関節の可動域や、結合組織の弾力性によって大きく異なる」とバニスターは言う。靱帯や腱が固く鈍い選手もいれば、動くまえの1000分の1秒間により高いエネルギーをためることができる選手もいる。「そうした選手はとてもよく伸びる結合組織を持っていて、まるでゴムのようなんだ。だから投球のとき、筋肉の動きにさらに跳ね返りが加わることになる」。バニスターはとくに弾力性の高い投手として、驚異的な成績を残しているクリス・セールを挙げた。

このように、弾力性と回転にも能力の限界は存在する。「それはおもに遺伝的なもので、教えたりトレーニングしたりできるものではない」とバニスターは言う。ストライドが大きすぎる選手は矯正できるかもしれないが、伸縮の足りない選手を直すことはできない。

マイナーでもがいていたころ、ハッサンは「よく『好きじゃなくても、よいプレーをしろ』とうんざりするほど聞かされた」という。彼はそれを「単純で当たり前すぎて、無視するのは簡単だけれども、かなり率直な」メッセージだと受けとっていた。ある選手たちにとって、「とにかくよいプレーをする」というのは実行可能なアドバイスで、もっと努力し、成功の可能性が高い方法に集中しようと思わせてくれる言葉だ。だがそれ以外の選手にとっては、「とにかくよいプレーをする」というのは実行不可能なわけのわからない命令であり、ボディによれば「3年目、ハイAの選手」がよく聞かされる言葉だという。誰もがよいプレーはできるが、野球においてそれだけでは十分ではないのだ。

8月22日の夜、トレバー・バウアーは中古のピックアップトラック（走行距離22万キロのシボレー・シルバラード）で、オハイオ州ウェストレイク近郊の緑豊かなクラギュー・パークに向かった。2016年に小指を切ってしまったときも含め、よくドローンを飛ばしにくる場所だ。空いているピクニックテーブルを見つけ、ドローンの入ったケースをその上に置いた。ドローンを組み立てて飛ばしているあいだは、野球のことを忘れていられる。パーツのなかには、3Dプリンターで自分で作成したものもある。カーボンファイバーの枠組みの設計図を書き、地元の店で造形してもらう。「自分で設計したんだ」と彼は誇らしげに言い、公園に持ってきた2台のドローンのうち1台を見せびらかした。

バウアーは〝モンキービジネス〟と名づけたこのドローンを木に引っかけ、それに費やした時間を無駄にしてしまった。この公園ではこれまでに2台のドローンをなくしている。返してくれれば報償を支払うとツイッターで呼びかけたが、返信はなかった。ドローンのデザインは少しずつ変わってきた。いまでは天地を逆転させたフレームを使っている。そうすればバッテリーをつけたり充電するときに指を切ってしまうこともない。だが電源の場所が普通とはちがうため、空気の流れを阻害してパフォーマンスに影響を及ぼす可能性もある。そうしたトレードオフを調整するのはピッチデザインを考えるのと同じようなものだった。

ドローンにはカメラが装着されている。バウアーはその動画が見られるゴーグルのようなヘッドセットをつけ、ドローンに乗っているような感覚を味わう。4つのプロペラがまわりはじめ、小型芝刈り機のような高い音が響く。ドローンは木のまわりや屋根つきのベンチ、夕方の散歩に来ている犬やカップルのあいだを飛んでいく。木に衝突して枝を落としたが、まだ空中にとどまっている。ドローンはとても操作性が高い。目眩《めまい》がするようなコースを進んでいく。木々のあいだや広い芝生の上。それから建物の軒先。だが急に動画が真っ黒になった。

「よくあることだよ」とバウアーは言う。

モンキービジネスはベンチの上の屋根にぶつかっていた。バウアーは100メートルほど先の現場まで走っていった。ドローンの破片や黄色いプラグが屋根の上に引っかかっている。バウアーは本体を見つけて確認した。

「今日はもう飛ばせないな」。かなりの修理が必要な様子だが、冷静な口調で言うと、バウアーは切断されたケーブルを指さした。

「いつもこんな感じなんだ。ドローンの現実はこんなものさ。だいたい、飛ばしている時間より修理している時間のほうが長い」

ピッチングもよく似ている。少なくともバウアーが行う科学に基づいた部分に関しては。バウアーはピックアップトラックに戻った。ブーツを履いた右足を引きずっている。この日のドローンは、シーズンが終わってしまったかもしれないという現実を、少しのあいだ忘れるためのものでもあった。

2018年8月11日にシカゴのマウンドに上がったバウアーは、サイ・ヤング賞争いでの抜け出しを狙っていた。前半戦で圧倒的な成績を挙げたコールは失速し、そのころ最大の競争相手だったセールは肩の炎症で10日間の負傷者リスト入りをしていた。8月18日にはふたたび離脱し、これでレースから脱落した。バウアーの成績は優秀だった。WARはアメリカンリーグ首位(5・7)でセール(5・6)をわずかにリードし、防御率2・25はセール(2・04)と、サイ・ヤング賞争いに浮上してきたブレイク・スネル(2・18)に次ぐ数字だった。

6回まで、バウアーはホワイトソックスを圧倒した。コントロールは後半戦で最高だった。ひとりも歩かせることなく8三振を奪い、わずか2安打で1失点。順調な投球だ。6回で球数は100球に達した。これで先発25回連続で100球を超えている。投球数の記録が始まった1988年以来の、トム・キャンディオッティによる球団記録に並んだ。

これまで負傷者リストに載ったことのないバウアーは、効率がいい投球モーションのおかげで腕や肩の怪我には強かった。投球回数が増えるほどサイ・ヤング賞争いでは有利になるため、できるだけ投げたかった。球団には中3日での登板を訴えていた。これは短期的な戦術ではなかった。2020年のシーズン後にフリーエージェントになるバウアーは、シーズンを通して中3日で250イニング以上を投げられる投手として売りこむつもりでいる。そして単年での契約を希望している。

フランコーナ監督は3-1でリードした7回のマウンドに上がることを認めた。

その回の2球目は151キロの速球だった。投球前に、シカゴのコメンテーター、ジェイソン・ベネッティは、バウアーが「サイ・ヤング賞を獲る可能性がある」とコメントした。バウアーが投げるとホセ・アブレイユはスイングし、148・5キロの速度でバットからはじき返されたラインドライブの打球はバウアーの右くるぶしを直撃し、マウンドの近くを転がった。バウアーはグラウンドに倒れた。自分で歩いてマウンドを降りることはできたが、その後MRI検査により腓骨《ひこつ》の骨折が判明した。4〜6週間の離脱の見込みと診断された。シーズンはあと6週間もない。バウアーはキャリアではじめて負傷者リストに入った。しかもさらに苛立たしいことに、その原因は投球フォームやトレーニングに関係のない、偶然の怪我だった。トレーニングによって一流投手にのし上がった彼だが、どれだけトレーニングをしても、サイ・ヤング賞を獲得する過去最高のチャンスをふいにしてしまう怪我を防ぐことはできなかった。

はじめは気持ちが沈んだが、すぐに持ち直した。まだ「イライラしっぱなし」の状態ではあったが、バウアーは医師の見込みよりも速く回復することに意識を注ぐことにした。怪我をして数日後には、下半身のリハビリをしながら上半身の調子と投球フォームを保つために膝から下を使わないように修正した遠投を始めた。

診断の直後に、インディアンスの医療スタッフは骨形成を促進する医薬品で、普通は重度の骨粗しょう症の治療に使われるフォルテオを処方した。「その薬で骨折の回復が早まるという多くの調査結果がある」とバウアーは言う。インディアンスからは局所的な抗凝固剤も勧められたが、肌が荒れたため使うのをやめた。足首は腫れてひどい状態だったが、治癒が遅れる可能性を考え、抗炎症薬は避けた。

だがリハビリに関して、バウアーはすぐにチームの方針に苛立ちはじめた。最初のMRIから2週間も経たないうちにもう一度撮影して骨の回復状況を知りたがったが、チームの医療スタッフに制止された。バウアーは信頼している外部の医療関係者にも連絡した。理学療法士のジョン・メイヤーや、スポーツカイロプラクターのカート・リンダル、ロサンゼルス・エンゼルスのストレングスコーチで、革新的な理論やトレーニング方法を推奨し、シーズン前半には前腕の違和感を取りのぞく助けをしてくれたリー・フィオッキなど。

彼らに連絡を取ったあと、バウアーは8月中旬にレーザー治療を依頼した。

低出力レーザー治療とは、ある周波数の光を当てることで損傷した組織の回復を早める治療だ。さらに骨成長刺激装置を併用し、低レベルの電磁エネルギーを骨折した部分に当てることで、ふたつの機器が「相乗効果を発揮」して折れた骨の治癒を助ける、とバウアーは告げられた。だがそれはまだ効果の確認された医療ではなく、どちらかといえば実験に近かった。彼は毎晩そのふたつの治療をした。ウェブサイト〈ザ・リンガー〉の記者マイケル・バウマンはバウアーの実験を知ると、成功するにちがいないと皮肉をこめてツイートした。

「トレバー・バウアーは医師による復帰見込みの診断は時代遅れの医療によるものだとして、すでに輸血や銀コロイドによる治療を開始し、CIAによって注入されたナノマシンを体内から取りのぞこうとしている。先発を2度、最大でも3度飛ばすだけで復帰できると彼は考えている」

MLBネットワークでは、司会者がバウマンのツイートを本物のニュースのように読みあげた。バウアーは怒った。誤解に基づく投稿で彼をさらし者にしたからだ。

たしかに2016年のポストシーズンに指を怪我したときはハンダごてを当てようとしたこともあるバウアーだが、このときは合法的なあらゆる手段に訴えてマウンドへの復帰を早めようとしていた。セールが離脱し、コールとバーランダーも成績を伸ばせていなかったため、ふたたび希望が生まれていた。あと3回先発できれば、サイ・ヤング賞争いに追いつけるかもしれない。チームは9月下旬の復帰を見込んでいたが、バウアーは9月10日に狙いを定めていた。

9月4日、アパートメントの近くにある〈ファースト・ウォッチ〉というカフェでのランチで、バウアーはウェイトレスに普段とは少しちがうオーダーをしていた。いつも通っている店だった。卵を

4つ使ったスクランブルエッグと1カップ半のフルーツ、4分の1カップのクルミを頼んだ。

「今日はそれだけしか食べられないんだ」とバウアーは言った。

注文を取りながら、バウアーの表情に気づいたウェイトレスが言った。「わたしは雑穀を食べはじめて1年くらいなんですけど、そのときの顔がいまのあなたとそっくりです」

バウアーは笑った。「ときどき無性にパスタが食べたくなるよ」

バウアーが楽天的でいられた時間は長くつづかなかった。リハビリは停滞し、9月10日という復帰目標は不可能ではないにせよ厳しくなっていた。体重が落ちてしまったことも問題だった。5キロ近く減っていた。そのほとんどが筋肉で、体重は89キロほどになっていた。これでは球速が落ちるだろう。

「以前［2014年］、ひと月で6キロ以上減ったこともある」とバウアーは言う。「そのときは球速が155キロから149キロになった」

チームのトレーニングコーチの話では、ウェイトリフティングを完全に再開すれば筋肉は戻るが、足首へのストレスを軽減するためにトレーニングを軽くする必要があった。インディアンスはリハビリに関して保守的すぎ、チームの指示による食事でさらに筋肉が衰えてしまっているのではないかとバウアーは疑っていた。彼はトレーニングスタッフにくってかかった。

「正直なところ、ぼくの言いかたにも悪いところはあった」とバウアーは言う。「ぼくはかっとなることがある。これは変えなきゃならない。直すべきだ。でも何度丁寧に話しても、何も変わらなかったんだ」

バウアーは食品用の秤《はかり》を持っていて、自分の身体に入れるほぼあらゆるものを測っていた。ついには1日中心拍数モニターをつけはじめた。おそらく1日に1400キロカロリーは不足していただろう。もっとカロリーを摂り、もっと体重を増やさなくてはならなかった。結局、食事制限は変更された。バウアーは失った筋肉を取りもどすために、最大限のトレーニングを再開することにした。

また、足首の可動域の問題もあった。少しでも足首にストレスがかかると痛んだ。そのため8月28日にはブルペンに入ったが早めに切りあげることになった。その後また検査に行った。クリーブランドのある医師からは、足関節インピンジメント症候群と診断された。関節包が腫れ、可動域が狭くなってしまっていたのだ。足首が普段よりもずいぶん曲がらなくなっていた。スプリングトレーニングでは足首の関節をまわしたり、両足とも12・5センチ踵《かかと》を上げることができた。ところが9月1日の時点では、右足が8センチ、左足が12センチになっていた。チームはコルチゾン注射ではなく、痛風患者に使われる抗炎症剤を打つことにした。「12センチに戻したいんだ。それがぼくの普通なんだ」とバウアーは訴えたが、それは無理だと諭された。

9月3日になっても足首の状態は変わらなかったので、べつの医師の診断を受けた。その医者は足首に針を刺して7立方センチメートルの液体を抜き、コルチゾン注射をした。それで足首の柔軟性は回復に向かった。

9月18日には体重も少しずつ戻り、チームは模擬登板の検討に入った。プログレッシブ・フィールドでのある午後、ボブ・チェスターはエッジャートロニック・カメラをセットした。インディアンスのフロントオフィスの職員が多数ベンチに集まった。何人かの打者が打席に立つ予定だった。バウアーは彼らを苦もなく打ち取っていった。スライダーは本来の曲がりをほぼ取りもどしていた。速球のスピードは落ちたが、それでも140キロ台後半から150キロだ。強い当たりはほとんどなかった。3アウトごとの区切りにはチェスターが球団職員のところへノートパソコンを持っていき、エッジャートロニックのビデオを見せた。インディアンスのスター選手、ホセ・ラミレスがベンチに来ていたが、対戦はしなかった。プレーの合間には声を上げてバウアーをはやしたてた。「口先だけで打たないのかよ」バウアーは笑いながらそれに応えた。「打てるかどうかやってみるかい？」」投球セッションのあと、バウアーは「ほぼ完調だ」と言った。

9月21日には復帰し、やはり怪我から復帰したボストンのクリス・セールと先発で対決した。ふたりとも離脱していたにもかかわらず、〈ファングラフス〉のWARでは、9月11日までずっと彼らがリーグ1位と2位に君臨していた。それだけ他の投手たちを大きく引き離していたということだ。だがバウアーは故障の悪化に苦しみ、当初の楽観的な予定より11日遅れての復帰になった。彼は努力でメジャーリーガーになった。恐るべきスライダーを身につけた。エースにもなった。どんな困難に突きあたっても、これまでは身体の限界を覆し、可能性の低いこともなしとげてきた。だが、医師の診断よりも速く怪我を治すことはできなかった。彼にもやはり限界はあるのだ。

バウアーの31日ぶりの投球は151キロの速球で、ストライクの球を林子偉《リン・ズーウェイ》は空振りした。2回、スティーブ・ピアースを鋭いスライダーで空振りさせた。ところがブロック・ホルトに投げたスライダーはライトに打ち返され、ヒットになった。それがその夜34球目で、最後の球になった。シーズン終了までに彼はさらに2度先発し、どちらも4回投げた。9月は合計で9回1／3を投げ2失点、7奪三振で1与四球という成績だった。速球は150・0キロで5月1日以降の平均より2・2キロ下がった。

「筋力が落ちてるんだ」とバウアーは言った。「球速を保つには高レベルの特別なトレーニングを維持する必要がある。調子は万全じゃない」

復帰はしたものの、サイ・ヤング賞争いからは後退したことはわかっていた。しかもそれだけではなかった。9月26日にフランコーナ監督はバウアーをオフィスに呼び、ALDSで対戦するアストロズとの第4戦までは先発では起用しないと言われた。バウアーはシリーズを中継ぎとして迎え、インディアンスは最高の先発投手を失うことになった。野球の神がときどき見せる残酷な仕打ちだった。

15

ソフトファクター

ロジャース・ホーンスビー監督には、〝おしゃべりな豚のクソ〟と呼ばれたんだ。しかもそのとき、ちょうどミシガンから両親が試合を観にきていた。泣いたかって？　いやいや。なぜかわかるか？　野球では泣いてはいけないんだ。野球には涙は存在しない。絶対に泣くな！

――ジミー・ドゥーガン『プリティ・リーグ』

元捕手のパイプ役、ジョン・ベイカーはトリプルA時代に、「邪悪な義父」のような監督のもとでプレーしたことがある。投手が先頭打者を歩かせたら、ベイカーが罰金１００ドルを払わされた。うまく捕球できないと、捕る気がないのかと怒鳴られた。「さすがにうんざりして、監督室に乗りこんだよ。『誰が上達する方法を教えてくれるんですか』って。そうしたら監督は、『自分でうまくなれ』と答えたんだ」

ベイカーはいま、カブスのメンタルスキル・プログラムのコーディネーターをしている。選手たちはかつて自分がマイナーの監督に尋ねたのと同じ質問をしにくる。そんなときは、「もうあんな答えはしない」

ベイカーは大昔の歴史を記憶する皺《しわ》だらけの老人ではない。マネー・ボール時代のアスレチックスからドラフト指名された30代後半の人物で、現役メジャーリーガーにはまだ彼より年上の選手もいる。トリプルAに上がったのは2000年代半ばだった。だが彼のキャリアのあいだにも、野球への姿勢は全体として変化した。「古い世代から強烈に押しつけられたのは、タフな殺し屋のようで、ビールをぐいぐい飲み、スランプなど苦にしないカウボーイのような精神力がないと、よい選手にはなれないという考えかただった」とベイカーは言う。「けれどもいまではみなわかっている。そんなことに意味はないと……せいぜい結婚生活に失敗して不幸になるくらいだ」。ここ数年で、新しい考えかたが出てきたとベイカーは言う。「ソフトな面に関してオープンになってきたんだ。大事なのは精神のタフさとか自信ばかりではなく、自分の感情に素直になり、マインドフルでいること、練習した技術を発揮できるようにいまの瞬間に意識を置くことだとわかってきた」

2018年には、こうした発想の転換に後押しされ、以前ならば全投球を追跡するテクノロジーと同じようにありえないと思われたはずの練習方法をカブスが取りいれた。「スプリングトレーニングのはじめに野手全体で集まって、グラウンドで味わったみじめな思いを洗いざらい話しあったんだ」とベイカーは言う。「アンソニー・リゾやクリス・ブライアントから、マイナーリーグのいちばん下の選手まで、率直な気持ちを伝えあった。そして彼らも傷つきやすい人間なんだということを示した。あれはぼくたちにとって大きな転換点だった。みんな、完璧を目指さなくてもいいとわかったんだ」

計測の技術が進んだことで、野球界で不思議なことが起こってきた。角度や回転数、球速などとはちがって伝えることができないものの、優位をもたらすと考えられる分野でのイノベーションをチームも選手も受けいれるようになってきたのだ。技術の進歩に伴い、野球のなかで捕捉し、統計データとして表すことのできない部分はますます少なくなっているが、それにより残った未知の領域への意識が開かれ、切実に追究されるようになった。「回転数や打球速度が野球の見かたを変えたことはわかるだろう――そうしたものが効果的なのは、背後に科学があるからだ」とベイカーは言う。「そしてそれが、科学を背後に持つほかの面への関心をもたらした。マインドフルネスや瞑想、それからいまわたしが習っている、マインドフルネスに基づいた意識のトレーニングなど」。マリナーズのジェリー・ディポートは「選手育成はより全人的《ホリスティック》な行為になってきた」と語る。

　数量化できないものを扱うソフトサイエンスが野球界にはじめて登場したのは1950年3月2日のことだった。マンハッタン在住の心理学者デビッド・F・トレイシーは、心理学はビジネスに有効なだけでなく野球でも効果を発揮するというアスレティック・トレーナーの進言を受けいれたセントルイス・ブラウンズのオーナー、ビル・デウィット・ジュニアに雇われ、チームで働きはじめた。トレイシーは1951年の著書『打席に入った心理学者（*The Psychologist at Bat*）』で自分のブラウンズへの貢献を快活に語っている。スプリングトレーニングではチームを2つに分けて対外試合などを行うスプリット・スクワッドに対応して、心理学のクラスを1日に2度開講した。メアリー・J・マクラッケンとアラン・S・コーンスパンは、2003年にトレイシーについての記事で語っている。「選手がパフォーマンスを改善するために、トレイシーのクラスでは催眠術や自己暗示、リラクゼーション、自信を持つためのテクニックなどが扱われた[1]」。トレイシーはブラウンズの選手たちが観衆の前で緊張し、力を発揮できていないと考え、「否定的な考えを肯定的なものに転換することに多くの労力を費やした。たとえば投手には、緊張したらマウンドを降りて3度深呼吸するように教えた」

　ハービー・ドーフマン〔『野球のメンタルトレーニング』（大修館書店）の著者〕やケン・ラビザ〔『大リーグのメンタルトレーニング』（ベースボール・マガジン社）の著者〕といった先駆者のおかげで、スポーツ心理学は選手たちに心理とプレーの関連から説いて聞かせなくてはならなかった50年代よりもいまではるかに一般的になり、受容されている。とはいえ、トレイシーのころから変わらない不安もある。そして実際、空から見ている目（そしてときには身体に装着したセンサー）がすべての動きを記録していることを選手たちが意識しているため、それはさらに鋭いものになっている。「わたしたちはテクノロジーがしだいに移り変わりつつ、生活のなかでの重要性をさらに増している時代を生きている。その結果、不安や抑うつの症状を訴える人は急激に増えている」とベイカーは言う。

だが、選手の身体的なパフォーマンスを高める現代的なツールが増えてきたのと同じように、選手が気持ちを楽にするための方法も増えている。カブスは神経科学者でマイアミ大学の心理学准教授のアミシ・ジャー博士と、ジャーの研究所でマインドフルネス・プログラムを運営しているスコット・ロジャースを顧問に迎えた。彼らの研究所では軍やサッカー選手と協力し、マサチューセッツ大学医学部で行われている、薬によらず抑うつや不安に対処するマインドフルネス・ストレス低減法に似たことを行っている。

カブスは教育リーグに参加する選手を独自に調査する計画を立てており、さらにジャーのプログラムからもデータを得ている。それはベイカーによれば「週に7日行えば認知が高まり、わずか1日に12分、週に3度行うだけで認知機能が安定する」ものだ。スプリングトレーニングのはじめに、球団は傘下の全選手にマインドフルネス・プラクティスの科学的な有益さを1枚にまとめた書類を渡し、瞑想アプリを普段から自由に使うように促している。プログラムはハードサイエンスと禁欲主義、東洋哲学の混じったものだ。「どれも一般の人々にはとても大きな安定をもたらす」とベイカーは言う。「それを一流アスリートに使うと、選手はいまよりもさらに高度なプレーができるようになると考えている」

ベイカーによればその狙いは、プレーのまえに動揺をリセットし、忘れることで選手が「よけいなことを考えずにプレーし、科学的方法に従って長年してきた練習の成果を出しきること」だ。そのためには、「意識的に、良し悪しの判断をせずにいまこの瞬間に立ち戻り、『起こったことはもう変わらない。ではいま、自分はどうすればいい?』と考える」必要がある。

各チームはそれぞれの方法でメンタルスキル・プログラムを取りいれているものの、その取り組みは多くの部分で重なっている、とベイカーは言う。秘密主義のR&D部門とはちがって、各球団のメンタルスキル担当者はチームを超えて知識を共有している。それはまだ新しく不安定な分野であり、さらにベイカー曰く、「瞑想には所有権は存在しない」ためだ。ベイカーのチームはシーズン途中と終了後に、選手から聞き取り調査を行い、マインドフルネス・トレーニングが自分の精神状態やグラウンドでのパフォーマンスにどう影響したかを調べているが、『瞑想後に2本ヒットを打った』と言われてもその効果を定量化することはできない。直接関係しているかどうかはわからないんだ」とベイカーは言う。だが、現在計測することができなくても、いつかそれが可能になる日が来ないとは言いきれない。

選手たちが「いまは心が静かだ」と言う習慣がついたら、それは進歩の証だが、マインドフルネスではのしかかるストレスの症状を知ることができるだけだ。各球団はまた、すべてではないがそのストレス源への取り組みも行っている。

2018年には、MLB開幕時点でのロースター全750人中、254人がアメリカ合衆国外で生まれた選手で、全メジャーリーグ選手のほぼ3分の1がスペイン語圏の国の選手だ。その多くが、マイナーから昇格してくるなかでより厳しい困難に直面する。速球や変化球への対応に加えて、第2言語を習得し、カルチャーショックに耐え、それまでの貧しい生活からプロ選手としての生活（マイナー選手の生活は貧困からさほど遠いものではないが）に慣れなくてはならないからだ。各チームはアメリカにやってくる選手の適応がうまくいくように対処するようになり、ベネズエラやドミニカ共和国から来た選手たちを、なんのサポートもなくキャンプ地や傘下チームの本拠地に送りこむだけではなくなった。それでは選手のパフォーマンスを引き下げ、潜在的な能力を発揮するまえに去らなくてはならなくなることもあるからだ。

アストロズの選手教育マネージャー、ドリス・ゴンザレスは、選手に英語を教えはじめた２００６年からずっと球団の教育、異文化への適応、言語習得を担当している。長年ＥＳＬ（第2言語としての英語指導）の指導員をしてきたゴンザレスは、彼女自身11歳のときにホンジュラスからアメリカへ渡ってきて、第2言語として英語を学んだ。アメリカ文化への適応の難しさを理解している彼女には、選手教育はうってつけの仕事だ。野球が好きなわけではないが、「すぐに選手たちが大好きになり、彼らの役に立つことに夢中になった」。選手たちもすぐになつき、彼女を「ママ」と呼ぶようになった。

アストロズの若い選手に英語を教えるようになると、すぐに会話能力はスタート地点にすぎないということに気づいた。ＥＳＬのクラスとともに、いまでは修了者が高校卒業の資格を得られる学校教育プログラムを開いている。アメリカ文化、そしてアメリカ文化とラテン文化の違いについて、さまざまな状況や場面（たとえば警察官に呼びとめられた場合など）でどう振る舞うべきかなどを指導している。また人格教育や人づきあいを重視している。選手たちはそこで、成長マインドセットや意図的な練習という考えかたも教わる。カリキュラムはそれだけではない。歴史の授業（野球の歴史と世界史の両方）、薬物乱用の危険やセックスについての教育、自動車教習も行われる。

プログラムにはさらに、お金に関する基礎的な指導も含まれる。当初、選手たちは源泉徴収票の意味も知らずにそれを捨ててしまっていたが、いまでは預金や税、いくらかは故郷へ仕送られることになる報酬の管理などを学んでいる。またゴンザレスはプログラムに参加する選手のホストファミリーの確保にも関わっている。英語がよくしゃべれない選手を受けいれる家庭は少なく、これまでもずっとそうした家庭を確保するのは難しかった。またマイナーリーガーの乏しい収入では、さらに条件が厳しくなる。ホストファミリーが見つからなければ問題はさらに悪化し、選手の負担はさらに重くなる。

ゴンザレスがどれだけ負担を軽くしようとしても、教え子の多くはメジャー昇格を勝ちとることはできない。だが彼女のプログラム——そして彼女の助力により、他球団でも増えつつある同様のプログラム——で学んだことは、つぎのキャリアでも役に立つだろう。彼女が最も誇りに思っているのはそのこと、「本当に人生のすべてをなげうって、おそらく到達することのできない夢を追いかける数多くのラテン系選手」に手を差しのべていることだ。

ゴンザレスの努力はスイング改造やピッチデザインとはかけ離れているように思えるが、アストロズが取りいれている最先端のテクノロジーとも関連しあっている。たとえば、英語のネイティブスピーカーでない選手は英語を話すコーチの目に止まることも少なく、アストロズの育成プログラムを利用するのが困難になる（各球団はスペイン語話者のコーチを採用することを優先するようになってはいるが）。ホームシックにかかり、孤立し、グラウンド外での生活がうまくいっていない選手は、回転数について考えられるような精神状態ではない。上達を妨げるグラウンドの外での障害を除くことで、ゴンザレスは最新のハイテク機器と同じようにメジャーリーガー誕生に関わっているのだ。

ベイカー同様、ゴンザレスも自分の行っているプログラムは効果を計測するのが難しいものであることを認める。だがこの場合は、逸話がそのままデータになる。「わたしに『クビになって国に帰りたい』と言った選手もいる」と彼女は言う。「わたしはそういう選手をオフィスに連れていって精神的な指導をし、相談に乗り、毎日一緒に取り組んできた。そして本当の気持ちを表現してコミュニケーションを改善するための練習をする場を与えてきた」。そのなかには、アストロズや他球団でメジャーリーガーになった選手もいる。「選手たちから『ありがとうママ、メジャーに昇格したことを知らせたいんだ。ママがその大きな力になったことを知ってほしい』というメッセージをもらったとき、自分がしてきたことの意味がわかったわ」

ライバル球団で同じ仕事をしているひとりが、マリナーズのプロフェッショナル育成ディレクターで選手育成アシスタント・ディレクターのレスリー・マニングだ。彼女はゴンザレス同様バイリンガルで、選手だけでなく編成スタッフにも効果的な練習やコミュニケーションができるように指導している。

女性はいまも野球界のさまざまな面でかなり少人数で、2015年にマリナーズのスカウトになったアマンダ・ホプキンスは、1950年代以来はじめての女性のフルタイムのスカウトだった。選手育成にはマイナーやメジャーでのプレー経験はもはや必要とされていないにもかかわらず、やはり大きく男性に偏っている。2018年11月にMLBが配布したリストによると、メジャーリーグ球団の選手育成部門で管理運営以外の仕事を行っている女性はマニングを含めてわずか3人にすぎず、コーディネーター（現場での調整役）よりも高い地位についているのは彼女だけだ。「わたしが知るかぎり、この野球のことだけを考える世界で、意思決定に携わるディレクターの地位に就いている女性はいないわ」とマニングは言った。

マニングは2019年2月に退職したが、その理由は明かされていない。男女の格差についてはあまりくよくよせず、いまも独立してコーチングをつづけている。「女性であることは気にしていない」と彼女は言った。「最善を尽くすことだけを目指しているわ」。しかし、もし各球団が選手育成に関して最善を尽くそうとするなら、育成を行う人材を選ぶ範囲を必要以上に狭めることはなくなるだろう。

ＭＬＢ球団には数十億ドルの資産価値がある。その多くは毎年かなりの利益を出しており、マイナーリーグ選手がメジャー昇格を果たすうえでのグラウンド外の障害を減らしたり取りのぞくための支出——より正確には、投資——を賄うのは簡単なことだ。だが各球団は長年その費用を払うことを拒否してきた。オーナーはどうしても必要な額以上の経費を払おうとしなかったし、オーナーの不興を買ってまで進言しようとする者は誰もいなかった。

ＭＬＢは数百万ドルもの金額を費やして議会に対してロビイングを行い、２０１８年に〝アメリカの国民的娯楽を保護する法〟という笑うべき名の法律を成立させた。この法律により、労働組合を組織していないマイナーリーグ選手は季節労働者とみなされ、厚生労働基準法の保護からはずされることになった。月給１１６０ドル以上は保証されるが、時間外労働は認められず、スプリングトレーニングやオフシーズンにも給与は支払われない。その結果、マイナーリーガーの多くはシーズン中も支出を切り詰めて貯金し、野球の上達に費やすはずの冬期にもべつの仕事をして稼がなくてはならなくなった。トリプルＡの選手は平均して月給１万ドルを稼ぐが、マイナーリーグの月給は最低の１１００ドル（遠征すれば日額25ドル追加）からスタートする。ドラフト指名のときに受けとる契約金を生活費の足しにできる選手はごくわずかだ。

かつては、マイナーリーグ選手の薄給ぶりは脂肪や油、糖分ばかりの食事に最もよく表れていた。「いちばんつらかったのは、２週間２５０ドルの給料で世界一物価の高い都市で暮らしていたことだった」と、ニューヨークに拠点を置くクラスＡのブルックリン・サイクロンズでプロ生活を始めたブライアン・バニスターは言う。「両親が街に来ると、チームの全選手でコストコに行った。ゲータレードとインスタントラーメン、マカロニアンドチーズを山ほど買いこんだ。本当にその3つの食品で何カ月か暮らしたんだ」

レッドソックスでバニスターと同僚のデーブ・ブッシュも同じような経験をしている。「マイナーリーグ時代には、ぎりぎりの食料しか手に入らなかった。試合前にはピーナッツバターとゼリービーンズだけだったし、試合後は何も食べられないこともあった。マイナーリーグはそんなところだったんだ。きつい状況でもやっていけるというタフさを見せる試験場のようなものだった。それに耐えられないならメジャーには上がれない」。ベイカーと同じく、バニスターとブッシュもまだ40歳になっていない。彼らが語っているのはそれほどまえのことではないのだ。

プロの高いレベルで野球をすること自体が難しいことなのだから、選手が腹を空かせ、高カロリーで栄養価の低い食料を買わざるをえなくすることでその困難を増す必要はないはずだ。「身体に栄養が足りていない（または疲れている）と、脳は優先順位に従って認知機能のいくつかを放棄しはじめる」と、ラッセル・カールトンは〈ベースボール・プロスペクタス〉に2012年に書いている。「最初は注意やパターン認識、計画や意思決定をつかさどる中枢などの高度な神経機能で、それから細かい運動制御……つまり野球をするのに使う機能が働かなくなる」。カールトンは、マイナーリーグ選手の食費を補助することは球団にとって最も賢明な投資のひとつだと主張している。「栄養不足のものしか食べられない状況に選手を置くことで、チームは選手が十分に成長し、発達するために必要なものを奪っていることになる」。育成マシンは、燃料がなくてはきちんと動かないのだ。

遅ればせながら、各球団は選手に無鉛ハイオクガソリンを供給しはじめた。レッドソックスでは、「どのレベルの選手も必要な食料が手に入るようになった」とブッシュは言う。そして球界全体にその動きは広まりつつある。

2018年に24歳だったカブスのマイナーリーガー、中堅手のコナー・マイヤーズはその変化を直に見てきた。2016年にドラフト27巡目で指名されたマイヤーズの契約金は5000ドル（税引き後3200ドル）だったが、すぐになくなってしまった。プロでデビューしたときの給料は2週間で税引き後330ドルだった。2018年にはダブルAに昇格したが、給料はまだ〝500ドル台〟にすぎなかった。だが、かつてのように食費で給料が消えるということはなくなっていた。「［2016年に］ワールドシリーズを制覇したあと、カブスは全レベルの選手の栄養補給に多額の予算をつぎこんだ」とマイヤーズは言う。「傘下の全チームに栄養士がいる。高タンパク、体重増加、水分補給用などさまざまな用途のスムージーがある。必要なものはおそらくなんでも手に入れられる」

マイヤーズはメンタルスキル担当者から教わった呼吸法も取りいれている。ストレスを感じているときやグラウンド外にいるときは、息を5秒で吸いこみ、いったん止めてから5秒で吐きだしている。それによって「どんな状況でも集中できる」という。また自分のトラックマンのデータを読みとり、カブスのコーチは「いつでもつぎのレベルに向かうための方法を教えてくれる」

だが比較的進んだチームにいても、まだマイヤーズは不自由な環境のなかにいる。クラスAでは狭い5人暮らしの共同アパートメントに住んでいた。ホストファミリーの家庭で暮らしたり、両親から車を借りたりと、できるだけ支出を抑えても、野球だけでは収入の範囲内で暮らすことはできない。オフシーズンには郵便局の配達員として働いている。この仕事でもあらゆる行動が追跡され、効率化が図られている。ヒットトラックスやラプソードが備えられた施設でトレーニングをする時間はあるが、仕事と練習と睡眠のやりくりは簡単ではない。マイヤーズは苛酷な状況を楽しんでおり、不満はないという。だが促されると、「もっと金があれば自分が使う機材をもっと買えるだろう。リカバリーツールとか、あれこれを」と認めた。

その〝あれこれ〟に含まれる製品や方法はさらに豊富になってきた。各チームは、その時点の選手の身体的な制約のなかでパフォーマンスをできるだけ高めるためのテクノロジーへの投資額を増やしている。だが「さらに将来のことを考えるなら、そうしたさまざまなものはすべて過去のものになる。これから重要になるのはスポーツ科学と、ストレングス&コンディショニングだ」とマイク・ファストは言う。

ベイカーやバニスター、ブッシュよりさらに若いサム・ファルドによれば、マイナーリーグにいたころ、チームは「ストレングスコーチを雇いはじめたばかりだった。トリプルAでも、アスレティック・トレーナーの仕事の9割は秘書や遠征の手配で、本来の仕事は1割くらいだった」。今日のマイナーリーグとは状況が異なるとはいえ、それは野球界が経なければならなかった変化の大きさを示しているだろう。「野球のストレングス&コンディショニングはいまもおおむね後ろ向きだ」とファストは言う。「ウェイトをあまり上げると筋肉が固くなって柔軟さがなくなる、という見解がまだ残っている」

ファストによれば、アストロズがスポーツ科学とストレングス&コンディショニングに取り組みはじめたとき、選手たちは「ただ、神に与えられた野球の能力をより高めているにすぎない」ことに球団は気づいていた。フロントオフィスのアナリストやコーチが、ある動きをすればいい結果が得られるとアドバイスするのは簡単なことだが、「身体にその動きができるようになるかどうかは、選手の身体のつくりによる」とファルドは言う。彼はコーチングとアスレティック・トレーニングの融合へと「今後ははっきりと向かっていく」だろうと考えている。

アメリカ合衆国教育省による年鑑統計を分析したウェブメディア〈クオーツ〉によると、リーマンショック後（2008年から2017年）のアメリカ国内で最も履修者が増えている専攻は運動科学で、その期間に全専攻分野のなかでシェアが131パーセント上昇している。[2] それだけ多くの学位取得希望者がいるということは、パフォーマンスを向上させる方法への需要が成長していることを意味する。野球界でもやはり、ハイパフォーマンス部門やスポーツ科学は隆盛を迎えている。

それを扱う部門は球団によって異なるが、活動内容は負荷の管理やリカバリー、怪我の予防、ストレングス&コンディショニングなどで、そのいずれも装着可能で生体力学的な追跡技術を利用してフィードバックを得ている。この分野に力を入れているのがブルージェイズだ。2016年に作られたハイパフォーマンス部門には、メンタル・パフォーマンス・コーチやトレーナー、リハビリ専門員、栄養士、シェフ、そして「栄養補給コーディネーター」もいる。

スポーツ科学部門の多くに共通しているのは、野球以外の背景を持つ国際的なリーダーがいることだ。2016年からアストロズのスポーツ科学アナリストを務めるホセ・フェルナンデスは直前までサッカーのプレミアリーグや海外のバスケットボールチームで働いていた。また2018年にチームの主任ストレングス&コンディショニング・コーチに就任したダン・ハウエルズは長くイギリスでラグビーに携わってきた。どちらも以前に野球界で働いた経験はない。ブルージェイズのハイパフォーマンス部門のディレクター、アンガス・マグフォードと副ディレクターのクリーブ・ブリュワーはともにイギリス出身で、ブリュワーはラグビー界で働きはじめるまえに何年か、スポーツ選手の育成に関わる政府機関であるスポーツスコットランドで国家プログラムマネージャーを務めていた。ヤンキースの主任スポーツ科学者であるデビッド・ホワイトサイドはオーストラリア・テニス協会で働いていたことがある。

各球団が世界各地から人材を招いているのは、国内のスポーツ科学研究が学術的になりがちで、多くは基金を得て研究している教授によって行われているためだ。「研究自体は優秀だが、実用的ではない」と、キャロウェイゴルフの元イノベーション担当でブラストモーション社のスポーツ科学ディレクターだったパトリック・シャーベニーは語る。彼は2018年11月にインディアンスにスポーツ科学アナリストとして加わった。海外ではスポーツ科学の仕事は「才能を見いだすプログラムに集中していて、それが選手育成に直結している」と彼は言う。

才能ある選手がどれだけいるかということも、そうした状況を生みだしている一因だ。アメリカは人口が多く、スポーツの才能を持った選手が数多く存在する。そのため個々の選手をしっかりと育成することにあまり重きが置かれていないのだ。人口がもっと少ない地域では「才能を見いだし、その選手が表彰台に上がれるように育成することが重視される。そうした国ではスポーツ・パフォーマンス・プログラムが政府機関によって行われている。それは数少ない才能ある選手を育成し、できるかぎりの成果を挙げるためだ」とシャーベニーは言う。

野球選手の怪我の特殊性も、この分野が遅れている原因だ。サッカーやラグビー、アメリカンフットボール、バスケットボール、ホッケーでは、「軟組織の損傷による怪我が多い」とシャーベニーは言う。「そうした怪我はいまではウェアラブルテクノロジーで対処しやすい。筋肉への負荷や加速、減速を正確に計測することができるからだ」。選手たちのウエストを見てもわかるように、野球ははるかに有酸素運動の割合が少なく、そのため選手はさまざまな種類の怪我に見舞われる。「野球ではいまも、とくに投手の肩や肘の故障が圧倒的に多い」とシャーベニーは言う。

「成功できるかどうかは球速でわかる」とマリナーズのアンディ・マッケイは言う。「そして、怪我のしやすさも球速から判断できる。陰と陽のように絡みあっていて、この問題には答えが出ない」。だがその答えを探すことには十分な理由がある。ウェブサイト〈ベースボール・インジャリー・コンサルタンツ〉によると、MLBの選手は2018年に（日常的な故障も含め）総計3万6876日を怪我で失っている。これは2002年以降で最も高い数字だ。ウェブサイト〈スポトラック〉の推定では、負傷者リストに載った選手の累計3万4126日分だけでも、全球団の合計で7億4500万ドルを費やしている。なかでもコストがかかるのは投手の腕の負傷だ。

投手の怪我を防ぐためには、「まだチームにデータがない分野に踏みこまなくてはならない」とバニスターは言う。「その多くは、生体力学に関する情報だ」。ボストンの場合、そうした情報はキナトラックスから得られる。またライバル球団の多くはマーカーなしで動作を追跡しているセミ・リアリティ・モーション・システムズ社の顧客だ。キナトラックス社の社長で、コンピュータビジョンと機械学習の専門化であるスティーブン・キャダビッドは、幼少期に現れる自閉症の徴候を発見するために母子のふれあいを追跡する技術を開発した。その後、彼はその成果を野球に応用した。「怪我の前後で、はっきりと異なったデータが得られるため、球団はそれを利用できる」とキャダビッドは言い、キナトラックスを用いてブルペンでの投球から採ったデータによれば、まだ怪我による影響が残っていたにもかかわらず、早すぎる実戦復帰をした（そして投球内容が悪かった）ある投手の例を挙げた。「キナトラックスのデータを使えば、トレードの判断も下すことができる」

選手育成のブレイクスルーによる恵みをこれまでに何百人もの選手が得ており、そして今後も多くの選手が得るだろうということは議論の余地がない。だが、その発見により不利益をこうむる選手がいるのかどうかについてはよくわからない。

回復に直接役立つ機材にはほとんどマイナス面はない。2018年シーズンにMLBで最高の6万5253キロの遠征をこなしたマリナーズでは、選手の多くはアメリカ食品医薬品局が認可したバンド〝ファイヤーフライ〟を膝の下に巻いていた。このデバイスは腓骨神経を電気的に刺激することで血液循環を促し、筋肉の痛みを軽減し、移動中のむくみを防ぐ効果がある。ほかにも日常的に超音波装置で筋肉の画像を撮り、刺激により筋肉の回復を促したり、複数のテクノロジーを組みあわせてリハビリ期間の短縮を狙うといった取り組みをしている球団もある。

２０１５年の３月にマーカス・ストローマンは前十字靱帯を断裂し、シーズン中の復帰は不可能だと判断された。ところが彼は３つのウェアラブルデバイスのおかげで復帰し、チームがプレーオフ進出を目指していた9月に4度先発した。疲労度や生理学的負担を測るカタパルト社のセンサー、心拍数を測る〝ポーラー〟、身体を酷使したときの心拍数の変化などの数値を測る〝オメガウェーブ〟だ。サポートスタッフはこれらのデバイスを使って、筋力を回復させつつ、揺り戻しは起きない程度の強度でトレーニングをさせた。復帰の時期については、選手やトレーナー、医師の直感や典型的な例からの予測といった間違いの可能性があるものではなく、データによって決められた。「いまは〝生涯最高に調子がいい〟んだ」とストローマンは著者（ベン）に、野球界で長く使われてきた決まり文句で語った。「誰でも言う言葉だけど、ぼくには数字の裏づけもある」

データ利用の危険性が問題になるのは、グラウンド外でも選手のデータを採ったり、選手の地位やプレー時間に悪影響を与えるような情報が密かに提供される可能性があるときだ。

２０１７年から２０２１年の包括的労働協約（ＣＢＡ）により、リーグと選手会代表者の計5人で構成されるウェアラブルテクノロジーに関する合同委員会が設立され、メジャーリーグ・レベルでのウェアラブルデバイスの使用に関する規則が検討されている。２０１８年の時点で、委員会はカタパルト社のセンサー、ゼフィール・バイオハーネス、モータス生体力学スリーブ、ウープ社の心拍数モニターの4つのデバイスを試合中に使用すること、そしてブラスト社とダイヤモンドキネティックス社のバットセンサーを試合以外の場面で（マイナーでは試合中にも）グラウンド上で使用することを認めている。CBAへの付帯事項によれば、ウェアラブルテクノロジーの使用は「完全に自主的」でなければならず、球団による強制は禁じられている。また球団職員による情報へのアクセスは制限されているほか、データは守秘され、要求があれば選手に提示され、選手の要求によって削除され、商業目的での使用は禁じると定められている。しかし、違反した場合の罰則はとくに定められていない。

一方マイナーリーグでは、各チームの判断で選手にデバイスを使用させることができる。「メジャーリーグでは、わたしは選手が好きなことを試せるメニューを提供しているようなものだ。何をやるかは選手が決める。わたしはそれを選手のルーティンに組みこむ助けをする」とベイカーは言う。「マイナーリーグではその反対だ。わたしのほうから選手のところへ行って、『きみはこれをしなきゃならない。われわれはこうするつもりだ』と伝える。『これを学習しよう。きみはこれから6週間、毎日15分すわって勉強する。ほかのことをするのは許されない』という感じだ」

マイナーでは、カブスなどの数球団がウープ社のストラップと〝レディバンド〟を選手に支給している。選手はこのデバイスを睡眠中にも装着し、チームは普段の休憩の取りかたや疲労度を評価できる。「ちゃんと食事を摂っていなかったり、急に体重が落ちた選手がいれば、その情報がメンタルスキル・プログラムにまわってくる。ときには状況を確認しなくちゃならない」とベイカーは言う。「われわれは駐屯兵みたいなものだ。答えたくない質問を選手にすることもある」

チームにとっても選手にとっても、このような介入には利点がある。睡眠の質が低く、それがパフォーマンスに悪影響を及ぼしていることを知らない選手もいるだろう。アストロズの投手、ジョシュ・ジェームズはドラフト34巡目指名で、かつては冴えない、期待も低い選手だったが、ルームメイトからいびきをかいていると指摘されて睡眠の専門医にかかった。そこで睡眠時無呼吸だと診断され、ろう。

ＣＡＰＡ療法をはじめたのちにメジャーに昇格した。彼のようなマイナーリーガーはほかにもいるだろう。

だが当然ながら、グラウンド外でのモニタリングは強制的なものになりかねない。生命倫理とスポーツ法学が専門で、訴訟当事者でもあり、テンプル大学ロースクールで非常勤教授を務めているアラン・ミルスタインはこの状況を深刻な「プライバシー問題」と見ている。「プロスポーツ選手だからといって、通常と異なる扱いを受けてもいいとは思われない。選手は大人であり、グラウンドの外ではライフスタイルを選ぶ権利があるし、そのことで雇用主から批判されるいわれもない」。ミルスタインは、映画『アポロ13』で描かれた〝医療への反乱〟のようなものが起こりかねないと考えている。その映画のなかで、データを飛行制御システムに送っている生体センサーを全船員がはずす場面がある。ジム・ラヴェル船長（トム・ハンクス）はこう宣言する。「西側世界全体にわたしの腎臓の機能が知れ渡るのは、もううんざりだ」

ベイカーと同僚は、定期的に選手育成担当スタッフたちと電話会議を行っている。そこで、長期的には役に立つはずの機材をつけていられない選手が見つかることもある。「そんなときは誰かがメールか電話で連絡し、そのあと会いにいって、選手が目的を理解しているかどうか確認する」とベイカーは言う。

だがそうして話しているうちに、メンタルスキルのスタッフが繊細な取り扱いを要する情報を得ることもある。選手がパーティにばかり行っていたり、薬物やアルコールの問題を抱えているかもしれない。専門家に相談すれば手を貸してくれるかもしれないが、球団職員に打ち明けるのは選手にとってリスクもある。「選手たちは、われわれに話してもすべてが球団に伝わるわけではないと知っている」とベイカーは言う。「わたしは告げ口するために会いにいくわけではないんだ。テオ［・エプスタイン」に電話して、『この選手がこんなことをしている』と話すわけではない。選手はその点で信頼してくれている」

ベイカーは、純粋にパフォーマンスを高めるための判断からは離れて、選手を擁護し、支えることが自分の役割だと思っている。だがそれでも、「ストレングス＆コンディショニングやアスレティック・トレーニング、神経科学、栄養学、メンタルスキルといったそれぞれの担当者はみなオープンな関係で、選手たちのことを話しあっている」と彼は言う。元選手だったベイカーは秘密にしてほしいと言われた情報を漏らすことはないが、ほかの誰かが漏らすかもしれない。センサーが問題を感知しており、選手の育成にペナントレースの行方や大金がかかっているような場合もある。選手がメジャー昇格を果たしてCBAで保護されるまでに、球団は多くの情報を得ているだろう。

「目的はすべて、選手の向上を助けるということだ」とミルスタインは言う。元メジャーリーガーのジェリー・ディポートはこう主張する。「これは選手と球団の双方にとってよいことだ。球団は最高の状態になった選手を手にし、選手は自分の価値を最大化できる……自分の価値を下げる情報を集めているだけだと言っている選手もいるようだが、まったく逆だよ」と。しかし、ミルスタインは冷静に判断している。「データが入ってきたら、球団は選手が身体的な問題やグラウンド外の問題を抱えていることを知り、放出すべきだと判断するかもしれない。情報はすべて個々の選手の上達のためにだけにしか使われないという保証も約束もないんだ」

マネー・ボール後の野球界が最悪の経過をたどったと仮定すると、各球団は選手によくない素因がないかどうか審査するようになるかもしれない。こうしたシナリオはありえないようにも見える。2008年に成立した遺伝情報差別禁止法では、従業員に遺伝子検査を強制したり、遺伝情報に基づいて雇用するかどうかを判断することは禁じられている。だが2009年に、MLBはドミニカ共和国出身の若手選手に身元詐称をしていないか確認するために遺伝子検査を依頼したことを認めている。ミルスタインは、いずれ選手会や個々の選手が遺伝子検査を認める可能性があると警告している。「遺伝子検査の一線を越えないよう、全員で注視する必要がある」と彼は言う。だがそれまでには、データが発見した欠陥を修正できるようになっているかもしれない。そして遺伝子編集テクノロジーが開発されれば、人類は野球のことを超えて、よりよく生きるための問題に直面することになるだろう。

16

それを作れば、彼らは来る

野球選手には3種類いる。自分でやる選手、それを見ている選手、そして何が起きたのかわからずぼんやりしている選手だ。

——トミー・ラソーダ

2017年11月、ニューヨーク、ハーレムのセント・ニコラス・アベニューの124丁目と125丁目のあいだで、不思議な建築作業が始まった。ロッキーズの投手、アダム・オッタビーノは、ディスカウントストアの〈ダラー・ツリー〉とレストラン〈チャッキーチーズ〉に挟まれた店舗を使う権利を手に入れていた。その入り口に配達のトラックが止まった。トレーラーに載せられていたのはオッタビーノが購入したポータブルピッチングマウンドで、人工芝が付属している。屋内に設置されると、オッタビーノが窓に張った黒いフィルムの端から多くの見物人がなかをのぞきこんだ。

この場所が作られたのはある問題を解決するためだった。ブルックリン生まれのオッタビーノはニューヨークで妻と2歳の娘とともに暮らしていた。前年のオフシーズンにはロングアイランドまで移動して投球練習をしていたが、幼い娘がいるため、移動が重荷になっていた。さらに困ったことに、前年に投球パートナーだったメッツのスティーブン・マッツがテネシー州ナッシュビルに引っ越してしまった。オッタビーノは、やはりメッツのマット・ハービーがニューヨーク在住の数少ないプロ投手のひとりであることを知っていた。そこでハービーに一緒に投球練習ができる場所を探さないかと持ちかけたのだが、断わられていた。

「あのときは、ちょっと途方に暮れたね」とオッタビーノは翌年5月に言った。「どうしたらいいかわからなかった」

それはただのオフシーズンではなかった。オッタビーノのキャリアは危機に瀕していた。10月にはロッキーズのワイルドカードゲームのロースターからはずれ、キャリア最低のシーズンが終了した。9イニングあたり6・5与四球は、50イニング以上投げた投手のなかで2番目に悪い数字だった。32歳で、契約最終年に入っていた。彼には投げ、上達し、実験する場所が必要だった。

不動産業界で働く義父がある提案をした。ハーレムに空いている貸店舗がある。地下鉄の駅からわずか1ブロックのところだ。その場所を冬のあいだインドアのブルペンとして使っていい。その代償として要求されたのは、オールスターのチームメイト、ノーラン・アレナドのサイン入りバットが1本だけ。かなり格安の条件だ。それまでそこに入居していた靴屋〈ナインウエスト〉は月額2万2000ドルの家賃を払っていたのだから。

「そのことを知っている人はあまりいなかった」とオッタビーノは言った。「警備員のトーマスと義父、それから義父のオフィスの人々くらいだった」

マンハッタンのほかのトレーニング施設とは異なり、オッタビーノの新たなワークショップにはラプソードのユニットやエッジャートロニック・カメラが設置されていた。選手育成に関してはすでに、上達するためにはそれほど広い場所も派手な施設も必要ないということがわかっていた。その貸店舗は奥行きが24メートルほどで、どうにか投球ができる程度のスペースだ。豪華ではないが、キャリアを上向かせるためにはこれで十分だった。

２０１８年に『ベースボール・アメリカ』から生涯にわたって野球界に貢献してきた人物に贈られるトニー・グウィン賞を受賞したロッキーズのコーチで、「成長マインドセット」という言葉が生まれるはるか以前から選手には適応力があると主張していたジェリー・ワインスタインは、「上達できないことなど何もない」と語っている。

ワインスタインは１９６０年代から野球界に入り、レーダーガンやウェイテッドボール、過負荷／過小負荷バットトレーニングを最初に取りいれたひとりだ。カイル・ボディが〝野球界のゴッドファーザー〟と呼ぶこの75歳は、未知への恐怖を成功への入り口とみなしている。「情報を手に入れた者が勝利を収める」と彼は言う。「情報は王だ」

選手育成の手法が大きく変わったとき、情報を持っていたのは独立した指導者やフロントオフィスのアナリストだった。だが彼らが成功を収めると、今度は選手が情報を手に入れた。「最高の学びかたは自分で学ぶことだ」とワインスタインは言う。「わたしの仕事は、自分の仕事をなくすことなんだと選手たちには言っているよ。わたしは選手が自分で上達できる方法を教えているんだ」。それは現代の育成で、最も有意義な側面だ。選別され、クビにされてしまうままになるのではなく、結果を出す方法をつかむことで選手は自分で力を手に入れることができる。

２０１７年、オッタビーノはもがきながらも答えを探しはじめていた。トレバー・バウアーがドライブラインでしていることを読み、ボディがツイッターで自説を主張しているのを見て、彼はピッチデザインについてさらに知りたくなった。そのころにはほとんどのプロ投手がドライブラインのことを知っていたが、オッタビーノによればまだまだそこで行われていることへの疑念は強かった。10月には自分でシアトルまで視察に行った。

「プロ野球界では、ドライブラインに対する否定的な意見が多かった……でもそれでますます魅力を感じたんだ」とオッタビーノは言う。「彼らは人がなんと思おうと気にしていない。自分でうまくいくと思う方法を行っている。それに正直なところ、トレバー・バウアーのような投手がずっと通っているというのは、それだけで間違いのないしるしだよ。話したことはなくても、投手としてのタイプでわかる」

ドライブラインのチームは、オッタビーノの投球フォームを変えないという判断をした。150キロ台前半の速球があり、プレートの三塁側を踏み、左打者の内角に対角線上に投げこむクロスファイヤーの投球動作には問題はなかった。検討が加えられたのはコントロールの問題だった。ジョシュ・トムリンと同じく、オッタビーノの意識も〝内向き〟で、いくらか〝外向き〟にする必要があった。

マット・ダニエルズからはウェイテッドボールを使ったディファレンシャル・トレーニングの利点を説明された。オッタビーノはコントロールという課題を持ってハーレムに作ったミニ・ドライブラインに帰った。ゴム製でストライクゾーンのような形をしており、投げるときに標的にできるピッチングパッドを買った。パッドは色分けされ、数字が書きこまれていた。投球動作に入るとき、トレーニングパートナーがいる場合は狙うべき数字や色を指示される。

オッタビーノが持ち帰ったものはそれだけではなかった。ピッチデザインの科学だ。バウアーは早くから取り組んでいたが、2017年末の時点でも、バウアーのあとにつづくメジャー投手はまだ少なかったため、ほかの選手にもバウアーと同じことができるかどうかわかっていなかった。「オッタビーノはその重要なテストだったんだ」とダニエルズは言う。

オッタビーノはシアトルのドライブラインに来たとき、球界最高の変化球のひとつを持っていた。

スライダーに分類されているが、低いアームスロットから繰りだされる横に曲がるカーブだ、とダニエルズは言った。その球は弧を描き、軽いプラスティック製のウィッフルボールのように大きく横に変化する。だが2017年には、対戦相手はその球にバットを振らなくなった。その球のうち43パーセントしかストライクゾーンのなかを通らないことと、あまりに打ちづらい球であるために対戦相手が手を出さなくなったことが要因だった。

対戦相手がそのスライダーをスイングする割合は2016年には38・1パーセントだったが、2017年には28・2パーセントに下がっていた。オッタビーノの全投球のスイング率は2016年の42・2パーセントから35パーセントに下がり、それより低いのはデリン・ベタンセス（34・6パーセント）しかいなかった。

ドライブラインによる解決策は、スライダーを補完するために球筋がよく似た、よりストライクがとれる、変化も球速も速球とスライダーの中間にあたる球種を編みだすことだった。ダニエルズがこのプロジェクトの担当者になった。

初日にドライブラインに行くと、オッタビーノはカッターとスライダーの中間のようなボールの動画を見せられた。横への変化は彼のスライダーに似た（だが小さな）もので、縦への変化も少ない。これを身につければ、変化の異なる3つめの球種が手に入る。オッタビーノはR&D部門のマウンドに上がって投球を始めた。

「［ルイス・］セベリーノと［ロッキーズのチームメイトである］ジョン・グレイの映像を見て、はじめはそれに取り組んだ」とオッタビーノは言った。「ところが、自分が望んでいるような強い球を投げるのは大変だった。弾丸のようなジャイロ回転を球にかけて、なおかつ140キロ台前半の速度を出すことを狙っていた」

エッジャートロニックとラプソードを使い、オッタビーノとダニエルズはさまざまな握りを試し、ジャイロ回転のカッター・スライダーのようなものに落ち着いた。ダニエルズによれば、求めていたのはラプソードで「回転効率が15パーセント」、つまり15パーセントの横回転と85パーセントのジャイロ回転をする投球だった。

「回転効率が求めている範囲に入っているかどうかをチェックしていった」とオッタビーノは言う。「それから動画を見る。正しい回転をしているときの指の圧力を確認した。握りの調整をつづけた。だいたい1日で、これだという球がわかった」

わずか1日でそれをなしとげたのは、エッジャートロニックとラプソード、そして意図的な練習が生みだした魔法だった。

新たなカッターは重要な球種になった。ツーシームと球筋がよく似ていたためだ。彼はフォーシームの割合を2017年の30パーセントから2018年には5パーセントに減らした。「ツーシームとカッターを交互に投げて、同じアームスロットでなめらかに投げ、似た球筋になるようにした。それはだいたいうまくいった。わずか数日の練習で家に帰った」

オッタビーノが学んだのは新しい球種の開発方法だけではなかった。彼は練習の最適化の方法も身につけていた。

ハーレムで4カ月にわたり、オッタビーノは週に数日、新たなカッターとツーシームとスライダーを自前のエッジャートロニックとラプソードで撮影しながら投げた。小さなラボで球を受けてくれる捕手がいることもあれば、ひとりでバケツいっぱいのボールをネットに向かって投げることもあった。2018年には投球の10・1パーセントを占めるようになるカッターは重要な追加だったが、それ以上に投球の感覚やコントロールが改善されたことが気に入っていた。アリゾナでのスプリングトレーニングにはウェイテッドボールとエッジャートロニック・カメラを持参した。ロッキーズにはどちらも使っている選手はいなかった。これまでにないほどの自信が漲《みなぎ》っていた。だが、信じさせるにはやってみせなくてはならない。ロッキーズのスタッフはまだ新しいオッタビーノを見ていなかった。

「オフィスに呼ばれて、自分が身につけたこととそれで投球がよくなると考える理由を話した」とオッタビーノは言う。「十分な理由があれば、反論はできないからね」

とはいえ、ロッキーズはカメラの効果に半信半疑だった。「これで頭がよくなるとでも言うのか」とバド・ブラック監督やスタッフは言った。

控えめなオッタビーノは知性のある選手という評判だが、さらに「考えるタイプ」とも言われていた。これはマイナーリーグのクラブハウスでは好ましくないことだ。

「知的だとか考えるタイプと思われている選手の調子がよくないと、周囲からは考えすぎだとみなされる」と、オッタビーノはバウアーも苦しんでいる問題について語った。「2017年には、『ただの考えすぎだよ』と言われた」

オッタビーノはコーチたちに、エッジャートロニックがあれば考えることを減らし、集中できると答えた。「いずれにせよぼくは考える。でもこれのおかげで、なんについて考えればいいかがはっきりするんだ」

投球を始めると、コーチたちの疑いは晴れていった。アリゾナのソルトリバー・フィールドのグラウンド裏ブルペンにはいくつかのマウンドが並んでいる。静かな2月の朝、オッタビーノがそのひとつに登って新しい球種を披露するのを、何人か腕組みしたコーチが後ろで見守っていた。前回見た投球は散々なものだった。オッタビーノはカッターを投げた。球はまっすぐに飛んでいき、最後にわずかにプレートよりに曲がった。それからすぐに、改造した投球で打者相手に登板した。

「打撃練習の相手をほぼ抑えこんだ。コーチたちは興奮していたね。突然、以前から投げたいと思っていた多くの球種を手に入れたんだ」

彼はまるでちがう投手に変わっていた。新しいオッタビーノはすごい選手だった。カクタスリーグでは最初の打者にヒットを打たれたあと、6イニングをパーフェクトに抑えた。あとはそれをレギュラーシーズンでも発揮できることを証明するだけだった。

シーズンは3月29日にアリゾナで開幕した。2018年に最初に迎えたバッターはダイヤモンドバックスのスター選手、ポール・ゴールドシュミットだった。初球は大きく曲がるスライダーから入った。球はゴールドシュミットの膝元から曲がってプレートの上を通った。ストライク。それは誰もがよく知っている球だった。だがそのあとはちがった。オッタビーノはつぎに、高速のジャイロ回転がかかったカッター・スライダーを投げた。ゴールドシュミットは142キロの鋭い変化球がストライクゾーンを通過するのを見送った。ストライクツー。オッタビーノは深呼吸してプレートに戻り、151キロのツーシームを外角に投げた。層流がボールをゾーンの内側へ呼び戻し、スリーストライクがコールされた。ゴールドシュミットはおとなしくベンチに戻った。つぎのジェイク・ラムは矢のようなツーシームで空振り三振を喫した。ダニエル・デスカルソを歩かせたあと、オッタビーノはすぐにコントロールを取りもどし、アレックス・アビラをまたしても鋭く曲がるツーシームで空振り三振に取った。

「これだ、と思ったよ」と、オッタビーノはある6月の午後に語った。「それから翌日のゲームでもいい結果が出て、すぐにこれでやっていくことにした」

オッタビーノは4月に55人の打者と対戦し、30人から三振を奪った。許したヒットは4本、与四球は4つ、16イニングで1失点だった。抑え投手のなかでは最高の成績だった。それはまぐれではなかった。5月には44人の打者と対戦し、わずか4本のヒットで2点しか許さなかった。

オッタビーノは前半戦で防御率1・62の成績を残し、抑え投手として6番目に高いWARを記録してシーズンを終えた。K－BB％は2017年の9・9パーセントから2018年には24・6パーセントとメジャー全体で3番目の上昇を、与四球率は4・4パーセントと9番目の下げ幅を示した。

2018年に、オッタビーノのカッターは横に9・7センチ曲がった。これは抑え投手で4位の数字だ。このカッターはさらに縦に9・9センチ変化していた。奇妙で、ほかにはない変化をする、効果的な球だった。オッタビーノはこの新しい球種を2018年に129回投げ、打者のスイングのうち50パーセントが空振りになった。カッターに分類される球のなかではトップクラスの驚異的な数字だ。この投球はスライダーよりは横への曲がりが少ないが、ツーシームと反対方向に、同じくらい沈む。オッタビーノのスライダーは前年までと同じく平均して横に24・1センチ変化した。これは全投手のなかで5位の数字だ。だがそれに新しい球種が組み合わされ、コントロールが改善したため、打者は投球のうち41・1パーセントをスイングし、そのうち36・8パーセントが空振りになった。

オッタビーノは6月にロッキーズのクラブハウスでチームメイトのチャド・ベティスにエッジャートロニックを見せた。ベティスはキューブ形の機材を興味深そうに触った。

「ベティスは明日ぼくのカメラをブルペンで使うことになった」とオッタビーノは言った。「『タイラー・』アンダーソンとグレイはオフシーズンにはドライブラインに行きたいと言っている。物事はその方向へ向かっているんだ。いちばん大事なことは、それがもうタブーではない、タブーであってはいけないということだよ」

2018年シーズンの好成績を受け、オッタビーノは2019年1月にヤンキースと2700万ドルの3年契約を結んだ。これから数年は、義父の貸店舗が使えなくてもヤンキースタジアムで練習できるだろう。

2018年9月2日の夜、フィラデルフィアのシチズンズ・バンク・パークで、カブスの遊撃手アディソン・ラッセルが8回表2アウトでカイル・シュワーバーに代わって打席に立った。この回先頭から登板していたフィリーズのルーキー左腕オースティン・デイビスは、尻のポケットからラインナップカードを取りだした。そのカードには各打者の攻略法が書きこまれていた。

三塁審判で責任審判を務めていた、65歳でメジャー審判歴41年の〝カウボーイ〟ジョー・ウェストがデイビスの行為を見とがめた。ウェストはマウンドへゆっくりと歩いていき、まるで自習室でメモをまわしている学生を見つけたときのように手を出してそのカードを差しださせた。ウェストはそれを自分の尻ポケットに入れ、デイビスの抗議も聞かずに元の位置に戻った。ゲーブ・キャプラー監督もベンチから出てきて抗議したが、ウェストは頑として譲らなかった。デイビスは野球規則6・02cの（7）「投手はいかなる種類の異物も身体につけたり、所持したりしてはならない」という条項に違反している、と彼は主張した。だが、ウェストはカードを没収しても、デイビスがすでに読んだ内容を忘れさせることはできなかった。ラッセルは空振り三振に倒れた。

これはある意味で、野球界の古い考えかた――もしくは、何も考えていないこと――と新しい考えかたの衝突だ。ウェストがメジャーリーグの審判になった1976年には、投手が自分を有利にするためにできるのは、ボールに不正をすることだけだった。その方法をつづけている投手もいなくなったわけではないが、新しい世代の野球選手は、粘る物質よりも情報を有効活用している。ウェストは情報を〝異物〟とみなしたが、たしかにそれは多くの選手にとってごく最近まで異質なものだった。

6月下旬にメジャーデビューしたばかりのデイビスがはじめてそのカードを見たのは7月14日のマイアミでの試合だった。外野手がポジショニングのカードを持って守備についたり、1試合、1シーズンごとにこれまで以上の投手と組まなくてはならなくなってきたキャッチャーが、それぞれの投手や対戦する打者に適した配球を確認するリストバンドをすることは当たり前のことになりつつあった。だがデイビスはおそらく、マウンドでカードを確認したはじめての投手だった。そのアイデアは自分で考えたものだった。

ドラフト12巡目で指名された25歳のデイビスは頭が柔軟な現代的な選手の典型だった。冬のあいだは元ドラフト1巡目指名のルーク・ハガティとアリゾナ州スコッツデールの施設で練習していた。ハガティはドライブラインの利用者で、イップスに苦しみ、13年間MLB傘下の球団に所属していなかったが、37歳になった2019年にテクノロジーの力を借りて復帰を目指していた。デイビスがカードを持って登板したのは、自分の投球を改善したいという欲求の延長だった。そのカードがあれば、「頭の片隅で疑いを持つことなく、完全に確信して投球することができる……そのころ、ぼくがデータ分析に基づいて正しい球を投げたがっていることを知っていたコーチから言われたんだ。いまでは多くの情報が手に入る。だったらそれを利用すればいいじゃないか、って」

登板予定の全試合のまえに、デイビスはラインナップカードにフィリーズのアドバンススカウティングの報告から強みと弱みを書きこむ。その報告は、デイビスによれば選手に提示されるまえに「かなりわかりやすく」されたものだ。彼にとって、各打者への投球の合間にどう投球すればいいかを短い言葉で確認することは、とりわけ回をまたぐ登板や、予定外の打者と対戦したときには、「ライナスの毛布」のように安心させてくれる。

プレーの最中には思考は逆効果になることもあるが、オッタビーノにとってのエッジャートロニックのように、デイビスはそのカードをよけいな考えを振りはらってくれるものと捉えている。２０１６年に、レッドソックスの投手リック・ポーセロはスカウティングレポートをラインナップカードに書きこみ、記憶の助けにするようになった。以前〈ボストン・ヘラルド〉に、「登板すると頭が混乱することがある」と語ったこともある。だがポーセロはマウンドに上がるときにはカードは置いていく。デイビスはそこをさらに一歩進めた。「精神のエネルギーを、それをすべて覚えて、対戦する可能性がある全打者を理解することに費やす必要はないじゃないか……カードを尻ポケットに入れておけばいいんだから」。試合中にメモを見なければならないことで〝劣っている〟とみなされることを心配する投手もいるが、デイビスはキャプラー監督にも言われたように、「何かをするにせよしないにせよ、人々がどう思うかを基準にするのはいいことではない」と考えている。

８月初め、デイビスはダイヤモンドバックスのＡ・Ｊ・ポロックとの対戦でカードに書かれていたことを無視して投球した。その球はポロックに強打され、あやうくフェンスを越えるところだったが、フィリーズの右翼手ニック・ウィリアムズがジャンプして好捕した。その危ないプレーが、手に入るすべての情報を使わなければ「痛烈な打球を打たれる危険を冒すことになる」と思いださせてくれた、とデイビスは言う。同じ月に、ブライアン・バニスターとともに投球を探究したチームメイトだったザック・グレインキーが自分の真似をしてカードをのぞいているのを見て、ＦＩＰ３・６８、１イニング１個以上の三振を奪ってそのシーズンを終えたデイビスは、自分のアイデアは正しかったのだと確認した。

デイビスとウェストの一件があったのち、ＭＬＢはデイビスのほうが正しかったとウェストに告げた。デイビスのカードは正式に認められた。カウボーイ・ジョーはフィリーズのクラブハウスを訪れて謝罪した。結局のところ、情報は異物ではないのだ。

各地を遠征するアナリストやパイプ役、探究心のあるコーチらを通じて、先進的なチームは、アストロズの外野手トニー・ケンプの言葉では「情報を取りいれ、グラウンド上で本当に生かすこと」を目指してきた。だがその努力は比較的最近のことで、まだ後れを取っているチームもある。取り組みの後れたチームに移籍したあるスター選手が、球団外にデータによるサポートを求めた事例も少なくともひとつある。

2011年初頭、統計データ中心のウェブサイトのある記者がサイトを通じてメールを受けとった。そのメッセージの送り主は一流打者のひとりで、自分が関心を持っているある話題で記事を書いてほしいと依頼していた。記者もその話題に興味を持ち、記事を投稿した。その選手はそれが気に入り、記者とその後も連絡を取りあうようになった。

やがて、その選手は記者に契約交渉が迫っているので、契約の比較材料を作ってほしいと依頼した。代理人はいるものの、自分の契約によって利益を得ようとしていない人物に相談したかった。「その契約を手伝ったあと、『普段から一緒に仕事をしてくれないか』と言われたんだ」とその記者は回想する。2013年に、記者はこのデータ分析を重視するスター選手の統計コンサルタントを極秘で務めることになった。「わたしの知るかぎり、金曜の晩にはチームメイトの9割はクラブに行くが、彼はそのあいだわたしにメールしてきて自分のチェイスレート（ボール球をスイングした割合）を確認していた。それが強迫観念のようになっていた」

その選手は記者にNDA（秘密保持契約）を結んでほしいと言った。球団にはこうした補助を受けていることを知られたくなかったためだ。「フロントが知ったら、外部からのアドバイスが球団の指示と食いちがうかもしれないと思われることをとても心配していた。指示を聞かない選手だと思われたくなかったんだ」と記者は言う。個人的なスイング指導者を抱えている打者は多いが、個人的なデータアナリストはまだ新しかった。その選手はフロントオフィスやクラブハウスの人々の気持ちを損ねたくはなかったが、向上心があり、チームは自分が求めているデータを与えてくれないと考えていた。

「ほとんどは試合前の準備に関することだった」と記者は言う。「やっていたことの8割は、その日の対戦相手が何をしてくるかを考えることだった」。チームのスカウティングレポートが与えるのは相手投手の球種と、球速、投球に占める割合など、標準的な情報だった。その選手はそれ以上のことを求めていた。ある球種に対するスイング率とその結果、審判とキャッチャーによるストライクゾーンの違いを知りたがった。その選手と働きはじめるまえ、記者はスランプは無作為にやってくると思っていた。だが、この打者が投手の自分への攻略法を考え、それに対抗していくのを手伝ったことで、ほとんどの部外者には見えない投手と打者の追いかけっこを垣間見ることができたように感じた。「投手がある点でこちらへの対処法を見つけた。そしてその対処法への対処法をこちらが見つけたことを投手が察知して、さらに投球が変わる、という要素があるんだ」

スカウティングレポートを送ることに加えて、記者は選手のパフォーマンスを結果ではなく過程から捉え、チェイスレート、ゴロ率、引っ張った打球の割合、ハードヒット率などの指標によって分析していた。「彼が最も気にしていたのは、球をきちんと捉えているかどうか、空振りしていないか、ストライクを振っているか、ということだった」。記者は選手に週1度、前週のパフォーマンスのレポートを送り、シーズン平均と移動平均を添付していた。「彼はそれに感謝していた。『今週は19打数3安打だ。何か対策をとらなくては』といったことを考えなくてもよくなったからだ」と記者は言う。「いちばん大きな影響を与えたのはたぶんそこだろう。細かい修正をしなくてもよくなったんだ」

キャッチャーと審判の組み合わせを研究することも大きな利点があった。ある試合で内角高めや外角低めはストライクとコールされないという自信があれば、打者はそのコースを捨てることができるからだ。「彼は試合前に『この球は今日は全部見送りだ』と話した投球を悠然と見送る。たとえストライクゾーンを通っても、その球はその日はストライクにならないからだ」と記者は言う。「3－1のカウントで内角の速球を見送り、バットを置いて一塁へ歩いていく。それで投手は崩れる。彼はにやりとして、『あのコースが今日はストライクにならないことを知らなかったようだな、だがこっちは知っていた』と心のなかで思う。その日のストライクゾーンをどの投手よりも知り尽くしているんだ」

その打者は、自分の判断と異なる判定を受けると、審判の判定をチェックした。「彼は打席と打席のあいだにベンチで、『[ストライクゾーンの] マップを確認させてくれ』と言う」。そこで記者は、試合中に彼がサイトにアクセスして投球コースや球種などの情報を確認できるようにした。

スタットキャストが登場したあとは、この選手と記者はそのデータも利用するようになった。スタットキャスト登場後のあるシーズン、この選手は守備のデータで悪い数値が出たことがあり、選手はそれが気に入らなかった。「年をとってきたのは自覚しているけど、恥ずかしい守備をする選手にはなりたくないんだ、と言っていた」と記者は言う。記者はスタットキャストの情報を手に入れ、ポジショニングを変えることでデータを改善しようと提案した。「ある年のオフに守備の修正をしたんだ」

守備の見直し以外の点では、その選手は自分が関わるまえから優秀な選手で、自分のしたことがどれだけ効果があったかはわからないと記者は言う。ところが協力しあうようになって数年後、記者は転職し、打者を手伝うことができなくなった。そして偶然かもしれないが、記者の助けがなくなると打者の成績は下降した。「情報が得られなくなったことがかなりの痛手だと思っていたようだ」と記者は言う。記者は、準備不足だという思いが、情報がないことそのものと同じくらいの痛手だったのではないかと考えている。打席へ向かうとき、完全主義の打者は「今日はできるかぎりの準備をするために考えられるあらゆることをした」と思いたいのだろう、と記者は言う。そして球団がその点で役に立たないのなら、それができる誰かを探すだろう。

学習意欲を持つ選手は年々増え、そうした選手が必要とするツールが備えられた球団が増えている。だが選手には球団を完全に信頼できない理由がある。自分のウェアラブルデバイスによるデータを球団に知られたくない選手もいるだろう。あるいは、優勝争いに加わっていないチームは、成績を挙げることよりも年俸調停による報酬の抑制に関心を抱いていると考える選手もいるだろう。ここから育成の新たなベクトルが生まれてくる。代理人だ。

　これまで、代理人は選手の過去のパフォーマンスから最大限の稼ぎを選手に得させようとしてきたが、パフォーマンスの向上に関しては何もしていなかった。ケイレブ・コーザムは新しいタイプの選手代理人の典型だ。彼は２０１８年5月に、「選手のカーブを改善することと年俸調停の両方に貢献できる」と語っている。

　コーザムは２００９年にヤンキースからドラフト5巡目指名され、２０１３年にはトリプルAに昇格したが、そこで停滞し、２０１３年から２０１４年には26試合に登板して防御率は5・４６だった。「メジャーははるか彼方だった」と彼は言った。「チャンスはすぐになくなると思っていたから、リスクを取ったトレーニングをしなければならなかった」。２０１４年のシーズン後にはドライブラインで1カ月半過ごした。球速を高めるプログラムで速球の平均球速を１４３キロから１４９キロに上げ、ラプソードとエッジャートロニックでスライダーの曲がりを鋭くした。２０１５年にはダブルAとトリプルAの27試合で防御率2・17を記録し、1イニングに1個以上の三振を奪った。そして7月下旬にヤンキースから声がかかった。それは冬のトレーニングの成果だと彼は考えている。「それまでどおりのことをつづけていたらチャンスはなかっただろう」

コーザムがメジャーリーグで過ごした時間は短かったが、ともかくそこまで達することはできた。キャリアの終わりごろ、コーザムは代理人をブレッドソー・エージェンシーに変えた。それはナッシュビルの南に2009年に設立された野球選手のエージェントに特化した企業で、設立者はハンター・ブレッドソー（元プロ選手）とダスティン・ブレッドソー（弟がプロのキャリアを追い求めているあいだにロースクールに通っていた）の兄弟だ。「彼らは代理人という仕事を少し変えた。一流選手になることを最終的な目的にしたんだ」とコーザムは言う。「もしいい選手でないなら、ほかのことは問題にならない……だからわれわれは、選手を向上させるために手を尽くすことにしたんだ」

コーザムは2017年のスプリングトレーニング後に選手を引退し、ブレッドソー・エージェンシーで働きはじめた。公認エージェントになり、ウェイトルームや最新機器のあるバッティングとピッチングの施設があるドライブラインのようなトレーニングエリアを社内に建設した。エージェンシーと契約する20人以上の選手——数人のメジャーリーガーや、2018年のドラフト全体1位指名のケイシー・マイズを含む——の多くが、オフシーズン中はコーザムと一緒にトレーニングをし、それができない選手も動画によるアドバイスを受けている。

コーザムは、選手たちがプロ野球で受けることのできるトレーニングを利用できるようにすること、そして誤った情報にだまされないよう予防することが自分の価値だと考えている。「そこで与えられる指示やドリルの背後にある原則を理解すれば、キャリアを駄目にしてしまうおかしな行動をする危険は低くなる」と彼は言う。だが彼はまた、選手の上達を最優先にしない球団に放置される可能性もある選手の頼みの綱でもある。多くの場合、球団と選手とエージェントの関心は一致するはずだ。全員が選手にもっと上達して欲しいと思っている。だがエージェントはより個別化したサービスを提供することができる。「チームにはたくさんの選手がいる」と彼は言う。「球団は全員にうまくなってほしいと考える。だがときには、必要なときに必要な情報が選手に入らないことがあるんだ。必要なことを知っているコーチがダブルAにいるのに、自分はハイAということもある」そこでコーザムの出番となる。

2016年、まだレッズで現役だったコーザムと、のちにブレッドソー・エージェンシーの顧客になるトニー・シングラーニ、そしてレッズの投手のあとふたりは、打撃練習の前後に集まり、戦略的で理論的なブロックスというボードゲームを楽しんでいた。テトリスのブロックのようなピースを盤上にルールに従って置きながら、自分の投球プランの欠点を埋める方法について語りあった。シングラーニもコーザムと同じくドライブラインを訪れ、その方法を信頼していたが、転機が訪れたのは2017年7月にレッズからドジャースにトレードされたときだった。同じ月にブレッドソー・エージェンシーの顧客になった。シンシナティでは、サポートスタッフは「古いタイプの野球人ばかりで、統計的手法を取りいれようとしていたロサンゼルスとはちがっていた」とシングラーニは言う。レッズは選手に情報を共有しようとはしていたが、それは必要最低限のもので、選手個々のスキルに合わせたものではなかった。「自分たちでやるしかなかったんだ。『成功を祈る。各自頑張ってくれ』という感じだった」

レッズはその欠陥に気づいていた。2019年1月にはコーザムをアシスタント投手コーチとして雇った。それによって彼は、選手としてのキャリアが終わったころより近代化した球団に戻ることになった。「どういうふうに変わったか楽しみにしているよ。現場の選手たちの力になりたいね」。エージェントとしての立場で選手たちを支えることはないが、それはほかの誰かに任せておけばいい。「きっと誰かがいい案を思いつくだろう。意識を向けてさえいれば見逃すことはない。オフシーズンにはそうしたトレーニングを選手たちにさせるいい機会になるだろう」

つぎの世代は、コーザムの助けすら不要になるかもしれない。野手としてはメジャーリーグで史上最長身タイとなる身長２０３センチのネイト・フレイマンはアスレチックスで２０１３年から２０１４年にプレーした。２０１８年に31歳で現役を引退するとすぐに、自分がもうプレーすることのないこのスポーツについてより深く学びはじめた。フレイマンは野球界が「データを活用して選手育成を行う方向へどんどん向かっている」ことに気づき、それに遅れまいとした。

デューク大学で副専攻として数学を学んだフレイマンは機械学習とプログラミング言語のＳＱＬとRをオンラインで学んだ。野球に関する分析的な記事を読みあさり、やがて自分でも書くようになって、元メジャーリーガーとしてははじめて〈ファングラフス〉に記事を書いた。２０１８年8月には研修の一環として何度か投稿した。

メジャーでの本塁打9本、〈ファングラフス〉の掲載記事6本という実績と複数のプログラミング言語を操るフレイマンは、いかにも球団でのパイプ役にぴったりだった。そして12月には、インディアンスから編成部門の幅広い職務を受けもつスタッフとして採用された。「現役でも引退後でも、選手からアドバイスを求められたら、間違うことを恐れるな、知らないと言うことを恐れるなと答えるね」と彼は言う。そして、プログラミングを学ぶことも勧めるだろう。「少なくとも、それで学習意欲は示せる」。それこそ、現代のメジャーリーガーが最も身につけるべきものなのだ。

17

天井はない

成績は落ちてくる……つぎの世代がやってくる。しかも彼らはかなりの実力があるんだ。

——32歳のMLB外野手、アダム・ジョーンズ

2018年10月26日、ワールドシリーズ第3戦が始まる数時間前、伝説的なホームラン打者ハンク・アーロンはMLBのロブ・マンフレッド・コミッショナー、クリスチャン・イエリッチ、J・D・マルティネスと並んで壇上の席に着いていた。選手ふたりは年に1度、ファン投票で各リーグのレギュラーシーズン最強バッターが選ばれるハンク・アーロン賞の受賞者だった。「存命の最高の選手」の有力候補のひとりであるアーロンは、その強力なライバルの名前を挙げて言った。「ウィリー・メイズと話したんだが、もしいまプレーしていたら、われわれはクラスDに送りこまれただろう。いまの投手はどう打てばいいのかさっぱりわからないよ」。そしてイエリッチを指して言った。「彼が打席に向かい、時速100マイル（およそ時速160・9キロ）の球を投げる投手からヒットを打つのを見て、わたしはこう言ったよ。『なんてことだ、俺にはとてもできない』ってね」。そのアーロンのコメントからあまり日も経たないうちに、100マイルには及ばないものの最高速99・8マイル（およそ160・6キロ）を投げるアダム・オッタビーノは、MLB.com の「スタットキャスト・ポッ

ドキャスト」で、「ぼくはベーブ・ルースを全打席三振に抑えられる」と発言した。

野球選手のパフォーマンスはつねに同時期のライバルとの比較になるため、ファンが時代を超えて選手の能力を比較することは難しい。だが２００７年4月に、〈ハードボール・タイムズ〉の記者デビッド・ガスコにより野球の競技の質に関する研究が行われた。彼はメジャーリーグ創設の年から毎年、年齢が26歳から29歳の選手を調べ、X年シーズンのパフォーマンスとX＋１年シーズンのパフォーマンスを比較した。その年齢の打者はおおむね年齢による衰えは見られないため、ある年齢の選手全体がシーズンと翌シーズンでどう成績が変化したかを見れば、リーグ全体の能力の変化がわかるはずだ。

その結果は驚くべきものだった。選手は一見、まったく進歩していなかったのだ。「過去15年、競技の質はほぼ横ばいだ」とガスコは書いている。「身体的能力の壁に突きあたっていることはかなり明白だろう[1]」

その当時はそれは正しいように思われたが、人間は進歩しないという主張はたいてい、のちになって誤りだとわかるものだ。セイバーメトリシャンのミッチェル・リヒトマンの助けを借りて、われわれはガスコの研究をアップデートしてみた。変化のなかったＭＬＢの競技の質は、その後図のようになっていた。

ＭＬＢ選手は質の向上が止まっていなかったばかりか、史上最も急激に向上していたのだ。天井はあるにせよ、それまでにはまだまだ上昇の余地がありそうだ。

近年の質の向上は、歴史的にも稀な若返りとも軌を一《いつ》にしている。（優秀な選手ほど数字に反映されるように）ＷＡＲを重視した加重平均を取ると、２０１８年の打者の平均年齢は指名打者が登場した１９７３年以降で最も低く、また全チームの打者平均年齢が30歳未満だったのは１９７７年以来の

MLBの競技の質　1992〜2018

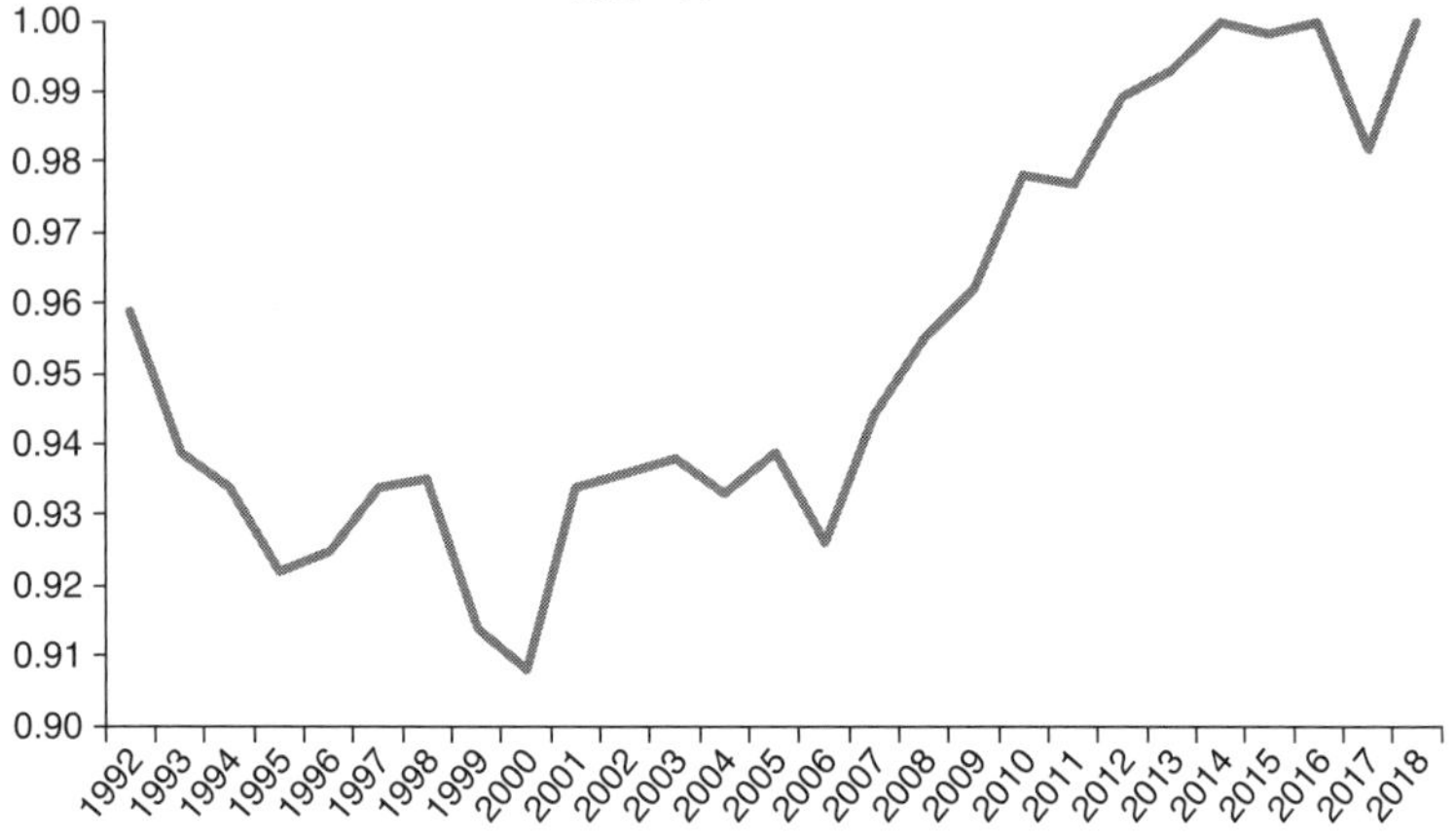

ことだった。25歳以下の打者がＭＬＢの打席に入った割合はフリーエージェント制度が導入された１９７８年以降で最も高かった。リーグ全体との比較では、その年代の打者は四球率が最高でＩＳＯは2番目、三振率も平均より低かった。投手と野手を含めて年代によって25歳以下と35歳以上をまとめると、〝ベテラン〟のグループは全体で２０１７年に19世紀以来最低のＷＡＲを記録しており、２０１８年にもわずかに改善しただけだ。一方〝若手〟のグループはこの35年間で最高の数値に近い。そのふたつのグループの差は１９７４年以降最大になっている。

リーグの競技の質に影響を与える要因は多数ある。選手になる可能性のある競技人口（人種の壁を越え、国内人口が増加し、野球が国際化したことにより増加している）、ライバルとなる野球リーグとの競合、他のスポーツや娯楽との競合、野球をすることによる報酬や動機の変化、チーム数の増加、選手育成の改善など。だが選手育成の改善により、選手の到達できるレベルは上昇をつづけているはずだ。「メジャーリーグでは、最高の選手と最低の選手の差はきわめて小さい」とデーブ・ブッシュは言う。「自分を1パーセント向上させてくれるデータがあれば、メジャーで生き残れる」

現在のテクノロジーによって、早くから選手を評価できるために以前よりデビューが早くなったのだと考える人もいるだろう。だがそうではない。２０１８年の平均デビュー年齢は、打者（24・8歳）も投手（25・1歳）も、過去20年の平均と変わらない。またどちらも、メジャーデビューまえにマイナーで過ごす期間は短くなっていない。

優れた若手選手をわざとマイナーリーグにとどめてメジャーデビューを遅らせる球団もある。また古くからの習慣で、ベテランを見かぎって若手を昇進させるのに慎重になりすぎる球団もある。新しい育成方法の利益を受けた選手が増え、それによってレベルの上がったなかで戦うため、ＭＬＢ昇格への基準は高まり、それを満たすのは難しくなる。また選手がメジャーリーグのレベルを満たすには、ある程度の経験が必要だとも考えられる。「投手はすぐに上のレベルに上げることができる。だが打者は新しいレベルで多くの投手と当たって、よい投球と対戦する必要があるようだ」とマイク・ファストは言う。それは若手選手の脳がまだ成長中だからかもしれない。脳の前頭前野は最も遅くまで成長をつづける部分で、パターン認識を行い、あるいは投球への適応にも関わっている可能性がある。

最後に、メジャー昇格に関する統計データにあまり変化がないように見える理由は、近年のテクノロジーの進歩によって、若手有望選手だけでなく、新たなテクノロジーや技術の助けを借りるまではメジャーリーグで通用する素材だと考えられていなかった選手も恩恵を受けたからだ。左投手のブランドン・マンは２０１８年5月、34歳の誕生日の数日前にテキサス・レンジャーズでメジャーデビューを果たした。アメリカ生まれの選手としては、２００２年以降最も高齢でのデビューとなった。テキサスが契約したのはドライブラインでの投球見たためだった。ウェイテッドボール・プログラムで、彼は140キロ台前半の速球を140キロ台後半に上げた。マンは人生の半分をプロ野球選手として――日本の4球団と独立リーグで――過ごしたのち、テキサスにたどり着いた。「野球があるから、自分が年をとったとは感じない」と彼はテキサスの地元紙〈ヒル・カウンティ・ニュース〉に語っている。「ぼくは回転数やデータを測り、利用しようとしている。それがいまの野球なんだ。34歳のいまじゃなくて、25歳のころにできればよかったけどね[2]」

選手の向上の余地が増えたことは一見いいことずくめのようだが、この動きが広まることで、おそらく今後数年のうちにいくつかの問題が顕在化するだろう。「できればこのイノベーションや発展によって、選手が向上し、報酬が上がり、球界を発展させてほしい」とアスレチックスのデビッド・フォーストGMは言う。だが実際には、実現しているのは〝選手が向上〟するというところまでだ。

最初の危険は、財政的な問題だ。各球団の選手育成が大きく進歩したことで、1970年代からずっとつづいてきた報酬体系が不安定になっているのだ。70年代には、選手を球団に縛りつけていた保留条項が廃止され、在籍期間に基づいて年俸調停とフリーエージェント制度によって報酬が支払われるシステムが始まった。年俸の調停権を持たない選手はいい成績を残してもリーグ最低補償年俸に近い報酬しか得られないが、数シーズン高いパフォーマンスを維持すればフリーエージェントになることで高い報酬をあてにできる。ところが2017年から2018年の冬から、このモデルがうまく機能しなくなり、以前なら高い報酬が得られたはずのフリーエージェント選手にオファーがないか、相場以下の契約を結ぶようになっているのだ。MLBの平均年俸は2004年以来はじめて下落した。過去50年で、ストライキや共同謀議のなかったシーズンでは2度目のことだ。

選手の市場が暴落した理由はいくつかあるだろうが、そのひとつは各球団が能力ある選手を獲得する効率が高まったことだろう。1勝あたりのコストで考えるなら、フリーエージェント選手は最適な投資先とは言えない。フリーエージェントの権利を得るころには、選手は通常ピークをすでに迎え、衰えはじめようとしているのに、それまで低い報酬で高い成績を挙げてきた補償を得ようとするからだ。遅れていたチームもデータに基づく分析を始めたことで、年齢による成績の変動パターンと今後期待されるパフォーマンスが知れ渡り、すべての取引に影響を及ぼして、法外な報酬を払おうとする球団はなくなった。どの球団もフリーエージェント市場で価値の下がりつつある選手に巨額の報酬を払わなくなっており、しかも年俸調停権を持つ選手に契約を提示しない例がますます増えている。

　しかも、潜在的な選手育成が問題をさらに悪化させている。ブランチ・リッキーの時代、育成に優れた球団は問題解決を外部に頼らなくてもよくなった。今日の球団は、実力のたしかなベテランを獲得するより、能力ある選手を自前で育てようとしている。無名だが同等の能力を持つ選手で同じだけの数字が出せるのに、ネームブランドのあるフリーエージェント選手に高額な報酬を払う必要があるだろうか。スイングを改造し、投球に変化を加えれば、ベンチにすわっている野手やブルペン投手が、衰えはじめたベテラン有名選手よりもはるかに安い報酬ですばらしい先発選手になれるかもしれないのだ。

　ＭＬＢにはまだサラリーキャップ制は導入されていないが、贅沢税（実質的な、給与総額に対する緩やかな制限《ソフトキャップ》）によって選手の給与を下げる圧力がかかっており、国内、国際市場で支払う契約金は現在では厳しく制限されている。罰則を支払う必要のない資金の使いみちは限られているため、各球団は予算をＲ＆Ｄ部門に注ぎこんでいる。選手育成の方法を知っているアナリストや球団幹部は給与以上の働きをする。そのため各球団は先進的な球団から主要なスタッフを引き抜ければ、すさまじい効果を発揮する。「一般にはあまり知られていないが、わたしにとってはフロントオフィス職員のフリーエージェントのほうが選手より関心があるよ」とブライアン・バニスターは言う。

球団オーナーには金融業界出身者も多く、賢明な投資先には目ざとい。「それまで優秀な海外の投手を5人中1人しか見つけられなかったのが、2人見つけられるようになるなら、6000ドルの高速度カメラなんて安いものだ」とバニスターは言う。「6000ドルをカメラに支払ったことでメジャーリーグ選手をひとり生みだせるとしたら、考えるまでもない」。ところがその優位性は明らかであるにもかかわらず、育成に費やされる財源は球団により大きく異なる。ケチなオーナーが支出を渋っていることもその一因だ。「メジャー選手の給与に支払う財源が多い球団ほど、この分野でも多くの財源を持つ」とフォーストは言う。「選手の給与額のように2億ドルと8000万ドルという大きな差ではないが、やはり隔たりがある」

グラウンド外のインフラへの支出に加え、スター選手への給与支払いもある。そのなかにはヒルやターナー、マルティネスといったプレー改造に成功した選手も含まれている。彼らはキャリアの途中で想像されたよりも多くの金額を稼いでいる。だが、近年の選手育成革命によって個々の選手はプレーが向上し、より多く稼げるようになっているものの、選手全体としては負の側面もある。選手の報酬体系――そしてさらには、野球に取り組む環境――は、フリーエージェント制度が基礎になっているが、それは確固たるものではない。

マネー・ボールは給与総額の低いチームが、豊富な予算を持つチームに追いつこうとすることで生まれた。ところが結局は、豊富な予算を持つチームも賢くなり、安い選手の市場での優位性はなくなってしまった。東西両海岸を本拠地とするMLBの金満球団であるヤンキースとドジャースも、進歩的な選手育成をいち早く利用している。いまのところ、給与が安く年俸調停権を持たない優秀な選手はフリーエージェント選手に大金を支払わない球団に集まっている。だがフォーストは、「その状況がいつまでつづくだろうか」と疑問を呈する。

選手たちは現在のCBAが2021年12月1日に満了となることで状況が変わることを期待している。もしフロントオフィスが高額な選手を避け、成績のよい年俸調停権を持たない若い選手を比較的安く使いつづけるなら、選手会はそれに合わせた戦略を考えざるをえない。CBAの満了に向け、MLB選手会はキャリアの浅い選手がいまよりも高い報酬を得られるように働きかけるはずだが、メジャーリーグ機構は簡単には譲歩しないだろう。

球団オーナーがファン感謝イベントや巨大なテレビ放映権料、MLBのデジタル部門からの収入を通じてためこんだ莫大な利益は選手には分配されておらず、リーグと選手会の対決姿勢はすでに熱を帯びている。動画配信により観客動員による収入は全体として下がり、球団の支出への意欲は削がれている。たとえ球団経営による利益に占める選手への給与の割合が減ったとしても、メジャーリーガーは一般市民の水準からすれば多くの報酬を得ているため、事を荒立てるようなことはしないだろう。だが過去数度のCBAの交渉と比べて、今回は給与引き下げを要求する球団側と選手会が厳しく対立する要素は揃っている。その一因になっているのは選手育成の問題だ。

マネー・ボールとポスト・マネー・ボール時代はいずれも、選手の能力向上を重視していた。そのことは野球のスタイルや美に関わる問題を引き起こした。セイバーメトリクスは投手がフェアゾーンに打球を打たれないことが重要であることを明確にしたほか、打撃に関するいくつかの事実も明らかにした。四球には価値がある。三振は（平均して）ほかのアウトよりも悪いものではない。そして三振率の高い打者は四球を選び、本塁打を打つことも多いため、コンタクトが上手な打者よりも概して価値が高い。奪三振率の高い投手がこれまで以上に評価され、打者の三振率が高いことが汚点ではなくなったことで、プレーに占める三振の割合は大きくなっている。三振は、とりわけ投手にとって利益がある。アストロズのサイ・スニードが言うように、「打者を三振にとってがっかりすることなんてない」のだから。

だが、スタンドにはがっかりしているファンがいる。そしてここでも、野球界の気がかりな傾向に拍車がかかっている。各チームには三振率の高い選手がいることに加え、ピッチデザインや配球の変化、球速増加、そして打者がコンタクトを捨ててパワーを目指したことで、三振数はさらに増えている。MLBの三振率は13シーズン連続で上昇している。2018年には、史上はじめて三振数が安打数を上回り、〝3つの真の成績〟である三振、四球、本塁打が全打席のうち33・8パーセントもの割合になった。死球も(速球の球速が上がり、変化球が増えたため、さらには粘りのある物質の使用が減ったのか)現代野球の歴史上最も多くなり、全打席のうち打者が一塁に全力疾走せず、野手のところへ打球が飛ばないプレーは35パーセント近くに達した。

「伝統主義者は野手が打球を処理しないことが不満だろうが、勝利を目的にするなら、できるだけ結果をコントロールしようとするものだ」とバニスターは言う。そして、打者がボールを飛ばせるようになれば、投手はそれだけバットに当てさせないことが重要になる、とつけたした。守備に関しては、まだ発展は始まったばかりだ。「ようやく、テクノロジーの世界が守備にもやってこようとしている」とマイク・ファストは言う。彼によれば、守備の動きは多く、追跡しづらいため、トレーニングは困難だ。「スタットキャストでもFIELDf/xでもなんでも、データが手に入るのはいいことだ。だがトレーニングをさせようとしても、選手はドットが画面上を動くのを見たがらない。どう動けばいいのかを教えてくれと言う」。守備の技術向上のために、守備の高速度動画を撮影しはじめた球団もある。

捕手に関する守備の改善はすでに進んでいる。ブロッキングやスローイングよりもフレーミングが強調されるようになり、キャッチングは一変した。追跡技術が使えるようになったことにより、〈ベースボール・プロスペクタス〉によるフレーミングのスコアは最高の球団と最低の球団の差はこの10年で半分に縮まっており、また全球団のばらつきも記録的な低さになっている。「捕手の平均的なフレーミング技術は、球団による指導が可能になったため、この5年で改善されている」と、あるナショナルリーグ球団のゼネラルマネージャーは言う。それはつまり、見逃し三振が増えているということだ。

コンタクトが減る現在の流れは、ファンの期待とは合致していない。選手やチームは自分にとって最善を尽くしているのだが、勝利を収めるという側面からすると最善なプレーが、ファンの観点からは最善ではないからだ。たとえばアメリカンフットボールのロングパスやバスケットボールのスリーポイントシュートは勝つために有効で、かつ見る楽しみも与えてくれるが、野球はそうなっていない。「球団はよりよい選手を育て、勝つための方策を考える」とフォーストは言う。「野球界全体としてそれがいいのかどうかは、マンフレッドに委ねよう」

マンフレッド・コミッショナーはいまのところ、そのことに対する懸念を表明する程度で決定的な措置を講じてはいない。ただし公平を期すなら、選手会の力が強いためリーグ側が大胆な変革をするのは難しいというのが現状だ。フェアグラウンドに飛ぶ打球を増やすために、野球界ができることはたくさんある。飛ばないボールにする、ストライクゾーンを小さくする、マウンドを低くする、あるいはマウンドを後ろに下げる、など。投手の身長は以前より高くなっており、そのぶんリリースポイントはホームプレートに近づいている。

いち早く育成方法が変化し、その影響への対処をしてきたゴルフ界から学べることはあるだろう。

プロゴルファーがデータを使い、ボールをより遠くへ、より効率的に飛ばすようになると、古いコースでは物足りないほど進化してしまった。「伝統主義者は不満を抱いたが、それも革命の結果だとみなす選手もいた。『選手は向上した。それはその副産物のひとつにすぎないんだ』と」そう語るのは、ゴルフ界のビル・ジェームズ、コロンビア・ビジネススクールのマーク・ブローディ教授だ。「選手の向上、それはスキルと、おそらくはテクノロジーの両方だが、スコアを一定に保つためにコースの難易度を意図的に上げることによって相殺されてきた。PGAツアーでは、グリーンの真ん中にピンがささっていることはほとんどない」

このように結果を修正してきたゴルフとは異なり、MLBでは1988年にストライクゾーンの上限を下げたとき以来、三振を減らす効果のある変更はしていない。ただし2019年には、2020年からひとりの投手が登板するごとに最低3人の打者と対戦するという案が発表された。独立リーグのアトランティックリーグとパートナーシップを結び、マウンドの距離の変更やトラックマンの補助によるストライク判定など、実験的な手法を試験することになった。MLBの公認歴史家であるジョン・ソーンは2018年暮れにこう書いている。「オーナーと選手、ファンのあいだのジレンマは、進歩のパラドックスといえるだろう。野球はたしかに進歩している。ならばなぜ、これほど多数の人にとってよくないと感じられるのか？　各球団が勝つ確率の高い戦略を採用することで、科学はグラウンド上で勝利を収める。だが人の心をつかむのは美学なんだ。それがわたしの見解だ」。観たいと思う人が減ってしまったら、どれだけ選手が上達しても無意味だろう。(3)

MLBの介入がなければ、三振の増加には歯止めがかからないだろう。だが野球がつまらなくなってしまうと恐れる人々にも、増加が遅くなるか、もしくは一時的に止まるかもしれないという希望はある。三振の割合は長い目で見れば増加してきているが、どの時代もそうだったわけではない。1911年の割合は1951年よりも高かった。1963年は1993年よりも高かった。より最近では、1997年は2007年と同等だ。すでに書いたとおり、アストロズがコンタクトを改善する取り組みをしているように、三振数はつねに増えているわけではない。だが打者がもっとバットに当てるためには、ボールの回転に対応しなければならない。

1860年代初頭に、ジム・クレイトン投手はボールに回転をかけはじめた。それによって野球という競技の重点は、ボールを打って走り、野手が捕球することから、投手対打者の対戦へと移った。この対決はいまも競技の中心にある。猛烈な速球を投げる投手が多くなってきたことで、各チームはクレイトンに倣うようになった。「回転はいまあらゆるものを動かしている要因だ。剛速球はもう珍しいものじゃない」とバニスターは言う。「ピッチデザインが今後5年間の野球を決めるだろう。誰もがそこへ向かっていると思う」

この数世紀に及ぶ投手と打者の戦いの最新の局面では、「打者は完璧なスイング平面を手に入れ、投手はすべての球種を使ってその平面をはずそうとしている」とバニスターは説明する。打者は投球の軌道が描く曲線に合わせるようにスイングする。多くの投球はおよそ水平面に対して6度下向きの平面上に乗っているため、多くの打者は、ずれの許容範囲と打球速度を最大化するために同じ角度のアッパースイングをする。すると今度は、進んだチームの投手は打者のそのスイートスポットをはずすために、8度下向きの変化球と4度下向きの速球を投げる。打者にそれぞれの違いが見わけられないのが理想だ。「よいチームはかつてないほど増えており、ゾーンの外への投球は増えている」とバニスターは言う。「相手の出方で動きが変わるダンスみたいなものだ」

多くの打者はまだそのダンスのステップを学んでいない。「打者に高めを投げると、いまだに6度のスイングをする」とバニスターは言う。だがそれも変わりつつある。野球の戦略の流行は循環しているのだ。投手が低めを投げていると、打者はアッパースイングでそれを捉えるようになる。打者が低めを狙えば、投手は高めに投げる。現在は高めも狙うよう打者に指示しているチームも出てきている。

アストロズの外野手トニー・ケンプは、自分にとってトラックマンの最大の利点は速球がホップする投手とそうしない投手を区別できることだと言う。連戦のまえに、アストロズのコーチは打者に回転数の大きな投手を伝え、打者はそれによって調整する。「どこに球が来るかわかっていれば、打てる技術は持っている」とケンプは言う。「だがいまは、回転数のこともある。そしてホップするフォーシームの回転のこともわかっているから、振ったところよりもボールが少し上に来る。だからいまは、ボールの少し上を叩くように指示されているんだ」

それは言葉で言うほど簡単なことではない――１５０キロの高めの速球が見た目とはちがう場所に来ることを想像してみよう――が、それがこれからのバッティングだ。「大事なのは、自分の持つスキルを投手に合わせて微調整することだ」とケンプは言う。「自分に関しては、さまざまな球種をゾーン内のどこに来ても打てるようにスイングを改造した」。それはチーム全体の取り組みだった。２０１８年のアストロズの打者全体のwOBAは、ゾーンの高め３分の１のフォーシームに対して・３５９で、レッドソックスやインディアンスをはるかに上回るメジャーリーグのトップだ。

打者の向上を阻む要因のひとつは、試合で出合うのとまったく同じ球で練習できないことだ。現在のピッチングマシンでは、ＭＬＢのなかでも突出した回転数の投球には及ばない。「どれだけ球速を上げても、回転数が変わるわけじゃない」とバニスターは言う。「だから打者は、ずば抜けた回転数の投手の球ではどうしても練習ができないんだ」

長期的にはバーチャルリアリティが解決策になるかもしれないが、画像の忠実度はまだ水準に達しておらず、各球団はテスト中だ。かつては独立リーグの選手だったフォーストは、ヘッドセットをつけてバーチャルのトレバー・バウアーと対戦した（が、うまく打てなかった）。「バーチャルリアリティのようなツールを使って打者にストライクとボールの見極めをどの程度教えられるのか、それでパフォーマンスがどの程度向上するのかはまだわからない」と彼は言う。つぎの技術的なブレイクスルーがいつ訪れるにせよ、必ず打者の優位になる要因がひとつ含まれているはずだ。それは投手と同じように、怪我をせずに全力でのスイングの練習をはるかに増やすことだ。バッティングの工夫によって、打者は追いつけるかもしれない。

あるいは、打撃に関する工夫はすべて、脳内で行われるようになるかもしれない。

最先端のテクノロジーが進歩するごとに、かつての基本的なボックススコアに記されたデータから離れていく。1世紀以上にわたり、わたしたちは打者について三振、単打、本塁打といった打席の結果しか知らなかった。その後、トラックマンなどのツールによって、それぞれの打球の質までわかるようになり、それによってある打者のパフォーマンスを結果とはべつに評価できるようになった。だが、コンタクトの直後の打球の画像だけでも、その打球の結果を知ることはできる。それはスイングと、それを生みだした身体の動きの結果なのだ。最近では、そうした過程についてもより深くわかるようになってきた。各チームはいま、身体とバットが動きはじめるまえに脳内で起こっていることを調査している。このように、アスリートを理解するための探究が進むにつれ、新たな向上の方法が現れ、より早い段階でそれに介入することができるようになる。

ディサーボ社の創業者であるジェイソン・シャーウィンとジョーダン・ムラスキンは、神経画像と脳トレを野球界に持ちこもうとしている。コロンビア大学でふたりが出会ったころ、シャーウィンは一流の音楽家が脳内で音楽をどう処理しているかを、ムラスキンは画像を使って、専門知識が脳をどのように変えるかを計測しようとしていた。ふたりは野球選手を研究するために力を合わせ、使用者が特定の球種を認識する速さと正確さを調査するソフトウェアを開発した。またワイヤレスの脳波キャップを用い、電極によって身体の反応に先立つ、「スライダー」や「カーブ」だと脳が認識したことを示す神経の反応を調べた。ディビジョン1校の大学生を調査した結果、一般人と比べて「知覚と行為の結びつき」や「抑制機能」が発達していることが判明した。これは運動選手としての適性を示す神経マーカーとなる。

シャーウィンとムラスキンははじめ、自分たちの製品は球種の判断力が高い選手を見つける、あるいは球種の判断力が低い選手をふるい落とすためのスカウティングのツールになると考えていた。ムーキー・ベッツは、ドラフト前にケンブリッジでディサーボ社の前身であるニューロスカウティングによるテストを受け、レッドソックスに好印象を与えたと言われている。ところが使用を始めた球団は、当初のそうした計測ははじめの一歩にすぎないとみなしはじめた。「いつも、『どうすれば選手を改善できるか』という疑問を突きつけられていた。だからすぐに、球団側の関心は育成にあることを知った」とシャーウィンは言う。

2018年に、MLBの4球団がディサーボ社のソフトウェアをマイナーで採用し、そのうち1球団は傘下の5球団で使用した。ディサーボ社はヘッドセットなしでも使用できる携帯アプリを開発した。それによって費用は下がり、テストに専門家が立ち会う必要もなくなった。因果関係を証明するのは難しいのだが、ディサーボ社によれば、アプリでのパフォーマンス改善とグラウンドでのパフォーマンス改善には強い正の相関関係があるという。つぎのステップは、スイングセンサーやウェアラブルデバイスを開発している企業と提携し、リトルリーグからメジャーリーグまでどのレベルでも利用可能で、脳内での最初の反応から最後の動作までを統合して追跡することによって選手のパフォーマンスを評価できるシステムを生みだすことかもしれない。「個人的には、それができれば子どものほうが大きな影響を受けると考えている」とシャーウィンは言う。そしてその年齢は「7歳から12歳だ。神経システムの形成に大きな意味を持つ年代だからだ」

ディサーボを実験的に使用した球団はシーズン終了後、「使えば使うほど打者は向上した」と結論を下した、とシャーウィンは言う。それによりひとつの疑問に答えが出たが、今度はべつの疑問が浮かびあがった。つねに練習している選手と、シャーウィンの言葉では「デバイスを数分いじっただけで、すぐにインスタグラムを見はじめる」選手がいるのはなぜか。その疑問によって、シャーウィンとムラスキンはそもそも野球に関心を抱いたきっかけになった問いへと引き戻された――一流の専門家はなぜそれほど優秀なのか、その能力は持って生まれた素質によるものなのか。「人間にとって変わらないものは、より効率的に、賢明に、ハードな訓練ができるかどうかだと思う」とムラスキンは言う。各球団が本当に欲しがるのは、バウアーのようなそうした脳の性質を持つ選手を見つけることだろう。「こうした情報はもう少しで突きとめられそうだ」とムラスキンは言う。

すべての選手が成長に役立つテクノロジーの恩恵を幼いころから受けられるようになるまでは、パフォーマンスがあるとき急激に上昇する選手の出現はなくならないだろう。それはすべての情報に通じているわけではない推測システムで予想できるものではない。「今日の進んだデータ分析の予測は意表を突かれることになる」とアンディ・マッケイは言う。「この選手育成テクノロジーからわかるのは、意欲のある選手はキャリアのなかで突然大きな成長を見せることもあるだろうということだ」

各球団がそうした偶然性を最小限にするひとつの方法は、さらに積極的な選手育成を行い、現場レベルで始まった革命をトップダウンのものにすることだろう。

かつてはオフシーズンになると、選手は球団とあまり連絡を取らなかった、とアレックス・ハッサンは述べている。「オフシーズンに入るときはたいてい、『じゃあな！　来シーズン会おう』という感じだった」。だがそれは変わりつつある。各チームは育成の最先端にいる独立した指導者を採用しはじめている。新しいアイデアや見解がベンチに入ってきている。〈ジ・アスレティック〉のイーノ・サリス記者が書いているように、メジャーリーグの打撃コーチの平均在籍期間は２０１８年12月時点でわずか１・４年で、少なくともこの10年で最低だ。２０１９年初頭の時点で所属チームに３年以上在籍している打撃コーチはわずか5人だけだ。

「球団の外で役に立つものを探している選手を怒るつもりはまったくない」とデーブ・ブッシュは言う。「それは病気になったときに専門医を探すようなものだと思っている。いつもかかりつけの医師のところへ行くとはかぎらない。外部にはその問題についてもっとよく知っている医師がいるかもしれないんだ」。だが、もしその専門医が内部にいれば、チームとしてはそのほうが都合がいい。選手が能力の足りない人物に出会ってしまうリスクや、内部と外部のコーチによる見解の不一致は減らせる。チームが持つデータもしっかりと利用することができるだろう。

過去には、チームが選手を改造することをためらい、選手が失敗するまで待つことで駄目にしてしまうリスクを回避しようとすることも多かった。だが手を差しのべなければ、すでに選手を損なっているようなもので、そのため選手はラッタやボディのような指導者のもとへ行っていた。いまでは、「われわれは個人に合わせた、ドライブラインのような指導をしようとしている……オフシーズンに有名な指導者のところへ行って、選手育成に関するより進んだ情報を得ようとする必要はない」とバニスターは言う。選手をしっかりとサポートしているという評価を得ているチームは、キャリアの刷新を目指すフリーエージェント選手にとっても魅力的な行き先になるだろう。2018年から2019年のオフシーズンにMLB球団に採用されたドライブラインの元従業員は、オチャートやダニエルズなど8人にのぼる。

バニスターはもっと多くの選手がPGAのプロゴルファー（やバウアー）に倣って自前のセンサーやトラッカー、カメラを購入し、年中トレーニングを継続することを期待している。だがそれによりテクノロジーへの理解度が高まると、今度は野球が抱えるべつの問題が悪化する可能性がある。野球は低年齢のアマチュアにとって金がかかるようになってきている。やがては誰もができるスポーツではなくなってしまうかもしれないのだ。

アスペン研究所による2018年のある報告によると、2017年には、年収2万5000ドル未満の家庭の子どもはわずか34パーセントしかチームスポーツに参加していない一方、年収10万ドル以上の家庭では69パーセントが参加していた。2011年から2017年のあいだに、年収7万5000ドル以上の家庭では参加率が上昇し、低収入の家庭では下落している。高額な費用が原因で団体スポーツに参加できない場合が出てきているのだ。

一流外野手のアンドリュー・マカッチェンは2015年にウェブサイト〈プレーヤーズ・トリビューン〉にこう書いている。野球は「かつて貧しい子どもがその境遇から抜けだすための手段だった。だがいまでは、親が遠征費を払えない子どもには手の届かないスポーツになりつつある」。意図的な練習は家庭の経済力とは関係なく効果を発揮するが、そのために必要となる時間とテクノロジー、そして指導は、低収入の家庭の子どもにはなかなか得られなくなっている。同様に、トラックマンのようなツールはアマチュア選手が注目を浴び、ドラフト指名されるために役立つが、それもチームに所属してプレーし、システムが導入されているトーナメントに参加できる場合のみだ。ポスト・マネー・ボール時代にあって、金銭的な余裕がない者はますます不利になっている。

２０１６年の暮れ、ＭＬＢと全米アマチュア野球連盟は、招待された高校生選手のみが無料でチームに参加する、若手有望選手育成《プロスペクト・デベロップメント》パイプライン（ＰＤＰ）をつくり、経済力がない子どもは野球ができないという状況を変えようとした。２０１８年末には、ＭＬＢはＰＤＰリーグを作ってそのプログラムを拡大した。このロイヤルズ・アカデミー的な「育成とショーケース」の試みは、２０１９年６月半ばから7月上旬にかけて行われ、MLB.com での告知によれば、80名の参加者には「それぞれ、最新のテクノロジーによる評価と、個々に合わせた育成カリキュラム」が与えられることになった。

ＭＬＢと全米アマチュア野球連盟は２０１８年にも協力してトレーナー・パートナーシップ・プログラムを立ちあげた。その目的のひとつは、「メジャーリーグではごく当たり前になった最新の評価ツールを外国人選手の市場にもたらす」ことだった。11月にはそのプログラムによってドミニカ共和国のボカ・チカで、２０１９年、２０２０年に契約する資格を得る１２０人の地元選手を集めて3日間のショーケースが行われた。投球、打球、走塁が余すところなく追跡された。

こうした取り組みは若年層プレーヤーの問題を解決するためのものだが、そこにはＭＬＢの思惑も絡んでいる。どちらのプログラムからも、球団が求めるデータが提供されるのだ。外国人選手の市場では、各球団は契約可能な年齢になるまで最大3年間選手に関わることができるが、球団のアカデミーへは契約の1年前にならないと連れていけない。そのまえの期間はデータを現地から受けとらなくてはならないため、指導者がそれにつけこむこともある。「しかも、状況はますます悪くなっている」とバニスターは言う。「選手のデータが得られるのは早ければ早いほどいいが、アカデミーに選手を連れていくことはできない。だから携帯可能な機材を設置するか、現地の指導者から買うしかない」あるいは、選手を無料のショーケースに招待し、そこでカメラをまわすという方法もある。

良きにつけ悪しきにつけ、世界的に若年層の選手に関する情報はかつてないほどに増えている。だが、客観的な数値は競争力や、子どもを野球につなぎとめる新たな方法を与えてくれる。統計データは野球をする楽しみを奪ったと言う人は、打球角度や回転数もやはり野球をする楽しみを奪ったと言うだろうが、野球へのより深い理解にも上達にも、つまらないことなど何もないはずだ。

結局、若年層のデータが増えることで、マネー・ボールがほとんど絶滅に追いやった、元MLB選手のゼネラルマネージャーという種族が復活するかもしれない。

〈ベースボール・プロスペクタス〉のダスティン・パルマティア記者のデータによると、1980年代に任命されたゼネラルマネージャーのうち44・1パーセントが元MLB選手だった。一方2010年代に任命されたゼネラルマネージャーのうち、元メジャーリーガーはデーブ・スチュワートとジェリー・ディポートのふたりだけだ。マイナーリーグでのプレー経験がある新任ゼネラルマネージャーの割合は、80年代の67・6パーセントから2010年代には20・6パーセントに落ちている。2010年代に任命されたゼネラルマネージャーの40パーセント近くがアイビーリーグ出身者だ。70年代から90年代には、その比率は最大でも3パーセントだった。それは選手経験のない人物が球団運営から排除されていないという進歩の証ではあるものの、各球団のフロントオフィスは正反対へと振れて、あるタイプからべつのタイプの均一性へと、少しだけ若く、よりオタク化した男性社会に変化したにすぎない。ゼネラルマネージャーは全員が男性で、圧倒的に白人が多く、アイビーリーグ出身者がますます増加している。そして属性の多様性が欠けていることで、おそらく思考の多様性の欠如をも生んでいる。

野球のデータ革命から取りのこされていた前世代の選手たちとはちがって、今日の選手は「データについて学んでおり、その結果、これからは25年前や35年前と同じように、引退後にはフロントオフィスや選手獲得に携わる選手が増えてくるだろうと思う」とディポートは言う。レイズのパイプ役コール・フィゲロアも、「元選手がふたたび球団運営に関わるようになり、しかも進歩的な発想を持ったプレー経験のないコーチがいまよりもたくさんダグアウトにすわっているという、調和した状態がいつか来ると信じているよ」とつけたす。2018年12月に、フィゲロアのチームはそのうち後者に向けて一歩を踏みだした。分析ディレクターのジョナサン・アーリックマンを〝分析コーチ〟としてベンチ入りさせたのだ。プレー経験はティーボールしかなく、プリンストン大学で数学を専攻した(そして「銀河団の重力赤方偏移」について卒論を書いた)アーリックマンは、ケビン・キャッシュ監督のもと、コーチとしてユニフォームを着てベンチに入って統計分析を行う。「このことから何が学べるか、みなわくわくしているよ」とアーリックマンは〈タンパベイ・タイムズ〉に語った。

2015年にビル・ジェームズは「わたしの世界観は、広大な無知の海のなかに、知識という小さな島が浮いている、というものだ」と語った。それはとりたてて野球のことを述べた言葉ではないが、ほかにはないほど細大漏らさず記録が残され、徹底的に数量化されてきた人間の趣味にももちろんあてはまる。「まあ、わたしたちの島は以前より100倍くらいは大きくなっているだろう」とファストは言う。「でも、それだけ海が小さくなったわけじゃない」

無知は恐ろしいものだ。だが、学ぶべきことはまだあることを思えば、わくわくさせてもくれる。自己完結した野球界においては、成績の向上には限界がある。球団拡張をのぞけば、メジャーリーグのロースター枠は決まっていて、全30球団(あるいは将来的には32球団か34球団)で有限の勝ち星を争う。各チームの選手育成がどれだけ発展しても、全チームの平均勝率は5割のままだし、平均的な選手の価値が上がるわけでもない。ワールドシリーズを制覇したチームも、翌年の春にはまたゼロからスタートを切ることになる。

だが、こうした制約を抱えているのはスポーツの世界だけだ。人は世界に存在するほかの何かを損なうことなく、向上することができる。人はそれぞれ、また人類全体も、スイングを改造するまえのジャスティン・ターナーかもしれない。カーブを十分に生かすまえのリッチ・ヒルかもしれない。スライダーを改良するまえのトレバー・バウアーかもしれない。人類はいま、ブレークの寸前にいるかもしれないのだ。ビル・ジェームズも語っている。「潜在的な可能性に比べれば、われわれはまだ何もしていないに等しい」

エピローグ
デザインのあとからついてくるもの

成功は慢心を生む。慢心は失敗を生む。パラノイドだけが生き残る。
——アンディ・グローヴ（元インテルCEOにして半導体の先駆者）

ブライアン・バニスターの父はメジャーで15年過ごし、プレーオフで1試合に登板した。ブライアンにはプレーオフでの登板はない。親子はともにワールドシリーズに出場していない。そのためプレーオフ進出を逃したあと、2年連続でディビジョンシリーズで敗退していたレッドソックスが、2018年にALCSでアストロズと、ワールドシリーズでドジャースと対戦することになったとき、バニスターはチームの全員と同じように、絶対にこのチャンスをものにしようと考えた。

ほかのどのメジャースポーツにもまして、現代の野球はプレーオフになるとがらりと様相が変わる。レギュラーシーズン中はチームも選手もゆったりと自分のペースで過ごしているが、ポストシーズンに入ると試合の間隔が開き、大きな栄誉がかかっていることによって試合に賭ける意気込みが変わる。監督は先発投手を早めに下げ、（レギュラーシーズンの先発投手も含む）リリーフ陣のあいだを歩きまわり抑え投手には1年でそのときだけは特別に長いイニングを投げるように頼む。各チームは最高の投手を揃え、各投手は最高の球種を投げ、最高球速に近い投球をする。10月の口癖は、「最高のクオリティ、最高の投球、最高の配球」だとバニスターは言う。

こうしたすべては、ワールドシリーズになるとさらに強烈になる。7試合で先に4勝すればよい短期決戦で、もう力をあとに温存する必要もない。「その年、そしてそのまえの年月に植えた種が花を咲かせるんだ」とバニスターは言う。「もう育成は関係ない。ただ力を発揮するだけだ」

だがある意味で、現在進行中の革命によって育成と力の発揮のあいだにある境界は曖昧になっている。スイングの見直しや新しい球種の開発のような大プロジェクトはたいていオフシーズンかスプリングトレーニングに行われるが、今日の最先端のコーチや選手は以前よりも日常的なプレーの改良やチューニングを大切にしている。バニスターの即席ピッチング・ラボやフェンウェイパークに揃ったセンサーで、レッドソックスは自チームの選手のデータを集め、チームを負けに導くような水準以下の投球をしていないか確認できる。「変化球の質を保つことは、いまではフルタイムの仕事なんだ」とバニスターは言う。「［変化球は］回転軸15度の差で20－80の評価スケールで60と70のあいだを揺れ動く。握りや、シーズンが進むにつれて出てくる疲れによって、わずかな狂いが生じる」

プレーオフに入ると、レッドソックスは30歳のジョー・ケリーと29歳のヒース・ヘンブリーという要となる右のリリーフふたりに問題が起き、ボストンの最大の弱点になると思われた。ケリーとヘンブリーはどちらも第2球種としてスライダーを持っていた。2016年のプレーオフでは、最大で時速は150キロに達し、鋭く曲がるケリーのスライダーは「調子がよければ最高の80レベルの球だった」。その年、ポストシーズンでの3回の登板で、ケリーはほかのどの球種よりも多い41パーセントの割合でスライダーを投げた。2018年開幕時には、ケリーのスライダーは強烈だった。そしてヘンブリーのスライダーも、バニスターによれば「完璧」だった。

ところがレギュラーシーズンが進むにつれ、ケリーもヘンブリーも少しずつスライダーの威力が落ちていった。スライダーを多投するリリーフ投手は、バニスターによれば、アメリカンフットボールのように、わずかに手を横に傾けてリリースする。その手の角度によって、ホームプレートに対してまっすぐにしたときよりボールに回転がかかる。一方でまっすぐなほうが速球がホップする。シーズンが始まったとき、ケリーとヘンブリーはスライダーの回転効率がよく、速球があまりホップしない手の角度で投げていた。ところがふたりとも同じ症状に苦しみはじめた。「シーズンが進むにつれて、どういうわけか彼らの手はどんどんまっすぐになり、フォーシームの割合が増えていった。そしてスライダーがおかしくなっていったんだ」とバニスターは言う。「4月に投げていた球は大きく曲がっていたのに、〝小さなカッター〟くらいになり、バットに当てられるようになっていた」

この意図しない変化にはよい副産物がひとつあった。手をまっすぐに投げる投手はよいカーブを持っていることが多い。そのため、バニスターによれば、「ジョーとヒースはスライダーがよくなかったあいだ、カーブの質は上がっていた」

エッジャートロニックやキナトラックスのような感度の高いツールのおかげで、レッドソックスは２０１８年に、腕の動きによって投手を分類できると知った。トラックマンの計測ではリリースポイントが同じふたりの投手の投球フォームが、かなり異なっていることがありうる。そしてそこまでの、肩や肘、手の一連の動作によって、投手を分類することができるのだ。「ボールの投げ方はたくさんある」。バニスターはフック、ドロー、スクエア、フェード、スライスなど、ゴルフを例に手とボールの角度について説明した。投手を分類することで、「よりよいコーチになることができる。投手の手の角度や回転数に基づいて何が必要かを知ることができるからだ」とバニスターは言う。

レッドソックスは、ゴルフのスイングをひと晩で変えるのが難しいように、いったん投手の腕の動きがある方向にずれるとそれを元に戻すのは難しいことを知った。ケリーとヘンブリーは〝ドロー〟

の投手から〝スクエア〟の投手に変わってしまった。チームははじめ抗おうとしたが、受けいれるほうが賢明だと判断した。「状況がわかると、『彼らはちがう種類の投手に変わったんだ』と受けいれた。彼らに必要なものは変わり、ちがうゲームプランを考えることになった」とバニスターは言う。

プレーオフが近づき、ふたりともスライダーを信頼できないという状況で、レッドソックスの投手コーチ、デイナ・ラバンジーは大胆な判断をした。「スライダーを捨てて、カーブで行こう」。彼らの最高のスライダーと最高のカーブを比べればスライダーの方がいい球だ。だがいまはスライダーを投げられず、カーブなら投げられるという状況なのだ。

ケリーがそのシーズン最後にスライダーを投げたのは9月19日、ヘンブリーは9月29日だった。次ページの図は、ケリー（実線）とヘンブリー（点線）の9月までのスライダーの空振り率を月ごとに示している。またカーブが増えてスライダーが徐々に減り、10月には完全にスライダーを投げなくなっていることもわかる。

その戦略はすばらしい成果を挙げた。ヘンブリーは長い試合になったワールドシリーズ第3戦での延長11回の登板を含め、プレーオフでの4度の登板で無失点に抑えた。レッドソックスのリリーフ陣でつぎに防御率が低かったのはケリーで、9試合11回1／3を投げてブルペンを引っ張り、自責点はわずか1、13三振を奪い、与四球は0と、普段は四球の多い投手としては際だった出来映えだった。レギュラーシーズンの成績はごく平凡だったにもかかわらず、彼は12月にドジャースと3年2500万ドルの契約を結んだ。

テクノロジーを利用しても、ケリーとヘンブリーのスライダーが劣化するのを防げなかった。だがボストンはデータによって、どこがおかしいのか——そしてこの場合、彼らのカーブがよくなっていること——を知り、解決策を得ることができた。「もしツールがなかったら、そして生体力学や、何

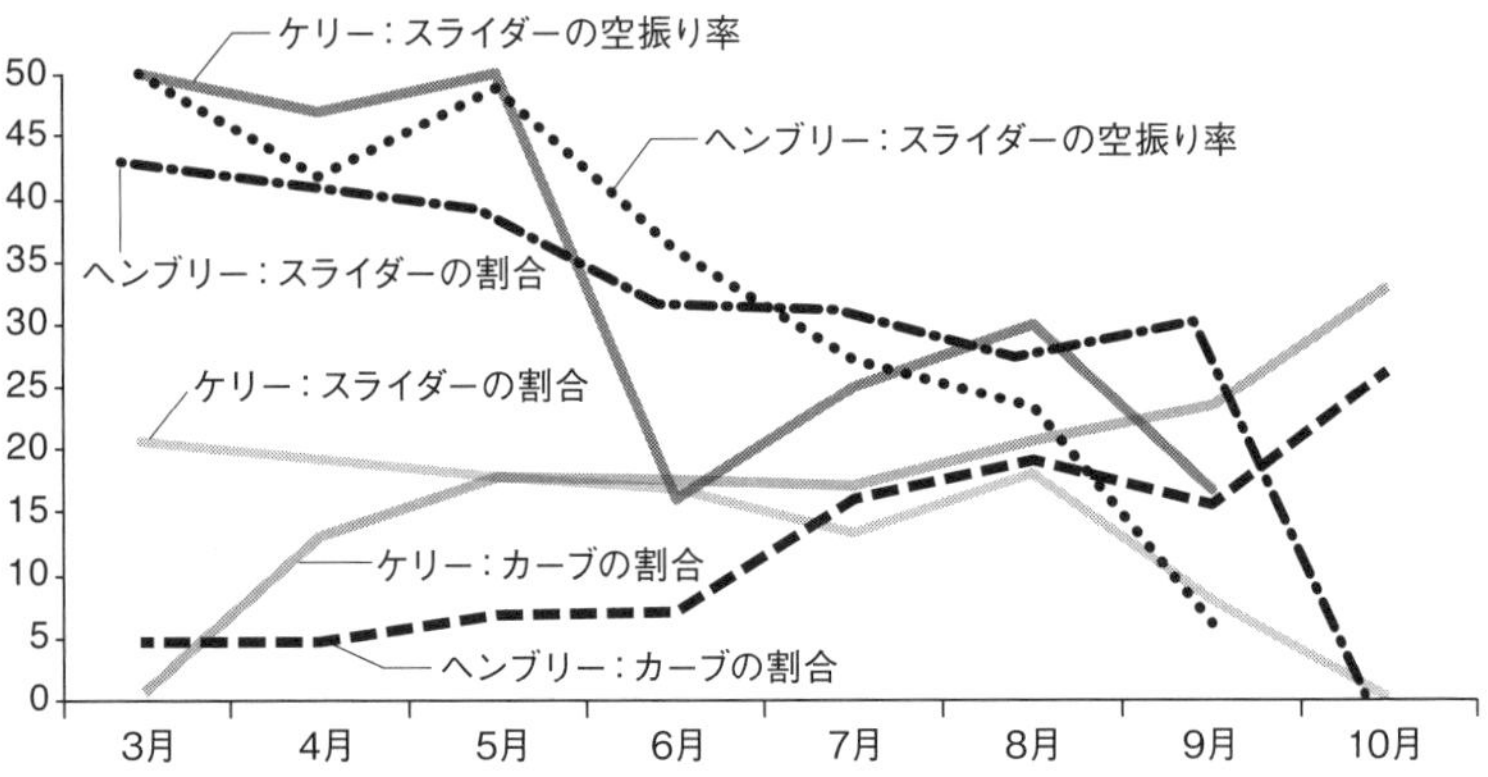

が起きているかを知るための物理学の知識がなければ、われわれはその結論に達することはできなかっただろう」とバニスターは言う。

バニスターによれば、ボストンが２０１８年のポストシーズンに戦力強化のために行ったことはそれだけではなかった。右腕のマット・バーンズはもともとカーブが多く、レギュラーシーズンには全投球のうち39・1パーセントを投げており、40イニング以上投げた投手のなかでリッチ・ヒルに次ぐ8位だった。だがある重要な局面で、バニスターはその割合をさらに大幅に引きあげさせた。

「ときどきバーンズは、どうしたらいいかわたしに尋ねるんだ」とバニスターは言う。10月14日、ヒューストンに先勝されたＡＬＣＳ第2戦のゲーム前、右翼のピッチング・ラボでもそういうことがあった。「わたしはこう言った。『「ランス・」マッカラーズや「ライアン・」プレスリーはマウンドに登ると、ほかにいい表現が見つからないんだが、変化球で〝マッカラーズして〟われわれを抑えこむ』」とバニスターは回想する。彼はバーンズにこう指示した。「登板したら、まったく同じことをやり返したらいい」

その晩、バーンズは5回2アウト走者一、二塁、ボストン

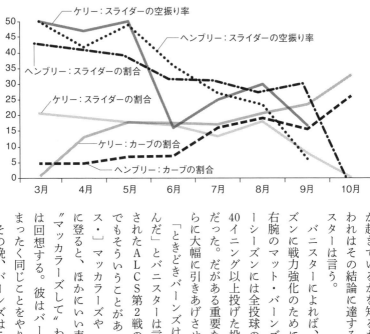

1点リードの状況でデビッド・プライスのあとをついだ。マーウィン・ゴンザレスを迎えて、彼は4球連続でカーブを投げてピンチを防いだ。見逃しストライク、空振り、ファウル、そして空振り三振。つぎのイニングで、彼は全11球のうち10球カーブを投げ、ゴロアウト、ポップフライ、ゴロアウトに抑えた。カーブの割合は93パーセントで、2球以上投げた登板でのキャリアハイを大きく上回った。「それはアストロズに、『おまえたちがそうするなら、こっちにも同じことができる選手がいる』のだと宣言しているようなものだった」

その登板は抑えたこと――試合はボストンが7対5で勝ってシリーズタイに戻し、バーンズが勝ち投手になった――だけでなく、シリーズ全体に心理的な影響を及ぼした。厳密な、データ主導のスカウティングが行われている時代にあって、それまでのキャリアから大きく逸脱した投球をする選手が現れると、相手には疑念が生じる。「普段とはかなりちがうことをやる可能性もあると相手に植えつけると、そのシリーズやプレーオフ全体でいい成績が残せるんだ」とバニスターは言う。「アドバンスレポートがすべて水の泡になる」

たとえば球種選択と心理的な影響に関してはこんなことがあった。バーンズが降板した2イニング後、リック・ポーセロがマウンドに上がった。ポーセロは先発登板の合間にリリーフもこなし、レギュラーシーズン中に最も多く投げていた球種はシンカーだった。統計的にはフォーシームやスライダーなど、もっといい球も持っていたが、シンカーを早いカウントでバットに当てさせることで投球イニングを伸ばしていたのだ。だがプレーオフのリリーフでは球数の節約をしなくてもいい。必要なのはバットに当てさせないことだ。「球種は3つ、コースも3カ所だけしか投げない。おまえはもうシンカーボーラーじゃない。リック・ポーセロ、おまえは8回のセットアッパーなんだ」とバニスターは言った。

２０１８年のプレーオフ最初の登板はＡＬＤＳの第１戦で、ＭＬＢでの10年のキャリアで１球もシンカーを投げないはじめての登板になった。ＡＬＣＳ第２戦が２度目になった。ポーセロはトニー・ケンプをカーブでゴロに打ち取り、フォーシームでゴンザレスを三振に打ち取り、カルロス・コレアには落ちながら外に曲がるスライダーを追いかけさせてイニングを終わらせた。マウンドから降りるとき、彼は腕を振り、雄叫びを上げた。

「あの瞬間にポストシーズンの流れが決まった」とバニスターは言う。それまでは「ずっとリリーフがひとり足りないとか、ブルペンがうちの弱点だと言われていた。リックをセットアップに持ってきたら、あの救援を見せてくれた……あれでチーム全体が盛りあがったよ。そのときに、『これは優勝できる』と思ったんだ」

ワールドシリーズ第５戦で優勝を決めたとき、レッドソックスはクレイトン・カーショーから（Ｊ・Ｄ・マルティネスやＭＶＰ候補のムーキー・ベッツらが）３本のホームランを放ち、デビッド・プライスは３度連続で先発で好投していた。以前のプライスは10月のポストシーズンの成績が悪く、２０１８年にもやはり最初の２度の先発でその悪評を上塗りしていた。ひとつの三振も取れず、カッターで２本のホームランを打たれた。それを見たバニスターはアドバイスをした。

「わたしはいつも、ポストシーズンではとくに、弱いコンタクトで打球速度の低い球種を減らし、空振りが取れる球種を投げるほうが好きなんだ」とバニスターは言う。ヒルをブレークさせてから何年も経つが、彼はいまも壊れたレコードのように試合後のフィードバックで「まだいちばんいい球の投球数が少ない」と繰りかえし伝えている。このときは、主軸となる投手がこのアドバイスをしっかりと胸に刻んだ。

ＡＬＣＳの勝ち上がりを決めた第５戦での登板で、プライスはミニッツメイド・パークで６回を投げた。レギュラーシーズン中には当たりは弱いが空振りの割合が低いカッターを30パーセント近く投げていたのだが、この登板では10パーセント強に減らした。この試合、プライスは（球種のなかでずば抜けて空振り率の高い）チェンジアップをキャリアハイとなる43パーセント投げた。さらに圧倒的な投球を見せたワールドシリーズでの2度の先発では、カッターを２０１５年の前半以来最低の７パーセント以下に減らした。この修正で、彼はヒーローになった。

　歴史的なデータや統計分析が確認できるウェブサイト〈ベースボール・ゲージ〉によれば、ケリー、ヘンブリー、バーンズ、ブルペンに回ったポーセロ、カッターを減らしたプライスのプレーオフでの投球パフォーマンスにより、レッドソックスがワールドシリーズを制する可能性は37・１パーセント高まった。レッドソックスはレギュラーシーズンで１０８勝したが、ワールドシリーズで勝てた理由は、ひとつにはデータに従い、フルシーズンでの決まりごとをやめたことにあった。10月に勝利を収めるにはちょっとした運も必要だが、ブランチ・リッキーによれば、運とは計画《デザイン》のあとからついてくるものだ。レッドソックスにとっては、運とはピッチデザインのあとからついてくるものだった。バニスターはプレーオフで投球したことは１度もないが、自分以外の投手がプレーオフでの投球を決めるのに手を貸した。彼は試合中いつも在駐しているクラブハウスから出て、優勝決定の最後の瞬間をチームメイトたちと過ごすためダグアウトに向かった。ベンチ入りするコーチ数を制限するＭＬＢの規則など、このときはどうでもよかった。

「わたしがダグアウトにコーチとして入ったのはあの第5戦の9回だけだ」とバニスターは言う。「その瞬間はそこにいたかったんだ」。また、彼の貢献はそれにふさわしいものだった。

　レッドソックスがドジャースタジアムで優勝を祝った数週間前、インディアンスは5試合制のＡＬ

DSの第3戦を戦っていた。第1戦ではクルーバーが打ちこまれ、第2戦ではバウアーも含めた中継ぎ陣が打たれて序盤のリードをひっくり返された。負ければシーズン終了となる10月8日の第3戦はマイク・クレビンジャーがマウンドに上がり、5回1失点、9奪三振にアストロズを抑えた。5回裏、フランシスコ・リンドーアがダラス・カイケルの球を打ち返し、左翼フェンスを超えて駐車場へ向かう高架にかかったデジタル時計に跳ね返った。観客は興奮に湧いた。インディアンスは2対1とリードし、強敵のアストロズを破るかすかな希望を抱いた。ここでフランコーナはバウアーにボールを渡した。シリーズ3度目の登板だ。

バウアーの速球はシリーズでは平均球速153キロに戻っていた。だが長い休みのあとで、まだフォームに違和感があった。単打で出塁した先頭のトニー・ケンプに、牽制悪送球で二塁進塁を許した。ジョージ・スプリンガーは内野安打で出塁。アルトゥーベのショートゴロの間に1点を失い、つづくアレックス・ブレグマンの打球は力ない投手ゴロになったが、ダブルプレーを狙ったバウアーの二塁への送球は逸れた。ゴンザレスの二塁打で2点追加し、アストロズが4対2でリードを奪った。強い打球は打たれていないものの、散々なイニングだった。午後の影が長くなり、それとともに刻々とクリーブランドのプレーオフ敗退が近づいていった。11対3の惨敗でインディアンスのシーズンは終わった。

アストロズはプログレッシブ・フィールドの芝の上で勝利を祝った。インディアンスの選手たちは沈んだ様子でポストシーズンのクラブハウスへ戻った。バウアーは記者からの大量の質問に言葉少なに、力なく答えた。チームメイトたちはまもなく解散し、多くは試合の疲れを癒やし、身体と心を休めるだろう。だがバウアーはちがう。翌日の晩にはクリーブランドでボディと食事をした。そしてすぐにトレーニングに戻った。

シーズンが終わって数日後、バウアーはオフシーズンのルーティンに従い、スタンフォード大学で肘と肩の画像を撮り、投球フォームのマッピングをしてもらった。野球界を見渡しても、バウアーほど自分の投球フォームと腕の内部の画像を蓄積している投手はいないだろう。

「毎年同じ人物のところへ行って生体力学的データを採ってもらっているんだ。うちのも含めて、いまではもっといい方法もあるのに。正確さより継続を大事にしているということなんだろう」とボディは言う。

バウアーはあらゆるデータを集め、トレーニングや食事に関して修正は必要ないかどうかを外部の専門家と検討する。２０１８年11月に画像撮影とマッピングをしたあとにはナッシュビルへ行き、ブレッドソー・エージェンシーのケイレブ・コーザムと会い、ニール・ラミレスのオフシーズンの強化プランを立てた。

バウアーはチームメイトとしてはまだ二面性を持っていた。ラミレスに手を貸し、よいチームメイトぶりを見せたあと、11月29日には見る人に正反対の印象を与えるツイートをした。「ところで、今年のぼくはクルーバーよりよかった」。そしてまたべつに、意図がはっきりとわかるツイートをした。「クルーバーはずば抜けていたが、それはぼくも同じだ」。チームメイトをけなすつもりはなかったんだ、と彼は言った。数多くの統計データからも、２０１８年はクルーバーよりも成績が上だというバウアーの言い分は正しい。だがクルーバーはサイ・ヤング賞の投票でもバウアーよりも上位だった（タンパベイのブレイク・スネルが受賞し、バウアーは6位だった）。ソーシャルメディアで同僚とのパフォーマンス比較を語る選手はほとんどいない。ただ、後世のために事実をはっきりさせたかったらしい。

ＭＬＢネットワークから放送に招かれ、ソーシャルメディアでの発信やインディアンスが放出したがっているという噂について尋ねられると、バウアーはそれに答えた。そのライブ・リモートインタビューで、彼はインディアンスがもしトレードに出すなら２０１９年のシーズン後にするべきだと語った。２０１９年にはまだ「剰余価値」があり、報酬以上の働きができるというのがその理由だった。バウアーは契約延長の話はしたがらなかった。彼は２０１９年から２０２０年の冬に4度目の年俸調停を行うはじめての選手になりたいと思っている。インディアンスはおそらく、２０００万ドルを超える要求額を払おうとしないだろう。

バウアーは2年連続となった２０１９年2月の年俸調停で希望額を認められ、来シーズンの年俸１３００万ドルが認められた。公聴会は通常、グラウンドでのパフォーマンスだけが議論の対象となるが、球団側の弁護士は裁定人を前にした主張の最後の10分間で「人格の抹殺」を行った、とバウアーは非難した。たとえば彼らはバウアーが「69日間の寄付」というチャリティで、２０１８年に69日間に68種のチャリティに４２０ドル69セントを寄付したことも、大麻を意味する「４２０」や性的な含みがある「69」という数字を用いたとしてやり玉に挙げた。「それがチャリティだということには触れず、ただ言葉だけを問題にしたんだ」とバウアーは〈ＵＳＡトゥデイ〉に語った。ほかにはどんなことを言われたのか、と質問者は言った。「ほとんどは、ぼくがどれだけひどい人間かということだった(1)」

バウアーは1月にソーシャルメディアでまたしても賛否を巻き起こす行動をした。ツイッターで大学生と2日にわたってつづく論争をしたのだ。彼は若い女性が連続して侮蔑的な発言をしたことに反応した。その女性はすぐに、バウアーとその13万４０００人のフォロワーから大量の返信を受けとり、それによって傷つけられたと語った。バウアーは容赦なく厳しすぎるという批判にさらされ、「ぼくはよくインターネット上の荒らしから自衛している」が、「今後は公的な発表の場をもっと責任を持って運営する」と決意した。

多くの投手は2月にスプリングトレーニングに入ってから徐々に球速を上げていくが、バウアーは11月にドライブラインのメイン施設で助走をつけて全力でネットに向かって170キロの速球を投げはじめていた。自分のすべてを点検し、また最新のプロジェクトであるチェンジアップの改良にも取り組んでいた。

2018年にバウアーが苦しんだのは、左打者の外角低めへの攻めだった。バウアーのチェンジアップは、2018年に100球以上この球種を投げた投手のなかでバットに当てられる確率が平均を下回り、被打率と長打率は下から10位以内だったが、縦や横の変化は期待していたよりも小さく、コントロールが定まらなかった。スライダーのプロジェクトを始めたのと同じドライブラインのR&D部門のマウンドで、またエッジャートロニックとラプソードに見守られ、記録しながら取り組みはじめた。求めているのは、途中まではスライダーと同じ軌道で、そこから逆に曲がる球だ。彼とドライブラインのピッチデザインの指導者（3月にはフィリーズに雇われることになる）エリック・ジェーガーズは、黒のマーカーでボールにストライプを書き、回転軸を見わけられるようにした。投げはじめると何度か、ストライプが傾いた赤道のように見える球があった。進歩だ。

バウアーとジェーガーズは動画を重ね、各球種の軌道を比較した。画面上に緑色の輪が書かれているのは、どの球種もなるべく通ってほしいトンネルのしるしだ。バウアーのスライダー、フォーシーム、チェンジアップはプレートとの中間点までその軌道を通る。それからスライダーは左に曲がり、チェンジアップは減速して落ちる。

前年のオフシーズンよりも打撃練習での登板をはじめるのは早かった。ケージのまわりには選手たちが集まり、バウアーがさまざまな打者に対して投球し、ヒットトラックスがそれを数値化するのを眺めていた。バウアーは全球種を投げると声を上げた。野次馬は打者たちがつぎつぎに空振りするのを見て笑った。

バウアーは2019年にはさらに向上できると信じていたが、恐れもあった。28歳になるため、統計的にはすでに選手として身体的なピークに達し、あるいは過ぎていることになる。もっとも、おとなしくそんな見解に従うつもりはない(2018年には、標準的な傾向では老化による下降が始まったはずだが、球速が上がっている)。まだ、3度獲得したいと思っているサイ・ヤング賞を1度も獲っていない。より高い才能を持つドジャースのウォーカー・ビューラーやアダム・オッタビーノが自分のような練習をするようになったらどうなるのかという心配もある。「バウアーは成功へのロードマップを知られてしまうと考えているんだ。新たなトレーニングをやって、自分はこれだけできると証明する。するとみなが同じことをやりはじめる」とボディは言う。そうすれば、自分よりも能力の限界が高い投手には勝てなくなる。

「その恐れは馬鹿げたものじゃない」とボディは言う。だが彼は、バウアーほど勤勉に、必要となる意図的な練習に取り組める投手はほとんどいないと言って安心させている。「メジャーでもマイナーでもいい、オフシーズンに自分と同じだけの時間をトレーニングに費やす選手の名前を挙げられるかと聞いてみた」とボディは言う。

そんな選手はいなかった。

「だったら、何も心配いらないじゃないか」と、ボディは彼に言った。「人間はあまり一生懸命に何かをすることが好きじゃない。その問題は、まだ解決されていない。もしそれを解決する方法を見つけたら、べつのことをやって何十億ドルも稼げる」

ほとんどの選手がバウアーに後れをとっているのと同様に、ほとんどの（おそらくはすべての）球団がアストロズの背中を追っている。２０１９年1月には多くの球団がエッジャートロニック・カメラを購入したためサンストリーク社の３カ月分の在庫が空になったが、それでも状況は変わらない。ボディが２０１９年2月にツイートしたように、「多くのチームはテクノロジーを否定しつつ、しかたなくそれを使っているだけだ。実際に使いこなすにはほど遠い」。この動向はまだ始まったばかりで、おそらくようやくその初期段階が終わったところだ。

この育成の時代は、テクノロジーやデータを取りいれ、統合し、選手を新たな高みへと押しあげることで成りたっている。だがどんな改造にせよ、出発点には人間に本来備わった、向上への意欲がある。好奇心を持った貪欲な者だけが、これからの啓蒙されたスポーツの世界で抜きん出ることができる。生き残るのはパラノイドだけだ。

ボディはそんな世界にぴったりの人間だが、メジャーリーグ球団のフロントオフィスで働くことは望んでいない。それに、その必要もないように思える。いまでは30人以上のスタッフを抱える彼の会社はブランドとしての地位を確立している。ドライブラインの敷地に建てられた3番目の建物は倉庫になっており、なかに入って蛍光灯をつけるとゆっくりと明るくなり、天井まで積みあがった木箱が照らしだされた。中身はウェイテッドボールやリストウェイトなどドライブラインの製品で、中国で製造され、船で運ばれたものだ。２０１８年のウィンターミーティングで、ボディがＭＬＢ球団を90分のミーティングに招いてドライブラインの最新のイノベーションを説明したところ、空いていたトレーニングの枠はすべて埋まった。また、ラスベガスのマンダレイ・ベイホテルのスイートルームにメディアを集めてイベントを行ったときは、来場者があふれ、ベッドルームまで開放しなければならなくなった。

２０１８年の秋には地元の『ピュージェット湾ビジネスジャーナル』が、シアトルで展開する個人事業で2番目に急成長している企業としてドライブラインを取りあげた。この雑誌によると２０１７年の売上は３１２万ドルで、２０１５年から３７４パーセント増加している。だがボディは、ある仕事のためなら事業を辞めても構わないと思っている。野球界の完全なるアウトサイダーが完全なるインサイダーになることができる仕事、ＭＬＢの投手コーチだ。

10月30日、エンゼルスはアストロズの元ブルペンコーチ、ダグ・ホワイトを投手コーチに迎えた。プロとしての登板経験がないホワイトは、南カリフォルニアに自前の施設を建て、そこを足がかりに野球界に入った。このニュースを見たボディとバウアーはツイートしあった。

ボディ：最近じゃ誰でもメジャーの投手コーチになれるらしい。（ダグ、おめでとう！）
バウアー：あなたも望みはあるよ、カイル。本当ならすごいね。
ボディ：２０２３年にはフィリーズの投手コーチだな。やっとここまで来た。
バウアー：イーロン・マスクみたいに先延ばしにしなくてもいいでしょ。ぼくが３つめの球種をものにして、あなたは２０２１年にオークリーのサングラスをつけてフィリーズのユニフォームを着てる。ＯＫ？

この野球界のアウトサイダーふたりが同じユニフォームを着る日がいつか来るかもしれない。だがそれよりも、完璧なチェンジアップを生みだすのが先だ。２０１９年1月上旬、バウアーはドライブラインのＲ＆Ｄ部門のマウンドに戻り、18リットルのバケツに相当する球を投げた。開幕日が迫ってくる。バウアーはさらに状態を上げなければならない。

後記
コピーキャットリーグ

革命とは、一杯のカクテルのようなものだ。それはつぎの一杯への序章にすぎない。
——ウィル・ロジャース

２０１９年10月19日の晩、アストロズは最高の姿と最低の姿を見せた。グラウンドでの勝利を目撃したのは数百万の観客と視聴者だった。そのあとの醜い出来事を見たのは一握りの人々だった。

その土曜の晩、アストロズはＡＬＣＳ第６戦でヤンキースを下し、リーグ優勝を果たした。評論家や各種予測では2度目のワールドシリーズ制覇が予想されていた。２０１９年のアストロズは２０１０年代後半のチーム黄金期の理想と言えるチームだった。２０１７年から２０１９年には、史上6番目となる3シーズン連続１００勝以上を達成していた。２０１９年のチームはシーズン１０７勝55敗で、ジェフ・ルーノウ体勢初年度の55勝１０７敗と勝敗が入れ替わっており、過去3年でも最強チームだった。殺人打線と呼ばれた１９２７年のヤンキースとも比較される強力なラインナップで、チームＷＡＲでは1シーズンで史上4番目の高さを誇った。投手の奪三振率が最も高く、打者の三振率が最も低かったはじめてのチームとなった。２０１８年から２０１９年のアストロズは得失点差が合計５４３点で、１球団のシーズン通算成績としては１９３９年から１９４０年のヤンキース以来最高の数値だった。

だが、グラウンドでのパフォーマンスは球団に大きな栄光をもたらしたものの、フロントオフィスの反応はそれにふさわしいものではなかった。ヒューストンの本拠地のクラブハウスで、ホセ・アルトゥーベがペナント獲得を決めるサヨナラホームランを放った1時間後、ブランドン・トーブマン・アシスタントGMが、『スポーツ・イラストレイテッド』のステファニー・アプスタインら女性記者3人に向かって声を上げた。ほかにも人がいるところで、トーブマンは繰りかえし「オスーナを獲ってよかった。オスーナを獲って本当によかった！」と大声を出したのだ。

トーブマンの勝ち誇ったような発言はロベルト・オスーナについてのものだった。ルーノウは2018年に、3歳の息子の母を暴行し、トロントで逮捕、告訴された抑え投手のオスーナを75日間の出場停止期間中に獲得していた（告訴は取り下げられ、告訴人がカナダで被告の不利になる証言をしないことにしたため、オスーナは裁判所との取り決めに同意した）。ルーノウによるオスーナ獲得にはフロントオフィスのスタッフが数多く反発したが、34歳の幹部であるトーブマンはそうではなかったらしい。この移籍を非難しているメディアを快く思っておらず、この瞬間を選んで記者たちを罵倒したのだ。そのひとりは、ドメスティックバイオレンス反対のブレスレットを着けていた。

アプスタインは『スポーツ・イラストレイテッド』の2日後の記事でこの出来事を報じ、「攻撃的で恐ろしいものだった」と表現した。球団は『スポーツ・イラストレイテッド』から求められたコメントを拒否し、彼女の記事が出てまもなく声明を出し、「誤解を招く、無責任な」記事だとし、この雑誌が「ありもしない話をでっちあげた」と非難した。トーブマンはその言葉を記者たちに向けて投げつけたわけではなく、アルトゥーベがチームを救うホームランを放った攻撃のまえの9回表を抑えたオスーナへの賛辞を表明しただけだ、とアストロズはみなした。

ところがすぐに、このアストロズの声明は誤りだらけで、トーブマンや彼の虚偽に荷担する球団職員の証言だけを基に書いたいい加減なものだったことが明らかになった。ほかの記者もアプスタインの記事に賛同し、公共ラジオの報道により、トーブマンが以前から、ブレスレットを着けたアプスタイン記者のオスーナに関するツイートに憤っていたことが判明した。MLBは調査を開始した。アプスタインの記事が出た翌日、トーブマンは「自分の行動に気分を害した人がいたなら申し訳ない」と声明を出した。「不適切な言葉」を使ったことを謝罪したが、『スポーツ・イラストレイテッド』は自分の意図を誤解していると主張し、自らを「進歩的で慈善の精神」の持ち主だとした。アストロズのオーナー、ジム・クレインもまたアストロズの慈善活動に触れ、球団が「ドメスティックバイオレンスの問題への認知促進とサポート」を行っていくと述べた。

だが結局、アプスタインの記事が出た3日後にアストロズはトーブマンを解雇した。彼は数人の記者に言葉を投げつけたことを認め、アプスタインと『スポーツ・イラストレイテッド』に謝罪した。だがクレインは当初の声明をさらに2日間撤回しなかった。「こうしたことが蔓延しているわけではない」とルーノウはトーブマンの解雇後に述べた。「球団の文化的な問題ではない」。だが彼は、自分も含めて球団の多くの職員が発表前に最初の声明を読んでいたことを認めた。それはこの出来事の深刻さといまもつづくオスーナの問題への批判に対する意識の低さを表していた。「球団は球場の外で行われることにはいっさい目を向けず、野球の試合を行い、シャンパンで勝利を祝うことを望んだ」とアプスタインは書いた。

トーブマンの行為や、アストロズがその後の発表に関して恥ずべき振る舞いをしたことは、ワシントン・ナショナルズが勝利を収めたワールドシリーズにも暗い影を落とした。またこの一件で、アストロズの球団組織への監視の目は強まった。２０１９年には強力メンバーを擁して最高の野球チームを築いたが、その大きな要因は選手育成の手腕だった。ところがオスーナの件では、付加価値を追い求めるあまり、道徳や倫理面よりも勝利を優先するという危険な方向へチームを向かわせた。アストロズはこれまで何度も、非正統的な戦略に対して非難を浴びてきた。意図的な低迷、守備シフト、タンデムシステム、インターネットオタクの採用、２０１４年ドラフト１巡目指名のブレイディ・エイケンに身体検査で肘の問題が見つかったため契約しなかったこと、スカウト職員の削減、そしてテクノロジーを選手育成に使ったこと。彼らはそのたびにグラウンドで結果を出すことで汚名を晴らしてきた。もしかしたら、自分はつねに正しい、あるいは勝利はすべてを正当化すると考えるようになっていたのかもしれない。

11月半ば、トーブマンの一件による騒ぎが収まったころ、アストロズはまたしても野球界最大の、そして人々を失望させる事件の中心になった。それによってまたしても、球団としての意識に加え、チームのグラウンドでの成績にも影を落とすことになった。〈ジ・アスレティック〉のケン・ローゼンタールとエバン・ドレリッチの記事は、２０１７年にアストロズに在籍していたマイク・ファイアーズや複数の匿名の情報源による裏づけで、アストロズが２０１７年のレギュラーシーズンを通じて、そしておそらくその後もサイン盗みをしていたと主張した。サイン盗みを疑われていたのは以前からのことだが、その記事ではこれまでにないほど詳細にその手口が説明されていた。アストロズは、ミニッツメイド・パークの外野スタンドに置かれたカメラで対戦相手のキャッチャーを写し、ベンチとクラブハウスの中間にある地下通路のモニターでリアルタイムで表示していた、とマイク・ファイアーズは語り、ローゼンタールとドレリッチは書いている。球団職員や選手が動画を確認し、サインを読みとり、ゴミ箱を叩いて鳴らして打者につぎの球種を教えていた。こうした手口は、電子機器を使って捕手のサインを盗み、試合中に伝達することを禁じるＭＬＢの規則に違反していた。

その後インターネット上で、ヒューストンのホームゲームで早い時期から頻繁にゴミ箱でサインを伝達している音声や地下通路の画像が大量に発掘された。こうした許容範囲を超えた行為が噂されていたため、ＭＬＢは２０１８年のプレーオフにはより厳格なサイン盗み禁止の手段を講じていたが、リーグが疑惑について発表したのはファイアーズによる暴露のあとだった。アストロズは規則によって実際に認められた新しい方法でカメラを設置し、高速度動画で選手の弱点を見つけ、修正するために使っていた。だが同時に、当初は選手育成目的で使われていたとされるカメラを使って公正な使用法から逸脱し、それによって彼らが行ってきた正しい努力にも疑いが及ぶことになってしまった。

〈ジ・アスレティック〉の暴露に促され、ＭＬＢは2カ月に及ぶ調査を開始し、目撃者68人、元、そして現アストロズの選手23人から聴きとりを行った。その後ロブ・マンフレッド・コミッショナーから出された報告は最初の発表に沿ったもので、アストロズは２０１７年のレギュラーシーズン全期間とポストシーズンに、マンフレッド曰く「ゴミ箱を叩く手口」で、さらにリプレールームのビデオモニターで不正に解読したサインを二塁走者に伝えることでサイン盗みを行っていたことを認定した。このうち後者は２０１８年にも継続されたが、ＭＬＢの結論によれば、相手チームがサインを隠そうとしたことやＭＬＢの監視の目が厳しくなったことで、シーズン途中にサイン盗みをやめた。たとえば、ナショナルズは２０１９年のワールドシリーズでサイン盗みを回避するために、球種のサインを5通り作り、カードを印刷してバッテリーに配るという大胆な手段をとった。

マンフレッドはサイン盗みが「選手主導で」行われたとみなしたが、加担した選手を罰しなかった。個々の選手が果たした役割を判断することは難しく、２０１７年と２０１８年にアストロズに在籍し、すでに移籍した選手やスタッフがいること、また選手から率直な証言を得る必要やＭＬＢ選手会からの反発の可能性を考慮した結果だった。だがマンフレッドは、他球団による再発を防ぐためヒューストンを厳罰に処した。コミッショナーは自分が働く30球団の大物のひとり、クレインの責任を問わなかったが、ルーノウとA・J・ヒンチ監督を2020年のワールドシリーズまで職務停止とし、サイン盗みの防止や制止を怠ったとして両者を非難した（報告によればルーノウは少なくともリプレールームでの行為に気づいていたと示唆されているが、ルール違反行為が行われていることはまったく知らなかったと述べている）。マンフレッドはまた、クラブハウスでの行為によりトーブマンを職務停止とした。

球団に対してはMLBの規定による最高額となる500万ドルの罰金が課されたが、それ以上に痛手となるのは、ドラフト1巡目、2巡目指名権を2年間剝奪され、若手有望選手を獲得することができなくなったことだ。この報告の直後、アストロズはルーノウとヒンチを解雇し、レイズの球団幹部ジェームズ・クリックをゼネラルマネージャーに、老将ダスティ・ベイカーを監督にした。レッドソックスとメッツはそれぞれ、サイン盗みの首謀者として関わっていたアレックス・コーラ監督とカルロス・ベルトラン監督を解雇した。対戦した選手やファンはサイン盗みに対する軽蔑を表明し、チームの2017年のタイトルに疑問を投げかけた。またアストロズやほかの球団による未公表のサイン盗みはほかにもあったのではないかと憶測した。ヒューストンの行為によって一般の野球界への信頼が損なわれてしまったためだ。マンフレッドはファンの信頼を回復するために、捕手から投手への指によるサイン伝達を盗むことのできない、テクノロジーを利用した方法に置き換えようとした。

アストロズは野球の歴史のなかで、あるいは現在の球団のなかでも、電子機器や機械を使ってサイン盗みをした最初の球団ではない。レッドソックスは2017年にアップルウォッチを使ってサインを打者に伝達したことで罰金を科されたし、アストロズへの調査が進むにつれ、コーラが率いていた2018年のチームもサイン盗みの調査対象になった。マンフレッドが認めているように、ヒューストンがサイン盗みによって大きな利益を得ていたかどうかは統計データからは判明していない。不正によって得はしていたかもしれないが、好成績の要因はそれだけではない。だが禁止された手段に訴えた厚顔さや、傲慢でぶしつけだというアストロズの評判が、当然ながら大きな非難を引き起こした。マンフレッドはアストロズの行為だけでなく、「守るべきことを無視してでも結果を出すことを高く評価し、報いる」という「視野狭窄《きょうさく》な」球団運営の文化には「非常に問題がある」と非難した。こうした欠陥が、アストロズが合法的に手にした成功にも泥を塗ることになってしまった。

オスーナのトレードやトーブマンの失言、サイン盗みスキャンダルといった問題が起きたことで、アストロズの選手育成もまたこの球団の組織的な問題のひとつなのだと解釈したくなるのも無理はない。MLBの選手育成をリードするトレバー・バウアーやアストロズはなぜ多くの人から誤解され、侮蔑されるのだろうか（7月28日には、バウアーは不安定なシーズン最中《さなか》の不本意な先発登板でイライラし、フランコーナ監督がベンチから投手交代を告げにマウンドに上がってくるときに、ボールをセンターフェンスの向こうまで遠投してしまった。試合後には謝罪したが、3日後にレッズにトレードされ、インディアンスを離れることになった）。イノベーションと悪い行いには必然的な結びつきでもあるのだろうか？　ほかの人がどう思うかを気にしないことで創造性が生まれることもあるが、またそれによってたしかな理由があって存在するルールや慣習を尊重しないことにもつながっている。

アストロズが突出できたのは、勝利以外のことをあまりに疎かにしたこともひとつの要因だ。しかし規則違反をしたり幹部の不適切発言があったからといって、選手育成革命の正当性は失われない。選手育成が改善されたことで、多くの選手が限界を超えて能力を伸ばし、その結果高い報酬を手にした。かつては異端視された指導者が遅まきながら受けいれられるようになった。選手が上達することそのものは何も悪いことではない。アストロズの評価は地に落ちたが、他球団はその育成方法を取りいれつつ、選手育成によって向上した選手の獲得にさらに力を注いでいる。12月にはアストロズで復活しフリーエージェントになったゲリット・コールがヤンキースと投手としては史上最高額となる9年3億2400万ドルで契約した。

とはいえ、より強力な育成によって生まれた価値は、そのための努力をした選手だけでなく雇用するオーナーにももたらされる。選手育成はこれまでもつねに、コストダウンに間接的には関わっていた。殿堂入り選手のハンク・グリーンバーグは、1950年にファーム・ディレクターの職を経てクリーブランドのゼネラルマネージャーに就任したとき、ブランチ・リッキーが資金の無駄遣いをしないことを称賛した。「リッキーは市場で野球選手を買うことはほとんどない。配下の選手をよく知り、どう育成すればいいかがわかっていた。最も効率的な選択をすることができた。それはほかの誰にもできないことだった」

2019年、アストロズが最初に現場にもたらした外部からの育成テクニックが急速に広まったことで野球のレベルが上がり、時代遅れの方法にしがみつくチームや選手は取りのこされる危機に瀕した。先進的な選手育成の吸収に各チームが力を入れたことで、選手は若返る傾向にあるが、労働協約により、出場経験の浅い選手は開かれた市場であれば支払われるはずの報酬額よりも何百万ドルも安い報酬に抑えられている。このフリーエージェント時代には前例のないことに、MLBの収益が上がっているにもかかわらず、開幕時のMLB平均給与は2年連続で下がっている。ここから、この育成革命の潮流によって報酬は抑制的になるのではないかという疑いが生じる。有能な選手にキャリアの最初の数年間、能力に見合う報酬を与えない経済システムのもとでは、選手はデータに基づく育成で権利を手に入れるというより、むしろ搾取されることになるのではないか。野球は誰のために進化するのか。

データに基づく育成によって選手に力を与えることについて、２０１９年に最も大きな議論の的になったのは、ボルチモア・オリオールズの26歳の投手、ジョン・ミーンズだ。ミーンズは有望選手とはみなされていなかったが、選手の力を最大限引きだす新たな方法でメジャーでのブレイクを果たした。彼の成功は進歩的な育成の拡大による徴候のひとつでもあった。２０１９年には、アストロズを最強チームにした技術がありふれたものになる可能性が見えていた。データに基づく育成という分野で長く立ち遅れてきたオリオールズが、アストロズなど先進的なチームを優位にしてきた方法を取りいれるならば、そのことは育成革命後のメジャーリーグの不均衡な状況を均衡へと向かわせる予兆かもしれない。

カンザスシティの郊外の町オレイサ出身のミーンズは高校卒業時にディビジョン１校から声がかからず短大に進学し、その後の投球で実力を示しディビジョン１校のウェストバージニア大学に進んだ。２０１４年のドラフトでオリオールズに11巡目指名されると、入団後はマイナーリーグを少しずつ昇格していき、プロ５年目のシーズン終盤、２０１８年９月にメジャーデビューした。弱小オリオールズのこの中継ぎ投手は対戦相手のレッドソックスから5点を奪われ、チームは19対３で敗れた。ミーンズはその登板を糧にしてオフシーズンに入った。『ベースボール・アメリカ』の２０１９年のボルチモアのマイナー組織の評価は22位で、ミーンズは球団の若手有望選手ランク30位以内に選ばれていなかった。

「球速は１４１キロ前後だった。身長は１９３センチ、体重は１０６キロだから、もっと強い球が投げられたはずだと思う」とミーンズは回想する。前シーズンのメジャーでの登板は嬉しかったが、「こんな投球では生き残れない」ことはわかっていた。

数年前から、ミーンズは何人かの選手からP3（プレミアピッチング&パフォーマンス）という、ハイテクを駆使したピッチング指導を行うドライブラインに似た企業が中西部にあることを聞いていた。前年のオフシーズンには、自分はこのままでいいという自信があり、オレイサから車で4時間かけてセントルイスのP3へ行くことはなかった。だがこの年は冴えない球速と、ボルチモアは生まれ変わろうとしているという意識に駆りたてられてそこへ行った。2018年11月に、旧弊なオリオールズのピーター・アンジェロス・オーナーの息子であるジョンとルイスは、新ゼネラルマネージャーにマイク・エリアスを据えた。エリアスはトーブマン同様にアストロズのアシスタント・ゼネラルマネージャーで、ボルチモアからの誘いを受け、アストロズの幹部シグ・マイデルとクリス・ホルトをアシスタント・ゼネラルマネージャーとマイナーリーグ投手コーディネーターとして連れていった（のちに投手ディレクターに昇格した）。オリオールズは少なくともある面でアストロズのように改造されようとしていた。

ボルチモアのような時代に遅れたチームを現代化するのは難しいプロジェクトだった。オリオールズは選手育成方法に関して、リッキー的な「オリオール・ウェイ」という過去の栄光があった。それは1950年代後半にゼネラルマネージャーのポール・リチャーズとファーム・ディレクターのジム・マクローリンによって作られた標準化された指導方法で、のちにアール・ウィーバー監督に認められて、1960年代から1980年代半ばまでのオリオールズ全盛期を支えた。だがオリオール・ウェイはエリアスが就任するはるか以前に失われていた。

「オリオールズはこれまで、少なくともこの5年間は過去にとらわれていた」とミーンズは言う。マイデルもまた、「野球界で行われてきた、根拠に基づく分析的な手法への変化をほぼ拒絶していた」と語っている。高速度カメラもなければ、アストロズのグラウンド・コントロールのような、フロントオフィスで集中的にデータ管理する仕組みすらなく、しかも球団内の対立もあった。「フロントオフィスが浸透させようとしている理念とフィールド上のスタッフは、はっきりと分断されていた」と、エリアス就任前からのあるスタッフは言う。

その分断によって、ボルチモアは幾度か屈辱を味わうことになった。２００７年にオリオールズがドラフト指名したジェイク・アリエータは２０１０年から２０１３年まで、メジャーでの通算防御率は5・46だった。球団の指示によりクロスファイヤーを封じられ、強烈なカッターを投げるのも禁止されていた。カッターによりフォーシームの効果が薄れてしまうと球団は考えていたためだ。アリエータは２０１３年にカブスにトレードされると、自分本来の投球を変えず、それに従って投げることで飛躍した。２０１５年にアメリカンリーグのサイ・ヤング賞を受賞したとき、アリエータは２０１6年に『スポーツ・イラストレイテッド』のトム・バーダッチに対し、オリオールズの多くの投手は「そのころ自分らしい投球をさせてもらえず、かなり窮屈にしていた」と語った。

オリオールズの抑え投手ザック・ブリットンは、２０１８年7月に同地区のヤンキースにトレードされたときに〈ファングラフス〉のデビッド・ローリラに語っている。「ヤンキースはボルチモアとはデータ分析の使いかたがまるでちがう」。それはピッツバーグからヒューストンへ移籍したコールの言葉とも響きあう。ブリットンは、「あんなに大量のデータを見たことはなかった……それまで考えたこともなかったことに目を開かれたよ」と語った。

ヤンキースがブリットンを獲得する数日前、ドジャースがトレードでオリオールズの遊撃手マニー・マチャドを獲得したとき、ドジャースのデーブ・ロバーツ監督はポジショニングや技術の向上でマチャドの守備を改善できるだろうと語った。「ボルチモアも積極的だったかもしれない。だがわれわれはそれ以上だ」と。マチャドはシーズン前半にオリオールズの遊撃手として守備防御点が平均を

18点下回っていたが、ドジャースでの後半戦では平均を5点上回った。

２０１８年10月、オリオールズのダン・デュケットGMとバック・ショーウォルター監督が解任されたとき、デュケットは記者会見で、なぜこれほど多くの投手が他球団よりもオリオールズで成績が悪いのかと疑問を投げかけ、ショーウォルターを非難した。デュケットはこう声を上げた。「なぜ代理人が電話をしてきてフロントに現場への介入を求めるのか、メジャーリーグの現場スタッフに対してより分析的な手法をとるように球団に求めるのか」

時代に取りのこされていることを自覚していたオリオールズ内部には、前を向こうとするスタッフもいた。「ここに至るまでのやりかたは、とにかく一生懸命やり、ハードワークで対抗しよう、というものだった」と匿名の幹部は言う。「だが、それでいつも成功するわけじゃない」

ボルチモアでは、それは成功しなかった。オリオールズは２０１２年から２０１６年にアメリカンリーグで最も多くの勝利を挙げ、予測を上回る成績を長く収めつづけた。それは強力な中継ぎ陣と少しの運のおかげだったが、それを支えてきた生え抜き選手の年齢が上がるとチームは崩壊した。エリアスがゼネラルマネージャーに就任した初年度は54勝１０８敗で、アストロズの負け数にひとつ満たない勝ち数に終わった。だがそれでも、成績は47勝１１５敗だった前年の２０１８年よりは改善していた（比較のため、理論上では代替可能選手のみで構成されたチームがリーグに参加すると48勝すると見込まれている）。２０１８、19年のアストロズの得失点差が５４３点だったのに対し、２０１８、19年のオリオールズの得失点差はマイナス５２２点で、球団拡張で新設された１９６２、63年のメッツ以降、2年通算の成績では２００２、03年のタイガースに次ぐ悪さだった。

ボルチモアは旧弊さのために、ミーンズのような選手を上達させることができなかったばかりではない。２０１９年以前には、選手の進歩を阻害さえしていた。「いつもコーチに従ってきた」とミーンズは言う。「決めるのはコーチで、選手はコーチの言葉を聞き、言われたとおりにする。チームの投球コーディネーターは、膝よりも高めに投げるなと全員に言っていた。でもぼくはまさにそういう投球をしなければならなかったんだ」。ミーンズは2019年にフォーシームの平均回転数がMLB平均を超えていた。回転率が高いため高めの速球が有効だったのだが、2019年以前は指導者の言葉に従って効率の悪い投球をしていた。「膝の高さに投げることばかり考えていて、その膝の高さの球を強打されていたんだ」とミーンズは回想する。オリオールズの方法は、ひたすら「失敗に向かっていった、と彼は言う。

さらにオリオールズはかつて、ウェイテッドボールを使うと故障すると選手に伝えていた。これもミーンズがP3に通うことを不安視していた理由だった。だが学ぶことが好きで厳しいトレーニングを厭わないミーンズは、P3のプログラムを始めるとすぐに成果が出た。施設でのトレーニング中に出した149キロの球速はスプリングトレーニングまで継続した。「最初の登板では148キロから153キロくらいだった。それまではキャリア最高でも149キロだったのに。それで、このやりかたで大丈夫だと思ったんだ」

アストロズやヤンキースが高速度カメラをピッチデザインに取りいれていると聞いていたものの、ミーンズが高速度カメラで投球を撮影したのは2019年のスプリングトレーニングがはじめてだった。彼はこの新たな方法によるフィードバックでチェンジアップを改良し、かなり速球に近い軌道に変えた。「チェンジアップを速球と同じように投げることを教わったんだ。球速は137から138キロくらいで、速球と同じようにまっすぐの軌道を描く」。ボールが先行したときはチェンジアップでストライクが取れるが、いまのところ空振りが取れる球ではない。だがその可能性は秘めている。ホルトからはこう言われた。「打者にわからないように、手を内側にひねるんだ。ボールの内側をこするように」。それによって修正したチェンジアップの軌道はフェードしつついくらか落ちるようになった。

あとであるコーチに聞いたところでは、チームは彼を40人の選手枠からはずす予定だった。だが彼はスプリングトレーニングでメジャーに生き残った。ヤンキース戦で3度リリーフに成功し、先発ローテーションの座をつかむと、シーズンを通して155イニング投球した。フォーシームをストライクゾーンの高め3分の1に53・6パーセントの割合で投げた。MLB平均は47・9パーセントで、データを採りはじめてからリーグ全体で最も高い割合だった。ミーンズはシーズンが進むにつれ、変化球を混ぜるようになった（「もう、速球中心の組み立てという発想はなくなった」と彼は言う）。〈ファングラフス〉が測定した球種価値によると、改良した彼のチェンジアップはメジャーリーグ全体で、この球種では7番目に価値が高かった。防御率（3・60）とWHIP（1・135）でオリオールズ投手陣トップ、そして〈ベースボール・リファレンス〉の計算によるWARではオリオールズの全選手中トップだった。さらにアメリカンリーグのオールスターチームにもチームから唯一選ばれた。アメリカンリーグ新人王投票では、ヒューストンのヨルダン・アルバレスについで2位になった。

かつてのオリオールズでは投手が使用するテクノロジーも用意されておらず、投球を分析するための統計データも与えられていなかった。元アストロズのエリアスGMが就任した1年目に、「チームの哲学はすべてひっくり返された」とミーンズは言う。エリアスは元カブスのコーチであり、選手育成ディレクターも務めていたブランドン・ハイドを監督に、元アストロズのコーチ、ダグ・ブロケイルを投手コーチに据えた。新任の現場スタッフは情報の供給を促した。「自分の球種の変化、それをどこに投げなくてはならないか、どこに投げれば空振りが取れるかを知らなくてはならない。何も考えずにマウンドに上がり、結果を待つのではなく、そこにもう少し計算を加える。それはほとんど答えを与えられたようなものだった」とミーンズは語る。

ミーンズにとって、これが大きな変化を生んだ。「もし同じことをつづけていたら、本当に野球をやめていたかもしれない」と彼は言う。「もっと早く始めていたら、メジャー昇格も早かっただろう」

BABIPが・256と、150回以上投球した75人の投手のなかで8番目に低かったことにも助けられて好成績を挙げたミーンズは、いくつかの目標を持ってオフシーズンに入った。カーブの曲がりを大きくして空振りが取れるようにすることで、2020年には奪三振率を高め、インプレーになったときの運に頼る必要をなくすことだ。

ミーンズはボルチモアの変革の中心的人物だが、マイナーでも数多くの所属投手が投球を改造していた。2017年ドラフト3巡目指名のマイケル・バウマン（本書で前出した記者とは別の人物）も、やはり一夜にして育成が変わったことをマイナーで経験した。「ほかの球団ははるかに進んでいるということは聞いていたけど、これほどとは知らなかった」と彼は言う。ボルチモアの新首脳陣は「新たな基準を設け」、ウェイテッドボールやエッジャートロニックを導入し、現場での指導を強化し、各レベルでの指導をさらに一貫したものにした。

「10年前からこんな情報が欲しかったよ」とバウマンは言う。「だが、最低レベルだったテクノロジーとデータ分析がトップレベルまで上がったと思う」。バウマンはハイAからダブルAに昇格し、被安打0で10三振を奪った。奪三振率は2018年の19・9パーセントから2019年には28・9パーセントに上昇し、データから得た知識で、自分の球種に対する自信も深まった。

バウマンとミーンズはどちらも、オリオールズの個々の選手に合わせた育成計画を称賛している。それは「膝の高さに投げろ」といった一律のルールではなく、それぞれの選手の強みを生かすよう作られている。データに基づく育成には、高めに回転数の多い速球を、低めに落ちる変化球を投げるというよく似た投手ばかりを大量に生みだしているような、どこか機械的で非人間的なイメージがある。だがそれはいまの流行にすぎない。アストロズや追随する球団はそのスタイルに適したスキルを持つ投手を集めているが、それを強制しているわけではないし、オリオールズがかつてアリエータに球団の考えを押しつけていたのとは異なっている。

オリオールズはバウマンに自分らしさを取りもどさせた。春の時点では『ベースボール・アメリカ』の有望選手ランクで21位とされていたが、9月に傘下マイナー選手の年間最優秀投手賞に選ばれると、周囲に才能豊かな選手も育っていたなか10位にランクアップした。開幕時に、〈ファングラフス〉はオリオールズのファーム・システムを26位と評価したが、シーズン終了時には10位になった。大幅な上昇の理由は、ドラフト全体1位で誰もが認めるこの年最高の選手、21歳のオレゴン州立大学の捕手アドリー・ラッチマンを指名したこと、そしてバウマンら所属選手の向上だった。

オリオールズ傘下のマイナー投手は2018年には奪三振率が23位だったが、2019年には6位に上がった。これに対してアストロズの奪三振率は他球団を2パーセントほど引き離した首位で、オリオールズはまだまだ及ばない(アストロズが2018年のドラフトで指名した上位6人の大学生投手は、2019年に9イニング平均で10・5個の三振を奪った)。とはいえ、ヒューストンの奪三振率はもともと高く、2019年はほとんど横ばいだったのに対し、オリオールズは前年から3・1パーセントと全球団トップの上昇率を示している。それについで上昇率が高かったのは、やはり以前ルーノウのもとで働いていたデビッド・スターンズがゼネラルマネージャーを務めるブルワーズだった。

最下位脱出にはまだほど遠く、投球術が向上してもチームが誇るスラッガー、クリス・デービスの大不振を補うことはできていない。それでもエリアス曰く「マイナーリーグの投手育成にずっと苦労してきた」球団は転換点を迎えている。ボルチモアのシーズン奪三振率が急上昇したことは、フィル・バーンバウムの格言、「利口であることより、愚かでないことによってより多くを得られる」の実例だった。

エリアスとマイデルはボルチモアでの初年度で、愚かさを排除し、利口になるための新たな方法を模索した。また先頭を走る球団に早く追いつくための手段を考えていた。だが格差を埋めるまえに、まずは球界最高のチームが最低のチームに、そしてテクノロジー利用の面でも先端から最下位へ転落してしまったことによる混乱から立ち直らなくてはならなかった。

「アストロズはデジタル機器だけでなく、物的資本のインフラでも言葉にならないほど高度で、技術的にも進んでいる」とエリアスは言う。「だからほかの球団へ行くと、例外はいくつかあるにせよ、それまでは当たり前にあったツールや仕組み、人が欠けていることにイライラさせられるんだ」とマイデルは言う。「だから『グラウンド・コントロールのところに戻らせてくれ、使わせてくれ』と何度も思ったよ。でもどう考えたって、いままで頼ってきたこのツールはもう使えなかった」

エリアスとマイデルは以前にもこうした思いきった行動をしていた。カージナルスでワールドシリーズを制したあと、ルーノウとともに、前年56勝に終わった、セイバーメトリクス的にはまったく遅れた球団に移ったのだ。2011年末のアストロズは、2018年のオリオールズと同様に、ベテランを解雇し、数少ない若手有望選手を中心に据えていた。エリアスとマイデルの働きもあって、アストロズはトップに這《は》いあがった。彼らはまたしても、ギリシャ神話に登場するシシュフォスが何度も岩を山頂へと持ちあげたような、終わりの見えない仕事を引き受けようとしている。

だが今回は、その岩は前回よりも軽く感じられるだろう。「アンジェロス家がわたしたちに魅力を感じたのは、こうした変革を一からやった経験を買ったという部分もある」と、バージニア州アレクサンドリア出身のエリアスは言う。「経験があるから、どうすればうまくいかないかもよくわかっていて、それを回避できる」。2度目の今回、エリアスとマイデルは以前つまずいた難所も早く通りぬけ、ピッチデザインの成果を手に入れ、経費以上の効果をもたらしてくれると経験的に知っているテクノロジーや技術に投資することができる。

アストロズの成功により、オリオールズの新体制はルーノウが着任したときにはなかった信頼をはじめから寄せられている。2013年のアストロズが50勝台に終わったことは結局報われたが、それとオリオールズの2019年の状況は同じではない。アストロズのその後の戦績によって、いまのオリオールズが目指しているものを日々思いださせてくれるからだ。オリオールズの新フロントオフィスも本拠地のファンも、数十年ぶりの低迷に落ちこんだオリオールズが負けることを喜んではいないが、アストロズの前例があるため、長期的な展望に対する疑念は内面的にも軽減されている。

「ヒューストンでは、希望を持つことでどうにかあの状況を超えることができた」とマイデルは言う。「いまのわれわれには希望のほかに、ヒューストンで希望を実現させたという経験からくる自信もある」

自信は周囲に伝わっていくものだ。エリアスは過去数年のオリオールズには「獲得と育成のあいだに齟齬《そご》が生じていた。野球界、このリーグ、この地区の厳しい競争を考えれば、内部で争っている余地はない」と語っている。ヒューストンでは育成ではなくアマチュア選手の獲得におもに携わっていたエリアスは、アストロズのスカウトと選手育成の融合に力を注いでいた。ボルチモアではそれまではバラバラだった各部門の融合を図り、選手育成スタッフをドラフト指名に同席させるようにしている。

エリアスとマイデルは、アストロズのサイン盗みに気づいていたのではないか、アストロズの文化に懸念を抱いていたのではないか、そうした性質がボルチモアへもたらされるのを防ぐ手段を取ったのかどうかという質問には答えていない。これまでのところ、彼らはアストロズへ向けられている批判は免れている。２０１７年のローゼンタールの記事によれば「球団内で稀に見る政治闘争」が行われ、それが不和と緊迫した関係の原因になっていたボルチモアのフロントを安定させたとみなされている。匿名のオリオールズの情報源は、「以前はかなり関係が悪かったが、いまは改善された」と言う。同じ人物によれば、エリアスのもとで「仕事の進めかたや過程の合理化については、方法や方向性への疑問はまったくない。着任初日から、『われわれはこれを目標に、このように進める』という話があって、全員が最初から一致団結できた」という。

少なくともオリオールズが解雇しなかった職員に関してはそうだった。エリアスはフロントオフィスやスカウト、選手育成部門でアストロズ流の大規模なリストラを行い、情報によれば２０１９年のシーズン後に30人以上を解雇し、または雇用を継続せずに新しい人員と入れ替えた。ミルウォーキーのスターンズ同様、エリアスはルーノウに倣ってスカウティングスタッフを縮小し、ボルチモアでは（アストロズ流のスカウティングアナリストはのぞいて）厳選された2人だけを残した。彼はまた長年フロントオフィスに雇われてきた人物や、スコット・マグレガーやブレイディ・アンダーソン、B・J・サーホフら殿堂入りの元選手を解雇した。サーホフはそのとき記者たちに不満を漏らし、〈ジ・アスレティック〉に「ひどい扱いをするものだよ」と語った。

アストロズで選手育成の改革に関わった技術者と同じように、エリアスは伝統に縛られていない。それに、オリオールズの伝統はうまくいっていなかった。エリアスはカージナルスのスカウトとして球界に入ったこともあり、自分が主導的な役割を果たしたアストロズのスカウティングスタッフの解体は「関係者全員にとってかなりつらい経験」だったと述べている。だがそれでも、彼はボルチモアでやはり同じことを行った。野球はビジネスであり、状況は変化していたからだ。「われわれの世界にはあまりにテクノロジーが入りこみ、急速に変化した……それがあまりに速く、環境やテクノロジーの変化に人間のスキルが追いつけなくなってしまったんだ」とエリアスは言う。

オリオールズがスカウトを大量解雇して経費を削減するというニュースが伝わったのと、ミッドアトランティック・スポーツ・ネットワークの所有権の大部分を持つオリオールズが、共同出資者のナショナルズに1億ドルを支払うべきとする裁定をニューヨーク州高位裁判所が下したのが同じ週だったことは偶然ではないのかもしれない。長くオリオールズのリポーターを務めてきたダン・コノリーはスカウトの大量解雇を「コストカット」とみなしたが、アストロズの前例に倣うなら、オリオールズはべつの部門のスタッフを増員するだろう。マイデルが加わったとき、編成部門にはソフトウェア開発者がひとりだけで、データアナリストはひとりもいなかった。かつてオリオールズにあった小さなデータ分析チームのディレクターは、皮肉にもアストロズに引き抜かれていた。マイデルの着任初年度が終わるころには、オリオールズはグラウンド・コントロール型のシステム〔ボルチモアを舞台にした人気テレビシリーズ『ザ・ワイヤー』の登場人物にちなんで、OMAR（Orioles Management Analytics Reporting）と名づけられた〕が作られ、球団のアナリストとソフトウェア開発者からは〝テン〟と呼ばれるようになった。「手元にある情報量は、システムができるまえとは比べものにならない……飛躍的に増加した」と、あるオリオールズの職員は言う。

2019年9月に、オリオールズは新たな選手育成ディレクターとしてマット・ブラッドを採用した。やはりカージナルスのスカウトだったブラッドは、全米アマチュア野球連盟でU‐18アメリカ代表チームのディレクターを経験したのち、2018年11月にレンジャーズの選手育成ディレクターになっていた。テキサスの指導文化を急激に変えようとしたことで反発を浴び、1年も経たずに解雇されていたが、オリオールズはブラッドにさらに大きな権限を与え、育成コーチや基礎コーチなどマイナーリーグのコーチを増員した。ワールドシリーズ終了の翌日、オリオールズの求人ページには、編成部門の15の職が掲載されていた。そのうち10が選手育成に関わるもので、多くに必要事項として成長マインドセットが挙げられていた。

「野球界の傾向を見渡せば、こうした求人をしているのはわれわればかりじゃない」とエリアスは言う。「どこでも育成、ストレングス、パフォーマンス、栄養、メンタルスキルなどのコーチを増やしている。選手の能力を最大化する部門ばかりだ」。ヒューストンではマイナーリーグコーチを務めたこともあるマイデルは、機械でできるのはある程度までだとつけくわえる。「カメラや機材を買い足すだけなら簡単なことだ。われわれもそれはすぐにできる。難しいのはそれを使いこなし、最大限活用することのほうだ。そういう面ではまだ努力しなければならない」。２０１９年11月に、オリオールズは元アストロズの球団幹部イブ・ローゼンバウムを野球育成ディレクターという新たな役職に据えた。

このときは、アストロズで２０１２年に起きたような選手やコーチからの反発は起きなかった。このごろでは守備シフトに反発する者もいないし、かりにチームが選手に上達するための十分な情報を与えなければ、選手のほうがなぜなのかと疑問に感じるようになっている。バウマンが言うように、「時代に乗り遅れてはいけない」からだ。

ある意味で、それも球団の負担軽減につながっている。「自分の球団だけが変化しようとしているときには、変化をなしとげるのはとても難しい」とマイデルは言う。「同じ業界の多数がすでに変化しようとしていれば、かなりやりやすくなる」。先頭を走ったアストロズは多くの反発に耐えなければならなかった。だが同時に先駆者だけが得られる大きな優位を得ることができた。オリオールズは選手育成が大きな流れになっているいま、それほどの優位は得られないだろう。

「われわれがいま行っている再建の不利な点は、他球団もみな同じことをしているということだ」とエリアスは言う。「ヒューストンで2012年にやっていたときは、周囲の方針はまるでちがっていた。ほかと異なることをしていたのは少数の球団だった」。2019年10月には、オリオールズとKモーション社は、打者のトレーニングを業務とする同社がオリオールズの「選手育成パートナー」、そして「3Dモーションデータ・テクノロジーの公式提供者」になることが発表されたが、そのプレスリリースでは、Kモーション社がすでに「22以上のMLB球団」と協力していることも述べられた。この提携によってオリオールズはさらに後れを取ることはなくなるかもしれないが、それで他球団に先行することはできないだろう。

オリオールズは2018年のアストロズに追いつこうとしているが、それでは十分ではないことは承知している。ほかの球団もそのままではないからだ。エリアスは言う。「ほかの球団が何をするかと考えると恐いし、夜も眠れないことがあるよ……優勝を目指しているわれわれの脅威だ」

地区のライバルを見渡せば、進んだ育成に脅威を覚えずにはいられないだろう。

2019年、ヤンキースは歴史的な負傷者の多さに悩まされたが、シーズン103勝を挙げた。キャメロン・メイビンやマイク・トーチマン、ジオ・ウルシェラら、多くの控え選手がキャリア最高の活躍をして、チームがレギュラー選手に期待していた以上の成績を挙げたためだ。3人とも、個人でつけた打撃コーチや球団内の指導者とともにスイングを改造した選手たちだった。シーズン後、ヤンキースはボディにも影響を与えたエリック・クレッシーを採用し、チームのトレーニング、ストレングス&コンディショニング部門の監督を任せた。さらに、かつてクレッシー・スポーツ・パフォーマンスで働き、インディアンスでもコーチ経験があるマット・ブレイクを投手コーチにした。

やはりアメリカンリーグ東地区に属するタンパベイ・レイズは、2度オールスターに出場したクリス・アーチャーをピッツバーグに放出し、代わりにオースティン・メドーズ、タイラー・グラスノー、そしてマイナーの右投手シェーン・バズを獲得したトレードが成功したこともあり、シーズン96勝を挙げた。メドーズとグラスノーはピッツバーグで評価を落としていたが、タンパベイに移籍した2019年に活躍した。メドーズは32本のホームランを打ち、グラスノーは肘の怪我で数カ月離脱したものの、数少ない登板機会には、イニング平均の成績で見ればおそらくリーグ最高の投手だった。ピッツバーグでは、アーチャーの防御率は5・00を上回り、すぐにトレードは失敗の烙印を押された。

パイレーツから移籍した3人のうち、クラスAで3・00未満の防御率を記録した速球派投手のバズは、新たに加わった球団の進んだ育成方法を称賛している。「レイズに来て言われたのは、自分ではわかっているつもりでも、実は全然わかっていないということだった」と、彼は〈ピッツバーグ・ポストガゼット〉の取材で語っている。またピッツバーグでは「スタッフに紹介すらしてもらえなかった」という。マイナーリーグのホームページMiLB.comのインタビューでは「まるで知らなかった、新たな投球のアプローチだった」と語った。

グラスノーに関しては、レイズに移籍したことでパイレーツと大きな変化があったという発言は球団からも本人からもないものの、レイズの指導はぴたりとはまった。「すべてタンパベイの功績だよ」とパイレーツのニール・ハンティントンGMは〈ピッツバーグ・ポストガゼット〉に語った。「われわれがやらせようとしていたことを若手選手にやらせたんだ」。パイレーツはグラスノーらの能力を高めることができなかった。その結果2019年シーズン終了後にクリント・ハードル監督とレイ・

シーレイジ投手コーチは解任され、さらにはハンティントンとフランク・コネリー球団社長も職を離れることになった。

パイレーツのオーナー、ボブ・ナッティングは２０１９年10月にハンティントンを解任したあと記者団の取材を受け、メドーズやグラスノー、バズ、コール、ジョーダン・ライルズら、ピッツバーグを退団したあと活躍した選手たちの名を挙げた。「彼らがピッツバーグにいたとき、能力を最大限発揮させることができていただろうか？」とナッティングは疑問を呈した。そして「それこそ最も修正すべき点だと思う」と語った。わずか数年前にはピッツバーグに加入すれば投手の能力は高まると考えられていたが、いまは革命に取りのこされていた。それまで進んでいたことが逆にあだとなったのだ（オリオールズにとっては、さらに地区内の競争が激化している。もうひとつの同地区のライバル球団レッドソックスが、アーチャーのトレードを計画したひとりであるレイズのハイム・ブルームを２０１９年10月に編成部門最高責任者に任命した。デーブ・ドンブロウスキーＧＭは前任のベン・シェリントンＧＭのもとで育った多数の生え抜き選手の活躍でワールドシリーズを制してから１年足らずで退任することになった。そのシェリントンは、ハンティントンの後任としてピッツバーグのＧＭに就任した）。

パイレーツは長年投手力が弱かったレッズの後塵を拝し、ナショナルリーグ中地区の５位に終わった。レッズはローテーション投手を入れ替え、大学でコーチをしていたデレク・ジョンソンとドライブライン出身のケイレブ・コーザムのもとで立て直し、〈ファングラフス〉による投手陣のＷＡＲではナショナルリーグ全体で４位に上昇した。10月には、レッズの投球主導ディレクター兼投球コーディネーターにボディが任命され、バウアーの同僚になった（ボディはおもにマイナーリーグ投手と行動をともにしているが）。ボディはすぐにマイナーリーグのすべての練習、コーチと選手によるトレーニングを撮影し、記録に残すようにした。それによって選手自身が上達を図り、全レベルの選手につねに指示を与え、スキルによってコーチの評価をすることが可能になった。この〝完全なるアウトサイダー〟は完全なインサイダーになったわけではない——まだドライブラインでの仕事はつづけている——が、多くの球団から誘いを受け、そのうち複数からは正式なオファーが届いている。このことはドライブラインが野球界の支配階級に受けいれられたことを物語っている。

レッズはさらに、元ドライブラインのエリック・ジェーガーズをフィリーズから引き抜いた。またヤンキース、ドジャース、カブスもドライブライン出身者（サム・ブリエンド、ロブ・ヒル、ケイシー・ジェイコブソン）を投球に関する専門スタッフとして雇った。メジャーリーグ全体で、能力のあるコーチやトレーナーの争奪戦は激しさを増している。ジャイアンツはブライアン・バニスターを投球ディレクターにした。彼はサンフランシスコ・ベイエリアの自宅の近くで働けるようになった。一方ボストンは（かつてマイナーリーグでバニスターと同じ職務に就いていた）デーブ・ブッシュをメジャーリーグの投手コーチに昇格させた。最新の機器もつぎつぎに開発されている。2018年のウィンターミーティングではMLBによりベースボール・オペレーションズ・テクノロジー・エキスポがはじめて開かれ、30球団を前に自社製品を披露する機会が企業に与えられた。2019年のウィンターミーティングでは規模がほぼ倍になり、会場はVRやマーカーレス・モーションキャプチャー、機械学習などを売りこむスタートアップ企業のブースであふれた。

2019年に先進的な育成方法を取りいれ、選手を割安株ではなく成長株として扱うことで利益を得た最高の例はツインズだろう。2018年には負け越しに終わったが、2019年は予測を上回る101勝を挙げてインディアンスを倒してア・リーグ中地区で優勝した。ミネソタの新しいコーチングスタッフによって、前シーズンに力を発揮できなかった多くの選手の実力が引きだされたためだ。

ツインズはミッチ・ガーバー、ホルヘ・ポランコ、ミゲル・サノ、マックス・ケプラーと、前年よりWARが改善し、復活を果たした上位35人の選手のうち4人を擁する唯一のチームだ。もっともポランコがここに加わっているのは2018年にパフォーマンス向上薬の使用で出場停止処分を受けていたためだが。この年、ツインズ史上はじめて5人の打者が30本以上のホームランを打ったが、そのうち3人がポランコ、サノ、ケプラーだった。チーム全体でも307本塁打でメジャーリーグのシーズン記録を塗り替えた。飛ぶボールによる部分は大きいが、ツインズは平均打球角度（14・7度）でもメジャーリーグトップで、各打者は賢明で積極的な打撃を見せたと言える。2018年にはファーストストライクをスイングする割合がアメリカンリーグ最下位だったが、2019年にはリーグトップになった。

ウェス・ジョンソン投手コーチは優秀な働きを見せ、〈ファングラフス〉のWARは全球団中21位から3位に上昇した。ジョンソンはローリラに「たくさんの選手の細かい部分を修正した」と10月に語っている。「それが大きな結果をもたらすんだ」。だがミネソタの奇跡を象徴する最大の存在はガーバーだろう。わずか93試合の出場で、打席数も400に達しなかったが、アメリカンリーグの捕手のなかで〈ファングラフス〉のWARがトップタイだった。28歳で開幕を迎えたガーバーは、それまで代替可能選手レベルの実績しかなかった。ところが冬場にアレックス・ブレグマンを真似し、引っ張って高く打球を上げる練習をしたことで球界最高の捕手に成長した。「年間500から600打席に立つことは難しかったから、打席を無駄にしないようにした」と彼は〈スター・トリビューン〉に語った。「より科学的な方法で打席に向かう必要があるんだ」

ガーバーはホームプレートの後ろで構えているときも科学的な方法を取りいれている。ツインズの捕手コーディネーターで大学野球出身のタナー・スワンソンの教えを受け、片膝をついて構えることでフレーミングを向上させた。スワンソンは大学ですら捕手経験がなく、2017年にツインズに加わるまではプロのコーチ経験もなかった人物だ。そのためかえって自由に第一原理に戻って発想し、ウェイテッドボールやレジスタンスバンドなど非伝統的なトレーニングツールを使うことができた。「ある意味でまっさらな状態で客観的に見ることができたんだ」と、スワンソンは〈ファイブサーティエイト〉の記事で著者（トラビス）に語った。『自分はいままでこうやってきた。こう教わってきた』といった過去のバイアスから自由だった。多くの場合コーチは、ずっと行われてきたドリルのセットの意味を本当には理解しないまま、本当に上達につながるのか考えることもなく使っていると思う」

アストロズ同様、ツインズもいま頭脳流出をこうむっている。他球団がコーチを引き抜き、発想を取りいれようとしているのだ。2019年のシーズン終了から数週間後、パイレーツはツインズのベンチコーチ、デレク・シェルトンを監督に、マーリンズはツインズの打撃コーチ、ジェームズ・ローソンをベンチコーチにした。メッツはツインズのアシスタント投手コーチ、ジェレミー・ヘフナーを投手コーチに、レッドソックスはツインズのマイナーリーグ打撃コーディネーター、ピーター・ファッツィをアシスタント打撃コーチにした。一方ヤンキースはツインズに倣って、メジャー投手コーチの穴を埋めるために複数の大学コーチを誘い、さらにスワンソンを捕球&クオリティコントロール・コーチとして引き抜いた。どこかの球団が育成面で他球団に差をつけたとしても、その利益を得られる期間はどんどん短くなっている。

育成革命が起きた当初の球団間にある意識の差が、現在リーグ全体で勝敗の著しい差となって現れている要因のひとつだろう。〈ファングラフス〉のクレイグ・エドワーズが2019年の11月に指摘しているように、その年のレギュラーシーズンでは史上はじめて8チームが100勝以上もしくは

100敗以上を記録し、データのばらつきを示す標準偏差が各チームの勝ち星で1954年以降で最大、チームごとのWARで史上最大になった。「全国に数多くの人材が広まっている。また数多くのアイデアが広まっている。そのため、今後数年で平均化が起こるだろう」とエリアスは言う。そして、こう結論づける。「たぶん、この革命が起こるまえと同程度の平衡状態に戻るだろう」

選手育成の成果がリーグ全体に行き渡りつつあるのに伴い、平均打球角度は記録的な高さ（2015年の10・1度から12・2度に）に、ゴロ率は記録的な低さになっている。空気力学的な発想が野球界に広まるとともに、スイングの変化によってホームラン率も史上最高になっている。またリーグ全体でフォーシームの球速が150・8キロに上昇し、投手がシンカーを捨て、空振りの取れる遅い球（とりわけ、かつてないほど投球に占める割合が増加したスライダーやチェンジアップ）を増やすにつれ、三振率もまた上昇している。またドジャースのスター選手コディ・ベリンジャーは、データを参照し、スイングの軌道や打撃フォームを見直した結果、〈ベースボール・リファレンス〉のWARでメジャーリーグ1位になった。このように若い選手がキャリア最高の成績を挙げている一方、ベテラン打者にも新たな方法を取りいれている選手がいる。ミーンズと同じアメリカンリーグのオールスターに選出されたのが、36歳のハンター・ペンスだ。前年フリーエージェントになったペンスはメジャー契約を結ぶことができなかったのだが、ダグ・ラッタの指導のもとスイングを一から再構築し、レンジャーズとマイナー契約を結ぶと、数シーズンのスランプから立ち直り2013年以来の好成績を収めた。

「自分のスイングを知るというのは、とても大きな武器になる」とペンスはわたしたちに語った。「これまでそしてミーンズのように、もっと早くラッタの指導を受けれていればよかったと嘆いた。

はずっと、ボールを見て打つ、という程度のことしか考えていなかった。感覚だけで、自分のスイングがわかっていなかった。運動能力の高さだけでやっていたんだ」

選手育成が改善されたことで、ペンスのようなベテランは、かつてのほうがレベルが高かったとはとても言えなくなった。「指導も、与えられる情報もいまのほうがずっと優れていることは間違いない」と彼は言う。「上がってくる若手選手は、はるかに準備ができているし、野球の実力も比べものにならない」

こうした思いに照らせば、データ主導の育成に着せられた汚名は単純すぎると言わざるをえない。新たな育成方法によってキャリアを切り拓いた選手や、キャリアを延ばした選手は多い。それがどうして悪いと言えるだろう？　エリアスが言うように、「メジャーリーグ選手になるべき素質を持っていたのに、どこかの過程でなんらかの理由でおかしなアドバイスや指導を受け、あるいは怪我をしてメジャーに上がれなかった選手がいたとしたら、それは悲しいことだ。わたしは選手育成がこれほど発達したのはすばらしいことだと思う。そしてプロ野球界はたとえこれまでそれをリードする立場でなかったとしても、いまはそうなっている」

エリアスが選手の上達に手を貸したいと思っているのはたしかだ。おそらくミーンズのような各選手の向上は喜んでいるだろう。だが彼はまた、２０１９年2月に〈ニューヨーク・タイムズ〉にこう述べてもいる。「チームの質を保ち、ドラフト指名を成功させ、抜け目ない判断をし、そしてフリーエージェントや契約延長に関して情緒的で無責任な判断をしなければ、長期的に競争力を保つことは可能だろう」。これはブルームがレッドソックスの就任記者会見で、自分の最優先事項は「長期的な持続性と競争力」だと語ったこととよく似ている。もしブルームを雇う以前に、年俸総額を削減すると宣言したレッドソックスが「情緒的な」判断をしていたら、球界最大の報酬を選手に支払い、ワールドシリーズを制したドンブロウスキーを解雇することはなかっただろう。

つまりこういうことだ。ともに37歳でイェール大卒のエリアスやブルームのような、現在のメジャーリーグのゼネラルマネージャーに支配的な白人男性で高学歴の球団幹部は、選手を助け、彼らが成功するのを見るのを望んでいるし、成功を嬉しく思っている。だが球団オーナーの指示のもと、できるだけ少ない支出で同じだけの勝ち星を挙げることも球団幹部の仕事だ。そのため彼らには、高い成績を挙げつつ報酬を抑えられる若手選手でチームを構成する動機がある。選手育成が向上したとはいえ、それでロースター枠が増えるわけではないため、活躍する選手がいれば、その分はじき出される選手もいることになる。また現在のMLBの財政構造を考えると、抜け目なく、情緒にとらわれない責任ある判断によって、リッキーの時代のように選手の平均報酬は抑えられる方向へ向かうだろう。

エリアスの初年度、オリオールズは外国のアマチュア選手への投資を増やした。それはこれまでピーター・アンジェロスの指示で長く放置されてきた市場だった（2019年までで、オリオールズが契約し、育成したドミニカ共和国出身選手で最も活躍したのは、2004年から2008年まで800イニング以上を投げ、防御率5・05のダニエル・カブレラだ）。だがメジャーリーグのチーム年俸総額はわずかに勝ち星を伸ばしたにもかかわらず、19位（1億3050万ドル）から28位（7340万ドル）に下がった。シーズン後にはジョナサン・ビヤーをマーリンズにトレードで放出し、代わりにドラフト14巡目指名選手を獲得した。ビヤーは2019年に〈ベースボール・リファレンス〉のWARではボルチモアで2番目に活躍したが、年俸が上がったため（マイアミとの2020年の契約は2019年の482万5000ドルから820万ドルになりそうだ）、すぐに勝利を目指していないボルチモアでは望ましくない選手になっていたからだ。オリオールズの2020年の勝ち星と年俸総額はそれぞれ、メジャーリーグ最下位と、下から2番目になると予想されている。12月に、エリアスは「わたしはチームがカムデンヤーズでプレーオフを戦う姿が見たい。そのための方法はたったひとつだ」と忍耐を訴えた。だが、アストロズでは成功したわざと負ける戦略は、他球団も大胆な再建を行っていて、ドラフトや外国人選手市場での支出をCBAにより制限されている現在では成功する保証はない。

さらに、オリオールズの地区ライバルがワールドシリーズを制し、選手たちがチャンピオンリングを指に輝かせているのを見れば、高額な選手への投資はしかたないことのように思えてくる。2019年12月、ESPNのサム・ミラーは近年、フリーエージェントで新たな球団と契約した選手のほうが、それまでどおりの球団と再契約した選手よりもチームに貢献していると指摘した。これによって、フリーエージェント選手との再契約が多かったこれまでの傾向が弱まる、あるいは逆転する可能性がある。かつては所属選手に関する豊富な情報を生かして、他球団からの獲得よりも所属選手を残留させるほうが的確な判断が下せたのだが、ミラーの推測では、育成が向上した現在ではチームを移籍した選手が「新しいフロントオフィス、新しいテクノロジー、新しいチームメイト――そして選手のキャリアを変えるような新しい情報」によって利益を受ける可能性が高いという。

2019年から2020年のオフシーズンにはフリーエージェント選手への支出は、対象となる選手のレベルが上がり、プレーオフ進出を目指すチームが増えたこともあり全体として上昇したが、2シーズン連続で選手の報酬総額が下がったことは、2021年12月1日のCBAの期限切れが迫るなか、データ主導の選手育成が野球界の方向性に大きな影響を与えていることを示している。2019年には、MLBの収益分配をめぐって将来的にストライキが起こる可能性が取り沙汰されており、25年にわたる労使間の安定した関係は危機にさらされている。マネー・ボールの流行により、データに基づいてより効率的に勝利への方針を立てるチームが圧倒的に有利になった。育成の質が高まれば各球団はさらに、選手の報酬を保証してきたフリーエージェントや年俸調停への支出を減らすだろう。

選手育成革命によって選手の報酬は増えていない。マネー・ボールのときと同じように、利益を受けているのは球団側のみで、選手は自分ではどうにもできない市場の力に翻弄されている。報酬は全体として抑えられるだろう。だがそこには反対の面もあり、かなり多くの選手たちが自分のキャリアを上向かせ、多くの報酬を得ることにもつながっている。また新世代のコーチたちがアウトサイダーに対して閉ざされていた壁を破って野球界に参入している。2019年から2020年の冬には、ヤンキースとカブスがマイナーリーグ打撃コーチとして女性（それぞれレイチェル・バルコベックとレイチェル・フォールデン）を採用し、ジャイアンツはアリッサ・ナッケンをMLBではじめてフルシーズンのメジャーリーグコーチとして雇った。育成革命は指導やトレーニングの現場をより多様性に富んだ、実力主義の世界にしているのだ。

革命はまだ終わっていない。野球をめぐる経済において選手が搾取されないようにするためには、伝統の転換をさらに押し進める必要がある。選手会は、在籍期間ではなく実力に基づいて報酬を得られる権利を勝ちとらなくてはならない。若い選手がメジャーリーグでの最初の数年間の活躍に対して十分な報酬が得られるようにシステムが変更されれば、選手育成の最適化によって、メジャーリーグの最低年俸を得ている選手が成績次第で報酬を上げられるようになるだろう。

MLBがマイナーリーグ球団と結んでいるプロ野球協定（PBA）はCBAよりも早く、2020年のシーズン終了後に満了する。2019年末、MLBは160球団あるマイナーリーグ・チームを42球団減らすという大きな組織改革を提示した。コストカットがこの計画のおもな理由であることはたしかだが、危機的なマイナー球団のなかには標準的な施設がないところもあり、また現在では、選手を育成するために以前ほど傘下球団を必要としないということもある。育成のテクノロジーに投資したとき、アストロズは才能ある選手をより早く見きわめることができるようになったこと、そしてコーチの時間を有望な選手に集中させることを理由に傘下球団を減らした。またアストロズは、これまで遠隔地に置かれていた傘下球団のネットワークを、ヨーロッパの巨大なサッカーチームのように、あるいはロイヤルズ・アカデミーのように1カ所に集中させ、標準化された育成センターにするよう主張している。当然、アストロズはMLBの計画の先頭に立っており、それを支持しているのはブルワーズとオリオールズだ（この件に関しては、エリアスもマイデルもコメントを控えた）。

もし数多くのマイナーリーグ選手が仕事を失うとしたら、またしてもテクノロジーと効率性が労働者に不利をもたらしたことになる。だがドジャースのウォーカー・ビューラー投手の解釈はこれとは異なっている。彼は〈ファイブサーティエイト〉の記事で、マイナーリーグ選手の大部分は数少ない真の有望選手を探すための使い捨て要員になっていると著者（トラビス）に語った。「ひとつのマイナー球団につき、メジャーに上がれる選手は3人しかいない」とビューラーは言った。「残りの選手はその3人がプレーするためにいるだけなんだ。それはフェアなことじゃないと思う。彼らの夢を犠牲にしているんだよ」

多くのマイナーリーグ選手はシーズン中に年間1万ドルの基本給しか（MLBの球団オーナーはそれ以上払うだけの余裕があるにもかかわらず）稼げない。そしてその大多数は、有望選手の練習相手を務めるだけのために、やがて避けられない野球引退後のキャリアへ進む時間を遅らせている。だが一方、有望とみなされていなかった選手が大成することもあるし、そうでなくても選手時代はいい思い出になる。また貧困な家庭に育ち、マイナーリーグの薄給でもありがたいという選手もいる。さらに、球団にとっては効率的であっても、それがファンや、マイナーリーグの球場にも投資した共同体といった地元の関係者のためになるとはかぎらない。2019年に、マイナーリーグには4150万人の観客が訪れている。42球団が削減されれば、多くのアメリカ人がメジャー傘下のプロ選手の試合を直に観ることができなくなるだろう。11月には、100名以上の下院議員からMLBと各球団に「提案をよく再考する」ことを促す手紙が送られた。

こうした選手育成革命の二次的な影響は、革命を支えるハイテクの基礎が登場したときには予測できないことだった。「誰にも想像できなかった……それが野球界にこれほど大きな変化をもたらすことになるとは」とエリアスは言う。「そしてテクノロジーを積極的に使いはじめ、顕著な成果を挙げるようになってはじめて、それが引き起こす変化の大きさが本当にわかってきたんだ」

〈ニューヨーク・タイムズ〉の経済担当記者であるニール・アーウィンは2019年に発表した著書『勝者総取りの世界で勝つ方法（*How to Win in a Winner-Take-All World*）』で、こうした変化はテクノロジーに関わるあらゆる産業に関係していると述べている。「よい仕事をするということの意味が、ほとんどの人がそうした変化に慣れるよりも早く変容していく」とアーウィンは書いている。「これによって職場は恐ろしい場所に変わった。とりわけキャリアなかばの人々は、早く出勤し、懸命に働き、仕事を身につけろという親からの忠告ではもはや十分ではないと突然気づくことになるのだ。だが同じくらい重要なことは、そうした変化によって戦略的にやりかたを変える人々は優位に立ったということだ」。いまや仕事はデータで溢《あふ》れている。だがアスリートでない人々にとっても、そのデータを掘りおこし、「企業の一員として、より価値あるプレーヤーになる」ことができる、とアーウィンは言う。

なかには、「社員として成功するためのデータ主導のガイド」を生みだすための「組織的分析」に着手している企業もある、とアーウィンは記している。たとえばマイクロソフトの人事部のアナリストは、極端に労働時間の長い週がつづいている労働者は、通常の労働時間で働く労働者よりも生産性が高いとはかぎらないことを発見した。また管理者が企画する大規模なミーティングは回数が多すぎ、むしろ頻繁に1対1でミーティングし、直接報告を受けている中間管理者のほうが成果を挙げていた。また、部門を超えて多くの人と接しているほうが会社で豊かなキャリアを手に入れていた。

こうした洞察は「変化球を増やせ」や「プレートの前でボールを捉えろ」といったアドバイスの企業版だと言える。それでわれわれは何百万ドルも稼げるわけではないが、誰もが野球界の数学の天才から知恵を借りたり、自分の手に入る情報を最大限活用することはできるだろう。そうすれば、溺れることなく変化の波を泳いでいける。自分の業界で、オリオールズのように変化に乗り遅れたいとは誰も思わないだろう。

２０１９年の末、オリオールズの過去の声がわたしたちに語った。「いい打者は作れるものじゃない。『ボールを下から打ちあげろ。これをすべてやればいい打者になれる』なんて言っても無駄なことだ。一流選手は生まれつきなんだよ」。これは生存する元メジャーリーガーのなかで2番目に高齢だった98歳のエディ・ロビンソンの言葉だ。１９４０年代から１９５０年代に4度オールスターに出場した一塁手で、ポール・リチャーズのもとでオリオールズで選手、コーチを経験したあと、アストロズではじめてファーム・ディレクターになり、その後もアスレチックスとブレーブスで同じ職務を務めた。『マネー・ボール』が出版されるはるか以前から四球を重視し、レンジャーズのゼネラルマネージャー時代にはクレイグ・ライトを採用したほど自由な発想を持っていたロビンソンも、育成に関しては遠い過去の教条に縛られていた。

それほど遠い過去に遡らなくても、やはり事情は変わらない。『マネー・ボール』が登場した9年後となる２０１２年、〈ベースボール・プロスペクタス〉は『延長戦（*Extra Innings*）』という野球界の難問を幅広く扱った本を出版した。そのころには野球界でもビッグデータが活用されはじめ、選手評価は変わりつつあった。セイバーメトリクスによる分析の担い手だった〈ベースボール・プロスペクタス〉などがフロントオフィスへの人材の供給源になっていたからだ。『延長戦』の著者13人のうち、5人がその後MLB球団に雇われることになった。

だがセイバーメトリクス時代になっても、先進的なデータアナリストでさえ、育成は契約やトレード、ドラフトと同程度のものとしかみなしていなかった。〈ベースボール・プロスペクタス〉の本でひとつの章を担当し、のちにカブスでスカウト兼スペシャルアシスタント、その後ダイヤモンドバックスでスカウティング・ディレクターになったジェイソン・パークスは「選手のスカウト、獲得、育成はどうすべきか？」という問いを立てた。

そのうちスカウトと獲得に割かれたのは19ページだった。ところが育成は2ページのみだ。「選手育成は才能に還元できる」。パークスの言葉もやはり、過去数十年にわたる野球界の信念と変わらないものだった。才能あるアマチュア選手を獲得すれば、やがて才能あるプロ選手に育つだろう。標準以下のアマチュア選手を獲得しても、役立たずを作るだけだ。もともと備わった能力が選手の行く末を決める。それが彼の考えだった。

この章がいま書かれるとしたら、内容は同じにはならないだろう。選手育成はスカウティングと獲得のあとにつけたされるようなものではない。それこそが野球の中心となる物語であり、それによって幸せになる選手もいれば、つらい思いをする選手もいる。それに、この物語はこれからも予期せぬ結果を生みだすだろう。

いつだったか、エリアスはこう語った。「いま起こっているこの革命をどう呼ぶにせよ、その呼び名には保留のための括弧をつけておいたほうがいい。野球の歴史におけるその章は、ほかとは明確に分けられる時代区分になるだろう。歴史とはそういうものだからね。わたしにはそれがどれくらいつづくのか知ることはできないが」。そして、つぎの革命がどのようなものになるか、それもまた知ることはできない。

謝辞

ベン・リンドバーグ

業界内の多くの人にとって、野球界最後の辺境について率直に述べることにはなんのメリットもなかった。それでも話をしてくれた人々に感謝する。そのなかには、知識を共有することで選手の向上に役立つことを深く考慮した人もいた。そうした協力がなければ、この本ははるかに短いものになっていただろう。

サム・ミラー、スティーブ・ゴールドマン、ザック・クラム、ロブ・ネイヤーに、早い段階でこの本を読み、推薦してくれたことを感謝する。クレイグとキャシー・ライトには、温かく歓迎し、調査を助けてくれたことを。リチャード・パーザーには、気前よく新聞の切り抜きを見せてくれたことを。ポール・クオには、顧客を説き伏せてくれたことを。ロブ・アーサー、ミッチェル・リヒトマン、ロブ・マクワウン、ダレン・ウィルマンには統計に関する補助を。R・J・アンダーソン、マーク・アーマー、ラッセル・カールトン、J・J・クーパー、デビッド・ローリラ、ジョー・レミア、ダン・レビット、リー・ローエンフィッシュ、イーノ・サリス、ジェフ・サリバン、トム・バーダッチ、ダニエル・レビットら有用な情報を与えてくれた記者たちに。そしてビル・シモンズ、ショーン・フェネシー、マロリー・ルービン、ジャスティン・セイルズには、もう一度〈ザ・リンガー〉で働かせてくれたことを。家庭では、妻のジェシー・バーバーに愛と感謝を。そして小さな仕事仲間であるグラムキンの忍耐とサポートに。

わたしたちの報告はとても短い時間で行われた会話を数多く録音することでできたものだ。そうしたインタビューが役に立ったのは、たくさんの人がそれを書き起こしてくれたからこそだ。ガビン・ホワイトヘッド、デビッド・シーガー、ジャレド・ボーモント、クリス・バーバー、リー・シグマン、ケニー・ケリー、マイケル・カーバー、アレックス・ベイズリー、ボビー・ワグナー、スコット・ホルコム、キース・ペティ、ルーク・リラード、ミッチ・マコノゲイ、ローランド・スミス、トロイ・カーター、モハメド・ハマッド、アンドリュー・カラーニャ、アリア・ガーソン、ヘクター・ロサーダ、ジェイソン・マーバック、ジョー・コーカリー、ジョン・ストゥーキー、ジョーダン・エプスタイン、マーク・ノイエンシュワンダー、マシュー・フォン、リッキー・ガオナ、ザック・ブレイディ、アーロン・ウルフ、バーン・サムコ、ブラッドリー・ビール、コルビー・ウィルソン、エリック・オリバー、エリック・ピーターズ、グレッグ・ビンス、ジェレマイア・ネルソン、ジョン・ギルバート、ジョーマ・ボーン、ジョセフ・バニヤン、カズト・ヤマザキ、マイケル・ハッタリー、ミシェル・レンハート、ミッチェル・クラール、モリー・マカルー、ロバート・フレイ、サミュエル・ウイダック、ティム・ムーア、アンドリュー・バークハイマー。

この仕事でいちばん大変だったことのひとつは、インタビューした人がいまどこにいるのかを把握することだった。各球団がデータ主導の育成を強化するにつれ、およそ半数の人々の所属先が執筆中に変わった。また、自己改造を果たした選手の実例をどこまで入れればいいかという判断も難しかった。自ら上達し、話を聞かせてくれたすべての選手に感謝するが、本文中ではきちんと触れられなかった選手も大勢いる。ジャロッド・ベイレス、ショーン・ボイル、トニー・シングラーニ、タイラー・フラワーズ、ブライス・モンテス・デ・オカ、マイケル・プラスマイヤー、デビッド・スピア、コール・スチュワート、ロス・ストリップリング、マット・トレイシーなど。彼らのような先進的な選手はシーズンを追うごとに増えている。

エージェントのサイデル・クラマーにはわたしたち（というより、だいたいはわたし）がつぎつぎに送るメールに耐えてくれたこと、編集者のジェフ・アレクサンダーには、本を短く、よりよくしてくれたことに感謝したい。そしてもちろん、トラビスに、忍耐強く、信頼でき、協力的な共著者であったことを。共著という形でこの本を書いた最大の恩恵は、すべてをひとりで書かなくても済んだことだ。そのつぎによかったのは、ストレスを分けあうパートナーを持てたことだった。

トラビス・ソーチック

この本を書くために、わたしたちはアメリカ全土を巡り、数多くのインタビューをしてさまざまな話を聞いた。スプリングトレーニングの行われているアリゾナから、ロサンゼルスやシアトルのビジネスパーク、モンタナ州の片田舎、さらにオハイオ州ウェストレイクのクロッカーパークには何度も足を運んだ。この本が完成したのは、この育成革命に関わる主要人物たちが自分の能力が伸び、限界を超えることができた理由を語ってくれたからだ。わたしたちは報告者としてできるかぎりのことを知り、読者に伝えようとした。すでに十分知っていると思っていた野球について、わたしはさらに多くのことを学んだ。この本に登場してくれた人々に、いつまでも感謝の気持ちを持ちつづけるだろう。彼らの物語や、誰もが上達できるという考えがきちんと伝わっていると彼らが感じてくれることを願う。

すばらしいエージェントであり、ベンとわたしにこの本を書くよう働きかけてくれたサイデル・クラマーに感謝したい。サイデルは企画段階から原稿の締切に至るまで、信じられないほど我慢強く働いてくれた。編集者のジェフ・アレクサンダーは、まるで奇跡的なパーソナルトレーナーのように原稿を整えてくれた。出版元のベーシック・ブックスが、わたしたちと同じようにこの本の重要性を信じてくれたことはありがたいことだった。また、ネイト・シルバーとデビッド・アップルマンには、2018年から2019年にべつの仕事をしながらこの本を書くことを認めてくれたことを感謝する。

このプロジェクトに関して、ベンは望みうる最高のパートナーだった。共同で本を書くとき、共著者に何より望むのは題材を大切にする気持ちだ。昼に仕事をし、ポッドキャストにも関わりながらこの本を書きつづけたベンの仕事ぶりは目を見張るものだった。一緒に書いたことで、どちらかがひとりで書いた場合よりもよいものになったと思う。

妻のレベッカは執筆中、よい相談役になってくれた。彼女の支えがなければこの仕事はかなり困難になっていただろう。父と母には、少なくとも一軍すれすれくらいのライターに育ててくれたことを感謝する。またデューク・マースには、新聞記者だったころ野球記事を担当する機会を与えてくれたことにこれからもずっと感謝するだろう。デュークは2019年のはじめに亡くなった。ありがとう、デューク。わたしはよく知っている。記事や本を書くのは孤独な作業じゃない。

解説 〝頭を使って〟選手の能力を高める野球

鳥越規央（統計学者）

2001年にアメリカに来てから、19年の野球は全く違う野球になりました。頭を使わなくてもできる野球になりつつあるような。これがどうやって変化していくのか。次の5年、10年、しばらくはこの流れは止まらないと思いますけど。本来野球というのは、頭を使わないと出来ない競技なんですよ。でもそれが違ってきているのは、どうも気持ち悪くて。ベースボールがそうじゃなくなっているのは、危機感を持っている人がいると思うんですよね。

——イチロー選手、引退記者会見にて

イチローが野球のどの部分が、「全く違う」状況となっていると考えているかについての言及はなされていないが、想像するに、打者がシンプルにホームランを狙い、投手は三振を狙いにいくがため、「三振、四球、本塁打が全打席のうち33・8パーセントもの割合になった。（中略）全打席のうち打者が一塁に全力疾走せず、野手のところへ打球が飛ばないプレーは35パーセント近くに達した」（第17章）ことによって、観る者に退屈な印象を与えているのではという危惧を感じての発言ではないだろうか。ただ、このようなプレーを「頭を使わな」いプレーと称されることには、違和感を感じるのではないだろうか。特にこの本を読まれた方にとっては。

野球というゲームのルールの第一原理で、野球規則1・05にある

各チームは、相手より多くの得点を記録して、勝つことを目的とする

を成就させるためには、攻撃に従事する者はより得点を得るための技術を、防御に従事する者はより失点を防ぐための技術を得る必要がある。それを効果的に行う術が「ホームランを狙う」であり、「三振を奪う」なのである。これが野球の真理なのであるが、シンプルであるがゆえにその技術を向上させるよりも、そのポテンシャルを持つ選手を集めることを最優先としてきたのが、メジャーリーグの各チームのこれまでのスタンスであった。しかし、そういった選手の商品価値が高騰すると、経営が苦しい球団は手を尽くして勝利をもぎ取りにいかなければならない。そこに救世主として現れたのが「セイバーメトリクス」である。

セイバーメトリクスは、もともと1980年代にオンラインゲームの〈ファンタジーベースボール〉において、年俸が高くないが、チームの勝利に貢献している選手を見極めるために発展したと言われている。〈ファンタジーベースボール〉とは、仮想現実においてプレーヤーは、とあるメジャーリーグのオーナー兼GMとなって、選手総年俸が制限された中で選手を集めチームを構成し、選んだ選手が実際のプレーで活躍した度合いによってポイントが獲得でき（もちろん失敗した選手にはマイナスの評価が付く）、そのポイント総計で優劣を競う野球チーム経営シミュレーションゲームである。そういった経緯もあるためか、セイバーメトリクスには、選手を成長させるという概念はなかった。なぜなら、ゲーム中の選手の成績はモデルとなっている実際の選手の成績を反映させたものであり、いくらゲームのプレイヤーが優秀であっても、実際の選手を成長させる確率はほぼ0である。

マイケル・ルイスの『マネー・ボール』にあるように、当初セイバーメトリクスは、年俸が安価でも勝利に貢献できる指標を持つ選手の炙《あぶ》り出しに使用されてきた。それが、PITCHf/xやスタットキャストなどのテクノロジーの発達とともに、戦術の開発に使用されるようになった。その成果のひとつが「大胆な守備シフト」である。2010年あたりからタンパベイ・レイズのジョー・マドン監督が頻繁に使うようになったのがきっかけとされている。当初は引っ張る傾向の強い打球を放つ長距離打者対策として、彼らの打球データを分析し、打球が飛ぶ確率が少ない方向を守る守備者の位置を変更し、より打球が飛びやすい場所にシフトさせる布陣を敷いた。左打者の場合、サードを守る野手をファースト、セカンド、ライトの中間地点に配置する。それによって、左打者が一、二塁間を抜ける強い打球を放ったとしても、「サードゴロ」として打球を処理しアウトにすることができる。*Bill James Handbook* によれば、このような守備シフトは2010年には2463回出現したが、2018年には3万4783回にも上ったという。

このシフトには、「投手が不安に思う」などのマイナス面もあるが、ゴロ打球をアウトにする確率は格段に上昇することもデータで明らかになった。この状況がつづけば、これまで低いライナーでヒットを狙おうとする（または低いライナーでヒットを狙えと指導されてきた）バッターにとっては死活問題となる。その状況を打破しようと開発されたのが、第5章で紹介される「フライボール革命」である。スタットキャストの打球の解析により、打球速度が98マイル毎時（約158キロ毎時）以上で、打球角度が30度前後の打球はヒット確率が80パーセントに及び、そのほとんどがホームランとなることがわかった。そのゾーンは「バレル」と名づけられ、打者はここを目掛けて打球を放つ意識でスイング改造を行ってきた。理論的には「19度のアッパースイングでボールの中心の0・6センチ下側をインパクトすることで飛距離が最大化する」とあるが、そんなことを選手が聞いてもピンとはこないだろう。2017年にホームラン52本を放ち本塁打王となったニューヨーク・ヤンキースのアーロン・ジャッジは「ボールを時計に見立てたとき、7時の位置でバットが当たるようにスイングすることで、打球が上がる確率を高めようとしている」と述べているが、それがイメージとして摑むにはよい表現であろう。本文中にもあるが、MLBの打球角度は年々増加し、2019年には12・2度とより高くなっており、それに伴ってホームラン数も6776本と史上最多を更新した。

投手側も、フライボール革命に対抗すべくさまざまな方略を編み出した。当初は被本塁打率が低いとされるカーブボールを多投したり、ゴロを打たせるため、打者の手元で動く球を低めに集めたりするなどの対策をとった。しかし、格段に進化するスイング理論の前では、それだけではホームラン数の増加は抑えられなかった。2018年3月、〈ワシントン・ポスト〉はこのムーブメントを受けて、ピッチングのセオリーが変化するだろうとし、次のような変化を予測した。

・シンカーの減少
・低めに投じられる投球の減少
・変化球がより多く投げられる
・フォーシームの割合が増える
・高めのボールを使うようになる

この予測の一部は当たっており、現在はフォーシームとスライダーの割合が増加している。〈SPAIA〉の記事によると、2015年と2019年のフォーシームの割合はそれぞれ、36・2パーセント、38・2パーセントで、スライダーの割合はそれぞれ14・2パーセント、18・8パーセントとなっている（https://spaia.jp/column/baseball/mlb/8042）。

トレバー・バウアーが「完璧なスライダー」の修得に励んだのも理に適ったものだろう。

そのトレバー・バウアーが２０２０年、投手最高の栄誉とされるサイ・ヤング賞を初めて獲得した。

２０２０年のバウアーの成績は

防御率：１・73、被打率：・１５９、ＷＨＩＰ：０・７９

RA9-WAR：３・５（〈ファングラフス〉による失点率をもとに算出された投手の勝利貢献度）

で、これらの指標はすべてナショナルリーグ1位である。また奪三振率（Ｋ／９）が12・３３と上昇しただけでなく、与四球率（ＢＢ／９）が２・１０、Ｋ／ＢＢ（与四球に対する奪三振の割合）が５・８８とキャリアハイを記録。昨今のフライボール革命に対抗するため、投手陣はストライクゾーンでの勝負を避ける傾向にあり、奪三振も増えてはいるが、と同時に与四球の数も増加傾向にある。しかし、バウアーはその波に逆らうような安定したピッチングを披露し、それが彼を大きく評価させることにつながったのだろう。

２０２０年のバウアーの改良点は、球種とその回転の質の向上にある。２０１９年と２０２０年のバウアーの球種割合を比較すると表（次ページ）のようになる。

２０１９年まで対左打者用の球種として重用していたチェンジアップをほとんど投げなくなり、その代わりにカッターを使うようになった。

40パーセントの割合で投げ込むフォーシームは、格段に質が上がった。平均球速こそ94・５マイル（１５２キロ）から93・２マイル（１５０キロ）と落ちているが、スピンレート（1分あたりの回転数）

バウアーの球種割合の変化

球種	2019年	2020年
フォーシーム	38.5%	40.9%
カッター	16.6%	19.7%
スライダー	13.9%	16.5%
カーブ	19.6%	15.7%
シンカー	3.8%	7.0%
チェンジアップ	7.6%	0.3%

は2412から2776と大幅に上昇している。そして回転効率も94パーセントであり、横に1・5インチ（4・9センチ）、縦に3・9インチ（9・8センチ）平均からズレた球となっている。もちろんこのズレはバウアーが意図的に作るよう軌道修正を重ね、たどり着いた結果である。9・8センチのズレは、打者にとっては手元で大きくホップするように見え、空振り率（Whiff%）は23・8パーセントに及ぶ。また、フライを狙う打者にとってもボールの7時の位置ではなく、6時台の位置で捉えることになるためポップフライが多くなる。バウアーのポップフライ率は15・8パーセントで、2018年の6・7パーセント、2019年の9・3パーセントと比較しても大きくジャンプアップしていることがわかる。ポップフライならばエラーの確率も低いし、何より進塁のチャンスも少なくなる。事実、バウアーのLOB%（残塁率）は90パーセント以上にも及ぶ。これもナショナルリーグトップの数字である。つまり、ランナーを出しても90パーセント以上はホームに還すことなくイニングを終えることができたのだ。

カッターは、いわゆる「スラッター」のような球種で、いわゆる「ピッチトンネル」を駆使して投じられる。カッターの質も向上しており、打者にとっては急激な変化に対応できず空振りを大量生産せざるを得なくなる。Whiff%は驚異の41・7パーセントだ。

MLB随一の投手として認められたバウアーだが、これはまだ彼の目標の3分の1しか達成していないことになる。もともと体格的にもフィジカル的にも恵まれていないことを自覚しているバウアーは、30歳を超え、今後は肉体的な成長を望めなくなるタームに差し掛かる。ドライブラインでの鍛錬によってさらなる〝革新〟を見せてくれることだろう。２０２１年の主戦場として決めたのはドジャースの本拠地、ロサンゼルス、ドジャースタジアムである。

そんなトレバー・バウアーは２０１９年12月、神奈川県横須賀市にある、横浜ＤｅＮＡベイスターズの２軍施設「DOCK OF BAYSTARS YOKOSUKA」を訪れるため来日している。ＤＯＣＫは「選手寮」「屋内練習場」「屋外練習場」が一体となった選手育成施設で、屋外練習場は一軍の本拠地である横浜スタジアムと同じレイアウトである。また最新機器が揃ったトレーニングルームや、内野がすっぽりと収まるほどの広さを持つ屋内練習場など、まさに〝チームが運営するドライブライン〟の様相だ。また、ＤＯＣＫにはＭＬＢでの登板経験もある大家友和投手コーチが若手指導に従事している。ベイスターズのサウスポーエースである今永昇太と、京山将弥など5名の選手がドライブラインでトレーニングするため渡米することとなったが、その橋渡しには大家コーチの存在が大きかったという。

また、その前月には福岡ソフトバンクホークスがドライブラインのスタッフを招いて、選手のデータ測定と解析を依頼している。なお、ホークスは日本のプロ野球のファーム施設として最大級である「ＨＡＷＫＳベースボールパーク筑後」を擁する。この施設で研鑽《けんさん》を積んだ千賀滉大、甲斐拓也といったドラフト外（育成契約選手で入団）の選手がチームの中心選手となって活躍し、4年連続日本シリーズ優勝の原動力となっている。またホークスの主砲で２０２０年のパ・リーグＭＶＰとなった柳田悠岐は、フライボールの割合が49パーセントと自身の過去最高となり、ＯＰＳが１・０７１、wOBAが・４６２でリーグ最高値である。

第7章で紹介されている東北楽天ゴールデンイーグルスは、２０１７年からＮＴＴデータが開発したＶＲトレーニングシステムを導入し、試合で対戦する投手の投球を仮想体験できるようになった。

日本のプロ野球は支配下選手が70人であるが、一軍登録は29人（２０２０年シーズンは特例で31人）であるので、残りの41人の選手は育成を目的として雇用している選手と言えるだろう。さらには、「育成契約」として多くの選手を雇用しているチームも存在する。ＤｅＮＡ、ソフトバンク、楽天という日本のＩＴ・通信系企業がメインとなってスポンサードしているチームが〝日本のドライブライン〟とも言える施設をファーム施設として設立し、選手育成に尽力している。

セイバーメトリクスはまだまだ発展途上の研究分野である。これまでさまざまな指標や手法が生み出されては消え、生み出されては消えの繰り返しである。本書の内容は現時点の最新事情であるが、1年後にはもう過去の遺産として扱われる可能性のある事象もあることだろう。ただ、セイバーメトリクスは、これからも野球を愛するすべての人のために〝頭を使い〟発展していくことだろう。

（２０２１年2月）

■ 著者紹介

ベン・リンドバーグ（Ben Lindbergh）

The Ringerのライターで、FanGraphsのポッドキャスト「Effectively Wild」でホストを務めている。共著にニューヨーク・タイムズ・ベストセラーとなった *The Only Rule Is It Has to Work* がある。

トラビス・ソーチック（Travis Sawchik）

FiveThirtyEightの記者で、ニューヨーク・タイムズ・ベストセラーの『ビッグデータベースボール』（KADOKAWA）の著者。

■ 訳者紹介

岩崎晋也（いわさき・しんや）

書店員などを経て翻訳家。おもな訳書に『海について、あるいは巨大サメを追った一年』（化学同人）、『アンダーランド』（早川書房）、『自然は導く』（みすず書房）、『トレイルズ』（エイアンドエフ）、『アーセン・ヴェンゲル』（東洋館出版社）など多数。

索　引

■か行■

■さ行■

■た行■

■な行■

■は行■

■ま行■

■や行■

■ら行■

■わ行■

原　注

第１章　救世主となったセイバーメトリクス

1. Michael Lewis, *Moneyball: The Art of Winning an Unfair Game* (New York: Norton, 2003).〔マイケル・ルイス『マネー・ボール［完全版］』（中山宥訳、ハヤカワ・ノンフィクション文庫）〕
2. Bill James, "An Interview with Billy Martin," *Esquire*, May 1984, 71-72.
3. Mark L. Armour and Daniel R. Levitt, *Paths to Glory: How Great Baseball Teams Got That Way* (College Park, MD: Potomac, 2004), 312.
4. John Harper, "A's GM Still Putting 'Money' Where His Mouth Is," *New York Daily News*, August 3, 2003.
5. Phil Birnbaum, "Eliminating Stupidity Is Easier Than Creating Brilliance," Sabermetric Research, June 13, 2013, http://blog.philbirnbaum.com/2013/06/eliminating-stupidity-is-easier-than.html (blog).

第２章　先天的なマニア、後天的なアスリート

1. Harry Hillaker, "Tribute to John R. Boyd," *Code One Magazine*, January 28, 2015, www.codeonemagazine.com/f16_article.html?item_id=156.
2. Angela Lee Duckworth, "Grit: The Power of Passion and Perseverance," TED Talk, published May 9, 2013, www.youtube.com/watch?v=H14bBuluwB8.
3. Ben Brewster, "Four Ways to Improve Your External Rotation to Throw Harder," *TreadAthletics*, August 5, 2016, https://treadathletics.com/external-rotation-throw-harder/.
4. Tianyi D. Luo, Gregory Lane Naugher, Austin Stone, Sandeep Mannava, Jeff Strahm, and Michael T. Freehill. "Ultra-long-toss vs. Straight-line Throwing for Glenohumeral Range of Motion Recovery in Collegiate Baseball Pitchers," *Orthopaedic Journal of Sports Medicine*, July 31, 2017, https://www.ncbi.nlm.nih.gov/pmc/articles/PMC5542142/.
5. Kevin E. Wilk, "Insufficient Shoulder External Rotation Increases Shoulder Injury, Surgery in Pitchers," *Healio: Orthopedics Today*, December 2015, www.healio.com/orthopedics/sports-medicine/news/print/orthopedics-today/%7Bb565af15-810c-4ec0-

8b50-8acedc98391a%7D/insufficient-shoulder-external-rotation-increases-shoulder-injurysurgery-in-pitchers.

6. Lee Jenkins, "Trevor Bauer Will Not Be Babied," *Sports Illustrated*, August 15, 2011.

第3章　ラバを競走馬に変える

1. Mark L. Armour and Daniel R. Levitt, *In Pursuit of Pennants: Baseball Operations from Deadball to Moneyball* (Lincoln: University of Nebraska Press, 2015), 70.

2. Ibid., 75.

3. Ibid., 78.

4. Ibid., 74.

5. Ibid., 78.

6. Lee Lowenfish, *Branch Rickey: Baseball's Ferocious Gentleman* (Lincoln: University of Nebraska Press, 2007), 113.

7. Fresco Thompson, *Every Diamond Doesn't Sparkle* (Philadelphia: David McKay, 1964), 71.

8. Lowenfish, *Branch Rickey*, 122.

9. Thompson, *Every Diamond Doesn't Sparkle*, 125.

10. Richard J. Puerzer, "The Chicago Cubs' College of Coaches: A Management Innovation That Failed," *The National Pastime: A Review of Baseball History*, no. 26, Society for American Baseball Research (2006): 3-17, http://research.sabr.org/journals/files/SABR-National_Pastime-26.pdf.

11. Christopher D. Green, "Psychology Strikes Out: Coleman R. Griffith and the Chicago Cubs," *History of Psychology* 6, no. 3 (2003): 267-283.

12. Charlie Grimm with Ed Prell, *Jolly Cholly's Story: Baseball, I Love You!* (Washington, DC: Regnery, 1968), 240.

13. Al Wolf, "Cub Pilot Plan Poses Problem," *Los Angeles Times*, February 15, 1961, C2.

14. Edward Prell, "Col. Whitlow Takes Over—Cubs Appoint Athletic Director," *Chicago Daily Tribune*, January 11, 1963, C1.

15. Kevin Kerrane, *Dollar Sign on the Muscle* (New York: Beaufort, 1984), 128.

16. Ibid., 128.

17. Richard J. Puerzer, "The Kansas City Royals' Baseball Academy," *The National Pastime: A Review of Baseball History*, no. 24, Society for American Baseball Research (2006): 3-13, http://research.sabr.org/journals/files/SABR-National_Pastime-24.pdf.

18. Spike Claassen, "42 Survive Cuts for Royals' Academy," *The Sporting News*, September 5, 1970.
19. Spike Claassen, "Kauffman Dedicates 'Dream' Academy," *The Sporting News*, April 3, 1971.
20. Ibid.
21. Ted Williams and John Underwood, *The Science of Hitting* (New York: Simon & Schuster, 1970), 14.〔テッド・ウィリアムズ、ジョン・アンダーウッド『テッド・ウィリアムズのバッティングの科学』(池田郁雄訳、ベースボール・マガジン社)〕
22. Leigh Montville, "A Gripping Tale: The Accidental Discovery of a Two-Seam Changeup Has Made Atlanta's Tom Glavine Baseball's Best Pitcher," *Sports Illustrated*, July 13, 1992, www.si.com/vault/1992/07/13/126807/a-gripping-tale-the-accidental-discovery-of-a-two-seamchangeup-has-made-atlantas-tom-glavine-baseballs-best-pitcher.
23. Peter King's Football Morning in America, "Week 2," aired September 17, 2018, NBC Sports, https://profootballtalk.nbcsports.com/2018/09/17/patrick-mahomes-chiefs-nfl-week-2-fmia-peter-king/?cid=nbcsports#the-lead-mahomes.
24. Craig R. Wright, *The Diamond Appraised* (New York: Simon & Schuster, 1989), 24.〔クレイグ・R・ライト『ベースボール革命—21世紀への野球理論』(薙野正明訳、ベースボール・マガジン社)〕
25. Ibid., 12.

第4章　第一原理

1. Elon Musk, "The Mind Behind Tesla, SpaceX, SolarCity," TED Talk, February 2013, www.ted.com/talks/elon_musk_the_mind_behind_tesla_spacex_solarcity#t-232078.
2. Chris Anderson, "Elon Musk's Mission to Mars," *Wired*, October 21, 2012.
3. Barry Bearak, "Harvey's Injury Shows Pitchers Have a Speed Limit," *New York Times*, September 16, 2013, www.nytimes.com/2013/09/17/sports/baseball/harveys-injury-shows-pitchers-have-a-speed-limit.html.
4. Michael G. Marshall, *Coaching Pitchers*, section 9, chapter 36, www.drmikemarshall.com/ChapterThirty-Six.html.
5. Kyle Boddy, "Reviewing ASMI's Biomechanical analysis of Dr. Marshall's Pitchers," Driveline Baseball, October 10, 2011, www.drivelinebaseball.com/2011/10/reviewing-asmis-biomechanicalanalysis-of-dr-marshalls-pitchers-focus-performancevelocity/

(blog).
6. David McCullough, *The Wright Brothers* (New York: Simon & Schuster, 2015), 63.〔デヴィッド・マカルー『ライト兄弟：イノベーション・マインドの力』(秋山勝訳、草思社)〕
7. Ibid.
8. Kyle Boddy, “Weighted Balls, Safety, and Consequences,” Driveline Baseball, March 3, 2016, www.drivelinebaseball.com/2016/03/weightedbaseballs-safety-and-consequences/ (blog).
9. Frans Bosch, *Strength Training and Coordination: An Integrative Approach* (Rotterdam, Netherlands: Uitgevers, 2010), 227.
10. Eric Cressey, “Weighted Baseballs: Safe and Effective, or Stupid and Dangerous?,” Eric Cressey, December 15, 2009, https://ericcressey.com/weighted-baseballs-safe-and-effective-or-stupid-and-dangerous.
11. G. S. Fleisig, A. Z. Diffendaffer, K. T. Aune, B. Ivey, and W. A. Laughlin, “Biomechanical Analysis of Weighted-Ball Exercises for Baseball Pitchers,” *Sports Health* 9, no. 3 (May/June 2017): 210-215, www.ncbi.nlm.nih.gov/pubmed/27872403.
12. Brendan Gawlowski, “Soft Toss: Behind Driveline Baseball,” *Baseball Prospectus*, December 23, 2015, www.baseballprospectus.com/prospects/article/28102/soft-toss-behind-driveline-baseball/.

第6章　1万球の法則

1. K. Anders Ericsson, *Peak* (New York: Houghton Mifflin Harcourt, 2016), 31.〔アンダース・エリクソン『超一流になるのは努力か才能か？』(土方奈美訳、文藝春秋)〕
2. K. Anders Ericsson, Ralf Th. Krampe, and Clemens Tesch-Römer, “The Role of Deliberate Practice in the Acquisition of Expert Performance,” *Psychological Review* 100, no. 3 (1993): 363-406.
3. Rod Cross, “How to Curve a Baseball or Swing a Cricket Ball,” January 24, 2012, www.youtube.com/watch?v=t-3jnOIJg4k.

第7章　パイプ役

1. D.K. Willardson, *Quantitative Hitting: Surprising Discoveries of the Game's Best Hitters* (Hitting Tech, 2018).

2. Seymour B. Sarason, *The Culture of the School and the Problem of Change* (Boston: Allyn and Bacon, 1971), chapter 2, https://archive.org/details/cultureofschool00sara.

3. https://groups.google.com/d/msg/rec.sport.baseball/0RK6WRWEQks/R80tkdYC5bQJ.

4. Nick Piecoro, "Dan Haren, Burke Badenhop Among New Wave in Front Office," Azcentral Sports, USA Today Network, March 26, 2017, https://www.azcentral.com/story/sports/mlb/diamondbacks/2017/03/26/dan-haren-burke-badenhop-among-new-wave-front-offices/99521052/.

5. Larry Stone, "Bannister Digs into Stats to Pile Up Pitching Feats," *Seattle Times*, April 20, 2008.

6. Tyler Kepner, "Use of Statistics Helps Greinke to A.L. Cy Young," *New York Times*, November 17, 2009, www.nytimes.com/2009/11/18/sports/baseball/18pitcher.html.

第8章　完璧な投球

1. Adam Kilgore, "'Granny' Shot Master Rick Barry Is Glad Someone Had the Guts to Bring It Back to the NBA," *Washington Post*, December 27, 2016.

2. Kellie Green Hall, Derek A. Domingues, and Richard Cavazos, "Contextual Interference Effects with Skilled Baseball Players," *Perceptual and Motor Skills* 78 (1994): 835-841, www.gwern.net/docs/spacedrepetition/1994-hall.pdf.

第9章　われわれはみな宇宙飛行士だ

1. Carol Dweck, "What Having a 'Growth Mindset' Actually Means," *Harvard Business Review*, January 13, 2016, https://hbr.org/2016/01/what-having-a-growth-mindset-actually-means.

第12章　オールスター出場と、ほかの選手への指導

1. Travis Sawchik, "For Pirates' Alvarez, the Struggle with the 'Yips' Is Real," *Trib Live*, August 9, 2014, https://triblive.com/sports/pirates/6571471-74/alvarez-sax-blass.

第14章　上達する

1. David Laurila, "Prospectus Q&A: Craig Breslow," *Baseball Prospectus*, December 18, 2006, www.baseballprospectus.com/news/article/5769/prospectus-qa-craig-breslow/.

第 15 章　ソフトファクター

1. Alan S. Kornspan and Mary J. MacCracken, "Professional Baseball: The Pioneering Work of David F. Tracy," *NINE: A Journal of Baseball History and Culture*, University of Nebraska Press 11, no. 2 (Spring 2003).
2. Dan Kopf, "The 2008 Financial Crisis Completely Changed What Majors Students Choose," *Quartz*, August 29, 2018, https://qz.com/1370922/the-2008-financial-crisis-completely-changed-what-majorsstudents-choose/.

第 17 章　天井はない

1. David Gassko, "League Difficulty (Part 4)," Hardball Times, April 16, 2007, https://tht.fangraphs.com/tht-live/league-difficulty-part-4/.
2. Zach Smith, "Never Say Die: Brandon Mann Makes MLB Debut After More Than 16 Seasons," *Hill Country News* (Cedar Park, TX), July 11, 2018, http://hillcountrynews.com/stories/never-say-die-brandon-mannmakes-mlb-debut-after-more-than-16-seasons,77745.
3. John Thorn, "The Sky Is Falling, Baseball Is Dying, and the Roof May Leak: The Consolations of History in Calamitous Times," Our Game (blog), November 19, 2018, https://ourgame.mlblogs.com/the-sky-isfalling-baseball-is-dying-and-the-roof-may-leak-e3f7e0b0e48d.

エピローグ　デザインのあとからついてくるもの

1. Bob Nightengale, "Trevor Bauer Says He Suffered 'Character Assassination' but Insists There's No Ill Will with Indians," *USA Today*, February 14, 2019, www.usatoday.com/story/sports/mlb/columnist/bob-nightengale/2019/02/14/trevor-bauer-cleveland-indiansarbitration/2869671002/.

用語集

■略語

ABCA（American Baseball Coaches Association）：アメリカ野球指導者協会

AL（American League）：アメリカンリーグ

ALCS（American League Championship Series）：アメリカンリーグ・チャンピオンシップシリーズ

ALDS（American League Division Series）：アメリカンリーグ・ディビジョンシリーズ

BABIP（batting average on balls in play）：三振とホームラン以外の打率を表し、平均は .301 となる。

CBA（collective bargaining agreement）：包括的労働協約。球団と MLB 選手会のあいだで交わされる、契約や待遇に関する協約。

DSL（Dominican Summer League）：ドミニカン・サマーリーグ

ERA（earned run average）：防御率

FIP（fielding independent pitching）：奪三振、与四球、被本塁打のみ（守備力や運などを排除した成績）で投手の成績を評価する指標で、低いほど優秀。

GM（general manager）：ゼネラルマネージャー

IL（injured list）：負傷者リスト

ISO（isolated power）：長打率－打率。打者の長打力を示す指標

MLB（Major League Baseball）：メジャーリーグ・ベースボール

MLBAM（MLB Advanced Media）：MLB アドバンスト・メディア

MLBPA（MLB Players Association）：MLB 選手会

MVP（most valuable player）：最も価値ある働きをした選手。最優秀選手

NCAA（National Collegiate Athletic Association）：全米大学体育協会。23 の競技を運営する。野球はディビジョン 1 から 3 まで 3 つのカテゴリーに分かれている。

NL（National League）：ナショナルリーグ

NLCS（National League Championship Series）：ナショナルリーグ・チャンピオンシップシリーズ

OBP（on-base percentage）：出塁率

OPS（on-base plus slugging）：出塁率＋長打率

PD（player development）：選手育成

PDP（Prospect Development Pipeline）：若手有望選手育成パイプライン

PECOTA（player empirical comparison and optimization test algorithm）「選手の経験的比較と最適化試験アルゴリズム」の頭字語。〈ベースボール・プロスペクタス〉で使われる長期的な成績予測枠組み。

PGA（Professional Golfers Association）：プロゴルフ協会

SABR（Society for American Baseball Research）：アメリカ野球学会

SEC（Southeastern Conference）：サウスイースタン・カンファレンス。NCAAのディビジョン1に所属する南東部の12校で構成される。

TPI（Titleist Performance Institute）：タイトリスト・パフォーマンス研究所

WAR（Wins Above Replacement）：代替可能選手（平均以下の実力で、獲得の簡単な選手）と比較してどれだけ勝利を上積みしたかを示す指標。〈ファングラフス〉や〈ベースボール・リファレンス〉が独自に算出している。

WARP（Wins Above Replacement Player）：WARと同様の趣旨で、〈ベースボール・プロスペクタス〉が算出しているもの。

WHIP（Walks plus Hits per Inning Pitched）：投球回あたり与四球・被安打数合計。1イニングあたり何人のランナーを出したかによって投手の成績を評価する指標。

wOBA（weighted On-Base Average）：打者が1打席あたり、チームの得点増加にどれだけ貢献したかを示す指標。

wRC+（weighted Runs Created Plus）：打者の1打席あたりの得点創出の多さを示す指標。平均的な打者を100としたパーセンテージで表される。

■用語

ウィンターミーティング：年に1度行われる野球界の会議で、しばしばその直後に選手との契約が相次ぐ。

エッジャートロニック：サンストリーク社が製造した、ピッチデザインに使われる高速度、高解像度カメラ。

MLB選手会：MLB選手によって組織されている労働組合。

Lスクリーン：打撃練習中に投手を保護するためのL字型のネット。

カーブ：直球の軌道から逸れ、曲がりながら落ちる変化球。

回転軸：ボールや球状のものが回転する軸で、変化や減速の方向を決める。

回転率：回転軸のまわりを投球が回転する頻度。投球がどれだけ変化するかを決める。

開幕日：MLBのシーズン初日。

カレッジ・ワールドシリーズ：NCAAディビジョン1の優勝を決めるトーナメント戦。
クラスA：マイナーリーグのカテゴリーのひとつ。
クラスD：1962年以前の、マイナーリーグでいちばん低いクラス。
ゴールデングラブ賞：メジャーの各リーグで各ポジションの最優秀野手に与えられる栄誉。
ゴールデンスパイク賞：年に1度ディビジョン1の最優秀選手に与えられる賞。
ゴロ防止壁：インディアンスのコーチであるピート・ローリットソンがアイオワ大学コーチ時代に考案した、内野の周囲を円状に囲ったスクリーン。
サイ・ヤング賞：全米野球記者協会からAL、NLの各リーグで最も優秀な投手に年に1度贈られる賞。
三振率：打席に立ったうち、三振に終わった割合（三振数÷打席数）。
死球：投球が打者に当たること。打者には一塁が与えられる。
ジャイロボール：仮想の球種で、投球の進行方向と同じ回転軸を持っているためマグヌス効果を受けない。
シンカー：縫い目と平行にボールを握る速球で、フォーシームよりも球速は遅くて曲がりは大きい。ツーシーム・ファストボールとも呼ばれ、ゴロを誘うために投げられることが多い。
新人王：メジャーの両リーグで最高の新人選手に与えられる賞。
スーパー・ユーティリティ・プレーヤー：多くのポジションで守備できるプレーヤー。
スタットキャスト：MLBの全球場で2015年に登場した、光学カメラとレーダー式計測機器トラックマンが利用された総合的な選手のトラッキング・システム。
スパイク（ハーフ、フル）：投手の人差し指の置きかたによる握りの分類。フルスパイクの場合にはボールに人差し指の先を突き立てる。
スライダー：カーブよりも速度があり、横に曲がる変化球。最も空振り率が高い球種。
セイバー・セミナー：年に1度ボストンで開かれるセイバーメトリクスの会議。
セイバーメトリシャン：統計的、あるいは数学的方法を用いて野球に関する客観的な知識を高めるアナリスト。
層流（ラミナー・フロー）：球状のもの（たとえば野球のボール）が当初進んでいた方向から逸れるときに働く、流体力学の原理。
速球：一般に最も速度が速く、変化が少ない球種。
ダブルA：マイナーリーグでトリプルAについでレベルが高いカテゴリー。
チェンジアップ：速球より遅く、打者をかわすために投げられる球種。

ディビジョン1、2、3：大学スポーツのレベルで、ディビジョン1が最もレベルが高く、ディビジョン3が最も低い。

独立リーグ：北米でMLB球団の傘下にないプロ野球球団の総称。

トラックマン：ゴルフから利用が始まった、ドップラーレーダーによるトラッキングシステムで、ほぼすべての高レベルの球場に設置されており、投球や打球の速度、変化、回転を計測できる。

ドラフト指名選手：年に1度、6月に行われるファースト・イヤー・ドラフトで指名された選手

トリプルA：マイナーリーグで最もレベルが高いカテゴリー。

トンネル：ホームベースに向かう投球の経路。異なる球種を同じトンネルで投げることで、打者が対応できなくなるタイミングまでどの球種かを見破られなくなる。

ニュートンメートル：トルクの単位。

ハイA：マイナーリーグでローAとダブルAのあいだのカテゴリー。

バウアー・ユニット：回転数（rpm）/ 速度（mph）の数値で、ある球種の回転の質を決める。

ビッグ12：NCAAのディビジョン1に所属するカンファレンス。

PITCHf/x：2007年にMLBの球場に登場した、カメラによる投球追跡システム。

引っ張り：右打者にとってはフェアゾーンのレフト側、左打者にとってはフェアゾーンのライト側に打つこと。

フォーシーム・ファストボール：最も速くまっすぐな球種で、ボールの網目（シーム）に指が縦に交わる握りで投げられる。

フライボール（飛球）：打ちあげられた打球。

プルダウン：助走をつけて全力で投球するトレーニング方法。

ポップフライ：高く上がった打ち損ないの打球で、飛距離が出ず簡単に捕球されてしまうもの。

ボロスの法則：「誰でも60打席ならばどんなすごい成績を残すこともできる」という野球アナリスト、ボロス・マクラッケンによる格言で、少ないサンプル数のパフォーマンスで選手を判断する危険性を表したもの。

マグヌス効果：回転する球体または円筒状の物体に作用し、反作用により揚力が働くこと。

横回転：変化球やチェンジアップを横に変化させる回転の種類。

ラプソード：投球の速度、回転、回転効率を計測できる携帯可能なトラッキング・ユ

ニット。

ラミナー・エクスプレス：ツーシーム・ファストボールに対してトレバー・バウアーが与えた呼び名。

ルーキーリーグ：マイナーリーグで最もレベルの低いクラス。

ルール・ファイブ・ドラフト：各球団がマイナー組織に若手選手をためこむことを防ぐために行われる年に１度のドラフト。指名された選手は新しい球団の MLB のロースターに加わるか元の球団に戻らなくてはならない。

レバレッジ・インデックス：どれだけ試合の勝敗を決める重要な場面で出場したかを示す指標。

４の０：打者の成績で４打席無安打を意味する。

40 人枠：実際に試合に出場できるアクティブ・ロースターの 26 人に加え、マイナーリーグ選手や負傷者、忌引き休暇、育児休暇などを加えた選手枠。